A Regulação dos Mercados de Capitais

A Regulação dos Mercados de Capitais

Júlio Lobão

ACTUAL

TÍTULO ORIGINAL
A Regulação dos Mercados de Capitais

AUTOR
Júlio Lobão

CONJUNTURA ACTUAL EDITORA
Sede: Rua Fernandes Tomás, 76-80, 3000-167 Coimbra
Delegação: Av. Eng. Arantes e Oliveira, n.º 11 – 3º C, 1900-221 Lisboa / Portugal
www.actualeditora.pt

REVISÃO
Helena Ramos

DESIGN DE CAPA
FBA

PAGINAÇÃO
Rosa Baptista

IMPRESSÃO E ACABAMENTO
ARTIPOL - ARTES TIPOGRÁFICAS, LDA.
janeiro, 2018

DEPÓSITO LEGAL
435610/17

ACTUAL | GRUPOALMEDINA

BIBLIOTECA NACIONAL DE PORTUGAL – CATALOGAÇÃO NA PUBLICAÇÃO

LOBÃO, Júlio

A regulação dos mercados de capitais. – (Gestão)
ISBN 978-989-694-203-8

CDU 336

Mas destas comedias que representan en el mundo los humanos, haziendo diversos papeles en el theatro magnífico del mundo, no hay comedia como ver las que ensayan los accionistas, donde campean con inimitables realces las traças, las entradas y salidas, los escondidos, las tapadas, las contiendas, los desafíos, las burlas, los dislates, los empeños, el apagarse las luzes, el refinarse los engaños, las traiciones, los embustes, las tragedias.

Joseph de la Vega (1650-1692), poeta e mercador espanhol, autor do primeiro livro sobre o mercado de capitais, in *Confusión de confusiones, diálogos curiosos entre un philosopho agudo, un mercader discreto, y un accionista erudito, describiendo el negocio de las acciones, su origen, su ethimologia, su realidad, su juego, y su enredo* (1688) referindo-se à primeira bolsa de valores de acções, a Bolsa de Valores de Amesterdão do século XVII.

ÍNDICE

PREFÁCIO 19

1. Introdução à regulação dos mercados de capitais 23
1.1. A importância dos mercados de capitais 25
a) Os investidores e os mercados secundários 25
b) Efeitos na economia real 27
b1) Teoria da afetação do capital 27
b2) Teoria da sinalização da qualidade da gestão 29
b3) Teoria do mercado de controlo empresarial 29
1.2. Os mercados de capitais e a economia real: os dados empíricos 30
1.3. Estrutura do livro 31

2. Divulgação obrigatória de informação 35
2.1. Introdução 35
2.2. Contexto 36
a) Problema de informação 37
b) Problema de controlo 37
2.3. Solução de mercado 38
2.4. A divulgação obrigatória de informação: motivações e benefícios 40
a) Conflitos de interesse entre gestores e investidores 40
b) Natureza de bem público da informação 44
c) Conflito entre benefícios privados e benefícios sociais 47
d) Incerteza 49
e) Desenvolvimento do mercado de investidores informados 51
f) Padronização da informação 55
g) Outros efeitos benéficos 57

2.5. Custos e limitações do regime de divulgação obrigatória de informação 61
2.6. Critérios de seleção da informação a divulgar 64
2.7. A experiência de regulação da divulgação de informação 67
a) Evolução histórica e panorama atual 67
b) O Código de Valores Mobiliários e a divulgação de informação 69
c) Investigação empírica 72
2.8. Conclusão 81

3. Transações com informação privilegiada (*insider trading*) 83
3.1. Introdução 83
3.2. *Insider trading* e eficiência dos preços 85
a) A eficiência como argumento para a legalização do *insider trading* 85
b) *Insider trading* e os mecanismos de eficiência 86
c) Dados empíricos sobre o impacto do *insider trading* nos preços 91
d) Manipulação da informação e decisões empresariais 95
e) Efeitos sobre os custos de transação, liquidez e custo do capital 97
f) Desenvolvimento do mercado de investidores informados 101
3.3. *Insider trading* como forma de remuneração do gestor 104
a) Argumentos a favor da legalização do *insider trading* 104
b) Argumentos contra a legalização do *insider trading* 105
b1) Problemas práticos 105
b2) Incentivos perversos 108
c) Mercado de gestores e mercado de controlo 111
d) Alternativas de remuneração 115
3.4. Uma apreciação ética do *insider trading* 117
3.5. A experiência de regulação do *insider trading* 120
a) Evolução histórica e panorama atual 120
b) O Código de Valores Mobiliários e o *insider trading* 125
c) Dados empíricos 126
3.6. Conclusão 132

4. Manipulação de mercado 135
4.1. Introdução 135
4.2. Conceitos de manipulação de mercado 137
4.3. O debate sobre a manipulação de mercado 138

4.4. O impacto da manipulação de mercado nos preços 139
4.5. Possibilidade de lucrar com a manipulação de mercado 143
a) Utilização de contratos 143
b) Operações de compra e venda de ativos 146
c) Manipulação de *Benchmarks* 148
4.6. Uma taxonomia das práticas de manipulação de mercado 148
4.7. Os dados empíricos 152
4.8. Necessidade de intervenção do regulador 156
4.9. A experiência de regulação da manipulação de mercado 158
a) Evolução histórica e panorama atual 158
b) O Código de Valores Mobiliários e a manipulação de mercado 161
4.10. O impacto da tecnologia e as transações de elevada frequência 163
a) A tecnologia e o fator humano 163
b) A internet e as transações de elevada frequência 166
4.11. Conclusão 172

5. Vendas curtas (*short selling*) 175
5.1. Introdução 175
5.2. O debate acerca das vendas curtas 177
5.3. Efeitos das vendas curtas 177
a) Incentivos para recolher e analisar informação 177
b) Manipulação de mercado 179
c) Eficiência de mercado 182
d) Volatilidade dos preços 186
e) Liquidez 187
5.4. O *naked short selling* 189
5.5. Uma apreciação ética das vendas curtas 192
5.6. A experiência de regulação das vendas curtas 193
a) Evolução histórica 193
b) A regulação na atualidade 198
5.7. Conclusão 202

6. O problema da especulação 205
6.1. Introdução 205
6.2. Conceitos de especulação 207
a) O Modelo da cobertura de risco 208
b) O Modelo da arbitragem de Informação 208
c) O Modelo das expectativas heterógeneas 209

6.3. Vantagens da regulação 212
a) Redução da especulação excessiva 212
b) Redução da volatilidade em excesso 217
c) Redução da ênfase no curto prazo e monitorização da gestão 219
d) Aumento das receitas fiscais 221
6.4. Desvantagens da regulação 222
a) Aumento dos custos do capital 222
b) Redução da liquidez e da eficiência de mercado 223
c) Questões de equidade 224
d) Distorções nas estruturas de capital e das carteiras de investimento 225
e) Problemas de implementação 226
6.5. Os dados empíricos 227
a) Efeitos na liquidez 227
b) Efeitos no nível de preços 229
c) Efeitos na volatilidade dos preços 230
6.6. Uma apreciação ética da especulação 232
6.7. A experiência de aplicação de taxas sobre transações financeiras 241
a) Indicadores de especulação 241
b) Evolução histórica e panorama atual 243
6.8. Conclusão 249

7. Bolhas especulativas e *crashes* 251
7.1. Introdução 251
7.2. A experiência histórica 252
7.3. Causas das bolhas especulativas e *crashes* 257
a) Bolhas especulativas racionais 258
b) Modelos comportamentais de bolhas especulativas 258
c) Modelos macroeconómicos de crédito 264
d) Outros fatores 269
7.4. Efeitos das bolhas especulativas e *crashes* 272
7.5. Ciclos de regulação e de desregulação 278
7.6. Medidas de regulação 283
a) Melhorar a informação fundamental ao dispor dos agentes de mercado 284
b) Dificultar os mecanismos de *feedback* positivo 287
c) Favorecer a arbitragem 288

d) Aumentar os custos do crédito e adotar políticas macroprudenciais 289
e) Responder à pró-ciclicidade da regulação 294
f) Minorar os efeitos de bolhas especulativas e *crashes* 296
7.7. Os custos da regulação 298
7.8. Conclusão 300

8. Visões de instabilidade: a crise financeira de 2007/2008 301
8.1. A hipótese da instabilidade financeira 302
8.2. A hipótese do mercado contingente 312
8.3. A teoria jurídica das finanças 316
8.4. Conclusão 323

NOTAS FINAIS 325

BIBLIOGRAFIA 341

ÍNDICE DE FIGURAS

FIGURA 1 – Atividades de jogo e de intervenção nos mercados de capitais de acordo com a componente de acaso envolvida 237

ÍNDICE DE TABELAS

Tabela 1 – Diferentes experiências nacionais na regulação do *insider trading* 122
Tabela 2 – Exemplo da aplicação da regra de *zero-plus tick* 195
Tabela 3 – Legalidade e exequibilidade das vendas curtas num conjunto selecionado de 21 países 199
Tabela 4 – A experiência internacional em taxas sobre transações de ativos financeiros (ações e obrigações) 245

ÍNDICE DE GRÁFICOS

Gráfico 1 – Intensidade de transação em alguns mercados de ações selecionados no período de 1988 a 2012 25
Gráfico 2 – Índice de regulação sobre requisitos de divulgação de informação num conjunto de 33 países selecionados 68
Gráfico 3 – Índice da regulação sobre *insider trading* num conjunto de 33 países selecionados 123
Gráfico 4 – Índice de regulação sobre a manipulação de mercado num conjunto selecionado de 20 mercados de ações 159
Gráfico 5 – Índice de regulação antes e depois da aplicação da MiFID num conjunto selecionado de oito mercados de ações 161
Gráfico 6 – Intensidade das vendas curtas num conjunto de 21 países selecionados no período de julho de 2006 a janeiro de 2010 202
Gráfico 7 – Comparação entre a função especulativa e a função de afetação de recursos nos mercados de ações dos EUA (1980-2006) 214
Gráfico 8 – Duração média de investimento em ações em 25 mercados selecionados durante o ano de 2012 242
Gráfico 9 – Indicador de rotação de carteiras dos fundos de investimento no mercado doméstico num conjunto de 29 mercados de ações selecionados no período de 1999 a 2006 243
Gráfico 10 – A bolha tecnológica nos EUA (1992-2002) e a duração média de investimento em ações 255
Gráfico 11 – Rácio entre capital e rendimento a nível mundial (1870-2100) 271

PREFÁCIO

Os mercados de capitais desempenham um papel fundamental nas economias modernas: o de assegurar o encontro direto entre os que pretendem aplicar as poupanças e os que as procuram para investir, normalmente numa ótica de médio ou longo prazo. Eles complementam e não substituem o sistema bancário, vocacionado para a intermediação da poupança, assumindo o risco dos financiamentos. O mercado de capitais é um elemento de progresso económico, na medida em que proporciona aos aforradores e às empresas um meio de afetar mais eficientemente os recursos financeiros disponíveis. Este é o seu papel essencial e não, como popularmente se pensa, um lugar para tentar obter ganhos especulativos mais ou menos rápidos. A expressão «jogar na bolsa», tão popularizada, traduz precisamente este conceito errado e depreciativo dos mercados de capitais.

Para que os mercados de capitais desempenhem cabalmente o seu papel, é necessário assegurar que funcionam em condições de transparência, equidade e eficiência. Têm de ter regras estritas, que garantam estas condições aos que neles participam. Por outras palavras, têm de ser regulados e supervisionados. A regulação independente dos mercados financeiros é pois uma componente indispensável do funcionamento dos mercados de capitais desenvolvidos. A própria opinião pública tem vindo a reconhecer essa importância, por vezes exigindo-lhe mais do que o que pode ser legitimamente o seu papel. Tal acontece de forma particularmente acentuada quando surgem problemas graves ou crises financeiras que infligem perdas aos investidores.

Por tudo isto, a economia da regulação dos mercados de capitais é uma área de estudo crucial. E digo economia da regulação porque frequentemente se confunde regulação com regulamentação e se entende que esta é uma disciplina reservada a juristas. Ora, a regulação é mais do que fazer boas leis, embora estas sejam um elemento indispensável. Mas as boas leis têm de ter subjacente uma correta análise das condições desejáveis de funcionamento dos mercados e depois têm de ser aplicadas na mesma perspetiva. Acima de tudo, é necessário assegurar o difícil equilíbrio de resistir à tentação de sobre-regulamentar e por essa via pôr em causa a eficiência do mercado, mas também de evitar a excessiva «leveza» da regulação, acreditando que os mercados acabam por se autorregular. Temos exemplos de ambas as posições no passado recente, sendo consensual, por exemplo, que entre as causas da actual crise financeira terá estado a redução da presença da regulação em áreas como os derivados ou a securitização, do mesmo modo que não custará admitir que a resposta regulatória à crise se poderá ter traduzido, em alguns pontos, num excesso de detalhe regulatório, gerador de custos para supervisionados e supervisores e mesmo de efeitos não desejados que geram novos riscos.

Essencial no funcionamento dos mercados de capitais é a formação dos preços. Muito se tem teorizado e discutido sobre a eficiência do processo de determinação dos preços e essa discussão certamente continuará a ocupar os académicos e participantes dos mercados. As questões da manipulação do mercado e o papel da inovação financeira são especialmente relevantes. Em particular, as que se relacionam com o *short-selling* e a negociação algorítmica e de alta frequência são tópicos que merecem ser discutidos com base nos fundamentos económicos, o que, é preciso reconhecer, nem sempre tem acontecido. Por isso, o seu tratamento na academia será um contributo para a formação de um pensamento mais consistente e fundamentado. A questão da inovação financeira deve, aliás, ser abordada sem complexos de qualquer espécie. É sempre importante avaliar em que medida os seus benefícios para a sociedade superam os riscos que normalmente acarreta. Esses riscos têm sido evidentes em diversas áreas, constatando-se também que os participantes dos mercados são mais ágeis do que os reguladores, criando *gaps* temporais de regulação mais ou menos extensos.

A reação à crise iniciada em 2007-2008 originou uma vaga de regulação sem precedentes, procurando colmatar as falhas identificadas entre as causas da crise. Não será forçado dizer-se que em alguns casos se terá exagerado no detalhe da nova regulamentação e, no caso da União Europeia, certamente, no tempo que ela levou a criar. Esse tempo levou a que a regulamentação de aspetos essenciais para a proteção dos investidores – como a transparência dos mercados obrigacionistas, a transação de derivados em mercados organizados, os produtos financeiros complexos, o abuso de mercado ou as novas formas de negociação, como a negociação algorítmica e de alta frequência – só entrarão em vigor em 2017, alguns, e em 2018 todos os regulados pela nova DMIF, ou seja, nove e dez anos depois da eclosão da crise. Por outro lado, a necessidade de consensos entre estados-membros e entre instituições europeias levou a que muita da nova regulamentação ficasse, em meu entender, aquém do desejável para atacar os problemas que estiveram na origem da crise e prevenir a ocorrência de outros que possam levar a uma nova, e certamente mais dramática crise. Isto levanta também a dúvida legítima de saber se os custos implicados pela referida vaga regulatória para supervisionados e supervisores terão um benefício proporcional.

Mas quando analisamos as causas e os remédios das crises voltamo-nos normalmente para legisladores, reguladores e supervisores. Acontece que a sua ação, por melhor que seja, nunca será suficiente para evitar as crises financeiras. É claro que uma boa legislação, uma regulação adequada e uma supervisão eficaz ajudam muito. Mas o papel principal será sempre dos agentes do mercado – instituições financeiras, auditores, agências de *rating*, etc. –, que por comportamentos inadequados foram os causadores da crise que ainda vivemos. Por isso teremos de perguntar se os gestores das instituições financeiras estão mais cientes de que não devem ser levados por interesses egoístas e de curto prazo e expor as empresas que gerem a riscos excessivos que ponham em causa não só o dinheiro dos seus acionistas como a estabilidade do sistema financeiro e das economias. Se o seu comportamento respeita os padrões éticos necessários à gestão de instituições que vivem da gestão das poupanças dos seus clientes. Se, baseados nesses valores, colocam os interesses dos clientes em primeiro lugar, como foi, durante tantos anos, o princípio básico do negócio bancário. E se os seus acionistas os escolhem de acordo com os mais elevados padrões de profissionalismo e ética e depois fiscalizam efetiva e permanentemente a sua atuação através de modelos de governo societário apropriados. E se os órgãos de fiscalização dessas instituições, os administradores não executivos e os auditores exercem as suas funções de controlo de forma diligente, competente e independente, que seja o primeiro e porventura mais eficaz nível de controlo da gestão executiva. E se adquiriram a consciência de que, se esse nível falhar, toda a arquitetura de supervisão terá grandes probabilidades de falhar também. E se as agências de *rating* conseguiram criar condições de competência, independência e ética que tornem o seu trabalho um referencial de confiança para os investidores que no dia a dia aplicam os seus recursos nos mercados financeiros. Só uma resposta positiva a todas estas questões poderia dar-nos o conforto de que os erros do pré-2007 teriam servido de lição e poderíamos centrar as nossas preocupações essencialmente nos problemas da regulamentação, da regulação e da supervisão.

Infelizmente, tudo parece indicar que não há uma resposta inequivocamente positiva a estas perguntas. Em particular, parece consensual que os progressos no governo das instituições financeiras em geral ficam aquém do desejável. E as políticas de gestão de riscos e os comportamentos de diversas variáveis trazem-nos muitas vezes a indesejável memória dos anos que precederam 2007/2008. Tudo isto acaba por desembocar na questão essencial: a qualidade profissional e ética das pessoas que atuam nos mercados financeiros. Porque, por muito perfeitos que sejam os modelos de governo societário, valerão de muito pouco se forem postos em prática pelas pessoas erradas.

Este livro trata de forma sistemática os diversos aspetos da regulação dos mercados, discutindo os seus fundamentos técnicos, mas não fugindo às questões comportamentais que referi. Esta discussão é essencial num momento em que é necessário avaliar a qualidade da extensa reforma levada a cabo nos últimos anos e também o modo da sua aplicação pelos diversos reguladores. Espero que seja também um contributo para que os que atuam nos mercados de capitais reforcem os seus conhecimentos e a sua racionalidade e no futuro não tenhamos de ler afirmações como a de Robert Shiller em *Irrational Exuberance* (2000): «O mercado está em alta devido ao efeito combinado da opinião indiferenciada de milhões de pessoas, das quais muito poucas sentiram a necessidade de investigar cuidadosamente o valor de longo prazo dos investimentos no mercado e no fundo são guiadas essencialmente pelas suas próprias emoções, por uma atenção distribuída de forma aleatória e por uma perceção convencional da realidade.»

Sem esquecer que sendo a economia da regulação uma área essencial do conhecimento relacionado com os mercados de capitais, certamente não menos essencial será a ética com que reguladores e regulados atuem, pois esse será certamente o caminho mais curto e seguro para mercados mais equitativos e mais seguros.

Carlos Tavares
(Presidente da Comissão de Mercado de Valores Mobiliários entre 2005 e 2016)

1. Introdução à regulação dos mercados de capitais

Os mercados de capitais são uma das mais importantes instituições das economias modernas. A maior participação dos investidores nestes mercados, a crescente variedade de títulos transacionados e a possibilidade de acesso a ativos financeiros cotados em mercados internacionais são apenas três dos aspetos que ilustram o extraordinário desenvolvimento dos mercados de capitais ao longo das últimas décadas. De facto, tem-se assistido, todos os anos, e tanto nos países emergentes como nos países desenvolvidos, à criação de novos mercados financeiros onde uma maior gama de ativos é transacionada por um número crescente de investidores. Na atualidade, os montantes de ativos financeiros – por exemplo de ações e obrigações – negociados nos mercados de capitais são de tal forma elevados que desafiam a nossa compreensão.

Mas não é sequer necessário ser investidor para perceber o importante papel desempenhado pelos mercados financeiros hoje em dia. As cotações das ações e das obrigações são objeto de acompanhamento quotidiano pela comunicação social e é frequente a evolução dos preços ser alvo destacado da atenção pública. Para alguns observadores, os mercados financeiros são até uma forma de avaliação do acerto das decisões políticas e empresariais. Por exemplo, o aumento dos preços das ações no dia em que os gestores revelam os resultados da empresa é entendido publicamente como sinónimo da aprovação desses resultados «pelo mercado». Se os preços descem quando uma decisão saliente é tomada pelas instituições políticas, a interpretação é que «os mercados» reprovaram essa decisão.

Estas interpretações algo simplistas do significado dos preços dos mercados de capitais radicam numa determinada ideia acerca do seu funcionamento. Alguns observadores consideram que os mercados de capitais são o melhor exemplo de um mercado de concorrência perfeita. Consideram estes mercados compostos por um largo número de investidores *altamente conhecedores* que competem entre si, *em condições de igualdade*, e acham que dessa competição resultam naturalmente, a cada momento, os preços *mais corretos*. Dito de outra forma, considera-se que os preços convergem *naturalmente* para um dado ponto de equilíbrio. No entanto, as observações científicas acerca da forma como funcionam os mercados de capitais conduzem a uma conclusão substancialmente diferente. Os mercados de capitais são caracterizados, a todo o momento, por uma elevada incerteza. O valor dos ativos financeiros neles transacionados depende do desempenho *futuro* da economia e das empresas bem como das decisões *futuras* dos agentes económicos. É necessário ter em atenção, por um lado, que não é possível conhecer o futuro, pelo que a incerteza a que nos referimos não pode ser eliminada, e por outro lado as expectativas dos diferentes investidores a cada momento em relação a esse futuro podem ser fortemente divergentes – das muito pessimistas às mais otimistas –, pelo que nada garante que os preços presentes reflitam precisamente as expectativas que o futuro virá a mostrar terem sido mais acertadas.

A incerteza acerca do futuro torna pois os mercados de capitais muito sensíveis às variações nas expectativas dos investidores. O impacto das alterações nas expectativas é especialmente evidente nas alturas de crise, uma vez que é nestes períodos que os investidores estão mais suscetíveis a pôr em causa aquilo que julgavam ser o futuro mais provável. É também a incerteza que caracteriza os mercados de capitais que os torna o lugar ideal para alguns intervenientes de mercado tentarem alterar as expectativas a seu favor, manipulando quer a informação que vai sendo divulgada quer os preços que vão sendo formados.

A suscetibilidade dos investidores a estratégias de engano e manipulação torna necessária a intervenção dos reguladores para que os mercados de capitais se aproximem, na medida do possível, das condições necessárias para que os investidores decidam de maneira informada[1]. As razões económicas e financeiras que justificam a intervenção dos reguladores nos mercados de capitais constituem o objeto de análise deste livro.

A intervenção dos reguladores encontra uma das suas justificações tradicionais na importância de que se revestem os mercados de capitais hoje em dia. Só faz sentido dedicar recursos avultados à regulação desses mercados se o seu funcionamento for importante em termos económicos e financeiros.

Porque são então importantes os mercados de capitais para as economias modernas? É a esta questão que procuramos dar resposta na secção que se segue.

1.1 A IMPORTÂNCIA DOS MERCADOS DE CAPITAIS

A) OS INVESTIDORES E OS MERCADOS SECUNDÁRIOS

A importância dos mercados de capitais para os investidores é evidente. É aí que vendem e compram ativos financeiros *entre si*. Diz-se que as transações que ocorrem entre investidores têm lugar no mercado secundário. Conforme se referiu anteriormente, os montantes de ativos financeiros objeto de transação quotidiana nesses mercados secundários atingem valores muito elevados.

No gráfico 1, que se apresenta a seguir, representa-se a evolução na intensidade de transação nos mercados de ações de alguns dos principais mercados à escala global (EUA, Reino Unido e Japão) e também num dos mercados emergentes (China).

Gráfico 1 – Intensidade de transação em alguns mercados de ações selecionados no período de 1988 a 2012 (valor das ações transacionadas em percentagem do produto interno bruto)

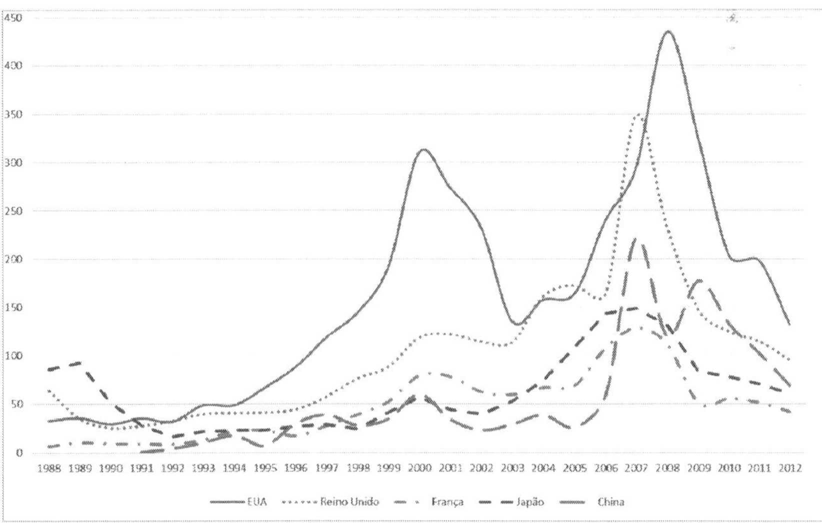

Fonte: Banco Mundial.

O indicador reflete a relação entre o valor dos negócios realizados nos mercados de ações e a riqueza criada em cada um dos países. Conforme se pode observar pelo gráfico, a tendência ao longo das últimas décadas tem sido de intensificação das transações. É de notar que esta evolução não é ditada pelo crescimento das economias (os valores são representados em percentagem do PIB), mas antes pelo aumento da intensidade das transações observadas propriamente dita.

Além da tendência geral a que fizemos referência, os dados do gráfico permitem registar três outros pontos de interesse. O primeiro tem a ver com os mercados mais desenvolvidos. Os montantes negociados nos mercados de ações do Reino Unido e dos EUA são muito elevados, tendo atingido em 2012 cerca de 95 por cento e de 130 por cento dos PIB dos respetivos países. Interessa ainda notar que ao longo do período de análise alguns valores observados foram muito superiores. Em 2007 no Reino Unido o volume transacionado representou 3,48 vezes a riqueza criada nesse ano, enquanto nos EUA no ano seguinte o valor dos negócios efetuados foi ainda mais extraordinário: 4,3 vezes a riqueza criada no país.

O segundo ponto tem a ver com a participação dos investidores nos mercados de ações das economias emergentes. Como se pode observar no gráfico, a intensidade de transação no mercado emergente considerado, a China, sofreu um crescimento muito significativo: passou de um valor total de ações transacionadas de apenas 0,2 por cento do PIB em 1991 para 68,9 por cento do PIB em 2012. Atendendo a que o produto do país quase decuplicou ao longo desses anos, o volume de negócios registado no mercado de ações chinês foi multiplicado por um fator de 3 mil num período de duas décadas. Esta evolução não é de forma alguma exclusiva daquele país. Outros mercados de capitais emergentes têm registado uma evolução semelhante, o que os tem posicionado nos principais lugares na escala mundial das bolsas com maior capitalização.

O terceiro ponto a merecer menção tem a ver com o efeito das crises financeiras na intensidade das transações nos mercados acionistas. Os valores mais elevados observados em dois períodos específicos – em torno do ano 2000 e no período 2007-2008 – mostra o efeito exercido pelas crises financeiras na participação nos mercados. A intensificação das transações que conduziu ao ponto máximo das bolhas especulativas das ações tecnológicas nos EUA no ano 2000 e do sector do imobiliário mais recentemente teve como contrapartida uma descida significativa no valor das transações observadas na sequência do rebentamento dessas bolhas.

As bolhas especulativas, pelo seu impacto nos mercados de capitais, são um dos fenómenos mais importantes a que deve atender o regulador. Por este motivo serão objeto de análise detalhada no capítulo 7.

Esta é a face mais visível dos mercados de capitais: as transações de ativos financeiros dos investidores entre si. No entanto, possibilitar a transação de ativos financeiros entre os investidores está longe de ser a principal função dos mercados de capitais.

Na verdade, as razões para a existência dos mercados de capitais relacionam-se com os seus efeitos na economia real, ou seja, com as decisões das empresas e dos investidores suscetíveis de alterar os níveis de riqueza de uma economia. A este assunto será dedicada a secção seguinte.

B) EFEITOS NA ECONOMIA REAL

É comum distinguir os ativos numa economia entre ativos reais e ativos financeiros. Os ativos reais, aqueles que constituem a chamada economia real, são os ativos físicos, enquanto os ativos financeiros, como as ações e as obrigações, são os que representam um direito ao recebimento de rendimentos que se espera que os ativos reais venham a gerar.

Considera-se normalmente que os mercados de capitais podem afetar a economia real através de três canais principais. Estes canais correspondem a três diferentes teorias: à teoria da afetação do capital, à teoria da sinalização da qualidade da gestão e à teoria do controlo empresarial.

B1) TEORIA DA AFETAÇÃO DO CAPITAL

É nos chamados mercados primários que as empresas obtêm financiamento dos investidores para os projetos que pretendem levar a cabo. Em teoria, os mercados de capitais auxiliam os agentes que desejam aplicar as suas poupanças – designados aforradores – a distinguir as empresas com os melhores projetos – e em que por isso vale a pena investir – das empresas com projetos de investimento menos rentáveis e mais arriscados. Em teoria, as informações favoráveis acerca dos projetos de investimento mais auspiciosos tornarão mais fácil o financiamento destes projetos. Assim, os melhores projetos de investimento receberão financiamento enquanto os piores projetos serão rejeitados. Se as expectativas se concretizarem, as escolhas dos aforradores conduzirão à criação de mais riqueza, mais emprego e maior bem-estar social. Quanto mais precisos forem os preços, mais benéfico será o efeito dos mercados de capitais no desempenho económico. Esta teoria da afetação do capital é a razão mais invocada para justificar a existência dos mercados de capitais.

Existem no entanto algumas razões para questionar a importância dos mercados de capitais no financiamento das atividades empresariais. De facto, os dados mostram que as empresas recorrem, numa larga medida, a outras fontes de financiamento – sobretudo ao autofinanciamento e ao financiamento bancário –, pelo que alguns autores defendem que o impacto dos mercados de capitais no financiamento empresarial está longe de ser decisivo.

Os dados existentes sugerem ainda que a teoria da afetação do capital pode desempenhar um papel relevante em pelo menos três casos. Em primeiro lugar, o financiamento via mercados de capitais parece especialmente importante no caso das instituições bancárias. Sendo esse o caso, os mercados financeiros, ao permitirem o acesso das instituições bancárias a capital, podem desempenhar um papel indireto no financiamento da atividade empresarial. Em segundo lugar, os mercados secundários contribuem para atrair capitais para o financiamento empresarial. De facto, é plausível admitir que investidores como empresas de *venture capital*, por exemplo, só estarão dispostos a financiar uma nova empresa se tiverem a possibilidade de vender as ações dessa empresa através de uma oferta pública inicial de capital no futuro. Por seu lado, os investidores só estarão interessados em adquirir essas ações se as puderem liquidar no futuro. Em terceiro lugar, os mercados financeiros podem ter um impacto relevante no financiamento das empresas cujas ações são afetadas por bolhas especulativas. Durante a formação de bolhas especulativas – período em que os preços aumentam de forma muito significativa –, as empresas têm acesso fácil a capitais muito baratos uma vez que podem emitir e vender novas ações a preços elevados. O acesso a capitais a baixo custo conduz, no caso das bolhas especulativas, a sobreinvestimentos empresariais nos sectores afetados pelas bolhas e pode provocar, por essa via, uma destruição da riqueza ao dispor de uma sociedade[2].

B2) TEORIA DA SINALIZAÇÃO DA QUALIDADE DA GESTÃO

Na teoria da sinalização da qualidade da gestão defende-se que os preços dos mercados de capitais são um sinal informativo da qualidade dos gestores das empresas. Se os preços das ações refletem de forma precisa o desempenho das empresas, os melhores gestores farão o preço das ações aumentar. Os gestores incompetentes ou desonestos prejudicarão o desempenho da empresa e farão depreciar o preço das ações. Desta forma, os preços de mercado poderiam orientar os investidores na seleção dos melhores gestores e por essa via poderiam tomar-se melhores decisões de afetação de recursos na economia.

Também neste caso parecem existir algumas limitações importantes a ter em conta. É que os preços de mercado podem não constituir um bom indicador da qualidade dos gestores. Em primeiro lugar, como é óbvio, os preços refletem muitos outros fatores, de natureza sectorial ou macroeconómica, por exemplo, além da qualidade da gestão. Em segundo lugar, o facto de os investidores poderem atender ao preço das ações como indicador da qualidade da gestão pode desviar os gestores de uma gestão competente da empresa para uma gestão competente dos sinais informativos (dos preços, no caso) emitidos pela empresa.

B3) TEORIA DO MERCADO DE CONTROLO EMPRESARIAL

A teoria do mercado do controlo empresarial constitui uma terceira linha de argumentação que relaciona os mercados com a afetação social dos recursos. Em teoria, num mercado de capitais que funcione de forma adequada, o preço dos ativos financeiros deverá refletir as expectativas quanto à geração de riqueza no futuro por parte da equipa de gestão em funções. Assim, quando um comprador potencial se disponibiliza a comprar a empresa a um preço superior ao do mercado, tem de acreditar que sob o seu controlo a empresa obterá rendimentos superiores. Segundo esta teoria, os acionistas da empresa alvo seriam beneficiados ao aceitar a oferta de compra uma vez que esta excede o valor das suas ações na vigência da gestão atual e a sociedade beneficiaria do aumento de produtividade que resultaria de as empresas serem controladas por quem as pode tornar mais lucrativas. De forma similar, o funcionamento adequado dos mercados de capitais seria importante para garantir que o preço das ações das empresas mal geridas diminuísse o suficiente para atrair a atenção de compradores potenciais com capacidade para as gerir melhor. Um dos corolários importantes desta visão é que os mercados de capitais ineficientes distorcem o funcionamento do mercado do controlo. Um comprador potencial poderá oferecer-se para pagar um prémio para adquirir uma empresa se as ações desta se encontrarem a um preço demasiado baixo mesmo que não ache que vai poder gerir melhor a empresa. O erro de avaliação cometido pelo funcionamento desadequado do mercado de capitais seria suficiente para tornar o alvo da compra apetecível.

O raciocínio em que assenta esta teoria é também passível de crítica. Uma das principais objeções, conforme veremos no capítulo 3, assenta em que o mercado secundário de ações e o mercado do controlo empresarial são na verdade dois mercados distintos. Assim, o funcionamento adequado do mercado de ações pode não implicar um resultado eficaz no mercado de controlo[3].

Segundo as três teorias que acabamos de apresentar, os mercados de capitais poderão afetar os níveis de vida dos cidadãos. Podem conduzir a uma mais eficiente afetação de recursos, fomentando o crescimento económico e a criação de emprego. Ainda em termos teóricos, existem no entanto boas razões para sustentar que a relação entre o funcionamento dos mercados de capitais e a afetação dos recursos económicos não é direta. Nesta medida ganham importância os resultados dos estudos empíricos sobre a questão, matéria da secção seguinte.

1.2 OS MERCADOS DE CAPITAIS E A ECONOMIA REAL: OS DADOS EMPÍRICOS

Os dados empíricos parecem indicar efeitos benéficos em termos económicos de um funcionamento adequado dos mercados de capitais. A este respeito merecem referência três estudos principais.

King e Levine (1993) incluíram no seu estudo os dados relativos a 80 países no período 1960-1989. Encontraram uma associação positiva entre o nível de desenvolvimento financeiro e várias medidas de desempenho económico. A principal conclusão é que o desenvolvimento financeiro tem um papel positivo na acumulação de capital e na eficiência do uso desse capital. Nesta medida, o desenvolvimento financeiro promove o desenvolvimento económico. No entanto, a variável de desenvolvimento financeiro adotada pelos autores relaciona-se com o sistema financeiro em geral (sobretudo com o sector bancário), pelo que não atende especificamente ao papel dos mercados de capitais. As contribuições seguintes centram-se no aspeto que mais nos interessa.

O segundo estudo a merecer referência é o de Wurgler (2000), que levou a cabo uma comparação seccional entre 65 países. Construiu uma medida de eficiência na afetação do capital considerando que o capital é mais bem investido quando é direcionado aos sectores que crescem mais rapidamente e quando existe menos investimento nos sectores de atividade em declínio. Considerando um conjunto de 28 sectores de atividade durante um período de 33 anos, Wurgler (2000) conclui ter existido uma relação estatisticamente significativa entre a medida de eficiência na afetação de capital e a precisão dos preços dos mercados de ações. Por este motivo, verifica-se ser mais provável que o capital seja afetado às oportunidades de investimento mais prometedoras nos países em que os preços dos mercados de ações são mais precisos. O desenvolvimento dos mercados de capitais contribui assim para aproveitar as melhores oportunidades de investimento.

Por fim, Durnev *et al.* (2004) fazem comparações entre os diversos sectores de atividade dos EUA e concluem que a adequação dos projetos de investimento levados a cabo depende da precisão dos preços das ações em cada um desses sectores. É importante notar que estes resultados são válidos quer no caso das empresas que recorreram a financiamento externo quer no caso das empresas que utilizam recursos próprios para investir. Este último resultado sugere assim que o efeito benéfico do correto funcionamento dos mercados de capitais não se relaciona com a teoria da afetação do capital.

Tendo em atenção que alguns estudos recentes têm posto em causa os métodos usados pelos autores[4], não se pode afirmar que os resultados sejam conclusivos. Apesar disso, no seu conjunto, são sugestivos de que a eficiência da economia real, refletida na produção de bens e serviços, é mais elevada quando os preços dos mercados de capitais refletem de forma mais precisa a informação disponível.

1.3 ESTRUTURA DO LIVRO

Dos artigos referidos na secção anterior resulta que não basta dispor de um mercado de capitais para que este estimule o crescimento económico.

Os mercados de capitais afetarão o capital de forma ineficiente a não ser que estejam reunidas as condições para que funcionem de forma adequada.

Há diversas circunstâncias na origem de diferenças significativas entre os incentivos privados dos agentes que atuam nos mercados financeiros e as vantagens sociais resultantes da existência destas instituições. É por este motivo que, como veremos ao longo deste livro, o regulador tem um papel fundamental a desempenhar: o de fazer alinhar os interesses dos agentes de mercado com os da sociedade. A convergência entre esses dois tipos de interesses pode conseguir-se de formas muito diversas. Em vários casos, como veremos, a teoria económica, os estudos empíricos e a experiência histórica mostram que a intervenção do regulador – por exemplo através da imposição de taxas que desmotivem comportamentos inadequados do ponto de vista social – contribuem para tornar os mercados mais eficientes[5]. Privilegiou-se assim a organização da obra em função das práticas de mercado que podem pôr em causa o seu adequado funcionamento.

O livro está estruturado em oito capítulos. Os capítulos 2 a 7 são dedicados a cada um dos principais assuntos ou atividades de mercado que podem interessar a um regulador dos mercados de capitais. Assim, o capítulo seguinte debruça-se sobre os regimes de divulgação obrigatória de informação. Analisam-se os principais argumentos de índole económica e financeira que sustentam a obrigatoriedade, generalizada nos diversos sistemas de regulação nacionais, de disseminação de informação por parte das empresas.

O capítulo 3 é dedicado às transações com informação privilegiada *(insider trading)*. São discutidos os argumentos segundo os quais o *insider trading* deveria ser permitido por favorecer a incorporação de informação relevante nos preços e por constituir uma forma eficiente de remuneração dos gestores. A conclusão essencial é que esses argumentos não são convincentes, pelo que parece haver razões para existirem importantes limitações às transações com informação privilegiada.

O capítulo 4 analisa um dos temas clássicos na regulação, a manipulação de mercado. São apresentados diversos conceitos de manipulação e são discutidas as condições para que essa prática exerça um impacto significativo nos preços. Apesar das dificuldades na definição do conceito, conclui-se que a proibição da manipulação de mercado está bem sustentada tanto em termos teóricos como empíricos.

No capítulo 5, as denominadas vendas curtas *(short selling)* são o objeto principal de análise. Apresentam-se as diferenças entre os dois tipos principais de vendas curtas – o *short selling* e o *naked short selling* – e debatem-se os principais argumentos a favor e contra a regulação dessas atividades. Apesar de não existir um consenso nos estudos disponíveis sobre o tema, veremos que a tendência atual parece pôr em evidência os benefícios do *short selling*, pelo que existem razões suficientes para sustentar que as restrições a esta prática devem estar circunscritas a algumas situações particulares nos mercados de capitais.

O capítulo 6 debruça-se sobre as transações especulativas nos mercados de capitais. Aprecia-se a regulação dos seus aspetos financeiros mas também éticos e apresentam-se as principais vantagens e desvantagens das limitações a essa prática. Da análise levada a cabo destaca-se a curiosa proximidade evidenciada por diversos autores entre as atividades de especulação nos mercados financeiros e as atividades de jogo.

O capítulo 7 tem como assunto um dos principais desafios dos reguladores na atualidade, as bolhas especulativas e subsequentes colapsos de preço *(crashes)*. Depois de uma panorâmica histórica dos episódios de bolhas especulativas ocorridos ao longo dos últimos séculos, apresentam-se as principais teorias explicativas do fenómeno. Debatem-se as consequências das bolhas para as economias e analisam-se os principais instrumentos ao dispor do regulador para evitar a sua formação, ou pelo menos para minorar o seu impacto económico.

Para cada um dos assuntos abordados apresenta-se sempre que possível uma panorâmica das decisões tomadas pelos reguladores na atualidade. É interessante verificar que subsistem hoje em dia escolhas de regulação bastante diferentes em países com características institucionais e níveis de desenvolvimento semelhantes.

O último capítulo tem uma natureza um pouco diferente da dos restantes. Em face da crise financeira mundial iniciada nos EUA em 2007/2008, muito se tem debatido o papel que os reguladores financeiros poderiam (e deveriam) ter desempenhado. Ora as medidas a tomar por um regulador nas circunstâncias em causa dependem de forma crítica do entendimento acerca da crise. Por este motivo consideramos relevante apresentar três das teorias que poderiam servir de orientação a um regulador financeiro em ocasiões semelhantes. São elas a hipótese da instabilidade financeira de Minsky, a hipótese do mercado contingente e a teoria jurídica das finanças.

2. Divulgação obrigatória de informação

2.1 INTRODUÇÃO

O acesso a informação é essencial para que os mercados financeiros funcionem de modo adequado. Em teoria, os investidores necessitam de aceder a informações acerca das empresas para poderem tomar de forma avisada decisões relativas à aquisição ou venda dos ativos financeiros, e os preços desses ativos financeiros mais não são que a consequência dessas decisões. Assim, uma das maiores preocupações dos reguladores passa por assegurar um ambiente onde os agentes de mercado tenham acesso a informação fidedigna e relevante.

No caso da maior parte dos bens e serviços transacionados numa economia, os vendedores não têm a obrigação legal de fornecer informação acerca dos seus produtos aos potenciais compradores; têm apenas de evitar dar informações erróneas ou enganosas.

No campo dos mercados financeiros a regulação vai mais longe: não só se penalizam as empresas cotadas por darem informações falsas como se obriga essas empresas à produção e à comunicação de informação aos agentes de mercado. Manter-se em silêncio não é uma alternativa para os gestores das empresas cotadas.

Em todos os países a divulgação de informação é regulada por normas. O regime de regulação dos EUA, e a filosofia de elevada transparência nele implícita, constitui o principal instrumento de regulação das empresas cotadas naquele país. Esse princípio exerce uma influência notável em muitos outros países, que o têm tomado como referência.

Para entender as diferenças entre a regulação nos mercados financeiros e os restantes sectores da vida económica é necessário entender o que distingue os ativos financeiros dos bens e serviços existentes numa economia.

Este capítulo é constituído por oito secções. Na secção seguinte apresenta-se o contexto de relacionamento entre as empresas e os investidores, em que a informação tem especial relevância para estes últimos agentes. Na secção 2.3 apresenta-se a solução de mercado, ou seja, o que poderia ocorrer se não existisse qualquer intervenção do regulador. Em seguida exploram-se as insuficiências da solução de mercado, que são também as motivações para que a divulgação da informação seja regulada. Entre essas motivações avultam os conflitos de interesses entre gestores e investidores, a natureza de bem público da informação financeira e os conflitos entre os benefícios públicos e privados na produção e na recolha de informação. Na secção 2.5 discutem-se os custos e as limitações de um regime de divulgação obrigatória de informação por parte das empresas. Na secção 2.6 apresentam-se os principais critérios de definição da informação a divulgar. A secção 2.7 contém uma revisão da literatura empírica sobre o tema. A secção 2.8 conclui o capítulo.

2.2 CONTEXTO

Conforme já foi referido, a correta afetação das poupanças às oportunidades de investimento constitui um desafio crítico para qualquer economia. Existem geralmente muitos novos empreendedores e empresas em atividade que gostariam de atrair as poupanças das famílias, poupanças essas que em geral estão muito dispersas, para financiar novas ideias de negócio. Apesar de tanto os aforradores como os empreendedores terem interesse em fazer negócio, a aplicação das poupanças às melhores ideias é dificultada por duas razões. Em primeiro lugar, os empreendedores dispõem quase sempre de melhores informações que os aforradores acerca do valor das oportunidades de investimento e têm incentivos para exagerar esse valor. Por conseguinte, os aforradores enfrentam um problema de informação quando se predispõem a fazer investimentos num empreendimento empresarial. Em segundo lugar, depois de aplicadas as poupanças no negócio, os empreendedores têm incentivos para aplicar indevidamente essas poupanças. Cabe aos agentes que entregaram capitais à empresa zelar pela sua utilização adequada. Esta segunda questão configura assim um problema de controlo.

A) PROBLEMA DE INFORMAÇÃO

O problema de informação resulta da assimetria de informação entre as duas classes de agentes (aforradores e empreendedores) e dos conflitos de incentivos que daí decorrem. Este problema pode conduzir, no limite, ao colapso do mercado de capitais[6]. Considere-se por exemplo uma situação em que metade das ideias de negócio que buscam financiamento são boas enquanto a outra metade são más. Tanto os aforradores como os empreendedores tentam avaliar os investimentos com base na informação de que dispõem. Se os investidores não conseguem distinguir entre os dois tipos de ideias de negócio, os empreendedores com más ideias podem tentar enganá-los fazendo passar as suas ideias por ideias boas. Conscientes dessa possibilidade, os aforradores vão avaliar todas as ideias a um nível médio. Por conseguinte, isso significa que num mercado de capitais com informação assimétrica as boas (más) ideias tenderão a ser subavaliadas (sobreavaliadas) pelos aforradores face à informação a que os empreendedores têm acesso. Neste contexto, os proponentes das boas ideias, que são sistematicamente subestimadas, tenderão a sair do mercado. Isto piora a qualidade média das ideias presentes no mercado, penalizando ainda mais a avaliação feita pelos aforradores. No limite, se nada for feito, o mercado será incapaz de resolver o problema de atribuição das poupanças às melhores ideias e deixará de funcionar.

A distinção por parte dos potenciais investidores entre a qualidade dos diferentes projetos de investimento que buscam financiamento exige que tenham acesso a informação relevante. Um sistema de regulação que obrigue os empreendedores a divulgar essa informação constitui uma solução para este problema[7].

B) PROBLEMA DE CONTROLO

Um problema de controlo ocorre quando os aforradores que aplicam as suas poupanças numa ideia de negócio não pretendem acompanhar de forma ativa a gestão da empresa. Nestas circunstâncias, logo que os aforradores tenham entregado os seus fundos à empresa, o empreendedor tem incentivos para aplicar esses fundos noutros fins que não aqueles que servem os interesses desses investidores. Por exemplo, quando os aforradores adquirem ações que a empresa emitiu, os gestores podem usar esses fundos em benefício próprio, aumentando a sua remuneração, criando regalias, vendendo a si próprios ativos empresariais abaixo dos preços de mercado ou fazendo investimentos prejudiciais para a empresa.

Os gestores podem ainda tomar decisões que beneficiam uns agentes em detrimento de outros. Por exemplo, quando os aforradores emprestam à empresa, tornando-se assim seus credores, os gestores podem tomar decisões que lhes são prejudiciais, como emitir dívida adicional, pagar dividendos em nível excessivo ou tomar parte em projetos de investimento que envolvam demasiado risco. A emissão de nova dívida e o pagamento de dividendos excessivos reduz a probabilidade de existirem recursos disponíveis para amortizar a dívida inicialmente contraída com os aforradores sem que estes sejam compensados por esse maior risco. Os projetos de elevado risco aumentam a probabilidade tanto de bons resultados, que beneficiam o gestor e os acionistas, como de resultados negativos, que prejudicam essencialmente a possibilidade da atribuição da remuneração esperada pelos aforradores.

O acesso à informação é assim essencial para que os investidores avaliem o risco envolvido nas aplicações financeiras e monitorizem o desempenho e comportamento do gestor. Quanto melhor for a informação divulgada, mais eficazmente os investidores poderão descobrir práticas contrárias aos interesses da empresa e melhor poderão avaliar a capacidade dos gestores na exploração das oportunidades disponíveis. Também aqui a regulação que obriga à divulgação de informação relevante acerca da atividade da empresa se constituiu como uma solução possível para o problema do controlo[8].

Mas o que ocorreria se os empreendedores/gestores não fossem obrigados pelo regulador a divulgar informação? A solução de mercado é analisada na secção que se segue.

2.3 SOLUÇÃO DE MERCADO

Para entender as razões para a existência de disposições que obrigam a empresa à divulgação de informação é útil entender o que sucederia se não existisse regulação. Nessa *solução de mercado* esperar-se-ia que os empreendedores que pretendem lançar boas ideias de negócio e que os gestores mais competentes tivessem, eles próprios, incentivos para divulgar informação capaz de permitir aos aforradores distingui-los dos gestores menos competentes e das ideias de negócio menos promissoras.

Pelo menos dois motivos poderiam levar esses empreendedores e gestores a querer sinalizar a sua qualidade perante os investidores potenciais. Em primeiro lugar podem ser identificados motivos reputacionais. Os melhores gestores ambicionam uma carreira bem-sucedida e para isso estão interessados em construir uma boa reputação. Essa reputação, a longo prazo, só pode ser obtida se os melhores gestores mantiverem a confiança dos agentes de mercado, distinguindo-se dos gestores menos competentes. Em segundo lugar existem vantagens em termos de custos de capital. Num mercado mais transparente, em que a distinção entre a qualidade dos gestores e das ideias de negócio é mais fácil, é de esperar que participem mais investidores, que os ativos financeiros (ações, principalmente) aí transacionados sejam mais líquidos[9], que os custos de transação sejam mais reduzidos e os capitais para os melhores projetos geridos pelos melhores gestores sejam obtidos a menor custo.

A solução de mercado, também chamada *teoria de sinalização*, assenta na ideia de que o mercado proporciona aos gestores os incentivos suficientes para divulgarem toda a informação relevante. Se as empresas não o fizerem, pressupõe-se que os investidores irão supor o pior, venderão as suas ações, o preço destas descerá e isso tornará a empresa vulnerável à aquisição por outras empresas e suscetível a mudanças na gestão[10].

A lógica deste raciocínio merece ser desenvolvida. O ponto de partida é a assunção de que os investidores sabem que os gestores ganham em divulgar notícias positivas e em esconder as negativas[11]. Por conseguinte, os investidores vão inferir, a partir do silêncio da empresa ou da sua relutância em divulgar a informação, que existem más notícias. Os gestores, por seu lado, vão procurar antever as inferências dos investidores e divulgar tanto as boas como as más notícias, a não ser que as más sejam particularmente negativas. Os investidores, por seu lado, também anteveem esta reação, pelo que, se a empresa não divulgar informação, vão supor o pior. O resultado é que os gestores vão sempre preferir divulgar a informação, uma vez que a recusa em fazê-lo levaria sempre a piores consequências que divulgar as notícias negativas.

Uma análise económica mais cuidada revela no entanto que *a teoria da sinalização falha na prática* e que o mercado por si só *não consegue* proporcionar aos gestores os incentivos necessários para a produção e a divulgação da informação necessária ao funcionamento adequado dos mercados financeiros. Entender as razões do fracasso da solução de mercado equivale a encontrar algumas das justificações das medidas de regulação que obrigam as empresas a divulgar informação[12].

2.4 A DIVULGAÇÃO OBRIGATÓRIA DE INFORMAÇÃO: MOTIVAÇÕES E BENEFÍCIOS

Tradicionalmente são apontadas três razões principais para os incentivos do mercado aos gestores para divulgar informação não serem suficientes. Esses motivos residem nos conflitos de interesses entre gestores e investidores, na natureza de bem público da informação financeira e, por último, nos conflitos entre benefícios públicos e privados na produção e na recolha de informação.

Além destes motivos, a obrigatoriedade da divulgação da informação por parte das empresas pode encontrar justificação na incerteza da informação e nas vantagens decorrentes do desenvolvimento de um mercado de investidores informados e do acesso a informação padronizada. A atenuação dos conflitos de interesses entre gestores e acionistas, os benefícios de uma maior liquidez de mercado e o impacto positivo nas regras antifraude são outros dos fatores a merecer consideração.

A) CONFLITOS DE INTERESSES ENTRE GESTORES E INVESTIDORES

Na solução de mercado reconhece-se que existe um conflito de interesses entre gestores e investidores. No entanto, argumenta-se que as consequências negativas desse conflito recaem sobre os gestores na forma de danos reputacionais e maiores custos no acesso ao capital, como se referiu na secção anterior. Esta ideia assenta no pressuposto de que os gestores pretendem desenvolver a sua carreira a longo prazo e de que para isso precisam de manter a confiança dos investidores. Na prática há muitas circunstâncias em que os fatores reputacionais e de acesso a capitais a custos mais baixos não são suficientes para fazer alinhar os interesses dos gestores e dos investidores que necessitam de acesso à informação.

Por exemplo, um gestor que acredita que a queda no preço das ações vai desencadear uma aquisição hostil da empresa e a consequente perda do seu lugar tem incentivos para abdicar da perspetiva de construção de uma reputação a longo prazo. Nestas circunstâncias pode encontrar vantagens em adiar a divulgação de notícias negativas aos agentes de mercado.

O gestor pode, ainda que apenas durante algum tempo, evitar os efeitos da disciplina do mercado de financiamento e do mercado de aquisições empresariais recorrendo ao autofinanciamento (com lucros retidos, portanto) em alternativa à emissão de novas ações ou a medidas de defesa contra operações de aquisição da empresa.

Verifica-se ainda que os incentivos reputacionais podem não ser suficientes para assegurar um nível adequado de informação, por exemplo quando a empresa está em dificuldades ou próximo da falência. Nestas condições os gestores podem decidir não divulgar más notícias (ou até decidir divulgar falsas notícias positivas), uma vez que têm por adquirido que deixarão de exercer a breve trecho a sua atividade. Os dados que apontam para uma tendência crescente para cometer fraudes nas fases finais da atividade empresarial parecem sustentar esta perspetiva[13].

Mas os gestores têm outros incentivos para adiar a divulgação de notícias negativas acerca das empresas. Além da natural relutância em divulgar notícias negativas, os gestores podem adiar essa divulgação na expectativa de as notícias positivas a surgir no futuro compensarem o efeito das notícias negativas. O adiamento das notícias negativas pode igualmente ser justificado pelo receio de que venham a ter um efeito nefasto nos consumidores ou nos fornecedores. Os dados empíricos mostram que as notícias negativas são divulgadas com maior atraso que as notícias de teor positivo[14].

Os gestores podem escolher estrategicamente divulgar as notícias negativas quando os investidores estão menos atentos. É sabido que os recursos de atenção dos investidores são limitados e isso afeta as suas escolhas de investimento e os preços de mercado[15]. Se não existir obrigatoriedade de divulgação da informação, os gestores terão incentivos para explorar os investidores em benefício próprio. Por exemplo, é de esperar que os investidores sejam mais sensíveis à divulgação de informação que à ausência de divulgação de informação. O surgimento de uma nova informação é mais saliente que a ausência de novos dados. Neste contexto, os gestores tendem a apenas divulgar informações quando a sua importância é elevada ao mesmo tempo que procuram reter os factos negativos. Isso leva a que os investidores presentes no mercado, por não conseguirem prestar a atenção devida à ausência de informação, sejam em média excessivamente otimistas acerca da empresa[16].

O nível de atenção dos investidores é também variável ao longo do tempo. Verifica-se por exemplo que os investidores estão mais desatentos a notícias conhecidas fora das horas de funcionamento do mercado[17] e a factos revelados às sextas-feiras, pela proximidade do fim de semana[18]. Ora os dados empíricos mostram que os gestores procuram explorar, de forma oportunística, essa desatenção divulgando preferencialmente as más notícias depois do fecho de mercado, no final da sessão ou às sextas-feiras[19].

A existência de formas de remuneração dos gestores indexadas ao desempenho do preço das ações pode agravar ainda mais os incentivos para que esses agentes manipulem o momento de divulgação da informação. Por exemplo, verifica-se na prática que os gestores tendem a protelar a divulgação de boas notícias e a acelerar a divulgação de más notícias antes do período da atribuição de opções de compra sobre as ações, na tentativa de que o preço de aquisição que lhe vai ser conferido pelas opções seja mais reduzido. Além disso, os gestores tendem a produzir (e divulgar) resultados piores antes desse período[20].

A divulgação obrigatória tem a vantagem de reduzir a quantidade de informação a que os gestores têm acesso exclusivo. Estes podem beneficiar, de diversas formas, do acesso a informações não divulgadas pela empresa à custa dos investidores. Por exemplo, podem prejudicar a empresa levando essa informação com eles para as empresas concorrentes. Embora esta prática possa ser alvo de sanção legal, as dificuldades na aplicação da legislação abrem a possibilidade de que isso ocorra, de qualquer forma. É interessante notar que os custos de transmissão de informação através do mercado de trabalho de gestores podem ter de ser suportados pela empresa ainda que o gestor não saia para um concorrente. De facto, um gestor que permaneça muito tempo na mesma empresa pode de certa forma mantê-la refém uma vez que existe uma ameaça credível de levar informações críticas para um dos concorrentes.

Se a ausência de informações ao mercado é tida pelos investidores como sinónimo de informações negativas que o gestor se recusa a divulgar, então o gestor pode usar essa perceção no seu próprio interesse. A possibilidade de o gestor adquirir a empresa em que trabalha (ou seja, levar a cabo o que é designado por *management buyout*) transforma a reação do mercado a uma divulgação insuficiente de informação num instrumento estratégico que permite ao gestor adquirir as ações da empresa a um valor demasiado baixo (na perspetiva do acionista).

A possibilidade de os gestores transacionarem ações da própria empresa *(insider trading)*, a que nos referiremos com mais pormenor no capítulo seguinte, também proporciona incentivos aos gestores para manipular o momento de divulgação da informação. Neste caso, os gestores reteriam a informação, o que, por ser entendido como um sinal negativo, faria descer os preços das ações; os gestores poderiam assim comprá-las a um preço reduzido e de seguida divulgar as notícias positivas acerca da empresa para as vender a um preço mais elevado. A possibilidade de penalização deste tipo de comportamentos, por exemplo por via contratual, é difícil de pôr em prática já que a deteção pelos acionistas das transações de ações levadas a cabo pelos gestores é regra geral extremamente difícil.

O recurso aos tribunais por parte dos investidores que se sentem enganados pelos gestores não parece uma boa alternativa à regulação. As penalizações legais resultam da compensação a atribuir aos investidores que se sentem lesados por terem atuado com base numa perceção que se revelou falsa e que por esse motivo recorrem aos tribunais. Como se disse, não é de crer que a possibilidade de penalização legal do gestor em consequência do seu comportamento desviante seja eficaz como mecanismo preventivo desses comportamentos. A penalização dos gestores pela ocultação de informação não é automática. Existem custos de litigação a suportar pelos queixosos e a avaliação das circunstâncias em que se deu a ocultação da informação pode não ser fácil: por exemplo, pode ser difícil estabelecer o grau de responsabilidade do gestor (se a não divulgação foi resultado de mera negligência ou se foi dolosa, por exemplo), e pode ser também difícil aferir a importância da informação em causa na decisão do investidor (que poderia ter decidido fazer o mesmo conhecendo a informação em causa), e consequentemente os danos em que incorreu em consequência da sua ignorância. Em qualquer caso, o resultado do recurso aos tribunais é incerto na perspetiva do investidor que busca a compensação. Tal incerteza, aliada às vantagens para o gestor da ocultação da informação, confere a este agente alguma margem de manobra na adoção desse comportamento.

A defesa, por parte dos críticos da regulação, da posição de que se deveria deixar aos gestores a tarefa de decidir em que moldes deve a informação ser comunicada aos investidores sairia reforçada se os dados empíricos sugerissem que os gestores utilizam os meios de comunicação social como mero canal de difusão da informação. No entanto, os dados conhecidos não apontam nesse sentido. Diversos estudos mostram que os gestores empresariais condicionam os meios de comunicação social para que estes veiculem informações que lhes são favoráveis. Passamos a referir, de forma breve, apenas os resultados de três dos estudos mais recentes. Em primeiro lugar, verifica-se que os gestores utilizam empresas de relações públicas para condicionar as partes das notícias que os meios de comunicação devem destacar. O objetivo é evidenciar os aspetos positivos da informação e mitigar a exposição dos fatores negativos (o que se designa por *spin*). Em segundo lugar, observa-se que as despesas de publicidade contratadas pelas empresas junto dos meios de comunicação locais levam a que estes sejam enviesados a favor dessas empresas na divulgação das notícias que lhes dizem respeito. Em terceiro lugar, constata-se que as empresas envolvidas em processos de aquisição empresarial em que são as próprias ações que constituem o meio de pagamento tendem a gerir os meios de comunicação social através da produção e da disseminação de notícias positivas. Pretendem com isso fazer subir os preços das ações no período de determinação do rácio de conversão das ações da empresa adquirente pelas ações da empresa-alvo. A tentativa de condicionamento dos meios de comunicação social é bem-sucedida em todos estes casos. Os investidores, e sobretudo os investidores individuais, são de facto enganados, pelo que os preços sobem de forma exagerada durante algum tempo. O impacto dos conflitos de interesses que afetam os *media*, e que estes resultados deixam perceber, são uma indicação de que é remota a esperança de que sejam as empresas por si só a pugnar por uma divulgação isenta juntos dos investidores da informação que lhes diz respeito[21].

Como se vê, existem diversas circunstâncias em que os incentivos reputacionais e de acesso a capital a custos mais reduzidos não bastam para eliminar os comportamentos oportunistas dos gestores. Sem restrições, os gestores têm frequentemente incentivos para se apropriarem dos recursos gerados pela empresa. Tais ações podem proporcionar-lhes uma riqueza muito superior ao salário que lhes é pago para gerir a empresa. Isso significa que os investidores, na ausência de uma instância que obrigue a empresa a divulgar a informação, não são capazes de interpretar corretamente a ausência de informação; isso tanto pode significar que não existe informação relevante a conhecer, como pode indicar que existem informações negativas que o gestor tem relutância em divulgar, como pode dar-se o caso de ser o gestor de uma empresa em boa situação que está a reter a informação em seu benefício. A ambiguidade da interpretação constitui uma primeira justificação da obrigatoriedade de divulgação de informação pelas empresas[22].

B) NATUREZA DE BEM PÚBLICO DA INFORMAÇÃO

Um bem público é caracterizado pela sua não-rivalidade e não-exclusividade. A não-rivalidade significa que o uso ou consumo do bem por um utilizador não diminui a quantidade disponível desse bem para a sociedade.

A não-exclusividade significa que não é possível impedir a alguém o acesso ao bem.

Um farol para a navegação é um exemplo típico de bem público, já que é difícil excluir a sua utilização por parte de navios específicos e também porque a sua utilização por alguns navios não impede que outros dele façam uso.

A informação acerca das empresas tem características de bem público. É difícil confinar a informação a um único utilizador porque existem em geral bons motivos para a transmitir a outros agentes. Quando um investidor tem acesso a uma determinada informação acerca de uma empresa – por exemplo uma notícia positiva –, tem incentivos para utilizar a informação (comprando ações da empresa) e para em seguida a divulgar a outros investidores, para que estes, tomando igualmente uma posição compradora nas ações, contribuam para que o seu preço aumente. É relativamente fácil e pouco dispendioso reproduzir e distribuir a informação, em comparação com outros bens e serviços. Assim, uma vez divulgada uma informação, é difícil evitar que os agentes que nada pagaram por ela a utilizem. Dado que os agentes podem beneficiar da informação sem ter de a pagar, existem incentivos para utilizar a informação sem participar nos seus custos de produção. O valor da informação é constituído pela soma do valor que dela retiram todos os seus utilizadores. Uma vez que os agentes que incorrem no custo de produção da informação não conseguem capturar todo o seu valor, o resultado – habitual no caso dos bens públicos – é uma produção de informação inferior à que seria socialmente desejável.

Este raciocínio aplica-se tanto à produção de informação por parte da empresa como à informação produzida pelos investidores. No caso da empresa, os custos de produção da informação são suportados pela própria empresa, mas essa informação é útil não apenas para os agentes que nela investiram mas também para outros. Os acionistas de empresas que não a que divulga a informação constituem um primeiro grupo de agentes que recolhem benefícios da informação. A informação é valiosa mesmo para os investidores que não são acionistas da empresa, uma vez que lhes permite comparar melhor os méritos de investir nas ações da empresa com os de investimentos alternativos. De facto, em grande medida, o processo de aferição do valor de uma ação é relacional, ou seja, o valor das ações da empresa A é estabelecido pelos investidores em relação com o valor das ações da empresa B, que por sua vez se relaciona com o valor das ações da empresa C, e assim sucessivamente.

Em segundo lugar, a informação é útil para credores, trabalhadores, fornecedores e clientes da empresa, já que lhes permite melhorar a sua posição negocial perante a própria empresa.

Em terceiro lugar, a informação divulgada pela empresa pode beneficiar os consumidores de toda a economia. A informação erode o poder de mercado não só da própria empresa, mas também das empresas que atuam no mesmo sector, e isso gera ganhos de bem-estar para os consumidores. Por exemplo, podemos supor que duas empresas detêm informações que lhes permitem explorar de forma oligopolística uma vantagem competitiva. Se uma das empresas for obrigada a divulgar essa informação, a disseminação pública da informação irá reduzir a vantagem competitiva previamente detida por ambas as empresas. Os lucros de ambas irão diminuir e os consumidores dessa economia serão beneficiados[23].

Por último, e porventura o mais importante, a informação divulgada pela empresa é de particular valor para os seus concorrentes efetivos ou potenciais uma vez que lhes permite avaliar a sua posição face à empresa e reagir à informação divulgada, por exemplo alterando a sua política de preços, entrando nos segmentos de mercado mais rentáveis (ou saindo dos menos rentáveis), etc. Os estudos empíricos sugerem que a preocupação com a transmissão de informação relevante aos concorrentes pode condicionar a sua produção. Dois exemplos permitem ilustrar este facto. Em primeiro lugar, observa-se que, nas transações em que a informação partilhada pelas empresas com os investidores não se torna disponível ao público em geral, os investidores tendem a receber um conjunto mais significativo de informações que os investidores de empresas cotadas[24]. Em segundo lugar, verifica-se ainda que é mais provável que as empresas revelem informações detalhadas acerca dos seus diversos segmentos de negócio quando os seus lucros estão a decrescer (caso em que a empresa sofrerá menos por ação dos seus concorrentes atuais e por entrada de novos concorrentes, entretanto informados acerca da lucratividade do segmento de negócio) ou quando existe menor variabilidade na lucratividade dos seus segmentos de negócio (caso em que é provável que o dano para a empresa decorrente da revelação da informação seja menor)[25].

Uma vez que cada uma das empresas existentes na economia beneficia com a informação divulgada pelas restantes, se não houvesse nenhum mecanismo de regulação seria de esperar que cada uma das empresas preferisse beneficiar com a informação dos concorrentes e proteger a sua própria informação. Como facilmente se percebe, esta prática conduziria muito provavelmente a um ambiente com menos informação que a adequada[26].

No caso de um investidor que produz a informação, como já foi referido, os incentivos para a sua divulgação levam a que outros agentes além do que a produz beneficiem dela. Esses benefícios, por não serem capturados pelo produtor da informação, levarão a um fornecimento subóptimo desse bem.

Em geral é necessária a intervenção de instituições públicas para assegurar o nível adequado de fornecimento de bens públicos, uma vez que o mercado não consegue assegurar esse fornecimento. No caso da informação, tal não é diferente. Sem a intervenção de um regulador seria provavelmente produzida menos informação que a adequada e o investidor não poderia aperceber-se da natureza do problema a partir da relutância em divulgar a informação: o gestor pode estar a comportar-se assim por más razões (ou seja, para esconder informação negativa ao acionista) ou por boas razões (para impedir que uma informação valiosa passe a ser do conhecimento dos concorrentes, por exemplo). Assim, a natureza de bem público da informação constitui uma segunda justificação de um sistema de regulação que institua a divulgação obrigatória de informação por parte das empresas.

C) CONFLITO ENTRE BENEFÍCIOS PRIVADOS E BENEFÍCIOS SOCIAIS

Apesar de o caráter de bem público da informação levar a pensar que a informação produzida num mercado sem regulação seja menos que a desejável, também há dados que levam a crer que os investidores podem na verdade estar a produzir informação em excesso.

Sem um mecanismo que coordene os esforços dos investidores, estes agentes, numa tentativa (a maior parte das vezes vã) de se antecipar aos concorrentes, tendem a incorrer em custos elevados para obter informação que *a posteriori* se mostra frequentemente redundante[27]. Esses esforços duplicados de obtenção da informação tanto podem ter natureza financeira (como quando o investidor despende recursos financeiros para adquirir informação produzida por outrem) como podem ser de caráter não-financeiro (tempo despendido na interpretação da informação, por exemplo).

Existem indicações empíricas de uma desproporção entre os elevados benefícios privados *apercebidos* pelos investidores, com os correspondentes custos suportados na produção ou aquisição da informação, e os limitados benefícios sociais que resultam do seu esforço. Entre esses benefícios sociais não se podem incluir as mais-valias que alguns investidores obtêm com as suas transações, uma vez que esses ganhos correspondem a perdas sofridas por outros investidores. Nesta perspetiva, os mercados financeiros podem ser considerados um jogo de soma nula entre os investidores[28]. Já entre os benefícios sociais podem contar-se, isso sim, as vantagens de haver mercados financeiros que, por refletirem de forma adequada a informação disponível, auxiliam os agentes económicos a canalizar as suas poupanças para as empresas e os projetos mais promissores. Ora os dados empíricos mostram que os investidores em geral transacionam em demasia, e suportam custos de transação que prejudicam o seu desempenho. Isto sugere que os investidores atuam com base em informações que julgam não estarem ainda refletidas nos preços, quando na realidade outros investidores já fizeram uso dela[29]. Este tipo de comportamento, que dá azo a esforços duplicados de produção ou aquisição de informação, pode ser provocado pelo excesso de confiança dos investidores, o que os leva a sobrevalorizar a relevância da informação de que dispõem em detrimento da informação ao dispor dos seus pares[30].

Os dados empíricos sugerem que existe uma elevada desproporção entre os altos custos suportados pelo conjunto dos investidores e os ganhos relativamente reduzidos em bem-estar social decorrentes da melhoria da afetação de recursos. Por exemplo, verifica-se que os custos de transação e de produção de informação suportados por todos os investidores são em geral superiores em valor ao montante global de financiamento obtido pelas empresas num dado período[31].

Percebe-se assim como os agentes de mercado podem produzir ao mesmo tempo menos e mais informação que a desejável do ponto de vista social. A natureza de bem público da informação leva-os a produzir menos informação que a adequada e a centrar-se num conjunto de empresas demasiado reduzido; já o conflito entre os benefícios privados e sociais leva-os a produzir parcelas de informação *repetida* sobre as mesmas empresas. A produção de parcelas de informação que se espera venham a ser obtidas por um número muito restrito de investidores não é atrativa, uma vez que essa informação, dado o reduzido número de investidores que a ela têm acesso, sobretudo se se tratar de investidores com reduzido poder de mercado, dificilmente se repercutirá nos preços de mercado. A tendência natural é assim para que os investidores, considerados enquanto coletivo, sobreinvistam em informações entendidas como mais relevantes, sobretudo se forem relativas às empresas com maior visibilidade. Neste sentido, é de esperar um elevado sobreinvestimento, por exemplo na previsão dos dividendos a distribuir no ano seguinte por uma empresa de grande dimensão[32].

Se o mercado de informação não fosse regulado dar-se-ia provavelmente que a informação relativa a algumas empresas seria muito abundante enquanto os dados relativos a outras empresas seriam escassos.

Nesta medida, um sistema de divulgação obrigatória de informação, que centralize a produção de informação nas empresas, justifica-se para minimizar o desperdício de recursos, do ponto de vista social, que é levado a cabo pelos investidores. Não é necessário que agentes económicos rivais incorram em despesas para produzir dados essencialmente duplicados quando a regulação produz de forma centralizada um repositório de informação. A regulação tem assim efeitos benéficos potenciais tanto em caso de produção insuficiente de informação (por causa do seu caráter de bem público) como no caso de produção redundante de informação (por efeito do conflito entre os benefícios privados apercebidos e os benefícios sociais).

D) INCERTEZA

Uma outra razão para a solução de mercado não proporcionar o nível adequado de informação prende-se com o facto de o conjunto de informações potencialmente relevantes ser indefinido, o que impossibilita as inferências, por parte dos investidores, acerca da parcela de informação que a entidade emitente decidiu não divulgar.

As empresas diferem muito umas das outras e a informação financeira pode ser extremamente técnica e detalhada. Embora a omissão na comunicação de informação seja evidente nalguns casos – tome-se a omissão na divulgação de resultados, por exemplo –, é em geral difícil perceber se, no caso de informação menos rotineira ou mais detalhada, a informação está a ser retida pelas empresas.

Como vimos, há vários fatores que podem levar os gestores a reter informação em circunstâncias em que os investidores não podem presumir que existe. Por exemplo, as empresas podem ser sensíveis à revelação de informação que as deixe em desvantagem face aos concorrentes. Ora alguns investidores podem presumir que tal informação existe (por exemplo, informação detalhada relativa às vendas e margens em cada uma das linhas de produto), mas também pode existir informação de cuja existência os investidores não têm razões para suspeitar (por exemplo, problemas relacionados com o fabrico de produtos).

Outros fatores, como os conflitos de interesses entre gestores e acionistas e a natureza pública da informação, podem igualmente levar o gestor a omitir informação ao mercado.

Em qualquer caso, a possibilidade de omissão da informação conduz a dois tipos de incerteza para o investidor: i) incerteza quanto a existir informação em falta e ii) incerteza quanto à natureza dessa informação, se existir.

Considere-se o seguinte exemplo, que ilustra a dificuldade em detetar uma informação errada fornecida pela empresa. Imagine-se que a empresa divulga que estima ser de 10% a probabilidade de ocorrência de um resultado negativo numa sua subsidiária, quando na verdade sabe que essa probabilidade é de 20%. Nestas circunstâncias existe uma probabilidade de 80% de o resultado negativo não ocorrer, caso em que o erro não será detetado. Além disso, há outros fatores que contribuem para a volatilidade dos resultados da empresa que podem disfarçar o erro de informação ainda que o risco se concretize. Por exemplo, o resultado adverso pode ser mais que compensado por resultados positivos noutras operações ou por efeito de alterações noutras variáveis de mercado, como as taxas de juro. Mesmo que o risco de um resultado negativo se concretize, não será claro se o risco foi subestimado inicialmente ou se o resultado reflete apenas a probabilidade divulgada (neste caso a empresa poderia continuar a argumentar que o resultado negativo observado reflete a probabilidade de ocorrência de 10%)[33].

A combinação dos incentivos económicos para não divulgar a informação com a dificuldade em detetar os casos em que o gestor não divulga informação em seu próprio interesse torna provável o aproveitamento da situação pelos gestores menos escrupulosos. Um sistema de divulgação voluntária de informação carece dos mecanismos de credibilidade necessários para distinguir um empreendedor ou gestor bem-intencionado de um agente incompetente ou com intenções fraudulentas. Se o sistema assentar no puro voluntarismo, os investidores carecerão da certeza quanto à informação, uma vez que surgirá a dúvida sobre se a informação divulgada é precisa de forma consistente ou se a divulgação da informação se dá de forma seletiva para favorecer a imagem dos gestores.

Para que os mercados beneficiem de tal divulgação, a informação tem de ter credibilidade para os investidores – uma certeza que é um dos benefícios proporcionados pelos sistemas de regulação. Um sistema claro de regulação minimiza os custos de transação e os riscos a suportar pelos investidores. Para a economia como um todo, traduz-se num funcionamento mais eficiente dos mercados financeiros e numa melhoria da afetação social de recursos.

A existência de regras que obriguem à divulgação de informação permite mitigar o problema da incerteza na interpretação dos sinais dados pelos gestores que descrevemos nesta secção[34].

E) DESENVOLVIMENTO DO MERCADO DE INVESTIDORES INFORMADOS

A existência de um mercado competitivo de investidores informados constitui um dos fatores críticos no adequado funcionamento dos mercados financeiros. Na categoria dos investidores informados podem incluir-se entre outros os investidores institucionais profissionais, como os gestores de fundos de investimento, fundos de pensões e outros, e os analistas financeiros. Trata-se de investidores qualificados e com conhecimentos especializados e por isso mais capazes, em princípio, de recolher e interpretar a informação necessária para formar uma opinião consistente acerca da evolução dos mercados financeiros.

A importância dos investidores institucionais na formação dos preços é atestada pela evolução, ao longo das últimas décadas, da sua representatividade no mercado. No ano de 1980, os investidores institucionais detinham apenas 5,1% do total das ações cotadas nos EUA, contra 47,9% dos investidores individuais. Em 2004, os investidores institucionais ultrapassaram os investidores individuais, de acordo com este indicador, e em 2007 os valores eram já de 35,1% e de 21,5%, respetivamente[35].

Os investidores informados desempenham duas funções importantes para a eficiência do mercado. Em primeiro lugar, recolhem informação proveniente de outras fontes que não as empresas, mas relevantes para aferir o valor dos ativos financeiros. Referimo-nos, mais especificamente, a variáveis exógenas às empresas, de que o gestor empresarial não tem especial conhecimento, e que são suscetíveis de afetar um grande número de títulos, como são as variáveis macroeconómicas (taxas de juro, taxas de inflação, previsões de crescimento da economia, etc.) e outras com implicações em toda a economia (atuação do sector empresarial público, decisões políticas, atitudes dos consumidores, tendências de evolução demográfica, etc.). Em segundo lugar, os investidores informados verificam, testam e comparam as informações disseminadas pelas empresas. Embora os investidores individuais possam desempenhar também estas funções de recolha e verificação da informação, os investidores informados podem fazê-lo com um custo mais reduzido, uma vez que é plausível supor que existem economias de escala e de gama significativas associadas àquelas tarefas. Consequentemente, é de esperar que os investidores informados tenham uma maior responsabilidade no correto funcionamento dos mercados financeiros, na maioria dos casos.

Os benefícios da atuação dos investidores informados fazem-se sentir em diversos planos. Em primeiro lugar, um mercado competitivo de investidores profissionais propiciará o surgimento e a manutenção de um mercado mais líquido e em que os preços refletem mais e melhor informação. Essas condições por sua vez induzem a formação de preços mais próximos do valor fundamental dos ativos e, como já foi referido no primeiro capítulo, isso pode facilitar a afetação adequada dos recursos da sociedade aos novos projetos de investimento. Dada a importância dos investidores profissionais nos mercados atuais, a que já fizemos referência, é de supor que a sua atuação constitua um dos mecanismos mais importantes (se não mesmo o mais importante) de eficiência de mercado. Estas asserções têm sido verificadas empiricamente. Por exemplo, observa-se que uma maior cobertura do mercado por parte dos analistas financeiros se traduz num aumento da liquidez[36] e que os desvios de preço face aos fundamentais tendem a ser mais reduzidos nas ações seguidas com maior atenção pelos investidores institucionais[37].

Em segundo lugar, é de esperar que a atuação eficiente dos investidores profissionais tenha repercussões positivas, também pela via dos preços, na gestão das empresas já existentes. De facto, os investidores informados proporcionam informação relevante acerca do desempenho da equipa de gestão tanto às instâncias internas de controlo dessa equipa como aos investidores em geral. Além disso, ao penalizar os gestores menos competentes por via de preços mais reduzidos nas ações, os investidores informados sinalizam potenciais problemas de gestão aos credores da empresa e tendem a tornar essas empresas mais suscetíveis a aquisições e a mudanças na equipa de gestão[38].

Em terceiro lugar, o adequado funcionamento dos mercados financeiros tem consequências positivas para os investidores. Estes beneficiam da maior abundância de informação e de um maior número de empresas ser monitorizado pelos investidores profissionais. Além disso, os investidores em geral são atraídos por mercados mais líquidos, onde as vendas podem ser realizadas rapidamente e a preços próximos dos de mercado. Ora, conforme se referiu, a atuação dos investidores informados está associada a uma maior liquidez de mercado.

No entanto, apesar destas vantagens, é de esperar que os investidores informados, à semelhança dos restantes agentes de mercado, sejam afetados, entre outros fatores, i) por a informação produzida ter caráter de bem público e ii) pelo conflito entre benefícios privados e benefícios sociais a que fizemos referência nas secções anteriores. No que diz respeito ao primeiro fator, é de notar que a informação produzida pelo investidor profissional dificilmente poderá ser protegida. Por exemplo, os investidores institucionais têm fortes incentivos para disseminar a informação de que dispõem depois de a terem utilizado para transacionar, de forma a facilitar os movimentos de preço em seu favor[39]. A incapacidade de captura da totalidade do valor da informação produzida pelo investidor conduzirá a um nível de procura e verificação de informação inferior àquele que os agentes económicos (acionistas, credores, sociedade em geral) desejam.

A discrepância entre os benefícios públicos que decorrem do adequado funcionamento dos mercados financeiros e os benefícios privados implícitos na detenção da informação afeta também os investidores profissionais. Se se pudesse inferir que a relutância das empresas em divulgar informação é devida à existência de informações negativas, isso traduzir-se-ia numa descida de preços das ações. A possibilidade de adquirir as ações a um preço baixo e de as vender a um preço mais elevado, depois de se refletir nos preços a informação a ser revelada, criaria um incentivo para os investidores profissionais procurarem informação relevante. Mas, como se explicou nas alíneas anteriores, não é o caso: os investidores não conseguem interpretar os motivos da não-divulgação da informação. Não é por isso possível induzir os gestores mais incompetentes a divulgar a informação. Em vez disso, os investidores profissionais incorrerão também eles em esforços de procura e interpretação de informação duplicados. Essa produção redundante de informação traduzir-se-á, no caso dos investidores informados, num interesse excessivo em empresas com maior dimensão e visibilidade e na falta de acompanhamento das restantes[40].

É de esperar que os dois efeitos que acabamos de referir produzam um mercado de investidores profissionais menos competitivo, com menos agentes e menor investimento na procura de informação nova.

A produção centralizada de informação por parte das empresas é suscetível de mitigar estes problemas. Ao ultrapassar o problema de bem público da informação assegura ao mercado um nível mais elevado no fornecimento desse bem; ao mesmo tempo, incentiva os profissionais de mercado a produzir mais informação, já que elimina a possibilidade de os custos de procura da informação, agora divulgada pelas empresas, serem duplicados por diversos profissionais de mercado. O relativamente reduzido investimento suportado pela empresa na divulgação da informação pode traduzir-se assim numa poupança significativa nos custos com a produção e verificação da informação de todos os investidores profissionais.

Um regime de divulgação obrigatória de informação pelas empresas acarreta outros benefícios em termos de custos. Ao transferir a produção de informação específica à empresa dos profissionais de mercado para a própria empresa, a regulação contribui para diminuir não apenas os custos suportados pelos investidores profissionais mas também, provavelmente, os custos de produção da informação da sociedade como um todo. De facto, é de esperar que essa informação seja produzida de forma mais económica pela empresa, uma vez que pelo menos parte dessa informação constitui um subproduto da gestão empresarial – pense-se no caso dos valores relativos às vendas ou aos custos de produção, por exemplo – e acarreta custos adicionais de divulgação que podem ser considerados negligenciáveis[41].

Deve ser ainda referido que algumas parcelas de informação relativas à empresa, pela sua natureza, podem não estar ao alcance dos investidores informados, mesmo com custos muito elevados. A incerteza, fator a que fizemos referência na secção anterior, pode desempenhar aqui um papel importante. A estimativa do significado dessa informação nos preços tem de ser então baseada em estimativas, necessariamente muito imprecisas, quanto à sua existência e teor, com as necessárias implicações no acréscimo de volatilidade nos preços. Nesta medida, é de esperar que a revelação da informação por parte da empresa contribua igualmente para a melhoria do funcionamento dos mercados financeiros.

O retorno líquido obtido com a transação de ativos de mercado como ações é constituído pelo retorno bruto (diferença entre preço de venda e preço de compra acrescentado de eventuais dividendos recebidos) subtraído dos custos com a produção e a verificação da informação e dos custos de transação. Um investidor profissional pode aumentar o retorno líquido aumentando o retorno bruto ou reduzindo os custos de informação e transação. O regime de divulgação obrigatória de informação produz um aumento do retorno desses investidores por via da diminuição dos custos de informação. A informação passa a ser divulgada pelas empresas e isso potencia as economias de escala e de gama na análise da informação. Do mesmo modo que a informação relativa ao mercado em geral (por exemplo, informação macroeconómica) pode ser utilizada na apreciação do valor das ações de muitas empresas diferentes, as informações específicas das empresas podem ser utilizadas para analisar não apenas a empresa em causa, mas também aquelas empresas com que compete ou com que interage. É assim a divulgação da informação por parte da generalidade das empresas que permite aos investidores profissionais aproveitar em pleno as economias de escala e de gama na análise da informação. Com a redução dos custos, e considerando tudo o resto constante, segue-se que o investidor profissional terá incentivos para produzir mais informação e acompanhar um maior número de empresas, com as vantagens já aduzidas.

Ao longo do tempo, o aumento no retorno dos gestores de carteiras profissionais e analistas financeiros que resulta da redução dos custos de informação induzirá tendencialmente a entrada de novos concorrentes no mercado, com o previsível aumento da competição no sector[42].

As vantagens da redução dos custos de informação dos investidores profissionais estão bem estabelecidas na literatura empírica. Por exemplo, verifica-se que um aumento da divulgação da informação por parte das empresas se traduz numa maior cobertura do mercado por parte dos analistas financeiros e numa maior atratividade dessas ações para os investidores institucionais[43]. Por sua vez, mais informação divulgada pelas empresas e um maior acompanhamento por parte desses investidores profissionais tornam mais acertadas as suas previsões acerca do desempenho das empresas e menos voláteis as revisões dessas previsões[44].

Como se depreende do que foi dito, o regime de divulgação obrigatória de informação pode ser entendido como uma estratégia de redução de custos através da qual a sociedade subsidia os custos de informação dos investidores profissionais para assegurar a presença de uma maior quantidade e qualidade de informação no mercado[45].

F) PADRONIZAÇÃO DA INFORMAÇÃO

Um regime caracterizado pela divulgação obrigatória de informação tem a vantagem de assegurar a padronização da informação fornecida aos investidores.

Numa solução não regulada, cada empresa estaria livre para definir o formato da informação bem como o momento da sua revelação. A falta de uniformidade daí decorrente prejudicaria a comparabilidade dos dados, o que faria que a informação fornecida por cada empresa fosse em si menos útil e por isso menos valiosa para os investidores. Dado que o processo de aferição do valor das ações tende a ser relacional, conforme se disse anteriormente, a homogeneidade no formato da informação divulgada e no momento da sua divulgação tem a vantagem de facilitar as comparações levadas a cabo pelos investidores. Por seu turno, uma maior comparabilidade diminui os custos de processamento da informação e melhora os processos de aferição de valor dos ativos, tornando os preços mais informativos[46].

Por ser útil para os investidores, a uniformidade no formato de divulgação da informação e a comparabilidade da informação relativa a cada empresa também pode ser útil para as entidades emitentes que desejem efetivamente que os seus acionistas estejam bem informados. Apesar disso, nenhuma empresa individualmente considerada pode ter incentivos suficientemente fortes para investir na criação e na promoção de um formato comum de divulgação, dado que os custos são suportados pela empresa, mas as vantagens serão sentidas pela generalidade dos investidores. O formato ótimo de divulgação pode implicar a utilização de linguagem especializada – pense-se nos princípios contabilísticos, com as suas definições detalhadas de cada conceito, como um exemplo de linguagem especializada na divulgação de informação –, sem que nenhuma empresa por si só possa recolher uma parte significativa dos benefícios de criar e empregar essa linguagem; outros poderiam usar o mesmo formato sem pagar por isso. Por vezes a facilidade de utilização de um dado formato de divulgação da informação vai depender da adoção desse formato por outras empresas, de forma a facilitar comparações entre investimentos. E as outras empresas podem não estar dispostas a cooperar. Por outras palavras, a padronização da informação pode ser entendida, também ela, como um bem público do ponto de vista de cada empresa[47].

Como é habitual no caso dos bens públicos, as soluções de mercado não são em geral eficazes. No caso a que nos referimos, por exemplo, a classe profissional dos contabilistas, que concordam na utilização de uma linguagem comum, poderia servir para promover a padronização da informação. Os contabilistas e outros profissionais relacionados com a informação financeira poderiam fazer que os custos de criar e manter uma linguagem-padrão fossem disseminados por todas as empresas. No entanto, esta solução não é satisfatória, já que é provável que os conflitos de interesses desempenhem aqui um papel importante. De facto, é de admitir que esses profissionais sofressem pressões por parte das empresas no sentido de empregarem, de forma incorreta, os critérios contabilísticos; nestas circunstâncias, a intervenção do regulador tem o potencial de se constituir como a solução mais económica para reduzir os custos de aplicação de critérios de padronização da informação[48].

Os dados empíricos sugerem que a adoção de regras contabilísticas claras, definidas através da regulação, favorece a atuação dos profissionais de mercado, com as vantagens elencadas na secção anterior, e torna mais relevante a informação revelada pelas empresas[49].

Na ausência de regulação, as empresas têm incentivos para reter uma parte significativa da informação relativa às suas atividades passadas, futuras e correntes e os investidores poderiam levar a cabo apenas inferências imprecisas acerca das intenções dos gestores e da integridade da informação divulgada. A padronização pode não ocorrer de forma espontânea ou, mesmo que seja atingida, o processo pode ser excessivamente ínvio e moroso.

Pelo contrário, um sistema de regulação define o momento e os moldes específicos em que a informação se tem de apresentar. Ao fazê-lo, estabelece, de forma rápida, um enquadramento comum para a divulgação de informação empresarial, o que permite solucionar o problema da coordenação entre as empresas. Além disso, a padronização faz diminuir os custos de análise e de comparação da informação tornando a sua utilização mais eficiente. O investidor pode preocupar-se apenas com selecionar as empresas onde aplicar as suas poupanças sem ter de se ocupar com investigações prolongadas das práticas de divulgação de informação de cada empresa em particular.

G) OUTROS EFEITOS BENÉFICOS

Um sistema de regulação que imponha a divulgação obrigatória de informação pode acarretar um conjunto de outros benefícios. Entre esses sublinhem-se a diminuição dos conflitos de interesses entre os gestores e os acionistas, o aumento da liquidez de mercado e o aumento da eficácia das regras antifraude.

Vimos que a existência de conflitos de interesses entre o gestor e o investidor constitui uma das justificações da obrigatoriedade da divulgação de informação por parte da empresa. Ora essa divulgação obrigatória de informação, ao aumentar a quantidade de informação disponível, pode ter a consequência de reduzir esses conflitos de interesses por meio dos seus efeitos benéficos em dois mecanismos de mercado: o mercado de controlo empresarial e a compensação dos gestores baseada no preço das ações.

A existência de um dever de divulgação de informação tende, em princípio, a tornar mais eficiente o mercado pelo controlo empresarial. O pressuposto é que mais informação disponível aumenta a precisão dos preços das ações e isso reduz os conflitos de interesses dos agentes que temos vindo a referir. Os efeitos no mercado de controlo empresarial fazem-se por duas vias. Comecemos pela primeira. Os potenciais adquirentes de uma empresa que acreditam estar a ser mal gerida têm de determinar se compensa suportar os custos necessários à aquisição. Em ordem a fazer esses cálculos têm de procurar estimar o valor da empresa caso passasse a pertencer-lhes. Esta avaliação é, naturalmente, arriscada: podem ocorrer erros nessa estimativa. No entanto, é de esperar que uma maior quantidade de informação disponível reduza esses riscos. Uma maior precisão da estimativa significa que um menor desvio aparente entre as decisões tomadas pela gestão atual da empresa-alvo e as decisões que o adquirente pretende aplicar pode ser suficiente para desencadear a operação de aquisição empresarial. O efeito, como é compreensível, é aumentar a pressão sobre os gestores para decidirem a favor dos interesses da empresa. Mas há uma segunda via através da qual uma maior divulgação da informação pode tornar o mercado de controlo mais eficiente. Ainda que um adquirente potencial tentasse comprar a empresa a um preço demasiado baixo, a existência de informação abundante sobre a mesma propiciaria o surgimento de propostas de compra concorrentes. Um sistema de divulgação obrigatória de informação responde às necessidades de recolha de informação por parte dos adquirentes potenciais, como que subsidiando os custos de obtenção de informação dos candidatos à compra da empresa. Tende assim a aumentar a competição e a capacidade disciplinadora no mercado pelo controlo empresarial. Com uma maior divulgação de informação, os atuais gestores terão menos incentivos para adotar projetos de investimento que diminuem os lucros mas satisfazem os seus objetivos pessoais, ou para manter ativos que seriam mais valorizados se estivessem na posse de outras empresas.

Apesar disso, é importante notar que existem importantes limitações do mercado de controlo enquanto mecanismo de disciplina dos gestores. Também aqui os conflitos de interesses entre gestores e acionistas podem desempenhar um papel importante. Por exemplo, tem sido notada a tendência para os gestores das empresas adquirentes recolherem bónus elevados para efetuar operações de aquisição que prejudicam os interesses dos acionistas dessas empresas[50]. Além disso, existem outras boas razões para acreditar que a capacidade disciplinadora do mercado de controlo é bem menor que o que poderia à partida pensar-se (ver secção 3.3, alínea *a*), no capítulo seguinte).

A divulgação obrigatória de informação pode atenuar os conflitos de interesses entre os gestores e os acionistas por via dos sistemas de remuneração dos gestores baseados no preço das ações. Um dos principais inconvenientes destes sistemas quando comparados com os sistemas de remuneração convencionais baseados num salário fixo tem a ver com o risco acrescido para os gestores. Uma vez que estes agentes têm a sua reputação e a sua perspetiva de carreira ligadas ao desempenho da empresa, a aceitação de um sistema de remuneração indexado ao preço das ações traduz-se em princípio na assunção de um risco demasiado elevado: num mercado de ações pouco eficiente, existe o risco de as ações estarem subvalorizadas e isso penalizará injustamente o gestor. Se se tomar como certo que a existência de mais informação no mercado torna os preços das ações mais precisos, isso pode contribuir para reduzir o risco apercebido pelo gestor. A consequência é este agente estar mais inclinado a aceitar essa forma de remuneração num ambiente em que a informação é mais abundante. Com uma maior parte da sua remuneração indexada ao preço das ações, os gestores terão maiores incentivos para alinhar as suas decisões com as que melhor servem os interesses a curto prazo dos acionistas.

No entanto, também aqui é devido um ponto de cautela: a experiência mostra que os sistemas de remuneração baseados na evolução do preço das ações, quando mal concebidos, podem ter efeitos nefastos para a empresa. Em vez de se preocupar com as perspetivas da empresa a longo prazo, o gestor pode adotar políticas que inflacionam os lucros a curto prazo – fazendo aumentar assim o preço das ações –, mas prejudicam a lucratividade da empresa a longo prazo. O reconhecimento prematuro de receitas, o adiamento no reconhecimento de despesas ou a adoção de investimentos que não se irão traduzir num aumento da lucratividade futura da empresa são algumas das formas de inflacionar os resultados a curto prazo em detrimento das perspetivas a longo prazo. Os dados empíricos revelam que a remuneração dos gestores via ações nem sempre corresponde ao desempenho empresarial. Além disso, alguns estudos mostram uma ligação entre sistemas de remuneração empresarial baseados no desempenho das ações e práticas de manipulação da informação financeira. Como é evidente, um sistema de remuneração que privilegie o desempenho empresarial a longo prazo tornará menos provável a manipulação dos resultados por parte dos gestores. Na sequência da crise financeira do *subprime* tem havido sugestões no sentido de melhor balancear os incentivos ao lucro com a gestão do risco empresarial. Defende-se por exemplo a introdução de cláusulas nos contratos dos gestores que estabeleçam a devolução dos benefícios que lhes foram atribuídos caso se dê um determinado evento (são as denominadas cláusulas *clawback*), ou a atribuição nos pacotes de remuneração dos gestores de dívida subordinada ou de carteiras de ativos financeiros de forma a melhor balancear os incentivos ao lucro com a gestão do risco empresarial[51].

As regras de divulgação de informação podem refletir-se positivamente na atuação dos gestores num outro sentido. A obrigatoriedade de produzir informação pode contribuir para um melhor conhecimento da empresa pelos gestores. A regulação, ao forçá-los a recolher e analisar a informação de forma contínua, pode torná-los mais conscientes de eventos e circunstâncias de que de outra forma não teriam conhecimento, e um maior conhecimento pode refletir-se positivamente no desempenho da empresa.

A divulgação obrigatória de informação conduz à produção de uma maior quantidade de informação face à solução de mercado. Ora essa maior quantidade de informação tende a produzir por sua vez efeitos positivos na liquidez dos mercados de ações e na redução do custo dos capitais a que as empresas têm acesso. Uma vez que a liquidez tem um efeito positivo nos custos, os recursos sociais podem encontrar uma afetação mais eficiente se aumentar a informação divulgada pelas empresas. O *bid-ask spread* pode ser definido como a diferença entre o preço a que os investidores aceitam ordens de compra e aquele a que aceitam ordens de venda. Quanto maior for o *spread*, menos líquidas serão as ações emitidas pela empresa e menos valiosas serão para os investidores que as detiverem. Quando uma empresa emite novas ações para se financiar, quanto maior for o *spread* que os investidores prevêm que vigorará nessas ações no futuro, menor será o preço a que a empresa poderá vender os títulos e por conseguinte maior será o custo desses capitais. Ao reduzir a quantidade de informação não pública, e com ela as oportunidades para os investidores transacionarem com base em informação privilegiada (ver o capítulo seguinte), a divulgação periódica de informação tende a contribuir para diminuir os *bid-ask spreads*, para aumentar a liquidez e consequentemente reduzir os custos do capital[52]. Os dados empíricos suportam a ideia de que uma maior divulgação de informação aumenta a liquidez e reduz os custos de acesso ao capital (ver alínea *c*) na secção 2.7). A longo prazo é de admitir que a liquidez dos mercados financeiros tenha um impacto positivo na atividade dos empreendedores, uma vez que estes poderão aceder a capitais em melhores condições de custo.

Por último, a obrigatoriedade de prestação de informação pode ajudar a evitar a fraude, desde que esteja implementado um mecanismo eficaz para garantir um nível de divulgação de informação precisa e completa. De facto, a obrigatoriedade de divulgação de informação aumenta o poder da legislação antifraude, já que estabelece um nível mínimo de divulgação. Por isso o regime de divulgação obrigatória de informação garante que a omissão de informação por parte das empresas não é uma opção que os gestores possam tomar para evitar ser penalizados pelas leis antifraude, tornando assim mais efetiva a proteção proporcionada por estas leis[53,54].

2.5 CUSTOS E LIMITAÇÕES DO REGIME DE DIVULGAÇÃO OBRIGATÓRIA DE INFORMAÇÃO

Vimos que a regulação da informação a divulgar pelas empresas, através da instituição de um regime de divulgação obrigatória da informação, envolve diversas vantagens económicas. É no entanto necessário ponderar esses benefícios em conjunto com as limitações e os custos inerentes a esse regime de regulação.

Comecemos com uma limitação importante. Para que um regime de divulgação obrigatório de informação funcione é necessário que se cumpram duas condições. Em primeiro lugar, a informação tem de ser divulgada. Em segundo lugar, os destinatários da informação têm de ser capazes de a interpretar corretamente. Existe o perigo de o regulador financeiro dedicar mais atenção ao cumprimento da primeira condição, sem cuidar de assegurar as condições mínimas de utilização efetiva da informação. Ora é sabido que os indivíduos têm capacidades cognitivas limitadas em termos de memória, atenção e capacidade de cálculo, por exemplo. Assim, num mundo em que tanto a quantidade de ativos suscetível de ser transacionada como a complexidade das economias tem aumentado exponencialmente, é natural que se apontem reservas à capacidade dos agentes de mercado para fazer uso da extraordinária quantidade de informação ao seu dispor. Será por isso limitada a utilidade de um sistema de divulgação de informação assente apenas na garantia de que a informação é divulgada publicamente. Os reguladores têm vindo a preocupar-se cada vez mais com as condições de processamento da informação. A obrigatoriedade de padronização pode ser entendida a esta luz como uma resposta dos reguladores à questão[55].

No entanto, apesar dos esforços dos reguladores, existem indicações de que mais informação ao dispor dos investidores nem sempre conduz a melhores decisões de investimento. Tem-se observado por exemplo que os investidores individuais quer em ações quer em fundos utilizam frequentemente a informação de modo inadequado em consequência dos seus limites cognitivos[56].

Além desta limitação, o regime de divulgação obrigatória de informação implica custos. Estes custos podem ser classificados em custos diretos, indiretos e resultantes dos desvios de regulação. Os custos diretos incluem os relacionados com a produção, a certificação, a disseminação e a interpretação da informação a divulgar e também os custos inerentes ao funcionamento dos organismos de regulação, nomeadamente nas suas tarefas de promoção da regulação e de monitorização das entidades reguladas. Destes custos fazem ainda parte os custos de oportunidade de todos os que participam no processo de comunicação da informação (gestores, advogados, pessoal administrativo, etc.). Os custos indiretos são os que se referem aos efeitos adversos da revelação da informação na vantagem competitiva da empresa, e são provavelmente mais significativos e difíceis de medir. Os custos de desvios de regulação resultam de um esquema de regulação nunca ser perfeito. Existe alguma informação que de acordo com a lei é obrigatório divulgar e que é desnecessária e outra informação que, sendo necessária, não é de divulgação obrigatória.

No que diz respeito aos custos diretos importa destacar os relativos à produção da informação. Alguns destes custos têm de ser suportados quer a informação permaneça de conhecimento exclusivo da empresa quer tenha de ser difundida publicamente. O primeiro custo de produção da informação é o custo direto de preparar e disseminar a informação acerca da empresa. No caso dos EUA, estima-se que para cumprir a legislação do país as empresas publicamente cotadas tenham de produzir mais de um milhão de páginas de informação todos os meses[57].

Se é verdade que os custos de produção de informação se verificam quer a empresa tenha quer não tenha ações cotadas publicamente, também é de sublinhar que esses custos são geralmente superiores quando a empresa tem o seu capital aberto à negociação dos investidores. Existem pelo menos duas razões principais para que assim seja. Em primeiro lugar, as empresas com capital disperso em bolsa têm em regra um maior número de acionistas; esses acionistas têm de ser informados, o que implica um maior esforço de disseminação da informação. Em segundo lugar, no caso destas empresas é de esperar que existam maiores cuidados (e despesas) na preparação da informação, uma vez que os riscos de litigância por divulgação de informação incorreta são significativos em diversas jurisdições. Esta diferença nos custos diretos de regulação pode implicar efeitos redistributivos entre empresas com capital aberto à negociação e as restantes empresas.

No que diz respeito aos custos indiretos, devem ser evidenciados os que têm consequências para a realização dos projetos de investimento e os que têm impacto sobre a inovação empresarial. Vimos já que, devido à natureza de bem público da informação divulgada pelas empresas, não é possível excluir os concorrentes do acesso a essa informação. Ora os custos indiretos da regulação são por exemplo aqueles que decorrem de um projeto de investimento ter de ser modificado ou abandonado por se ter tornado do conhecimento dos concorrentes. Um novo produto poderia ser lucrativo se fosse concebido em segredo, em antecipação aos concorrentes; se as regras de regulação exigem a divulgação de detalhes do produto, a reação das empresas rivais pode tornar o projeto menos atrativo ou até, no limite, levar a que deixe de ser desejável[58].

A divulgação da informação relativa às empresas pode traduzir-se num ganho em termos de bem-estar para os consumidores, uma vez que as empresas vão deixar de poder impor preços mais elevados para produtos protegidos. Mas esta situação acarreta também custos em termos sociais, uma vez que desincentiva a inovação empresarial. A obrigatoriedade de divulgação de informação afeta a forma mais simples de proteção da propriedade intelectual: o secretismo da informação. Uma empresa que sabe que terá de divulgar no futuro informação acerca dos seus produtos ou processos irá reduzir as estimativas quanto aos retornos que poderá obter através da recolha da informação respeitante a esses produtos ou processos. Dito de outra forma, a empresa irá reduzir os seus investimentos em inovação.

Embora este custo decorrente do regime de divulgação obrigatória de informação deva ser considerado, é também importante notar que existem razões para achar que as perdas sociais podem ser limitadas. Por um lado, é de esperar que as perdas incorridas pela empresa sejam em parte compensadas pelos ganhos obtidos pelos concorrentes. Por outro lado, há diversas vias, além da necessidade de difundir informação por força da regulação, que podem levar os concorrentes a ganhar acesso a informação relevante acerca da empresa. Uma parte relevante da informação produzida internamente na empresa pode refletir-se nas decisões dos seus gestores com impacto público. Por exemplo, a construção de uma nova instalação fabril ou o lançamento de um novo produto revelam informação ao mercado em geral e aos concorrentes em particular. Além disso, a espionagem industrial e o trânsito de gestores entre empresas constituem formas de aquisição de informação com impacto competitivo.

Também aqui se podem produzir efeitos redistributivos em consequência da regulação. Empresas sedeadas em áreas onde os regimes de regulação em termos de disseminação de informação são desadequados estarão em desvantagem, considerando os restantes fatores constantes, em relação a empresas situadas em zonas onde a regulação tem a intensidade apropriada. É de salientar que em teoria a desadequação da regulação tanto pode ocorrer por ser demasiado branda – os benefícios da disseminação da informação são demasiado baixos – como por ser demasiado exigente – os custos da regulação são demasiado elevados.

Cabe por último referir duas notas acerca dos custos inerentes aos desvios de regulação. Em primeiro lugar, é usual a este respeito recordar que o regulador pode ser capturado pelos interesses daquelas instituições que supostamente regula[59]. Em segundo lugar, é de admitir que os reguladores tendem a estar enviesados a favor de políticas de divulgação obrigatória de informação, uma vez que existe a intuição de que é preferível haver informação a mais que falta de informação. Em todo o caso, é necessário ponderar as vantagens desse tipo de políticas com os seus custos. Assim, a análise dos limites e inconvenientes da divulgação obrigatória de informação é útil porque proporciona uma melhor noção do ponto a partir do qual a divulgação pode ser mais prejudicial do que benéfica, e dessa forma proporciona pistas para a identificação dos tipos de obrigatoriedade de prestação de informação que podem criar mais problemas do que vantagens[60].

2.6 CRITÉRIOS DE SELEÇÃO DA INFORMAÇÃO A DIVULGAR

Uma vez que foram já identificados os principais fatores que determinam os custos e benefícios da obrigatoriedade de disseminação de informação, é possível delinear as características da informação que melhor servem os objetivos da regulação.

Pretende-se criar um fluxo de informação que permita que os factos e expectativas relevantes se reflitam de forma sistemática na tomada de decisões de investimento. Os requisitos da informação devem ser tais que permitam aos preços refletir as noções de valor para que os recursos sociais, naturalmente escassos, sejam dirigidos para as melhores oportunidades de investimento e para os melhores gestores. Ao mesmo tempo, a informação deverá permitir monitorizar a atuação dos gestores de modo a assegurar que estes aplicam os recursos da melhor forma possível. Adicionalmente, e tendo em conta que os principais esforços de regulação surgiram em reação a episódios históricos de fraude ou de grosseira aplicação errónea de recursos (por exemplo os que se revelaram na sequência de bolhas especulativas), são também entendidos como relevantes os objetivos da manutenção da confiança dos investidores nos mercados de capitais, com os consequentes benefícios económicos em termos, por exemplo, do custo dos capitais postos à disposição dos gestores. Os dados empíricos conhecidos mostram que a perceção dos investidores em relação à justiça das regras que vigoram nos mercados de capitais é muito importante, dado que esses agentes têm em consideração não apenas o conteúdo da informação mas também a confiança que podem ter na sua precisão. Verifica-se que é menos provável que as pessoas que não confiam nos mercados de capitais apliquem aí as suas poupanças[61]. A manutenção da confiança dos investidores é um princípio geral que justifica a atuação do regulador nos mercados de capitais e não apenas no caso particular da definição do regime de divulgação da informação.

Devem ser tidos em consideração alguns critérios na definição da informação requerida. Em primeiro lugar, a informação deve ser do interesse do investidor e deve poder ser por ele interpretada. Nessa medida, o regulador deve promover a padronização da informação e o estabelecimento de regras quanto ao momento da sua revelação.

Em segundo lugar, e atendendo aos custos de produção da informação, é provável que a regulação seja mais eficiente se se focar em maior grau na que resulta da própria atividade empresarial. Se existirem custos muito diferenciados na produção da informação entre empresas (em função da dimensão ou do sector de atividade em que a empresa opera, por exemplo), a regulação pode contemplar a existência de regimes com graus de exigência diversos. Um regime de produção e de difusão de informação mais ligeiro para as pequenas empresas, por exemplo, pode no entanto fazer surgir outros problemas. Em teoria, é provável que seja nas empresas de mais reduzida dimensão que outros mecanismos de monitorização da atividade – os proporcionados pelo acompanhamento dos analistas financeiros, por exemplo – ofereçam menos garantias. Por isso, apesar de a produção de informação ser provavelmente mais custosa nas pequenas empresas, é também nesse caso que a sua divulgação se reveste de maior utilidade. Apesar de a ponderação entre estes dois fatores ser difícil, a literatura parece apontar no sentido de os custos da produção da informação constituírem o argumento mais forte, pelo que existem propostas de que as empresas de mais reduzida dimensão sejam dispensadas de cumprir os critérios mais exigentes de produção e divulgação de informação[62].

Em terceiro lugar, os custos da regulação devem ser também considerados na definição do regime de comunicação de informação. Em igualdade de circunstâncias, a informação a divulgar não deve poder ser facilmente manipulada e deve poder ser facilmente verificada.

O critério da materialidade é o que na maioria dos regimes de regulação identifica a informação que é obrigatório divulgar. Entende-se por informação ou facto material aquele que é mais provavelmente relevante na decisão de compra ou venda de um ativo financeiro. A materialidade depende assim do significado que um investidor razoável atribui a uma determinada parcela de informação.

A noção de materialidade tem uma componente algo subjetiva, o que pode fazer surgir dúvidas acerca da informação a prestar pelas entidades emitentes. Uma das dúvidas tem a ver com a fronteira entre o que é considerado informação *hard* e informação *soft*. A informação *hard* é constituída por factos conhecidos, enquanto a informação *soft* é composta por estimativas e previsões. A informação *hard* é assim conhecida com precisão, uma vez que os factos em que se baseia já ocorreram. Mas ao investidor, ainda que totalmente informado acerca do passado, interessa ter acesso a previsões relativas a factos suscetíveis de afetar o valor dos ativos financeiros e que é provável que ocorram no futuro. Assim, em teoria, a informação *soft* também pode preencher o critério da materialidade.

Enquanto a informação *hard* é relativamente fácil de verificar e comparar entre empresas diferentes, a informação *soft* é muito mais difícil de sindicar. Isto significa que os gestores podem produzir projeções pouco razoáveis quanto às perspetivas futuras da empresa para influenciar os investidores. Tal obriga a um cuidado particular na regulação deste tipo de informação: é necessário assegurar que as estimativas apresentadas assentam em bases razoáveis e são feitas com boa-fé[63].

A subjetividade presente no conceito de informação material levanta outras questões. Se o critério da materialidade é o único a ter em conta na identificação da informação relevante, os custos na sua produção não são considerados. Ora é plausível que isto por sua vez seja encarado desfavoravelmente por um investidor típico sensível aos custos suportados pela empresa.

Por outro lado, se os custos na produção da informação forem ponderados em conjunto com o critério da materialidade, este último critério passará a ser ainda menos bem definido, uma vez que à partida não é claro como devem ser estabelecidos esses critérios de ponderação.

2.7 A EXPERIÊNCIA DE REGULAÇÃO DA DIVULGAÇÃO DE INFORMAÇÃO

A) EVOLUÇÃO HISTÓRICA E PANORAMA ATUAL

O regime de divulgação obrigatória de informação constitui um aspeto essencial da maioria dos sistemas de regulação dos mercados financeiros.

No caso dos EUA, país de referência no que à regulação dos mercados diz respeito, esse regime resultou de uma longa evolução dos próprios mercados financeiros e das ideias quanto à regulação.

Durante o século XIX, as autoridades a definir os critérios de divulgação da informação eram as próprias bolsas. Apesar de se exigir a divulgação de um relatório anual com informações, a maioria das empresas não cumpria esse requisito e era raro as bolsas tomarem medidas punitivas. Foi apenas a partir do caso da Kansas City Gas Company, que anunciou em 1897 o compromisso de divulgar resultados pelo menos com frequência semestral que uma empresa listada começou a cumprir as regras estabelecidas.

A imposição pelos poderes públicos de regras de divulgação de informação às empresas começou a surgir durante as primeiras três décadas do século XX nos EUA. Entre os desenvolvimentos históricos que sustentaram a viabilidade dos requisitos de divulgação de informação enquanto instrumento de regulação durante este período contam-se 1. o amadurecimento de um modelo de divulgação de informação na Grã-Bretanha, 2. um maior apetite pelo recurso ao financiamento externo, 3. a emergência dos contabilistas enquanto profissionais independentes e 4. os esforços dos empreendedores com «boas» ideias de negócio para diferenciar os títulos por eles emitidos dos criados com fins fraudulentos.

A passagem para o nível federal da regulação dos mercados financeiros deu-se nos anos 30 do século passado com a aprovação do Securities Act, em 1933, e do Exchange Act, em 1934.

De acordo com o Securities Act, as empresas que emitissem ativos financeiros eram obrigadas a seguir um conjunto de procedimentos em que se incluía a divulgação de toda a informação relevante acerca da empresa e dos ativos financeiros postos à venda. O Securities Act não exigia no entanto que, uma vez vendidos os ativos financeiros, as empresas continuassem a divulgar informação.

Assim, o Exchange Act passou a requerer que as empresas fossem obrigadas a divulgar periodicamente informação.

Esta legislação sofreu alterações ao longo do tempo no sentido de aumentar o seu âmbito de aplicação. Mais recentemente, em 2012, a aprovação de uma nova lei, o denominado JOBS Act, estabeleceu pela primeira vez uma redução da aplicação da legislação original[64].

Ao longo das últimas décadas vários países têm adotado ou reforçado os requisitos de divulgação de informação das empresas emitentes de ativos financeiros. Entre esses países contam-se tanto economias desenvolvidas como emergentes.

No gráfico 2, a seguir, apresentam-se alguns dados referentes às exigências de divulgação de informação num grupo selecionado de 33 países.

GRÁFICO 2 – Índice de regulação sobre requisitos de divulgação de informação num conjunto de 33 países selecionados (0 = lei menos severa; 6 = lei mais severa)

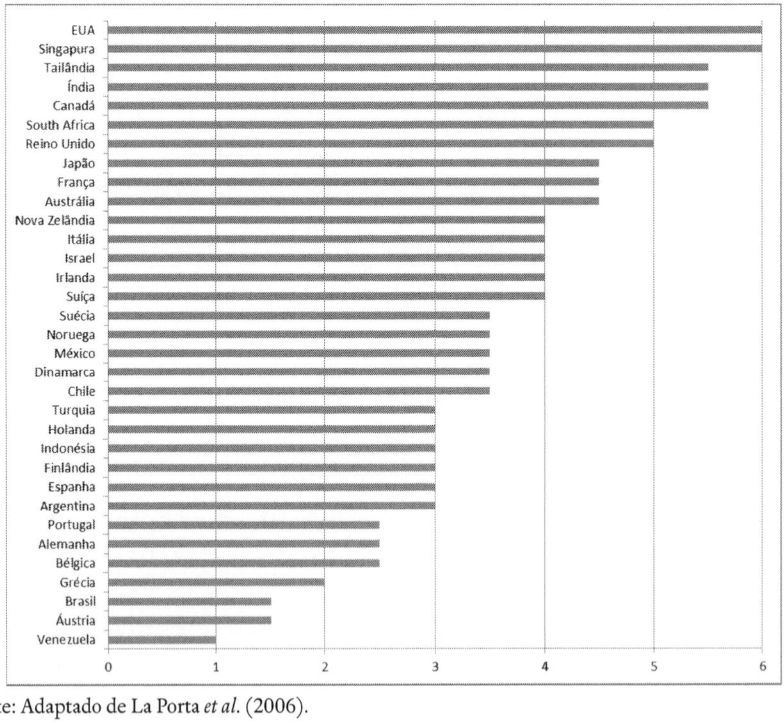

Fonte: Adaptado de La Porta *et al.* (2006).

Conforme se pode observar, as exigências de divulgação de informação variam de forma significativa entre países. O índice apresentado no gráfico foi construído a partir dos dados recolhidos por La Porta *et al.* (2006) considerando seis fatores distintos. O índice é calculado adicionando-se uma unidade se 1. a legislação do país proibir a venda de ativos financeiros sem que se divulgue um prospeto aos potenciais investidores; 2. a remuneração dos principais gestores da empresa tiver de ser mencionada no prospeto; 3. a lei obrigar à divulgação do nome e da posição acionista dos acionistas que controlam de forma direta ou indireta 10% ou mais dos direitos de voto; 4. a lei obrigar a divulgar no prospeto a posição acionista de cada um dos principais gestores da empresa; 5. a empresa for obrigada a divulgar no prospeto informação sobre contratos fora do âmbito dos seus negócios correntes; 6. a empresa for obrigada a divulgar no prospeto informações relativas às transações entre a empresa e os seus gestores de topo ou acionistas de referência.

Como se pode observar no gráfico 2, do grupo de países selecionados, são a Venezuela, a Áustria e o Brasil que têm as leis menos exigentes no que respeita à divulgação de informação. Por outro lado, Singapura e os EUA apresentam as legislações mais exigentes neste domínio.

Apesar da aceitação internacional da ideia de que a regulação pode desempenhar um papel importante no mercado da informação, continuam a surgir novas propostas nesse campo. Por exemplo, Guttentag (2013) defende que as empresas de dimensão mais reduzida – que no contexto do mercado de capitais dos EUA define como tendo capitalização bolsista inferior a 35 milhões de dólares ou um número de acionistas inferior a um milhar – devem ser dispensadas de cumprir as regras do regime de divulgação obrigatória de informação em vigor naquele país.

B) O CÓDIGO DE VALORES MOBILIÁRIOS E A DIVULGAÇÃO DE INFORMAÇÃO

No caso português, o Código dos Valores Mobiliários (CVM) contém disposições que atendem a vários dos aspetos mencionados ao longo do presente capítulo. Por exemplo, o artigo 7.º, n.º 1, desse código define as características da informação a divulgar: deve ser completa, verdadeira, atual, clara, objetiva e lícita. A informação deve ter estas características independentemente da sua forma: conselho, recomendação, mensagem publicitária ou relatório de notação de risco (artigo 7.º, n.º 2). O critério da materialidade da informação está contido no CMV. A informação deve ser redigida em português (ou acompanhada de tradução em português) sempre que seja suscetível de influenciar as decisões dos investidores (artigo 6.º). Para que a informação seja útil aos investidores interessados, não interessa apenas definir as suas características. É também necessário definir o modo da sua disseminação. Estabelece-se por isso que a informação de publicação obrigatória surja em meios de comunicação de grande difusão em Portugal (artigo 5.º, n.º 1).

A informação de natureza financeira, pelo seu conteúdo particularmente relevante na avaliação dos ativos financeiros, merece disposições próprias no CVM. Assim, o relatório de gestão, as contas anuais e o relatório elaborado por um auditor às contas anuais devem ser divulgados pelas empresas no prazo de quatro meses após a data de encerramento do exercício (artigo 245.º, n.º 1). Além disso, esse relatório sobre a informação financeira anual deve ser submetido à Comissão de Mercado de Valores Mobiliários (CMVM) (artigo 8.º, n.º 1, alínea *a*)). Existe ainda a obrigatoriedade de as empresas divulgarem informação semestral e trimestral. No caso da informação trimestral, são obrigadas a divulgar as demonstrações financeiras condensadas e um relatório de gestão intercalar até dois meses após o termo do primeiro semestre de exercício (artigo 246.º, n.º 1, alíneas *a*) e *b*)). O quadro legislativo nacional atende aos custos de produção da informação em que têm de incorrer as empresas de dimensão menos elevada. Nessa medida, a obrigatoriedade de prestar informação trimestral apenas abrange as maiores empresas segundo o CVM. Para o efeito estabelecem-se três condições: 1. um balanço superior a 100 milhões de euros, 2. um total de vendas líquidas e outros proveitos superiores a 150 milhões de euros e 3. um número de trabalhadores superior a 150. Apenas se a empresa ultrapassar dois destes três limites ficará obrigada a prestar informação trimestral (artigo 246.º A, n.º 1).

Existe um conflito de interesses potencial entre os auditores da informação financeira e as empresas a quem prestam serviço. Esses conflitos de interesses podem levar a que os auditores, para evitar desagradar aos seus clientes, se tornem menos exigentes na avaliação da qualidade da informação financeira. Para atender a este problema potencial, o CVM estabelece um dever de informação à CMVM por parte dos auditores sempre que estes se deparem no exercício das suas funções com factos que afetem a continuidade das empresas ou possam afetar o regular funcionamento dos mercados de capitais (artigo 9.º).

A obrigatoriedade de divulgação sobre o governo das sociedades é estabelecida no artigo 245.º A do CVM. As empresas têm de divulgar, com o relatório anual de gestão, um relatório detalhado sobre essa matéria contendo por exemplo informação sobre a estrutura de capital, a composição e o modo de funcionamento dos órgãos sociais e os principais elementos do controlo interno e de gestão de risco da sociedade. É também de referir a este respeito que o CVM tem em conta a natureza de bem público da informação divulgada pela empresa. Foi referido que algumas parcelas da informação, a serem divulgadas pela empresa, podem prejudicá-la face aos seus concorrentes. A esse propósito, o artigo 245.º A, n.º 1, alínea *j*) do CVM estabelece que é obrigatório divulgar os acordos significativos de que a sociedade seja parte e que entrem em vigor no caso de uma mudança de controlo da sociedade mas que essa obrigatoriedade cessa se a divulgação desses acordos for seriamente prejudicial para a empresa.

A informação divulgada sob a forma de notação de risco ou de recomendação de investimento é coberta por um artigo específico do CVM, o artigo 12.º. As sociedades de notação de risco têm de estar registadas na CMVM, preencher requisitos mínimos de meios humanos, materiais e financeiros e prestar serviço de forma imparcial (artigo 12.º). No caso das recomendações de investimento, entre outros requisitos, é necessário que os seus autores se identifiquem de forma clara perante os investidores e sejam distinguidas de forma clara as matérias factuais das estimativas e dos pareceres que conduziram às recomendações (artigo 12.º A e artigo 12.º B).

Como se referiu atrás, se se pretende que a informação seja realmente útil, é necessário atender com especial atenção a algumas das suas características. É esta também a perspetiva adotada no CVM no que diz respeito por exemplo ao que foi designado informação *soft*. Uma vez que a informação *soft* é composta por estimativas e previsões, é mais difícil aferir da sua credibilidade. A este facto não deve ser alheia a obrigatoriedade, de acordo com o artigo 8.º, n.º 2, do CMV, que impende sobre o auditor da informação financeira anual da empresa de se pronunciar sobre os pressupostos, os critérios e a coerência inerentes a essas previsões. A padronização e a comparabilidade da informação são também fatores importantes na sua interpretação. Existe por isso a possibilidade de o regulador adotar regras harmonizadas com os padrões internacionais sobre o conteúdo, a organização e a apresentação da informação económica, financeira e estatística (artigo 11.º, n.º 1). A importância da comparabilidade da informação prestada ao longo do tempo está também refletida na obrigatoriedade de as empresas manterem os relatórios, as contas anuais e a informação semestral à disposição do público por um período de cinco anos (artigo 245.º, n.º 1; artigo 246.º, n.º 1).

O CVM estabelece que toda a informação suscetível de influenciar o preço dos ativos financeiros deve ser imediatamente divulgada pelas empresas (artigo 248.º, n.º 1, alínea *a*)). A obrigatoriedade, sem mais, de divulgação imediata de toda a informação suscetível de alterar a perceção dos investidores do valor dos ativos financeiros, no entanto, tornaria impraticável a vida das empresas. Seria impossível manter o nível de sigilo necessário para conduzir de forma produtiva as atividades empresariais. É por este motivo que a empresa pode decidir diferir a divulgação pública da informação privilegiada se essa divulgação imediata for suscetível de prejudicar os seus legítimos interesses, se o diferimento não for suscetível de induzir o público em erro e se a empresa demonstrar que assegura a confidencialidade da informação (artigo 248.º A, n.º 1). O CVM refere exemplos de casos em que a divulgação da informação põe em causa os legítimos interesses das empresas. É por exemplo a circunstância em que a divulgação de um processo negocial em curso pode afetar os resultados ou o curso normal dessas negociações (artigo 248.º A, n.º 2, alínea *b*)).

Os crimes e ilícitos relativos à quebra dos deveres de prestação de informação estão estabelecidos no artigo 389.º do CVM. O tipo de ilícito pode ir de uma contraordenação muito grave, no caso por exemplo da divulgação de informação que não seja completa, verdadeira, atual, clara, objetiva e lícita (artigo 389.º, n.º 1, alínea *a*)), a uma contraordenação menos grave, quando a divulgação de informação não for feita em português (ou traduzida em português) nos casos em que tal é exigível (artigo 389.º, n.º 4).

C) EVIDÊNCIA EMPÍRICA

Saber se as falhas de mercado na produção e na divulgação de informação são relevantes e podem ser corrigidas através da intervenção do regulador é no final uma questão que tem de ser resolvida empiricamente. No entanto, a investigação empírica acerca destas questões é muito escassa. Isto poderia surpreender, dada a importância da regulação na divulgação da informação ao mercado. A explicação reside nas dificuldades que envolvem os estudos nesta área. Uma das vantagens da regulação pode fazer-se sentir numa maior precisão dos preços das ações. Essa precisão refere-se à medida em que os preços constituem um indicador fiável do valor dos ativos da empresa.

No entanto, é difícil aferir a evolução na precisão dos preços que resulta da regulação, uma vez que o valor fundamental das empresas não é diretamente observável. Além disso, é difícil saber em que medida as empresas divulgariam informação com um grau semelhante de qualidade se as medidas de regulação fossem abandonadas, e é também difícil aferir em que medida a informação difundida pelas empresas serve apenas para confirmar a exatidão da informação antes veiculada a outros agentes de mercado através de canais menos formais.

Vários estudos pioneiros centraram-se nos efeitos de duas das mais importantes medidas legislativas de regulação implementadas nos EUA: o Securities Act, de 1933, e o Exchange Act, de 1934. Dada a importância dessas duas leis, é relevante analisar os estudos existentes sobre o tema.

O Securities Act criou deveres de transmissão de informação nos casos de emissão de novos títulos e estabeleceu as penalizações para os agentes que não cumprirem com esses deveres. Os principais estudos acerca dos efeitos dessa lei foram levados a cabo por Stigler (1964), Jarrell (1981) e Simon (1989).

Stigler (1964) analisou as rendibilidades obtidas pelos investidores antes e depois do Securities Act. Calculou as rendibilidades que os investidores teriam obtido se tivessem adquirido ações no momento da sua primeira emissão pelas empresas e as tivessem mantido na sua posse até um momento posterior. Considerou o que teria ocorrido às compras efetuadas no período 1923-1928 se os investidores tivessem mantido os títulos por períodos de entre um e cinco anos. O investimento seria considerado bem-sucedido se os investidores tivessem obtido rendibilidades superiores às alcançadas por investidores em ações de empresas já existentes no mercado. Depois fez os mesmos cálculos para os compradores de ações novas num período posterior à entrada em vigor do Securities Act, no caso no período 1949-1955. Chegou a duas conclusões principais. A primeira é que, embora os investidores em novas ações tenham tido uma rendibilidade inferior à dos investidores na carteira de mercado, e os investidores no período 1923-1927 tenham perdido um pouco mais que os investidores em 1949-1955, a diferença não é estatisticamente significativa. Em segundo lugar, a variabilidade dos lucros obtidos pelos investidores foi muito menor no segundo período que no primeiro (a variância diminuiu para cerca de metade). Stigler (1964) conclui que, contrariamente ao que seria esperado se a regulação fosse entendida como benéfica para os investidores, os investidores em novos títulos não retiraram vantagens dessa regulação. Além disso, para o autor, a legislação pode ter tido o efeito nefasto de ter afastado algumas pequenas empresas (mais arriscadas) do mercado, assim se justificando a diminuição na variabilidade das mais-valias. Esta última interpretação não é sustentada por quaisquer dados.

Jarrell (1981) levou a cabo no essencial uma comparação semelhante mas recorrendo a outros métodos. Estudou não apenas se os investidores em novas empresas ganharam ou perderam em relação ao mercado, mas também se o seu resultado foi compensador face ao risco, medido pela volatilidade, que tiveram de suportar para o alcançar. Uma vez que se assume que os investidores são avessos ao risco, é de esperar que exijam uma rendibilidade mais elevada para deter ativos com preços mais voláteis. Além disso, o autor usou uma amostra mais alargada, comparando desta vez o período de 1926-1933 com o de 1934-1939. Considerando o risco constante, Jarrell (1981) concluiu que nem os investidores em 1926-1933 nem os investidores em 1934-1939 pagaram demasiado pelas suas ações atendendo às rendibilidades obtidas. Na verdade, num horizonte de investimento de cinco anos, os investidores no período inicial até tiveram melhores resultados face ao mercado do que os de 1934-1939. Tal como ocorreu no estudo anterior, também aqui foi encontrada uma substancial redução na volatilidade das ações após a aplicação do Securities Act.

A partir destes resultados e da sua própria investigação[65], Friend (1982) desafiou as conclusões dos dois autores que acabamos de referir, concluindo que a legislação produziu benefícios para os investidores decorrentes da diminuição da volatilidade dos preços. Revelou-se uma menor dispersão nas rendibilidades dos títulos emitidos após a implementação da obrigatoriedade de divulgação de informação, o que se atribui à diminuição das práticas manipulatórias, práticas estas propiciadas pela relativa escassez de informação. Na resposta, Stigler (1964) e Jarrell (1981) consideram defeituoso o método empregado por Friend (1982), que lhes dirige uma acusação semelhante.

Simon (1989) retornou ao estudo do impacto da legislação tanto nas rendibilidades médias como na volatilidade dos títulos num período de 60 meses após a sua data de emissão. Para isso considerou duas amostras: a primeira constituída por títulos emitidos entre 1926 e 1933 e a segunda composta por ações emitidas no período 1934-1939. As duas amostras contêm ações emitidas na New York Stock Exchange (NYSE) e também em bolsas regionais dos EUA bem como ações vendidas em mercado pela primeira vez e ações vendidas por empresas já cotadas (isto é, aumentos de capital).

Os resultados obtidos apontam em geral para a inexistência de alterações nas rendibilidades médias entre o período que antecedeu a entrada em vigor da legislação e o período posterior. A exceção diz respeito às ações emitidas pela primeira vez nas bolsas de menor dimensão. Neste caso particular, as rendibilidades médias aumentaram de forma significativa, o que o autor atribui ao efeito benéfico do Securities Act. No que diz respeito à volatilidade, os resultados mostram que o impacto da legislação foi positivo e que se fez sentir na generalidade dos títulos analisados (ainda que com maior magnitude nas ações emitidas em bolsas regionais pela primeira vez). O estudo de Simon (1989) distingue-se dos anteriores por, entre outros fatores, terem sido tidos em conta não apenas a influência do mercado nos preços das ações, mas também possíveis efeitos sectoriais e variações no risco das ações ao longo do tempo.

Independentemente das questões metodológicas, o facto que merece ser salientado é consensual entre os autores que estudaram a legislação (Stigler, 1964; Jarrell, 1981; Friend, 1982; Simon, 1989): a implementação do sistema de divulgação obrigatória de informação fez diminuir a variabilidade das rendibilidades das ações. O que está em causa é a interpretação do significado dessa redução na volatilidade dos preços. Stigler (1964) e Jarrell (1981) consideram que esse facto, por não estar associado a um aumento das rendibilidades, não se traduz em benefícios para os investidores. Mais: na sua opinião, a menor volatilidade é resultado do afastamento do mercado das ações com maior risco por via do aumento dos custos inerente à regulação. Mas, ainda que tal seja o caso, parece lógico considerar que a redução da volatilidade é benéfica tanto na perspetiva social como na perspetiva dos investidores. Como reconhece o mesmo Stigler (1961), a volatilidade dos preços pode ser entendida como uma medida da ignorância dos agentes de mercado. Quanto maior for essa volatilidade, maior tenderá a ser a incerteza e a heterogeneidade das expectativas dos investidores e menos provável será que o mercado enquanto mecanismo de afetação de recursos funcione de forma eficiente. A diminuição da volatilidade resultaria, nesta outra interpretação dos resultados, da melhor avaliação das ações pelos investidores em consequência da regulação; essa melhor avaliação traduzir-se-ia numa melhoria da precisão dos preços pela diminuição da diferença entre o preço inicial de emissão das novas ações e os preços subsequentes. Nessa medida, a menor volatilidade seria um resultado da regulação que merece ser valorizado positivamente. Também na perspetiva dos investidores, se assumirmos que são avessos ao risco, o resultado é favorável: qualquer redução na volatilidade dos preços que não seja acompanhada por uma redução das rendibilidades médias obtidas, o que é o caso nos estudos que referimos, pode ser entendida como deixando aqueles agentes numa melhor situação[66].

O Exchange Act de 1934 veio instituir um sistema de divulgação periódica de informações por parte das empresas. No que diz respeito a esta lei, merece ser destacado o estudo de Benston (1973).

Em resumo, Benston (1973) comparou o desempenho antes e depois da aprovação da legislação dos preços de dois grupos de ações cotadas na NYSE: de empresas que revelavam o valor das suas vendas antes da legislação (62% das empresas analisadas) e de empresas que passaram a comunicar esses valores apenas depois de o Exchange Act ter tornado obrigatória essa divulgação (38%). Os resultados mostraram que o impacto diferenciado da legislação na divulgação da informação relativa às vendas não se traduziu num efeito diferenciado nos preços de qualquer dos grupos de ações. Mais especificamente, nenhum dos grupos de ações mostrou diferenças significativas na sua taxa de rendibilidade entre fevereiro de 1934 (altura em que ocorreram as audições relativas à lei) e junho de 1935 (altura em que todas as empresas cotadas tinham já revelado o valor das vendas). Além disso, não se observaram diferenças significativas decorrentes da lei na volatilidade dos preços dos dois grupos de ações e, no período subsequente à entrada em vigor da lei, não se notaram diferenças significativas na sensibilidade dos preços dos dois grupos de ações a variações de preço do mercado. Com base nestes resultados, Benston (1973) conclui que a informação financeira gerada pelo Exchange Act foi de reduzida utilidade para os investidores, o que leva a crer, na sua opinião, que não existem dados para afirmar que essa legislação era necessária ou desejável.

Os métodos utilizados por Benston (1973) foram bastante atacados, em parte porque as empresas incluídas no grupo das que não divulgavam informação parecem ter na verdade comunicado informação relativa ao seu resultado líquido, porventura a variável mais importante para os investidores[67]. Além disso, num outro estudo, Friend e Westerfield (1975) encontraram uma correlação estatisticamente significativa entre as alterações na informação disponibilizada e os preços das ações, concluindo que o Exchange Act melhorou as estimativas das rendibilidades esperadas, reduziu o risco e a volatilidade dos preços e aumentou a eficiência do mercado.

Além das questões metodológicas, as conclusões de Benston (1973) são questionáveis uma vez que os resultados podem dar azo a interpretações alternativas. Por exemplo, o valor das vendas podia não ser uma parcela de informação de especial interesse para os investidores. Ou a inexistência de diferenças significativas nas rendibilidades dos dois grupos de ações pode ter-se devido a os investidores terem inferido as vendas das empresas que não divulgavam esses valores a partir dos valores das vendas das empresas do mesmo sector que o faziam. Pode entender-se que as empresas que não comunicavam o valor das vendas estavam a tentar obter vantagens à custa das restantes, à luz do que foi dito na alínea *b*) da secção 2.4. Esta interpretação é compatível com o resultado apresentado por Benston (1973) de que no período 1929-1934 o preço das ações das empresas que não transmitiam essa informação aumentou ligeiramente em relação ao grupo das empresas que divulgavam informação. Benston (1973) sugere que este resultado mostra que a divulgação obrigatória do valor das vendas prejudicou os investidores. Ora esse mesmo resultado pode ser igualmente considerado uma consequência dos lucros adicionais decorrentes da atitude das empresas que não revelam informação e procuram explorar a informação veiculada pelos concorrentes.

Por último, é necessário ter em atenção que não se pode concluir necessariamente de a implementação da legislação não se ter refletido de forma significativa nos preços que a regulação não produziu efeitos positivos. Ao transferir os custos de produção da informação dos investidores para as empresas, o Exchange Act contribuiu para uma diminuição dos custos suportados pelos investidores e isso ter-se-á traduzido num aumento dos seus retornos líquidos (porque deduzidos dos custos de obtenção da informação) e não dos seus retornos brutos (uma vez que as rendibilidades dos ativos não parecem ter-se alterado significativamente). Os resultados obtidos são coerentes com a perspetiva de que o ganho se traduziu numa questão de custos: a regulação não provocou o surgimento de mais informação no mercado, antes fez com que a informação que já estava disponível surgisse a custos mais reduzidos para os investidores. Para avaliar da bondade da legislação deveria averiguar-se a identidade dos agentes que podem produzir a informação a mais baixo custo. Parece relativamente óbvio, no entanto, que as empresas levam vantagem face aos investidores nesta questão, pelo que, independentemente dos benefícios sociais que advêm de um mercado com um maior número de investidores informados, se atendermos unicamente à questão dos custos, é de esperar que a medida produza efeitos benéficos por se reduzirem os custos totais suportados na produção da informação[68].

Num estudo mais recente, Daines e Jones (2012) revisitaram a questão dos efeitos da regulação dos anos 30. Os autores não conseguiram identificar benefícios informacionais decorrentes da legislação. Parece no entanto haver sinais de que os mecanismos de aplicação da lei permitiram às empresas aumentar a sua credibilidade na comunicação de informação.

As reavaliações da literatura empírica continuam a salientar o caráter inconclusivo dos resultados alcançados[69]. Dadas as diversas questões metodológicas e as diferentes interpretações dos resultados nesta matéria, o problema do impacto da legislação implementada nos EUA ao longo dos anos 30 permanece em aberto.

A extrapolação para os tempos atuais dos resultados da experiência histórica de implementação do sistema de regulação nos EUA dos anos 30 está envolta em dificuldades. É arriscado comparar mercados em diferentes fases históricas quando tantos fatores mudaram em simultâneo. Os mercados financeiros apresentam hoje em dia características significativamente diferentes das que marcaram os da década de 30 do século passado. Por um lado, fatores como o extraordinário crescimento da importância dos investidores informados (indústria dos fundos de investimento e analistas de investimento, principalmente), o desenvolvimento das tecnologias de informação e novas técnicas de análise de ativos financeiros parecem indicar que o sistema de divulgação obrigatória da informação desempenha hoje um papel menos importante do que nos anos 30. Por outro lado, o crescimento extraordinário do número de ativos sob transação e a sofisticação de muitos sectores de atividade sugere que os deveres de comunicação de informação podem ser mais necessários hoje do que no passado.

Os estudos mais recentes parecem favorecer a perspetiva de que a regulação tem efeitos positivos. Autores como Fox (1999) e Guttentag (2004), por exemplo, reexaminam (teoricamente) os dados existentes e concluem que vários efeitos virtuosos importantes da regulação não foram tidos em conta nos estudos empíricos clássicos.

Greenstone *et al.* (2006), Ferrel (2007), Fox *et al.* (2003) e Bushee e Leuz (2005) estudam as evoluções mais recentes da legislação dos EUA.

Greenstone *et al.* (2006) debruçaram-se sobre os efeitos de uma lei de 1964 que impôs deveres reforçados de divulgação de informação no chamado «mercado de balcão» *(over-the-counter market)*[70]. O estudo indica que o preço das ações teve uma rendibilidade anormal de 3,5% em torno do momento do anúncio da nova lei e do da sua aprovação. Além disso, as ações das empresas afetadas tiveram uma valorização anormal de 11,5% a 22,1% entre o momento do anúncio e o da sua entrada em vigor, o que sugere que os ganhos verificados foram ainda maiores que os inicialmente previstos pelos investidores.

Ferrell (2007) analisou os efeitos da mesma lei no período 1962-1968, ou seja, na comparação dos períodos anteriores e posteriores à legislação. Depois de considerados vários controlos relativos às flutuações do mercado e a efeitos temporais e sectoriais, os resultados obtidos corroboram os de Greenstone *et al.* (2006). Além disso, observou-se uma diminuição substancial na volatilidade das rendibilidades anormais das ações – indicativa de um aumento da precisão dos preços – no período subsequente à entrada em vigor da nova lei.

Fox *et al.* (2003) analisam empiricamente os efeitos da aplicação de uma nova legislação, entrada em vigor a partir de dezembro de 1980, concernente a um maior dever de divulgação de informação relativa à análise dos gestores das condições financeiras da própria empresa. Foram selecionadas duas amostras: uma de 2690 empresas relativa ao período anterior à aplicação da legislação (ano de 1980) e uma outra composta por 2988 empresas referente ao ano de 1982. Depois de controlados os efeitos resultantes da pertença a diversos sectores de atividade, os resultados evidenciam que a legislação de divulgação obrigatória de informação contribuiu para o aumento da incorporação da informação nos preços de mercado, tendo um efeito estatisticamente significativo no aumento da precisão dos preços das ações. Além disso, observa-se que na sequência da entrada em vigor da lei o número de empresas com rendibilidades inferiores à média aumentou temporariamente. Tal sugere que as empresas com pior desempenho se viram forçadas a divulgar informação que de outra forma prefeririam manter longe dos olhos dos investidores.

Bushee e Leuz (2005) investigam os efeitos de uma nova legislação, mais exigente, entrada em vigor em 1999, incidindo sobre as ações transacionados no mercado de balcão. As ações abrangidas evidenciaram rendibilidades positivas e um aumento da liquidez. Os autores observaram ainda efeitos positivos nas empresas que divulgavam informação voluntariamente ainda antes da aplicação da nova lei. Tal parece sinalizar o efeito de credibilização acrescida inerente a um sistema de divulgação obrigatória de informação.

Estes resultados sugerem que a imposição de um regime de divulgação obrigatória de informação faz aumentar o preço das ações e melhorar a precisão dos mercados. Nesta medida, suportam a hipótese de que as empresas, na ausência de tal regime, tendem a adotar políticas de divulgação de informação subóptimas.

Surgem indicações no mesmo sentido dos estudos que procuram investigar as razões que levam as empresas a abandonar os regimes de divulgação obrigatória de informação. Num estudo sobre as empresas que escolheram deixar esse regime nos EUA entre os anos de 1998 e 2004, Leuz *et al.* (2008) concluem que essa decisão ocorre com maior probabilidade em organizações com mecanismos mais débeis de governação empresarial, com menores níveis de monitorização externa e que geram mais fluxos financeiros. Isto leva os autores a concluir que são as organizações onde os gestores têm maiores oportunidades de utilizar a seu favor os recursos empresariais que tendem a escolher deixar de estar sob a alçada do regime de regulação. Além disso, observa-se que os investidores reagem negativamente, através de uma descida dos preços, quando a decisão de abandonar esse regime lhes é comunicada.

Existem ainda diversos estudos de base multinacional de que importa destacar os levados a cabo por La Porta *et al.* (2006), Frost *et al.* (2006) e Hail e Leuz (2006).

La Porta *et al.* (2006) utilizam uma amostra de 49 países para concluir que a exigência nos requisitos de divulgação de informação está positivamente associada ao desenvolvimento dos mercados financeiros (por exemplo, em termos do número de empresas cotadas e do valor das ações das empresas cotadas pela primeira vez).

Frost *et al.* (2006) estudam o impacto em 50 bolsas internacionais dos regimes de divulgação obrigatória de informação (regras de divulgação, monitorização e aplicação da legislação) na liquidez. Encontram um forte apoio para a hipótese de que a intensidade do regime de divulgação obrigatória de informação está positivamente associada ao desenvolvimento dos mercados financeiros, nomeadamente no que diz respeito ao fator liquidez.

Hail e Leuz (2006) utilizam uma amostra de 40 países para patentear que a efetividade da regulação e das instituições legais de cada país estão sistematicamente relacionadas com as diferenças nos custos do capital a que as empresas têm acesso. Mais especificamente, empresas de países com regimes de divulgação obrigatória de informação mais extensivos, com regulações mais fortes dos mercados de capitais e mecanismos de aplicação da lei mais rigorosos têm acesso a capitais a custos mais baixos[71].

Não obstante o debate académico acerca da questão de os custos da regulação mais do que compensarem os benefícios económicos dela decorrentes, há indicações empíricas bastante evidentes do valor económico de um regime de divulgação obrigatória de informação.

2.8 CONCLUSÃO

O acesso a informação é indispensável para que os mercados de capitais funcionem de modo adequado. Os investidores necessitam de tomar decisões informadas em pelo menos duas circunstâncias: antes de financiarem os projetos de investimento empresarial e depois de esses projetos entrarem em execução. No primeiro caso, os investidores precisam de selecionar de forma informada os projetos de investimento que merecem ser financiados. No segundo, necessitam de reavaliar a cada momento as condições de risco e rendibilidade dos projetos em aplicação. Neste último caso, a informação é também essencial para monitorizar a atuação dos gestores no sentido de assegurar que não se apropriam indevidamente da riqueza criada pela empresa.

A regulação desempenha neste contexto um papel fulcral, já que um sistema de divulgação obrigatória de informação imposto pelos poderes públicos às empresas parece ser a melhor forma de assegurar o acesso à informação necessária. As soluções alternativas assentes por exemplo na contratualização entre empresas e investidores enfermam de problemas graves associados aos elevados custos de transação e litigação. Por outro lado, as soluções de mercado, baseadas na reputação e no autointeresse dos gestores, não permitem ultrapassar os conflitos de interesses entre estes agentes e os investidores. Além disso, a natureza de bem público da informação e o conflito entre os benefícios privados no acesso à informação e os benefícios sociais que daí decorrem impedem que a solução adotada por cada um dos agentes em presença no mercado – empresas e investidores – seja também a melhor solução em termos sociais.

Os dados empíricos sustentam de forma clara que a obrigatoriedade de divulgação de informação produz efeitos benéficos no funcionamento dos mercados de capitais. Os estudos existentes mostram que a implementação de tal sistema se traduz em geral numa maior liquidez dos mercados, numa diminuição da volatilidade dos preços e num aumento da sua eficiência. Os benefícios estendem-se igualmente às empresas e aos empreendedores, uma vez que estes tendem a ter acesso a capitais a um custo mais reduzido na sequência da implementação de um sistema de divulgação obrigatório de informação.

A robustez dos argumentos teóricos e das indicações empíricas conhecidas tem servido de justificação à expansão da regulação neste domínio. Hoje em dia, a generalidade dos mercados de capitais – tanto desenvolvidos como emergentes – tem instituído sistemas de divulgação obrigatória de informação.

3. Transações com informação privilegiada *(insider trading)*

3.1 INTRODUÇÃO

Insider trading[72] são as transações de ativos financeiros (normalmente ações) realizadas em benefício próprio por agentes que em resultado das funções que desempenham têm um acesso a informação privilegiada capaz de motivar essas transações. Entre esses agentes a figura do gestor é de longe a mais importante, embora se possam incluir igualmente outros trabalhadores da empresa com acesso a tal informação e todos os agentes que dela beneficiam. A informação é privilegiada no sentido de que não é do conhecimento dos investidores em geral.

Um bom exemplo de *insider trading* será o do gestor que, em face do conhecimento privilegiado de que os resultados da sua empresa se situarão acima do esperado pela generalidade dos investidores dos mercados, adquire ações da empresa para si próprio na expectativa de que, quando esses resultados forem divulgados publicamente, o preço das ações aumente e ele possa assim realizar mais-valias. Deve este comportamento ser permitido ou não?

O *insider trading* tem um enquadramento regulatório restritivo na generalidade dos países com mercados financeiros desenvolvidos. A supressão do *insider trading* é vista de forma crescente como um ponto vital na regulação dos mercados financeiros.

Apesar de a aplicação da regulação se ter intensificado ao longo dos últimos anos, os incentivos privados para transacionar com informação privilegiada mantêm-se fortes. As operações de aquisição empresarial constituem uma oportunidade de geração de ganhos elevados se se tiver conhecimento antecipado dos acontecimentos e as tomadas de posição nos mercados de derivados (futuros e opções) permitem multiplicar os lucros obtidos ainda que se verifiquem variações de preço modestas no mercado de ações.

A censura pública às práticas de *insider trading* é antiga, recuando pelo menos ao século XIX[73]. Ao longo dos últimos anos a atenção pública tem-se centrado em alguns processos contra supostos autores de *insider trading*. O *insider trading* é visto por muitos investidores como um dos sintomas mais evidentes de que os mercados financeiros são um jogo em que apenas alguns, os privilegiados, podem ganhar.

Apesar desse sentimento público, o debate acerca da necessidade de regular o *insider trading* continua vivo. Esse debate divide os críticos dos defensores da regulação e realiza-se essencialmente em torno de três questões: i) a eficiência dos mercados, ii) o impacto no comportamento dos gestores e iii) a avaliação moral do *insider trading*.

Para os críticos da regulação, o *insider trading* deveria ser legalizado porque tem efeitos benéficos na eficiência dos mercados. O *insider trading* contribui para que a informação relevante tenha um impacto mais rápido nos preços, o que reduz a incerteza dos investidores e faz diminuir o custo do capital que as empresas podem obter. Além disso, a possibilidade de transacionar com as ações da empresa constitui uma forma eficiente de remunerar a criatividade dos gestores. Os incentivos que resultam para os gestores melhoram o seu desempenho, uma vez que alinham o interesse destes agentes com os dos acionistas. O papel do mercado de controlo empresarial enquanto instrumento disciplinador dos gestores é reforçado, pelo que se espera que estes agentes tenham mais incentivos. Para os críticos da regulação, que consideram positivos os efeitos económicos resultantes da legalização do *insider trading*, as considerações morais a respeito desse comportamento não devem ser tidas em conta.

Já para os defensores da regulação, o *insider trading* tem efeitos nefastos tanto na eficiência dos mercados financeiros como na atuação dos gestores. O *insider trading* levará a que os gestores decidam de acordo com os seus próprios interesses o momento de divulgação da informação ao mercado, e isso afetará negativamente a eficiência. Além disso, a possibilidade de obtenção de rendibilidades mais elevadas por parte dos gestores à custa dos restantes investidores presentes no mercado levará estes últimos agentes a deixar de transacionar ou então a passar a exigir maiores rendibilidades, por forma a serem compensados por essa eventualidade. Mais, a competição dos gestores com a classe dos investidores mais informados dificultará o surgimento de um mercado competitivo de investidores profissionais. Tudo isto acarretará consequências negativas em termos de liquidez de mercado e de capacidade de financiamento empresarial. Os efeitos negativos estendem-se aos incentivos dados aos gestores. Se o gestor pode transacionar as ações da empresa em benefício próprio, pode lucrar com os sucessos mas também com os fracassos da empresa. Por último, o *insider trading* é censurável em termos morais porque configura uma situação em que o gestor lucra à custa do acionista, quebrando a relação de confiança inerente aos seus deveres fiduciários.

Este capítulo está organizado em função dos três planos em que se processa o debate acerca do *insider trading*. Na secção 3.2 serão analisados os argumentos a favor e contra a legalização do *insider trading* atendendo aos seus efeitos na eficiência de mercado. O debate acerca dessa prática enquanto forma de remuneração dos gestores será abordado na secção 3.3 Na secção 3.4 examinam-se os argumentos de natureza moral atinentes ao *insider trading*. Na secção 3.5 estabelece-se uma panorâmica histórica da experiência internacional de regulação do *insider trading* e apresentam-se as conclusões dos principais estudos empíricos acerca dessa regulação. A secção 3.6 conclui o capítulo.

3.2 *INSIDER TRADING* E EFICIÊNCIA DOS PREÇOS

A) A EFICIÊNCIA COMO ARGUMENTO PARA A LEGALIZAÇÃO DO *INSIDER TRADING*

Os críticos da regulação argumentam que a legalização do *insider trading* contribuiria para aumentar a eficiência dos mercados financeiros. As transações por parte dos gestores com base em informação privilegiada fariam que o preço de mercado se movesse no sentido do preço que se verificaria se essa informação fosse do conhecimento público. Por exemplo, as ordens de venda dos gestores na posse de informação privada de teor negativo fariam diminuir o preço das ações na direção do seu «verdadeiro» valor, ou seja, o preço que as ações teriam se a informação fosse conhecida da generalidade dos investidores. Assim, o comprador de tais ações pagaria por elas um preço mais baixo (e mais preciso) do que na ausência do *insider trading*. Desta forma, o *insider trading* tornaria os preços dos ativos financeiros mais informativos e mais próximos do seu valor fundamental[74].

A divulgação da informação pelas empresas implica custos e estes custos podem ser superiores aos benefícios decorrentes da disseminação da informação. Assim, os críticos da regulação têm alegado que o *insider trading* constituiria uma alternativa mais eficiente de transmissão da informação ao mercado que o regime de divulgação obrigatória de informação pelas empresas que vigora na generalidade dos mercados. As vantagens seriam especialmente notórias nos casos em que o anúncio obrigatório da informação retira incentivos à produção da informação, prejudica a empresa em relação a terceiros (face aos seus concorrentes, por exemplo), é demasiado caro ou não é credível[75].

Os benefícios de um mercado mais eficiente em resultado da legalização do *insider trading* estender-se-iam não apenas a todos os investidores mas também às empresas e à sociedade em geral.

B) *INSIDER TRADING* E MECANISMOS DE EFICIÊNCIA

Poderia pensar-se que a capacidade dos *insiders*[76] para alterar os preços seria simplesmente o resultado das alterações das condições de procura e oferta de mercado. Por exemplo, poderia pensar-se que quando os gestores se dessem conta de uma informação de teor positivo comprariam as ações até fazer que o preço atingisse o nível equivalente ao preço eficiente. No entanto, isto não é assim tão simples.

Para se avaliar da validade do argumento de que o *insider trading* faz aproximar o preço dos ativos financeiros do seu valor fundamental é necessário perceber quais os mecanismos que podem levar essas transações a afetar o preço. À partida isso parece difícil de conceber, uma vez que as transações a realizar pelos gestores representam em geral uma parcela negligenciável dos negócios efetuados pelo conjunto dos investidores.

O problema será mais bem compreendido se for analisado em diversos planos. Em primeiro lugar, interessa compreender como podem variar os preços de mercado de um qualquer bem económico. Um bem económico – sejam cenouras, cadeiras ou automóveis – confere uma determinada utilidade a quem deles faz uso. Se considerarmos que a oferta de um dado bem económico não se altera, um aumento na utilidade apercebida desse bem fará com que a sua procura aumente. Cada um dos compradores no mercado estará disposto a pagar mais de forma a garantir o acesso ao bem e consequentemente a persuadir os restantes consumidores a desistir de o utilizar. A consequência do incremento do preço que a generalidade dos consumidores está disposta a pagar para usufruir do bem é o aumento do preço de mercado.

No entanto, as ações não são bens económicos no sentido em que não proporcionam uma utilidade direta. Neste sentido, não existem diversas «utilizações» possíveis para as ações de uma empresa. Na verdade, as ações e outros ativos financeiros não têm um valor intrínseco direto; são antes instrumentos que representam o direito a receber fluxos financeiros a ser gerados no futuro. Se considerarmos que o valor das ações representa apenas o direito a receber esses fluxos no futuro, todas as ações deveriam ser substituíveis entre si. Para ilustrar este resultado, pense-se em duas ações, a ação A e a ação B. Considere-se ainda que os fluxos financeiros que a ação A vai gerar em cada momento no futuro serão o dobro dos fluxos financeiros a gerar pela ação B em cada um desses momentos. Se o preço refletir o valor do conjunto dos fluxos financeiros a gerar por cada um dos ativos, então o preço da ação A deverá ser exatamente o dobro do preço da ação B e por isso deverá ser indiferente deter uma unidade da ação A ou duas unidades da ação B. É agora interessante considerar o que ocorreria se o preço de uma das ações variasse. Imagine-se então que o preço da ação A sobe para o triplo do preço da ação B sem que nada mais se altere. Neste caso, a subida de preço de A deveria ser prontamente anulada. Os investidores de uma maneira geral venderiam as ações A ao preço mais elevado ao mesmo tempo que comprariam as ações B. Dessa forma reconduziriam o preço de A de novo para um nível equivalente ao dobro do preço de B.

É o argumento de que todas as ações são substituíveis entre si que leva a que os adeptos da corrente ortodoxa em finanças defendam que é pouco provável que o *insider trading* seja capaz de alterar os preços de mercado. De acordo com esta perspetiva, os gestores, em função das suas capacidades financeiras, até poderiam fazer mover os preços das ações a muito curto prazo. No entanto, e uma vez que o comum dos investidores não se apercebe de qualquer razão para que as perspetivas de geração de fluxos no futuro se alterem, tal alteração de preço deverá ser rapidamente anulada. Assim, na ótica que temos vindo a descrever, considera-se que o impacto da atuação do *insider* no preço deverá ser transitório e muito provavelmente insignificante[77].

O funcionamento do mercado na forma que acabamos de descrever traz diversas consequências. Os preços de todas as ações serão estabelecidos de forma a proporcionar a mesma rendibilidade por unidade de risco. E a elevada substituibilidade entre os diversos títulos terá como consequência uma curva da procura de ações praticamente horizontal e uma elasticidade-preço da procura extremamente elevada (no limite, infinita)[78].

A ideia de que os preços dos ativos financeiros refletem apenas fatores de risco tem sido refutada ao longo das últimas décadas[79]. O questionamento da perspetiva mais ortodoxa em finanças põe em evidência duas outras perspetivas na análise do impacto do *insider trading* nos preços. Qualquer dessas perspetivas pode em teoria justificar o impacto permanente do *insider trading* nos preços de mercado, com os consequentes benefícios alegados pelos críticos da regulação.

Na primeira dessas perspetivas temos a chamada forma derivada de eficiência de mercado. De acordo com o *mecanismo de eficiência derivado*, a alteração dos preços processa-se em duas fases. Na primeira, os gestores transacionam as ações fazendo uso de informação privilegiada. De início, as suas intervenções de mercado produzem apenas uma pequena alteração nos preços e nos volumes de transação. A diferença mais notória dá-se na segunda fase: considera-se que a atuação dos *insiders* é capaz de sinalizar aos restantes investidores a existência de informação nova (mas não o conteúdo dessa informação)[80]. O comum dos investidores terá de ser capaz de i) observar uma alteração no volume de transações ou no preço de mercado e ii) atribuir essa alteração a uma mudança significativa nas condições da empresa. Essa «descodificação do volume de transação» ou «descodificação do preço» provocará uma mudança na avaliação da empresa pelo investidor e levará a uma alteração nas expectativas em relação ao risco e à rendibilidades das ações. Desta forma, o investidor acabará por transacionar no mesmo sentido do *insider trading* inicial. Havendo *insiders* e outros investidores a negociar no mesmo sentido, em teoria seria possível assistir a uma alteração permanente dos preços em consequência do *insider trading*[81].

É de notar no entanto que não é crível que este mecanismo seja eficaz na transmissão de informação aos preços quando comparado com a alternativa da transmissão da informação a todos os investidores. Para começar, não é claro de que forma podem os investidores distinguir entre as transações levadas a cabo pelos gestores com base em informação privilegiada e as transações realizadas por esses mesmos agentes sem que sejam motivadas por qualquer nova informação. Além disso, a existência de investidores no mercado que a todo o momento efetuam transações não informadas dificulta a interpretação dos movimentos de preço por introduzir ruído nesses preços[82]. Depois é necessário ter em atenção que as pequenas flutuações nos preços e nas quantidades negociadas são pela sua natureza ambíguas. O processo de «descodificação» é lento e impreciso. Na ausência de variações de preço, um observador não é capaz de determinar se uma variação na quantidade negociada foi desencadeada por um aumento nas compras ou nas vendas. Além disso, é de esperar que os *insiders* se esforcem por ocultar as suas transações do mercado, por exemplo negociando em quantidades reduzidas de cada vez para atenuar o impacto nos preços. Se fossem descobertos prematuramente, a sua vantagem em transacionar antecipadamente desvanecer-se-ia[83]. Na verdade, se o *insider trading* for mantido completamente secreto e se os efeitos de preço transitórios forem demasiado pequenos para possibilitar a «descodificação do preço», a informação privilegiada pode não se refletir no preço até que passe a ser conhecida publicamente.

Os dados empíricos que sugerem que os *insiders* obtêm rendibilidades superiores aos restantes agentes de mercado desafiam a noção de que estes investidores «descodificam» a atuação dos investidores com informação privilegiada[84].

Em suma, o mecanismo da eficiência derivada é ineficaz: é mais demorado e causa mais volatilidade, podendo produzir assim face à alternativa da divulgação obrigatória de informação efeitos indesejáveis na afetação de capital da economia. Em certo sentido, tal mecanismo pode ser comparado com a situação em que se disseminam rumores de forma progressiva pelos agentes de mercado provocando lentamente ajustamentos nos preços.

Se a argumentação de que o *insider trading* deve ser legalizado assenta na crença das virtualidades do mecanismo de eficiência derivada, então não se pode dizer que seja muito persuasivo.

Existe no entanto uma segunda perspetiva que permite iluminar as condições em que o *insider trading* pode transmitir informações aos preços.

Já foi referido que se pode considerar que o valor das ações deve refletir as expectativas dos investidores relativamente aos fluxos financeiros que essas ações vão gerar *no futuro*. Ora, como não é possível prever o futuro com certeza, é plausível admitir que existirão expectativas diferentes em relação ao valor desses fluxos financeiros, e consequentemente avaliações diferentes para as mesmas ações. Dito de outra forma, é de admitir que os investidores tenham expectativas heterogéneas. Os indivíduos têm acesso a diferentes parcelas de informação, têm diferentes níveis de experiência e diferentes características psicológicas na avaliação das perspetivas relativas a cada uma das ações. Uma vez que a avaliação de ações requer que os investidores apliquem as suas diferentes capacidades e experiências na previsão do futuro, as suas estimativas quanto ao valor das ações podem variar de forma significativa[85]. A existência de expectativas heterogéneas é sustentada por um grande número de dados. Um volume de transações muito elevado nos mercados de capitais (mesmo na ausência de informações novas que as possam justificar), a utilização de diversos modelos de avaliação de ativos que conduzem a diferentes estimativas quanto ao valor fundamental das ações e a grande divergência de opiniões relativamente às variáveis relevantes para estimar o valor das ações são apenas alguns dos dados empíricos que sugerem que os investidores têm opiniões heterogéneas em relação ao valor das ações[86].

Se os investidores têm expectativas heterogéneas, isso significa que a procura de ações vai depender do preço, ou seja, as ações vão ter uma procura negativamente inclinada, tal como qualquer outro bem económico. No caso dos bens económicos, a procura é inclinada porque os consumidores atribuem diferentes utilidades aos bens; no caso das ações, a procura é inclinada porque os investidores têm expectativas diferentes em relação à capacidade de geração de fluxos das ações, e como tal estão dispostos a pagar preços diferentes por elas. Uma curva da procura com inclinação negativa significa que quanto mais baixo (alto) for o preço das transações maior (menor) será o número de unidades de ativo (ações) que os investidores estarão dispostos a adquirir.

A ideia de que a curva da procura é negativamente inclinada implica que as transações possam fazer alterar os preços de mercado: se um conjunto de investidores presentes no mercado passar a ser mais otimista em relação às ações de uma dada empresa, estará disposto a pagar mais por elas. Os investidores mais pessimistas venderão esses ativos a esses investidores e o preço tenderá a aumentar. O impacto das transações nos preços por sua vez permite explicar um número significativo de fenómenos em finanças e tem sido confirmado em vários estudos empíricos. Por exemplo, no caso de aquisições empresariais, a consideração de uma curva de procura de ações negativamente inclinada permite entender que tenha de existir um prémio substancial a pagar pela empresa adquirente aos acionistas da empresa-alvo. É que, se a empresa adquirente quiser convencer a generalidade dos acionistas da empresa-alvo a desfazerem-se das suas ações, não basta pagar-lhes um pouco acima do preço de mercado das ações. A necessidade de convencer até os acionistas mais otimistas leva a que em regra o preço a oferecer tenha de ser muito mais elevado – os prémios em torno dos 100% não são raros – que o preço de mercado das ações. De forma similar, verifica-se que, quanto maior for a quantidade de ações próprias adquiridas pelas empresas, mais elevado é o preço que têm de pagar por elas. E que o preço das ações tende a diminuir em consequência da venda de quantidades substanciais de títulos. Outros fenómenos, como o aumento dos preços das ações na sequência da sua inclusão em índices de mercado – facto que em teoria não deveria afetar significativamente os seus fundamentais –, podem ser mais bem entendidos se se considerar que a curva da procura de ações tem uma inclinação negativa[87].

Com uma curva de procura de ações negativamente inclinada é possível entender como pode o *insider trading* influenciar os preços. Os *insiders* fazem variar o preço ao longo dessa curva da procura. Por exemplo, se tiverem acesso a informações positivas vão comprando ações a preços progressivamente mais elevados pelo que o preço de mercado irá aumentando. A variação no preço pode ser amplificada se as compras ou vendas dos *insiders* fizerem mover o preço de forma significativa o suficiente para que os restantes investidores observem a variação do preço e a descodifiquem. Assim, nesta ótica, o *insider trading* faz mover os preços de mercado tanto porque as transações exercem uma pressão nos preços como por o movimento de preços que daí resulta reforçar os efeitos de sinalização das compras e vendas dos *insiders*. A possibilidade de uma mais fácil «descodificação de preço» explica de que forma o *insider trading* pode induzir variações de preço desproporcionadas em relação ao volume de transações dos *insiders*.

A consideração de uma curva da procura de ações com inclinação negativa constitui a fundação teórica da alegação de que as transações que se baseiam em informação não pública são benéficas uma vez que tornam os mercados mais eficientes por fazerem mover os preços na direção «correta».

C) DADOS EMPÍRICOS SOBRE O IMPACTO DO *INSIDER TRADING* NOS PREÇOS

Os dados empíricos acerca do impacto do *insider trading* nos preços são importantes. Se se concluir que existe uma correlação positiva entre as transações dos *insiders* e as variações de preço, isso levará a crer que as transações dos investidores com informação privilegiada afetam o processo de descoberta de preços de forma diferente da do investidor comum. E isso pode servir como argumento para a legalização do *insider trading* com base nos efeitos benéficos que poderá ter na eficiência dos mercados.

As indicações empíricas conhecidas são controversas. O estudo acerca dos efeitos do *insider trading* ilegal é problemático, uma vez que os *insiders* têm interesse em ocultar as transações. Por esse motivo, os estudos são escassos. Podem ser destacados cinco estudos principais sobre a matéria, com conclusões contraditórias.

Os resultados obtidos por Meulbroek (1992), Cornell e Sirri (1992), Chakravarty e McConnell (1997), Meulbroek e Hart (1997) e Griffin *et al.* (2011a) parecem indicar que o *insider trading* tem um impacto significativo nos preços.

Meulbroek (1992) analisou 320 casos, referentes ao período 1980-1989, em que o regulador nos EUA acusou formalmente investidores de praticarem *insider trading*. A autora encontrou uma relação estatisticamente positiva entre o *insider trading* e as variações contemporâneas dos preços: 43% do ajustamento nos preços ocorre nos dias em que o *insider trading* teve lugar. O estudo revela que o volume de transações nos dias em que o *insider trading* ocorreu foi mais elevado que o esperado, mas também revela que esse volume foi constituído na sua maioria por transações realizadas pelos próprios *insiders*. Os resultados sugerem que as características das transações dos *insiders* em termos de dimensão, número e natureza (compra *vs.* venda) permitem a ativação dos mecanismos de descodificação com a consequente incorporação da informação nos preços.

Cornell e Sirri (1992) debruçam-se sobre o caso da aquisição da empresa Campbell Taggart pela Anheuser-Busch em 1982. Concluem ter existido uma relação significativa entre o ajustamento dos preços imediatamente antes do anúncio da operação e as compras feitas pelos *insiders*. Além disso, estudam a liquidez nas ações da Campbell Taggat nos dias em que o *insider trading* teve lugar, encontrando sinais de que a liquidez aumentou nos períodos em que os *insiders* intervieram no mercado.

Chakravarty e McConnell (1997) usam dados diários e *intraday* para estudar o volume de *insider trading*. Analisam as transações realizadas pelo *insider trader* Ivan Boesky nas ações da empresa Carnation imediatamente antes da aquisição desta empresa pela Nestlé, em 1984. Ivan Boesky adquiriu no verão de 1984 uma posição substancial (cerca de 5% das ações cotadas) na empresa Carnation, que, conforme admitiu mais tarde, foi motivada pelo acesso a informação privilegiada. Chakravarty e McConnell (1997) concluem que existiu uma relação positiva entre as transações de Boesky e as variações de preço, o que sugere que as transações daquele investidor provocaram essas variações. Não parecem ter ocorrido efeitos adversos na liquidez do mercado.

Meulbroek e Hart (1997) analisam o impacto do *insider trading* ilegal nos prémios que os gestores têm de pagar no caso de aquisições empresariais.

Concluem que os prémios nos casos em que existe *insider trading* são 30% superiores àqueles em que essa prática não se verifica. Os testes realizados apontam para a existência de uma relação de causalidade entre o *insider trading* e o aumento nos prémios, uma vez que não parece haver fatores relativos às características da aquisição ou das empresas em presença que expliquem o ocorrido. Isto significa que o *insider trading* provoca uma transferência de riqueza dos acionistas das empresas adquirentes para os acionistas das empresas-alvo.

Num estudo mais recente, Griffin *et al.* (2011a) atribuem a menor reação dos preços à publicação de notícias acerca das empresas que se verifica nos mercados emergentes em comparação com o que ocorre nos mercados desenvolvidos a naqueles mercados o *insider trading* contribuir para a incorporação da informação no preço ainda antes da divulgação das notícias. Segundo os autores, a menor intensidade do *insider trading* nos mercados desenvolvidos seria o principal fator a justificar o maior impacto das notícias públicas nos preços nestes mercados.

Mas também existem indicações empíricas de sinal contrário. Por exemplo, Jarrell e Poulson (1989) e Chakravarty e McConnell (1999) não encontram indicações de que o *insider trading* seja útil para aproximar os preços de mercado do valor fundamental das ações.

Jarrell e Poulson (1989) estudam 172 aquisições para mostrar que 40% do aumento nos preços que se verifica nas aquisições bem-sucedidas ocorre *antes* do primeiro anúncio da oferta de compra. Concluem ainda que o *insider trading* não está na origem desse ajustamento de preços, uma vez que encontram uma correlação negativa entre as atividades de *insider trading* e a sua variação. Atribuem antes a variação nos preços a compras de ações efetuadas pela empresa adquirente e a especulações nos *media* acerca da possibilidade de aquisição empresarial.

Chakravarty e McConnell (1999) recorrem aos dados referentes ao caso que já tinham estudado em Chakravarty e McConnell (1997). Chakravarty e McConnell (1999) concluem que as transações com informação privilegiada não têm um efeito nos preços diferente das realizadas pelo investidor comum, pelo que, em sua opinião, nem os resultados do seu estudo de 1997 nem os resultados obtidos por Meulbroek (1992) e por Cornell e Sirri (1992) podem ser utilizados para se defender que o *insider trading* conduz a uma maior eficiência dos preços.

Algumas investigações levadas a cabo pelos reguladores acerca de casos específicos de *insider trading* são também interessantes para se compreender de que forma a informação privilegiada se pode repercutir nos preços. Um relatório da Securities and Exchange Commission, a entidade de regulação de mercado nos EUA, revela o fluxo de informação que se deu a partir de uma secretária da IBM, a quem foi pedido em maio de 1995 que fotocopiasse documentos que incluíam referências a uma operação de aquisição da IBM sobre a Lotus Development Corporation. Essa aquisição era, à época, secreta estando programada para ser anunciada apenas no dia 5 de junho daquele ano. A investigação revelou que a comunicação interpessoal desempenhou um papel crítico na rápida disseminação da informação. Aparentemente, a secretária apenas falou do assunto ao marido, um vendedor. No dia 2 de junho, ele contou a outra pessoa, um colega de trabalho, que comprou ações dezoito minutos depois, e a outro amigo, um técnico de computadores, que iniciou uma sequência de chamadas telefónicas. No momento do anúncio público da aquisição, no dia 5 de junho de 1995, 25 pessoas relacionadas com o grupo inicial tinham investido meio milhão de dólares com base na dica. Nessas 25 pessoas incluíam-se um cozinheiro de *pizzas*, um engenheiro eletrotécnico, um executivo de um banco, um grossista do sector dos laticínios, um professor reformado, um ginecologista, um advogado e quatro corretores de ações. Este caso sugere que a informação se pode disseminar muito rapidamente e que os mecanismos de «descodificação» a que aludimos na secção anterior podem nem sequer ser necessários para que um volume considerável de recursos financeiros seja mobilizado para aplicação nos mercados de capitais na sequência da fuga de informação privilegiada[88].

Por último, existe um conjunto de estudos relacionados que, apesar de não lidarem diretamente com a questão do *insider trading*, podem dar pistas em relação ao possível impacto do fenómeno nos preços. Têm vindo a ser acumulados na literatura, ao longo das últimas décadas, numerosos estudos de eventos. Este tipo de estudos procura averiguar o impacto nos preços da divulgação pública de informações. Uma das indicações empíricas que resultam dos estudos de eventos é que os resultados das empresas tendem a manifestar-se nos preços ainda antes da sua divulgação pública e para além do que seria esperado: resultados empresariais que se revelam acima (abaixo) das expectativas traduzem-se em subidas (descidas) anormais dos preços antes da data da sua divulgação. Uma das interpretações para este facto reside no impacto do *insider trading* nos preços. A ser verdadeira esta visão dos resultados, as fugas de informação ocorridas ter-se-iam refletido nos preços antes de a informação se ter tornado do conhecimento público[89].

Não existe consenso nos estudos sobre o impacto nos preços das transações com informação privilegiada. Apesar de os resultados serem sugestivos de que tais transações podem afetar os preços, é necessário ter em atenção as limitações dos estudos disponíveis. Além de se levantarem questões relacionadas com o acesso aos dados, é necessário ter em atenção que a maior parte dos estudos que descrevemos se ocupou de casos específicos de *insider trading* pelo que existe, naturalmente, alguma incerteza acerca da validade da extrapolação desses resultados para outros mercados ou períodos temporais.

D) MANIPULAÇÃO DA INFORMAÇÃO E DECISÕES EMPRESARIAIS

Na alegação de que o *insider trading* pode contribuir para o incremento da eficiência de mercado, fazendo convergir o preço para o valor que se deveria observar caso a informação ao dispor dos gestores fosse pública, ignora-se a possibilidade de o gestor usar o *insider trading* em seu benefício, fazendo *afastar* o preço do valor fundamental das ações. Existem várias dimensões de prejuízo para a eficiência do mercado pelo facto de existir *insider trading*.

Em primeiro lugar, a possibilidade de *insider trading* induz os gestores a manipular o momento de divulgação da informação a seu favor. Vimos já na secção 2.4, alínea *a*), que a relutância dos gestores em comunicar informações negativas ao mercado pode ter motivos reputacionais ou resultar de a sua remuneração estar indexada ao preço das ações. Além destes motivos, acrescenta-se agora um outro: a possibilidade de se lucrar com transações baseadas em informação privada. De facto, a possibilidade de *insider trading* cria condições poderosas para que o gestor oculte informação (neste caso, de teor positivo ou negativo) ao mercado de forma a ter tempo para a aproveitar em seu benefício. Essa demora na divulgação da informação é prejudicial para a eficiência de mercado[90].

Em segundo lugar, e mais importante, os gestores podem explorar os limites à racionalidade dos investidores, adotando políticas e escolhas empresariais em benefício próprio. A possibilidade de gerir, de forma oportunista, as reações dos investidores é-lhes proporcionada por duas condições. Por um lado, os investidores sofrem de enviesamentos comportamentais que os impedem de avaliar todas as implicações da informação divulgada[91]. Por outro lado, esses mesmos investidores atuam num ambiente – os mercados financeiros – onde a aprendizagem ao longo do tempo é especialmente difícil. Como é difícil certificar a fiabilidade da informação a que só os gestores têm acesso, os investidores têm dificuldade em distinguir os gestores honestos daqueles que pretendem manipular os preços. Note-se que o facto de uma previsão empresarial não se concretizar não significa necessariamente que o gestor pretendia enganar o acionista. Entre o momento da previsão e o momento em que se pode aferir o acerto dessa previsão podem ocorrer factos imprevisíveis à partida e cuja responsabilidade não pode ser atribuída ao gestor. A falta de qualidade do retorno informacional neste ambiente tão variável dificulta a aprendizagem acerca do grau de honestidade dos gestores. Estes dois fatores – enviesamentos decisionais e dificuldades de aprendizagem – tornam possível ao gestor a manipulação de algumas das variáveis empresariais para servir os seus interesses[92]. Existem indicações empíricas abundantes de que muitas das mais importantes decisões empresariais – relativas a dividendos, à política de investimentos ou à política de financiamento, por exemplo – são, pelo menos em parte, motivadas por considerações de curto prazo relativamente ao preço das ações[93]. Mesmo outras escolhas não tão importantes, como a escolha do nome da empresa ou a decisão de levar a cabo um *stock-split*, por exemplo, são influenciadas por esse motivo. Um exemplo recente diz respeito às escolhas quanto a despesas de publicidade. Verifica-se que os gestores definem o nível de publicidade para atrair a atenção dos investidores e influenciar a variação do preço das ações. O aumento na publicidade faz subir os preços das ações a curto prazo e os gestores aproveitam esse facto para vender os seus títulos[94]. Uma atuação deste tipo no que diz respeito às diversas variáveis empresariais controladas pelos gestores – nos domínios comercial, de investimento, dividendos, financiamento, etc. – é em teoria suscetível de fazer desviar os preços do valor fundamental das ações, pelo menos a curto prazo.

Em terceiro lugar, os gestores têm incentivos para criar rumores ou enviar mensagens ambíguas para o mercado. Os gestores podem lucrar mesmo na ausência de informação privilegiada se forem capazes de mover os preços através de *desinformações* de mercado. E o rumor a criar tanto pode ser relativo a uma perda para a empresa (caso em que se proporciona comprar as ações a um preço subavaliado) como pode ser relativo a um ganho para a empresa (caso que o gestor explorará vendendo ações a um preço demasiado elevado). Estes rumores podem até prejudicar a empresa se forem suficientemente credíveis para iludir os restantes membros da organização. Em qualquer caso, o tempo e o esforço despendidos na criação desses rumores representam um desperdício do ponto de vista da empresa.

Uma vez que os gestores têm a possibilidade e o interesse em distorcer, de forma estratégica, os anúncios e previsões que comunicam ao mercado, as restrições ao *insider trading* justificam-se para preservar a integridade da informação contida nos preços.

E) EFEITOS SOBRE OS CUSTOS DE TRANSAÇÃO, LIQUIDEZ E CUSTO DO CAPITAL

A atuação dos *insiders* nos mercados financeiros produz efeitos na liquidez e nos custos de transação e capital a que as empresas têm acesso. Para entender essas consequências é necessário analisar o seu impacto nos restantes investidores.

Os lucros recolhidos pelos *insiders* reduzem os lucros obtidos pelos restantes investidores de forma direta e de forma indireta. Os lucros dos *insiders* fazem diminuir os lucros dos restantes investidores de forma direta já que estes atuam perante aqueles em desvantagem informacional. Se um investidor vende ações a um *insider* e este as compra na base de informação privilegiada de teor positivo, o investidor não informado ver-se-á arredado dos ganhos que ocorrerão quando a informação se tornar do conhecimento público. Já se um investidor compra as ações a um *insider* porque este tem conhecimento exclusivo de uma informação negativa, a perda será transferida do *insider* para o investidor não informado[95].

Numa primeira análise, poderia pensar-se que as perdas diretas sofridas pelos investidores em resultado do *insider trading* constituiriam um mero efeito redistributivo: as perdas desses investidores seriam compensadas pelos ganhos auferidos pelos gestores. No entanto, é plausível admitir que esta visão seja excessivamente redutora. De facto, se o *insider trading* fosse legalizado, é de crer que isso iria afetar negativamente a confiança dos investidores no mercado. Se os investidores sentirem que as transações de mercado são um jogo em que apenas os *insiders*, pela vantagem informacional que detêm, podem ganhar, é de crer que a reação seja a de saída do mercado de pelo menos de uma parte desses investidores[96]. Um menor número de investidores dispostos a participar nos mercados financeiros pode ter efeitos negativos tanto no montante de capital que as empresas podem captar como na liquidez desses mercados. Enquanto a diminuição da disponibilidade dos investidores para entregarem novos capitais às empresas pode prejudicar o investimento tanto das empresas instaladas como das empresas a surgir, a queda na liquidez causa danos a todos os investidores que permanecem no mercado uma vez que afeta negativamente a possibilidade de liquidação imediata dos ativos a um preço adequado[97].

Mas existem também efeitos indiretos da atuação dos *insiders*. As mais-valias dos *insiders* reduzem as obtidas pelos restantes investidores de forma indireta, uma vez que estes, sabendo que existe a possibilidade de estarem a transacionar com um *insider*, aumentam o *spread* entre o preço de venda e o preço de compra *(bid-ask spread)*. O aumento do *bid-ask spread*, ou seja, o aumento do preço de venda e a diminuição do preço de compra, dá-se numa tentativa dos investidores para recuperar as perdas que se referiram anteriormente. Uma vez que o aumento nesse *spread* impõe um custo de transação adicional a todos os investidores que compram ou vendem ações aos *insiders*, tal reduz de forma indireta os seus lucros. A ligação entre a atuação dos *insiders* e o *bid-ask spread* está estabelecida empiricamente[98].

A assimetria de informação decorrente da presença no mercado de *insiders* capazes de transacionar com informação privilegiada acarreta múltiplos efeitos que têm vindo a ser analisados pela literatura empírica em finanças. De entre esses efeitos, importa destacar os que se referem às variáveis liquidez e custo do capital.

Comecemos pelo impacto na liquidez de mercado. O alargamento do *bid-ask spread* reflete as assimetrias de informação entre investidores. Num estudo empírico estimou-se em 43% a parcela desse *spread* no mercado de ações dos EUA que pode ser atribuída a assimetrias de informação[99]. Em geral, entende-se que os aumentos na assimetria de informação comprometem a liquidez de mercado[100]. Dado que o *insider trading* corresponde à situação de maior assimetria de informação entre investidores, e atendendo a que empiricamente está relacionado com maiores *bid-ask spreads*, pode concluir-se que o *insider trading* faz aumentar os custos de transação[101]. O aumento dos custos de transação leva por sua vez a que os investidores tendam a reduzir o número de transações, o que implica uma diminuição da liquidez de mercado.

O impacto negativo do *insider trading* pode fazer-se sentir no custo do capital. A possibilidade de se estar a negociar com um *insider* acarreta um aumento no risco apercebido na transação das ações. O aumento do risco apercebido terá como consequência um aumento da rendibilidade requerida para deter as ações, apenas por efeito do *insider trading*. Este facto poderá, em última análise, ter um efeito similar ao da saída do mercado dos investidores comuns. Pode fazer baixar o preço a que as empresas podem colocar as suas ações no mercado e assim poderá fazer também baixar o montante que as empresas podem obter quando emitem ações. Isso significa que o *insider trading* pode fazer aumentar o custo do financiamento empresarial e, por essa via, ter um impacto negativo na afetação social dos capitais aos projetos e empresas a criar ou já em funcionamento[102].

Mas este não é o único efeito capaz de conduzir a um encarecimento do capital. É que num mercado em que o *insider trading* é permitido os maiores acionistas (acionistas de controlo) podem ser tentados pelos gestores para partilharem com eles os benefícios do *insider trading* em troca da atenuação da monitorização da empresa. Sabendo-o, os acionistas minoritários reagem exigindo uma maior rendibilidade para deter as ações e entregar capitais à empresa[103]. Nesta aceção, a proibição do *insider trading* limita os custos de controlo e protege os pequenos acionistas da expropriação que, de outra forma, lhes seria imposta pelos acionistas de referência em concertação com os gestores. Esta hipótese parece ter confirmação empírica[104].

A posição de que o *insider trading* pode afetar a liquidez e o custo do capital não é consensual. Por exemplo, Cox (1986) apresenta alguns contra-argumentos. É dito, entre outras razões, que o *insider trading* ocorre de forma aleatória na perspetiva dos investidores. Como nem todas as empresas experimentam as condições financeiras que propiciam o *insider trading* e como os diferentes gestores têm diferentes níveis de escrúpulo moral em relação a essa prática, não é possível aos investidores saber *ex ante* quais serão as empresas em que o *insider trading* terá lugar. Por este motivo, os investidores reagirão à possibilidade de *insider trading* «descontando» todas as ações em função do risco médio que atribuem à possibilidade de perdas por esse motivo. Nesta perspetiva, os investidores ultrapassariam os inconvenientes potenciais do *insider trading* uma vez que o preço que pagariam pelas ações já refletiria esse facto. De acordo com Cox (1986), nem a capacidade de afetação de recursos nem o custo do capital seriam afetados uma vez que uma alteração do custo de capital de todas as empresas à mesma taxa não iria afetar a comparação relativa entre as empresas levada a cabo pelos investidores. O autor refuta igualmente a alegação de que o *insider trading* possa fazer sair os investidores do mercado de ações para outros mercados. Aqui apresenta dois argumentos principais. Em primeiro lugar, o argumento de que pode dar-se uma fuga do mercado de ações assenta na premissa de que o *insider trading* existe apenas no mercado de ações. Em segundo lugar, os investidores que em teoria serão os mais importantes para a eficiência de mercado – os investidores institucionais – estão condicionados, pelas regras que estabelecem a sua política de investimento, a investir no mercado de ações, o que por si só limita a fuga de capitais potencial deste mercado.

Embora as razões apresentadas por Cox (1986) sejam plausíveis, não parecem suficientemente fortes para afastar a possibilidade de ocorrência de efeitos negativos do *insider trading*. Em primeiro lugar, é questionável a medida em que as supostas vantagens do *insider trading* – em termos de eficiência de mercado, por exemplo – poderão fazer ultrapassar o maior nível de risco que os investidores têm de suportar. Em segundo lugar, uma vez que os investidores não recebem uma compensação proporcional aos custos de transação adicionais em que incorrem na forma de um maior *bid-ask spread*, é de esperar que invistam menos, o que pode afetar, como se disse, quer a liquidez dos mercados quer o custo do capital a que as empresas pretendem aceder. Em terceiro lugar, o problema parece estar mal colocado por Cox (1986). A questão não é saber se os agentes de mercado investiriam *apesar* de o *insider trading* existir no mercado; a questão relevante é antes se, tudo o resto constante, os agentes de mercado investiriam *ao mesmo nível* se o *insider trading* fosse legalizado. O facto de alguns investidores poderem reagir aos potenciais efeitos negativos do *insider trading* não justifica só por si a legalização do *insider trading*. Existem na sociedade diversos comportamentos moral e economicamente nefastos – os furtos, por exemplo – em relação aos quais os agentes económicos se podem precaver – por exemplo, efetuando seguros contra a sua ocorrência –, mas isso não significa que esses comportamentos devam deixar de ser penalizados pela sociedade. Embora os investidores mais importantes em termos de volume sejam os investidores institucionais, e estes tenham restrições nos investimentos em outros ativos fora dos mercados acionistas, é necessário ter em conta que esses investidores institucionais aplicam os recursos que lhes são confiados pelos investidores individuais. Além disso, existe um grupo significativo de investidores individuais atuais e potenciais que se pode abster de investir no mercado e que interessa ter em conta. A existência e aplicação de regras de regulação no sentido de restringir o *insider trading* contribuirão, em parte, para isso.

Em resumo, e atendendo ao que foi exposto nesta secção, a proibição do *insider trading* encontra algumas das suas razões na proteção da confiança de um mercado de capitais que se pretende líquido e capaz de assegurar o financiamento empresarial com níveis de custo adequados.

F) DESENVOLVIMENTO DO MERCADO DE INVESTIDORES INFORMADOS

Como já vimos na secção 2.4, alínea *e*), um mercado competitivo de investidores informados é essencial para o adequado funcionamento dos mercados financeiros. Quando existe um número elevado de investidores informados (investidores institucionais, analistas financeiros, etc.) a procurar e a analisar informação, é mais provável que os ativos financeiros sejam mais líquidos e que os seus preços reflitam de forma mais próxima o seu valor.

Em teoria, os *insiders* (grupo que inclui os gestores e também todos aqueles que beneficiam da informação por eles transmitida), pelo conhecimento privilegiado que detêm em relação às condições da empresa, poderiam desempenhar algumas das funções normalmente associadas aos investidores informados. Como vimos na secção 3.2, alínea *c*), existe alguma indicação empírica de que os *insiders* podem fazer mover os preços.

Ao contrário dos *insiders*, os investidores informados não têm acesso privilegiado à informação específica a uma dada empresa antes de ser publicamente disseminada. Em vez disso, investem tempo e outros recursos na procura e na análise de informação referente a toda a economia e a empresas determinadas. A análise dessa informação permite-lhes em teoria uma melhor avaliação das ações de forma a determinar se existem desvios significativos entre o preço e uma estimativa do seu valor. As mais-valias que os investidores informados obtêm transacionando com investidores menos bem informados dá-lhes os incentivos para continuar a procurar e analisar a informação.

Quando o *insider trading* é legal, os investidores informados estão em desvantagem clara em relação aos *insiders*, que levam a melhor de forma sistemática. Por isso, o número de transações por parte dos investidores informados tende a variar inversamente com as transações dos *insiders*[105]. Quando o *insider trading* é legal, os investidores informados obtêm menores rendibilidades na recolha e análise da informação e, por conseguinte, tendem a reduzir essas atividades. A presença de *insiders* nos mercados financeiros faz reduzir o número de investidores informados e o montante dos seus lucros[106]. Os dados empíricos sustentam a ideia de que existe uma relação de substituibilidade na atuação desses dois tipos de agentes: verifica-se que o número de analistas financeiros que cobrem as empresas e a profundidade desse acompanhamento tendem a aumentar na sequência da aplicação das leis de limitação do *insider trading*[107].

Em face destes dois grupos de investidores – investidores informados e *insiders* – que surgem como candidatos a fautores da eficiência dos mercados financeiros, a questão a indagar é se a regulação deve fazer uma escolha. As alternativas são permitir que os *insiders* transacionem com base na informação de que dispõem, prejudicando assim os investidores, e limitar as transações dos *insiders*, favorecendo dessa forma o grupo dos investidores informados.

Existem pelo menos cinco razões para sustentar que em teoria é mais vantajoso, em termos sociais, privilegiar os investidores informados em detrimento dos *insiders*. Em primeiro lugar, os *insiders* têm incentivos para manipular quer os momentos de divulgação da informação quer a própria informação a ser divulgada (ver alínea *a*) da secção 2.4). No caso da manipulação dos momentos em que a informação é revelada, os *insiders* podem adiar a comunicação da informação – prejudicando a eficiência dos mercados –, ou antecipar a disseminação da informação, afetando negativamente os negócios da empresa. Os *insiders* podem também atuar de forma oportunística sobre a natureza da informação divulgada. Em qualquer dos casos, confiar aos *insiders* a tarefa de fazer convergir os preços para o valor adequado não teria razão de ser. Note-se que a possibilidade de manipulação é exacerbada por os *insiders* beneficiarem de uma condição de exclusividade no acesso à informação que possuem. A falta de competição no acesso à sua informação permite que a manipulação se efetue com maior eficácia[108]. Por outro lado, não é tão fácil aos investidores informados manipular a informação e o momento da sua revelação. Os investidores informados não controlam o momento da divulgação da informação pela empresa, antes procuram responder a essa nova informação assim que é conhecida. Estes investidores operam num mercado que pode ser altamente competitivo, o que cria incentivos para que processem a informação tão rapidamente quanto possível antes que sejam ultrapassados por um investidor rival[109].

Em segundo lugar, os investidores informados podem beneficiar de economias de escala e de gama na procura e análise da informação, tanto no que diz respeito à informação geral, de interesse na avaliação de todos os ativos de mercado, como na informação que é específica a uma dada empresa. Pelo contrário, os *insiders* produzem apenas informação relativa às suas empresas. O conhecimento acerca das condições de uma economia ou de um sector é útil para analisar muitas empresas. Embora a informação acerca de uma determinada empresa possa ser útil na avaliação de outras empresas com ela relacionadas (por exemplo, concorrentes, fornecedores ou clientes), a possibilidade de produção de informação geral, de interesse para a avaliação de muitos ativos financeiros, parece conduzir a que seja preferível favorecer os investidores informados[110].

Em terceiro lugar, embora os *insiders* tenham vantagem sobre os investidores informados na procura de informações específicas à empresa, estes são melhores na análise e avaliação dessa informação. A opinião dos *insiders* em relação a essa informação tenderá a ser de natureza mais subjetiva pela sua natural dificuldade em compará-la com informações semelhantes relativas a empresas similares. Já no caso dos investidores informados, por serem em maior número e estarem em competição entre si, existe a possibilidade de se compararem interpretações diversas acerca da mesma informação, o que em teoria permitirá uma avaliação mais exata[111].

Em quarto lugar, os investidores informados são melhores que os *insiders* a proporcionar liquidez aos mercados financeiros. Isto explica-se por diversos fatores: têm ao seu dispor maiores recursos financeiros; existe uma maior divergência de opiniões entre os investidores informados, o que favorece a ocorrência de mais transações; e é maior a competição entre estes investidores na exploração de uma qualquer vantagem informacional, em particular no que diz respeito à informação pública[112]. Os dados empíricos sugerem que o aumento da competição entre investidores informados se traduz numa diminuição dos custos de transação decorrentes das assimetrias de informação[113].

Em quinto e último lugar, é de esperar que um mercado competitivo de investidores informados contribua positivamente para melhorar os padrões de gestão empresarial e reduzir os problemas de controlo empresarial. Em caso de conflito de interesses entre os gestores e os acionistas, é provável que os gestores abusem do seu poder para levar avante os seus interesses em detrimento dos acionistas. Estes problemas podem tomar a forma de quebra dos deveres de lealdade (por exemplo, efetuar negócios com a empresa no interesse dos próprios gestores) ou de deveres de cuidado (por exemplo, a tomada de decisões erradas de gestão como levar a cabo investimentos ineficientes). Os deveres de divulgação de informação ajudam a revelar as decisões tomadas pelos gestores. Embora as quebras dos deveres de lealdade atraiam a atenção mediática, a quebra dos deveres de cuidado são provavelmente mais frequentes e têm o potencial de causar perdas superiores para a empresa. Embora o sistema judicial seja capaz de avaliar fraudes e quebras dos deveres de lealdade, está em geral menos bem equipado para aferir da qualidade das decisões de gestão. Consequentemente, é de esperar que o sistema judicial seja mais eficaz na contenção das quebras de lealdade do gestor que na limitação dos erros de gestão. Assim, a tarefa de refrear as quebras dos deveres de cuidado é em larga medida deixada ao mercado. É plausível admitir que uma cobertura mais intensa das decisões empresariais por parte dos analistas financeiros – um dos subgrupos dos investidores informados – seja útil para atingir esse objetivo. Ao contrário dos agentes do sistema judicial, os analistas acompanham as decisões empresariais, são capazes de avaliar a sua qualidade e de fazer refletir as suas opiniões nos preços das ações.

A noção de que a atuação dos investidores informados, enquanto classe, é mais útil para o objetivo da eficiência de mercado do que a dos *insiders*, parece estar bem sustentada na literatura sobre o tema[114].

Por todas as razões apresentadas, é de esperar que a legalização do *insider trading* dificulte o desenvolvimento de um mercado competitivo de investidores informados. Isto significa que o aumento na eficiência trazido pelo *insider trading* pode ser mais do que compensado pela diminuição da eficiência resultante do enfraquecimento dos investidores informados. Ao contrário, as limitações ao *insider trading*, em conjunto com outras medidas de regulação acerca da divulgação obrigatória de informação, propiciarão o desenvolvimento desse mercado com os benefícios daí decorrentes para a eficiência dos mercados financeiros[115]. A proibição do *insider trading* encontra assim justificações na base do critério da eficiência dos mercados: proibir o *insider trading* torna os mercados mais eficientes. O efeito de substituição entre os *insiders* e os investidores informados é um dos principais argumentos na defesa da proibição do *insider trading*.

3.3 *INSIDER TRADING* COMO FORMA DE REMUNERAÇÃO DO GESTOR

A) ARGUMENTOS A FAVOR DA LEGALIZAÇÃO DO *INSIDER TRADING*

Os críticos da regulação do *insider trading* alegam que esta prática seria uma forma eficiente de remuneração dos gestores. A possibilidade de lucrarem com o *insider trading* através da evolução do preço das ações seria entendida, nesta perspetiva, como a forma de os remunerar pela produção da informação. O *insider trading* contribuiria assim para tornar os gestores uma classe de profissionais mais criativa, produtiva e propensa ao risco, fazendo alinhar os seus interesses com os dos acionistas.

Os defensores desta solução argumentam que isso não significa necessariamente que os gestores sejam mais generosamente remunerados. O que se pretende, na sua perspetiva, é alterar a composição dos salários entre a parte fixa e a parte variável. Assim, alega-se que os acionistas poderiam recuperar parte do que é pago aos gestores por via da autorização da atividade do *insider trading* através da descida da componente fixa dos seus salários[116].

A noção subjacente ao raciocínio dos críticos da regulação é que o *insider trading* corresponderia à afetação da informação que os agentes interessados (acionistas e gestores) levariam a cabo se interagissem livremente no mercado dos direitos da propriedade à informação[117].

B) ARGUMENTOS CONTRA A LEGALIZAÇÃO DO *INSIDER TRADING*

As objeções à proposta de utilização do *insider trading* como forma de remuneração podem ser classificadas em dois tipos. Temos os problemas práticos de implementação dessa ideia – alínea b1) – e os problemas dos incentivos perversos daí decorrentes para os gestores – alínea b2).

B1) PROBLEMAS PRÁTICOS

A utilização do *insider trading* como forma de remuneração dos gestores levanta algumas dificuldades práticas importantes. Antes de as partes negociarem um esquema de remuneração, é necessário que estejam na posse da informação necessária para avaliar os custos e benefícios da sua atuação. Ora é altamente questionável que com o *insider trading* tal seja suscetível de ocorrer. Os acionistas não têm forma de saber em que medida os seus interesses irão ser defendidos ao permitir que os gestores transacionem com base em informação privilegiada. Também têm dificuldade em quantificar o impacto dos incentivos perversos (ver secção seguinte) resultantes do *insider trading*. Além disso, e uma vez que uma parte potencialmente importante das atividades de gestão ocorre em equipa, é difícil identificar, e ainda mais difícil quantificar, a contribuição individual de cada gestor. Mais: parece ser muito difícil restringir as transações aos indivíduos que produziram a informação. De facto, pode ocorrer que muitos agentes no interior da empresa ou que com ela se relacionam beneficiem do acesso à informação para transacionar ainda que pouco ou nada tenham contribuído para a produção da informação.

Os próprios gestores teriam muitas dificuldades em avaliar os custos e benefícios de um regime de remuneração assente no *insider trading*. Em primeiro lugar, o *insider trading* é uma forma de remuneração imprevisível; a oportunidade para explorar uma dada informação privilegiada pode surgir de forma pouco frequente, sendo também difícil prever essa frequência.

Em segundo lugar, existe um fator de risco muito elevado associado ao *insider trading* enquanto forma de remuneração. O gestor não pode saber em que medida outros agentes usaram a mesma informação a que ele tem acesso. Uma fuga de informação, por exemplo, poderia significar que os gestores perderiam a sua vantagem informacional, uma vez que outros agentes estariam já a comprar ou vender ações com base nessa mesma parcela de informação. De forma similar, uma empresa concorrente poderia divulgar informações capazes de destruir o valor do conhecimento na posse do gestor.

Em terceiro lugar, o período durante o qual a informação é passível de ser explorada no mercado pode ser demasiado curto para o gestor, já que este pode não dispor, de forma imediata, dos capitais ou do crédito necessários para aproveitar essa oportunidade.

Por último, a exploração do *insider trading* implica suportar custos de transação.

As dificuldades agora referidas sugerem que o *insider trading* seja uma forma pouco eficiente de remuneração dos gestores. É de crer que estas limitações, sentidas pelos gestores na exploração do *insider trading*, os levariam a encarar esta forma de remuneração como não equivalente à remuneração em numerário. Dito de outra forma, um dado valor em remuneração fixa apenas poderia ser substituído por um valor (muito) mais elevado proveniente do *insider trading*.

Parece não haver uma forma imediata de determinar um «justo valor» de lucros via *insider trading* a atribuir a cada um dos gestores em função das suas características, o que, provavelmente, tornaria mais difícil a negociação de acordos de remuneração em troca da prestação de serviços de gestão[118]. Este facto anula um dos principais argumentos dos defensores do *insider trading*: o de que esta forma de remuneração implicaria muito menores custos de negociação que as alternativas.

Suponha-se que se chega a um acordo acerca do valor de lucros via *insider trader* que o gestor pode auferir. É necessário assegurar que este acordo é cumprido. O primeiro problema tem a ver com a deteção de lucros excessivos com o *insider trading*. Se tal for detetado, uma segunda questão é a de decidir o que fazer. Mas na prática será extremamente difícil detetar quebras do acordo. O gestor poderia sempre transmitir informação a um terceiro para transacionar em seu nome, o que tornaria praticamente impossível a deteção. Não existe possibilidade de deteção a não ser que o gestor transacione tanto que se torne evidente através de variações de volume e/ou preço que alguém teria que estar a quebrar o acordo[119].

Para vários autores, utilizar o *insider trading* para remunerar os gestores equivaleria a acordar um salário e depois deixar a «gaveta do dinheiro» aberta à disposição dos gestores sem que ninguém se pudesse certificar de quanto dinheiro se apoderariam esses profissionais. Ou, numa analogia mais colorida referida por um autor sobre este tema, seria o mesmo que confiar a uma criança a decisão de quanto doce consumir antes das refeições[120].

Na verdade, a alegação de que os lucros provenientes do *insider trading* permitiriam diminuir a componente fixa da remuneração parece ser passível de crítica. Uma vez que o mercado de gestores tem características que limitam o seu grau de competição (ver alínea *c*), a seguir), e atendendo às dificuldades na monitorização deste esquema de remuneração, é de supor que os lucros do *insider trading* não pudessem facilmente substituir a componente fixa da remuneração. Em vez disso, muito provavelmente somar-se-iam à componente fixa, aumentando assim o valor global da remuneração.

Mas existem outros problemas relacionados com incentivos que resultam desta forma de remuneração. Ainda que se assuma que as variações no preço das ações refletem o valor da informação produzida pelo gestor, a remuneração que este agente é capaz de obter está, conforme se referiu acima, limitada pela riqueza que pode investir no mercado de ações. Assim sendo, a remuneração do gestor vai estar baseada não no seu contributo para a produção da informação, mas na sua riqueza. E não colhe o contra-argumento segundo o qual o gestor poderia sempre obter crédito para transacionar divulgando a informação às entidades financiadoras de forma a justificar o seu pedido. Além das dificuldades relacionadas com tais empréstimos, esta argumentação não dá a devida atenção ao que ocorreria se o gestor divulgasse a informação ao credor. Este, quer concedesse quer não concedesse o empréstimo, aproveitaria a informação para transacionar, prejudicando os ganhos do gestor.

Em resumo, é difícil considerar virtuoso um esquema de remuneração que possibilita que quem tem mérito não seja remunerado e quem nada fez pela empresa lucre apenas em função da sua posição na organização e da sua riqueza.

B2) INCENTIVOS PERVERSOS

A utilização do *insider trading* como método de remuneração dos gestores é extremamente problemática uma vez que gera muito facilmente incentivos perversos na atuação daqueles agentes. Vimos na secção 3.2 que o *insider trading* pode propiciar a manipulação da informação por parte do gestor e, consequentemente, o preço pode afastar-se do valor das ações, prejudicando assim o objetivo da eficiência de mercado. Nesta secção veremos que o *insider trading* pode também afetar *negativamente* o próprio valor fundamental das ações, fazendo diminuir o valor da empresa. Existem pelo menos quatro ordens de razões para acreditar que tal pode ocorrer.

Em primeiro lugar, a legalização do *insider trading* constituiria um desincentivo ao esforço do gestor uma vez que permitiria que lucrasse não apenas com as notícias positivas a respeito da empresa (comprando as ações antes do conhecimento público da informação), mas também com as negativas (beneficiando da venda das ações antes da divulgação das notícias ou efetuando vendas curtas de ações). Ao permitir que o gestor lucre com o *insider trading* estão a reduzir-se as penalizações associadas ao insucesso dos projetos, uma vez que o gestor pode lucrar quer os projetos falhem quer sejam bem-sucedidos. E existe a preocupação fundada de que da possibilidade de lucro com as notícias negativas à colaboração do gestor na produção de tais notícias vá um passo demasiado curto para poder ser ignorado[121].

Em segundo lugar, é de esperar que a possibilidade de beneficiar com as mais-valias do *insider trading* afete a escolha dos projetos da empresa de forma adversa. O efeito faz-se sentir em diversas vertentes. O *insider trading* pode afetar negativamente o montante de investimento empresarial. Uma vez que existe a possibilidade de o gestor escolher o investimento considerando não apenas os seus méritos, mas também os lucros que pode gerar para si com o *insider trading*, os investidores vão ser levados a exigir uma compensação demasiado elevada por deterem ações da empresa e tal pode traduzir-se por sua vez numa redução do financiamento aos investimentos (ou no aumento dos custos inerentes a esse financiamento)[122].

Os incentivos proporcionados pelo *insider trading* podem afetar ainda o tempo que leva o gestor a aproveitar uma oportunidade de investimento. Uma vez que o gestor quer transacionar as ações antes que o interesse no projeto se torne público, e dado que é difícil ocultar a concretização de uma oportunidade de investimento, terá a propensão para adiar a concretização desse investimento, com os potenciais prejuízos daí decorrentes para a empresa.

Mas o *insider trading* pode afetar também as características dos projetos de investimento adotados. Assim, o gestor não vai encontrar vantagens suficientes para prosseguir projetos que não lhe proporcionem o tempo necessário para beneficiar do *insider trading*. E algumas oportunidades de investimento não oferecem essa possibilidade: é o caso, por exemplo, de um concurso público a uma empreitada em que o vencedor é revelado, pela primeira vez, de forma pública. Se o gestor não acolher uma oportunidade de investimento apenas porque não é provável que tal oportunidade lhe proporcione ganhos por via do *insider trading*, então a empresa (e os seus acionistas) será prejudicada. Por outro lado, o gestor vai ter incentivos para adotar projetos de investimento demasiado arriscados na tentativa de causar grandes variações no preço das ações[123]. As escolhas enviesadas vão provavelmente afetar também a escolha dos sectores onde se desenvolve atividade: assistir-se-á provavelmente a um sobreinvestimento nos sectores mais voláteis, e a um subinvestimento nos sectores mais estáveis, uma vez que os gestores tentarão conduzir as empresas para os projetos capazes de gerar notícias passíveis de ser aproveitadas por si para transacionar. A escolha de projetos mais arriscados poderia à partida ser benéfica na ótica dos acionistas da empresa. Estes podem diversificar o risco de forma relativamente fácil – basta-lhes tomar posição nas ações de outras empresas –, enquanto a riqueza do gestor tende a depender mais dos destinos da empresa. Quer os seus salários quer a sua reputação enquanto profissional estão ligados ao êxito da empresa. Por este motivo, os gestores tendem a ser demasiado avessos ao risco na perspetiva dos acionistas. Uma vez que o *insider trading* poderia atenuar essa aversão ao risco do gestor, tal iria beneficiar os acionistas. O problema, no entanto, é que, como se referiu acima, esse incentivo pode levar a que o gestor escolha levar a cabo projetos que *reduzam* o valor da empresa; o aumento no risco que resulta dos projetos não é, neste caso, acompanhado por um valor positivo na rendibilidade esperada dos mesmos[124].

Em terceiro lugar, a legalização do *insider trading* pode ter impacto nos momentos de transmissão da informação no interior da empresa. Vimos no ponto anterior que a possibilidade do *insider trading* pode ter como efeito, entre outros, o adiamento da exploração de uma oportunidade de investimento. Ora os efeitos temporais no interior da empresa não se ficam por aqui: é provável que se façam sentir igualmente nos fluxos de informação que se processam entre os diversos níveis da organização. De facto, existem incentivos para que o gestor crie situações de secretismo, reservando a informação para si, por forma a ter tempo para utilizá-la para transacionar ou para obter financiamento para esse fim, antes de a revelar aos agentes, no interior da empresa, que dela necessitam. Ainda que o atraso na comunicação da informação em cada um dos níveis hierárquicos da empresa seja despiciendo, o adiamento agregado na transmissão até aos níveis superiores de tomada de decisão das organizações pode ser substancial. Adiamentos desnecessários deste tipo prejudicam a empresa de diversas formas. Por um lado, a empresa tem de monitorizar a conduta do gestor para assegurar que existe a transmissão atempada de informação. Por outro lado, o adiamento torna mais provável que os agentes externos à empresa (concorrentes, por exemplo) tenham conhecimento da informação através de espionagem industrial ou de fugas de informação e que a utilizem contra a empresa. Em qualquer caso, parece evidente que estas condições no interior da empresa prejudicam a comunicação interna e que, no limite, podem ser danosas para a organização[125].

Em quarto lugar, a legalização do *insider trading* pode gerar um desperdício de recursos em resultado do conflito entre os interesses da organização e os interesses do gestor. Tal pode ocorrer de duas formas. Por um lado, pode fazer desviar a atenção do gestor da tarefa de criação de valor para a empresa para o objetivo de criar riqueza para si próprio. Os gestores têm motivos para gastar recursos (de tempo, financeiros e outros) para ganhar acesso a informação que pode não ser necessária a não ser para transacionar. Note-se que o prejuízo para a empresa decorrente desta atuação pode ainda ser agravado se a informação obtida for divulgada precocemente aos agentes exteriores à empresa, perdendo esta assim a capacidade de a utilizar em seu benefício no mercado de bens e serviços[126]. Por outro lado, os recursos que a empresa despende para minorar essa distração do gestor são também desperdiçados já que poderiam ser poupados caso o gestor não tivesse esse incentivo perverso.

Os dados empíricos sugerem que os incentivos perversos podem influenciar decisivamente os *insiders*. Tem-se observado por exemplo que os *insiders* vendem o dobro das ações que adquirem e a quase totalidade dos seus ganhos resulta de vendas ocorridas antes da divulgação de notícias de teor negativo[127]. E verifica-se que o aumento na intensidade do *insider trading* tende a estar associado a uma diminuição do valor das empresas[128].

Como se conclui dos argumentos apresentados, a utilização do *insider trading* como forma de remuneração dos gestores pode confundir seriamente os seus incentivos, desviá-los do objetivo de aumento da riqueza produzida pela empresa e, em última análise, prejudicar o desempenho empresarial.

Depois do que foi exposto, entende-se que uma proibição do *insider trading* pode ser justificada na base de que os acionistas têm pouco ou nada a ganhar em permitir que os gestores utilizem informação privilegiada para transacionar. Esta ideia contrapõe-se assim ao argumento de que a remuneração via *insider trading* seria a solução de mercado que as partes escolheriam se lhes fosse dada a oportunidade de negociar livremente.

C) MERCADO DE GESTORES E MERCADO DE CONTROLO

A maioria dos críticos da regulação considera que o funcionamento dos mercados de trabalho de gestores e do mercado de controlo empresarial assegurará que os gestores que prejudicam os interesses dos acionistas serão removidos das suas posições e substituídos por outros gestores. Este é o argumento normalmente apresentado para rebater a questão dos incentivos perversos gerados pela legalização do *insider trading*[129].

Uma visão mais realista dos dois mercados revela, no entanto, que os dois mercados não são eficazes nessa tarefa.

Comecemos com o mercado de trabalho de gestores. Um mercado eficaz seria aquele que remuneraria melhor os gestores que conduzem políticas geradoras de maior riqueza na empresa. Há vários argumentos para acreditar que isso não ocorrerá de forma tão fácil quanto se poderia pensar. Em primeiro lugar, um gestor que permanece muito tempo na mesma empresa pode mantê-la refém tanto quanto a sua saída constitui uma ameaça credível de levar informações para os concorrentes.

Em segundo lugar, para remunerar os melhores gestores e penalizar os piores, é necessário identificar o nível de competência desses profissionais. Ora as condições em que os gestores desempenham a sua atividade dificultam, em significativa medida, essa tarefa. Existem pelo menos quatro motivos principais para que assim seja: (1) é geralmente longo o tempo que medeia entre o momento da decisão empresarial e o momento em que se observam os seus resultados e estes muitas vezes não são facilmente atribuíveis a uma decisão em particular; (2) a variabilidade no ambiente em que o gestor se move – influenciado pela atuação de concorrentes, clientes, condições legais e institucionais, etc. – degrada a fiabilidade do retorno informacional e dificulta a perceção do contributo do mérito da decisão empresarial para o resultado obtido; (3) frequentemente não existe informação acerca do resultado que se teria obteria se se tivesse tomado outra decisão; as decisões de gestão são frequentemente coletivas pelo que a contribuição individual de cada gestor pode ser difícil de isolar; e, por último, (4) para aferir a sua competência relativa o gestor deveria poder contrapor os resultados obtidos com os de outros gestores em situação semelhante mas essa tarefa é dificultada pelo facto de muitas das decisões empresariais serem específicas a um determinado contexto e a uma dada organização[130]. As dificuldades sentidas pelo próprio gestor para aferir o seu nível de competência deverão ser, por razões de assimetria de informação, inferiores àquelas sentidas pelos investidores quando são estes a chamar a si esta missão.

Em terceiro lugar, é importante ter em atenção que não é apenas a dificuldade na aferição da competência relativa dos gestores que atenua a competição nesse mercado. Normalmente existe um número relativamente limitado de gestores a concorrer entre si e isso, por si só, limita a competição existente.

De salientar ainda que, em face deste contexto adverso, os níveis salariais auferidos pelos gestores podem refletir não as suas capacidades mas o seu excesso de confiança nas suas competências. Embora o excesso de confiança dos gestores possa ser útil em diversas circunstâncias, por contrariar o seu excesso de aversão ao risco, tem-se verificado que pode comprometer a criação de valor na empresa uma vez que se encontra frequentemente associado a operações de aquisição e de fusão destruidoras de valor para a organização[131]. Com toda esta complexidade, não é de surpreender que alguns estudos empíricos revelem haver uma reduzida correlação entre os salários auferidos pelos gestores e o seu desempenho na empresa[132].

Se existem razões para crer que o mercado de trabalho não consegue fazer corresponder uma maior remuneração aos melhores gestores, também é de acreditar que a tarefa de seleção desses gestores pelo mercado de controlo empresarial não seja realizada da forma mais eficaz. Num mercado de controlo eficiente, a atuação dos gestores com menores capacidades de criação de valor deveria penalizar o preço das ações da empresa. Tal facto, ao atrair potenciais interessados na aquisição, liderados por gestores mais competentes, conduziria a prazo à seleção dos melhores gestores.

A realidade revela que este mecanismo de seleção se processa com muitas dificuldades e imperfeições. Em primeiro lugar, as aquisições empresariais são levadas a cabo, frequentemente, não pelos gestores que podem criar mais valor para a organização mas antes pelos gestores com maior excesso de confiança, ou seja, que *acreditam (erradamente)* poder criar mais valor. Neste caso, o mercado de controlo levará à seleção dos gestores com maior excesso de confiança, com a subsequente destruição de valor inerente às operações de aquisição empresarial[133].

Em segundo lugar, é necessário ter em atenção que, se as aquisições empresariais acarretam custos, a ameaça de uma aquisição empresarial pode não ser suficiente para levar os gestores a procurar maximizar a criação de valor na empresa. Para ilustrar este ponto, imagine-se que os gestores podem selecionar uma de duas opções: a opção A, que maximiza o valor da empresa, e a opção B, que acarreta a transferência de um milhão de euros da empresa para os gestores. Se as aquisições empresariais não implicassem custos e os gestores escolhessem a opção B, então os novos investidores iriam adquirir a empresa, despediriam os gestores e embolsariam um milhão de euros de ganhos (que estariam refletidos no menor custo das ações compradas). Por conseguinte, os gestores escolheriam a opção A. No entanto, se as despesas associadas à aquisição empresarial (por exemplo, comissões para serviços jurídicos e financeiros) forem de dois milhões de euros, os gestores poderiam selecionar a opção B sem receio de serem despedidos uma vez que a aquisição da empresa não seria lucrativa para os novos investidores. Assim, considerando tudo o resto constante, é de esperar que os gestores adotem políticas que permitam transferir riqueza da empresa para si próprios num valor menor do que os custos da aquisição empresarial. Uma vez que essas aquisições sofrem de elevadas barreiras legais e de regulação, é plausível admitir que o mercado de controlo empresarial esteja longe de ser perfeito.

Em terceiro lugar, num mundo em que é heterogénea a opinião dos investidores acerca do valor das ações, a relação entre o preço das ações no mercado secundário e o preço que por elas tem de pagar um potencial adquirente não é direta. Um gestor incompetente ou motivado por incentivos perversos pode fazer diminuir o preço a que as ações da sua empresa são transacionadas no mercado secundário. Mas um potencial adquirente, para lograr uma posição de controlo na empresa-alvo, tem de adquirir uma quantidade substancial de ações dessa empresa-alvo. Para o conseguir, esse potencial adquirente tem de convencer muitos investidores – de investidores com opiniões pessimistas acerca da empresa a investidores muito otimistas a esse respeito – a vender-lhe as suas ações. Ora os investidores mais otimistas estarão dispostos a desfazer-se das suas ações apenas a preços que poderão ser muito superiores aos do mercado secundário num dado momento. Isto encarecerá a operação de aquisição de forma significativa, pelo que os gestores incompetentes estarão mais protegidos no desempenho da sua atividade. A existência de elevados prémios de aquisição, não raras vezes superiores a 100% do preço de mercado das ações, está de acordo com a perspetiva de que o convencimento dos acionistas mais otimistas encarece sobremaneira as aquisições empresariais. Dito de outra forma, o mercado secundário de ações e o mercado de controlo empresarial podem ser entendidos, nesta perspetiva, como dois mercados distintos[134].

Em quarto lugar, é de considerar que o *insider trading* pode distorcer o mercado de controlo, em vez de o tornar mais eficiente. A legalização do *insider trading* criaria incentivos perversos para que os gestores pudessem lucrar com o funcionamento do mercado de controlo. Imagine-se uma empresa cujo valor de liquidação é de 10 euros por ação mas que, fruto da má gestão de que tem sido vítima, vê as suas ações serem transacionadas a apenas 3 euros por ação. A diferença entre os dois valores reflete as perdas antecipadas pelos investidores em consequência da continuação da má gestão. Os gestores da empresa têm incentivos para comprar ações a 3 euros sabendo de antemão que a sua saída acarretará um aumento dos preços de mercado e, consequentemente, ganhos de *insider trading*. Entretanto, têm incentivos para gerir a empresa da forma mais ineficiente possível e com a maior repercussão pública possível. Por outro lado, se as transações dos *insiders* se repercutirem num aumento do preço das ações, isso tornará mais custosa a aquisição da empresa por terceiros. Desta forma, a legalização do *insider trading* criaria um incentivo à ineficiência e reduziria o efeito disciplinador do mercado sobre os gestores ineficientes[135]. Esta última hipótese tem recebido confirmação empírica. Verifica-se, por exemplo, que a ocorrência de *insider trading* ilegal antes de aquisições empresariais – mais provavelmente levado a cabo pelos gestores das empresas que estão prestes a efetuar a aquisição – provoca um aumento dos prémios de aquisição de cerca de 30 por cento. Este resultado significa que o *insider trading*, ao encarecer a aquisição das empresas, conduz a uma transferência de riqueza, não relacionada com o valor das empresas, dos acionistas das empresas adquirentes para os acionistas das empresas-alvo[136].

No final, se os efeitos dos incentivos perversos na atuação dos gestores forem um fenómeno generalizado, não existe sequer qualquer garantia de que um gestor desalinhado com os objetivos de criação de valor na empresa seja substituído por um melhor gestor. De facto, se os gestores da empresa-alvo estiverem a usufruir de uma compensação excessiva em consequência do *insider trading*, a atratividade dessa empresa para os potenciais gestores adquirentes pode residir na possibilidade de passarem a beneficiar desse *insider trading* após a aquisição. Neste particular, o mercado de controlo empresarial pode operar apenas para transferir as oportunidades de compensações excessivas entre gestores, em vez de as eliminar.

Em suma, todos estes fatores limitam fortemente o poder da arbitragem no contexto empresarial pelo que existem razões para acreditar que as decisões possam ser afetadas de forma intensa pelos incentivos perversos no espaço proporcionados por esses limites à arbitragem[137]. Os problemas no funcionamento do mercado de gestores e no mercado de controlo empresarial são suficientemente graves para se admitir que, se um gestor tiver um mau desempenho de forma a criar notícias negativas de que possa beneficiar, esse gestor depressa será despedido. Ainda que tal possa vir a ocorrer com o decorrer do tempo, pode demorar até se descobrir o gestor gerador de más notícias e até esse momento esse profissional estará a gerar lucros para si e a destruir valor para a empresa em particular e para a sociedade em geral.

D) ALTERNATIVAS DE REMUNERAÇÃO

Os críticos da regulação veem o *insider trading* como uma forma de remuneração mais eficiente do que todas as outras no estímulo à inovação empresarial. Não sendo possível conhecer à partida a contribuição do gestor, os lucros resultantes do *insider trading* têm a vantagem de ser conferidos em termos *ex post*, em função do valor de mercado da inovação produzida. Para esses críticos, o aumento no preço das ações que se verifica após a divulgação pública da informação proporciona uma medida imperfeita mas relativamente aproximada do valor da inovação para a empresa. Ao transacionar com base na nova informação, os gestores podem determinar, eles próprios a sua remuneração de forma a terem em conta a informação produzida e isso aumenta os seus incentivos para desenvolver inovações valiosas.

Argumentam ainda que um salário fixo é uma forma de remuneração apenas apropriada para os casos em que os resultados do serviço prestado são conhecidos à partida, algo que não ocorre no caso dos serviços de gestão empresarial relacionados com a inovação. Outras alternativas de remuneração envolvem normalmente negociações morosas e renegociação periódicas. No caso dos bónus, por exemplo, os inconvenientes residem em terem de ser determinados todos os anos mesmo quando os efeitos da inovação possam ser muito prolongados. A renegociação seria custosa e poderia não ocorrer com a frequência necessária para proporcionar os incentivos apropriados à atividade dos gestores. Além disso, por vezes não é possível isolar a componente dos resultados da empresa atribuíveis às contribuições do gestor a incentivar.

A capacidade dos *insiders* para lucrar com notícias negativas poderia em teoria produzir um benefício em termos de eficiência ao encorajar os gestores a levar a cabo projetos de elevado risco e elevado potencial de geração de riqueza. O gestor estaria assim mais disposto a ultrapassar a sua aversão ao risco e a adotar projetos mais arriscados se soubesse de antemão que, mesmo na eventualidade de o projeto ser mal-sucedido, poderia lucrar com isso efetuando vendas (curtas) de ações antes do anúncio das más notícias. Possibilitar ao gestor transacionar com a informação da empresa significaria remunerar o gestor que tentou e falhou[138]. No entanto, se este tipo de estrutura de remuneração fosse de facto útil, esperaríamos ver as empresas a criar formas de remuneração que fizessem aumentar o salário dos gestores no caso do fracasso de projetos. O facto de não se observarem tais formas de remuneração – no mundo real os esquemas de remuneração implicam que os salários dos gestores aumentem apenas quando os projetos são bem-sucedidos – sugere que a possibilidade de obtenção de lucros com a venda de ações antes da divulgação de más notícias cria efeitos de incentivos perversos.

Não existe em geral a perceção de que os gestores se sintam mal remunerados ou de que seja urgente criar incentivos específicos para a inovação. Os sistemas de remuneração mais comuns, assentes em incentivos relacionados com o desempenho da empresa, apesar dos seus inconvenientes e limitações, parecem ser capazes de proporcionar os incentivos suficientes sem os problemas inerentes à obtenção de ganhos com as más notícias da organização.

Pode acrescentar-se ainda que é duvidoso que na prática exista um problema de excesso de aversão ao risco do gestor que o *insider trading* supostamente resolveria. Existem pelo menos duas razões para duvidar dessa aversão ao risco excessiva. A primeira razão, teórica, decorre do modo como se forma a oferta de gestores. De facto, existe um mecanismo de autosseleção que tende a favorecer a prevalência de um nível mais elevado de propensão ao risco na classe dos gestores do que na população em geral. É necessário atentar que os gestores geralmente não enveredam por essa profissão por acidente, mas sim porque consideram que essa carreira é mais vantajosa do que outras carreiras alternativas. Ora é de esperar que sejam precisamente aqueles indivíduos com maior espírito de risco que, com maior probabilidade, procurarão uma carreira como gestores. A segunda razão, empírica, resulta dos estudos existentes. Os estudos empíricos mostram que o gestor médio é pouco avesso ao risco. Num estudo de campo levado a cabo concluiu-se que apenas 9,8% dos gestores de topo nos EUA e 16,7% dos gestores não-americanos podiam ser caracterizados como tendo uma elevada aversão ao risco. Estes valores constrastam, de forma significativa, com os 64,8% dos indivíduos na população em geral na mesma faixa etária que podem ser descritos dessa forma[139].

Em face do exposto, é plausível afirmar que uma empresa poderia obter os benefícios do *insider trading* e, ao mesmo tempo, excluir os seus inconvenientes através de outras formas de remuneração. Seria o caso, por exemplo, de esquemas de remuneração de indexação dos salários e bónus à evolução de medidas específicas de desempenho empresarial. De qualquer forma, mesmo nestes casos, existem alguns cuidados a ter. Por um lado, os sistemas de remuneração excessivamente baseados no crescimento das vendas e dos lucros podem criar incentivos para que o gestor invista em demasia, através da expansão orgânica da empresa ou por via de aquisições. Por outro lado, a prudência aconselha que a remuneração atenda à evolução do desempenho nas variáveis de mercado mas apenas a longo prazo de forma a desincentivar uma «gestão míope» e manipulações no preço das ações a curto prazo[140].

3.4 UMA APRECIAÇÃO ÉTICA DO *INSIDER TRADING*

O debate em torno da questão do *insider trading* faz-se não apenas em termos económicos mas também éticos. Tem sido alegado que uma discussão ética do *insider trading* tende a ser pouco rigorosa por os conceitos de «justiça» ou de «moralidade» conterem uma componente subjetiva e não existir um quadro teórico bem estabelecido para os sustentar.

Ainda que se aceite esta crítica, é importante discutir o mérito da argumentação moral pelo menos por duas razões. Em primeiro lugar, porque as questões morais constituem um dos motivos que subjazem às opções do legislador e da regulação nos principais mercados financeiros. Em segundo lugar, porque a perceção que os investidores têm do *insider trading* – e consequente reação – dependem não apenas de considerandos de natureza económica mas também de uma apreciação moral do fenómeno. Por isso, mesmo que se concluísse que a legalização do *insider trading* produz um ganho económico, poderíamos ainda assim decidir abrir mão desse ganho em ordem a garantir que os mercados financeiros satisfazem objetivos de natureza não-económica como a moral e a justiça.

Na apreciação do *insider trading*, o principal argumento é que esta prática é injusta ou moralmente errada porque existe uma desigualdade em termos de informação entre os *insiders* e os investidores que com ele transacionam. Nesta perspetiva, entende-se que a assimetria informacional decorrente do acesso privilegiado à informação da empresa beneficia de forma injusta o *insider* em prejuízo do investidor comum. Note-se que a injustiça não é função meramente de se possuir mais informação – um investidor pode ter mais ou menos informação do que outro qualquer por razões de mérito –, mas de não ser possível ao investidor comum sequer atenuar essa vantagem uma vez que tal depende do acesso a informação privilegiada que está fora do alcance deste investidor.

Embora a assimetria de informação entre o *insider* e os restantes investidores esteja no centro do debate de natureza moral, uma análise mais precisa do argumento revela que o suposto caráter imoral do *insider trading* não pode resultar apenas dessa assimetria na posse de informação. Para alguns autores pode dizer-se que uma transação é «justa» quando as partes que nela intervêm atuam de livre vontade. Ora no *insider trading* não existe coação nem fraude: o *insider* não obriga o investidor a transacionar com ele e normalmente atua sem expressar algo de inexato acerca dos ativos financeiros. É verdade que o *insider* omite informação que de outra forma poderia alterar a decisão do investidor mas parece ser um pouco forçado afirmar que tal constitui um caso de fraude. Além do mais, nas transações de bens que ocorrem numa economia de mercado, é normal as partes terem diferentes níveis de informação e não se entende que a parte mais informada tenha a obrigação moral de, espontaneamente, revelar toda a informação à parte menos bem informada. Ainda assim, as transações com assimetria de informação não são normalmente consideradas injustas. À partida, e segundo esta linha de argumentação, não se vislumbrariam razões para sustentar um critério diferente para o caso do *insider trading*.

Existem, no entanto, três fatores que tornam a situação do *insider trading* diferente e que permitem sustentar que a ausência de transmissão falsa ao mercado não é suficiente para afirmar que o *insider trading* cumpre o critério de justiça. O primeiro desses fatores diz respeito ao caso em que uma das partes do negócio tem a obrigação de cuidar dos interesses da outra parte e em que, em vez de fazer isso, se aproveita da sua ignorância. Neste caso, a transação implica um comportamento ilícito, já que se viola uma relação de confiança e é por isso essencialmente diferente da situação mais simples em que acontece uma das partes estar mais bem informada acerca do negócio. Por esta razão, pode considerar-se que o gestor que transaciona com base em informação privilegiada, e a quem foi dado um emprego e uma posição de acesso à informação com o objetivo de servir a empresa e, por extensão, os agentes que nela investem, ocupa uma posição diferente da dos restantes investidores no mercado. Dos deveres fiduciários do gestor para com o acionista decorre uma espécie de acordo implícito que parece ser violado quando ocorre o *insider trading*[141].

Em segundo lugar, levanta-se uma questão de equidade entre acionistas. Nos deveres fiduciários do gestor para com os acionistas pode ser incluído o requisito de que os acionistas devem ser tratados de forma equitativa. Ora quando o gestor transaciona em seu nome ações da empresa em que trabalha está a tratar os acionistas de forma desigual, beneficiando um grupo de acionistas em detrimento dos restantes. Se o gestor compra as ações porque sabe que têm um preço demasiado baixo, favorece os acionistas que não venderam à custa dos acionistas que, em razão da sua ignorância, o fizeram. Se o gestor vende as ações a um preço que sabe ser demasiado elevado, está a favorecer os acionistas que mantiveram as ações e não as venderam em detrimento daqueles que as compraram.

Uma terceira ordem de considerações procede da natureza da informação que é utilizada pelo *insider*. A informação que o gestor utiliza para negociar foi criada com o propósito de sustentar decisões empresariais e não de beneficiar pessoalmente seja quem for. Assim, essa informação pode ser entendida como propriedade da empresa. Neste sentido, o *insider* apropria-se indevidamente de informação que não lhe pertence[142]. A proteção da informação tem reconhecimento legal em determinadas circunstâncias – note-se, por exemplo, o caso das patentes –, com o objetivo principal de preservar os incentivos económicos para a produção de informação útil em termos sociais. Assim, o argumento da propriedade da informação não tem apenas um caráter «moral» mas também pode ser reconduzido a uma questão de natureza económica[143].

Em certa medida, os argumentos de natureza moral confluem com os argumentos económicos contra o *insider trading*. Por exemplo, se os investidores entendem a prática do *insider trading* como imoral, então a sua proibição pode ser considerada a forma mais eficiente de poupar os recursos que de outra forma os investidores teriam de despender para policiar essa atividade. Além disso, a repugnância moral em relação ao *insider trading* pode provocar a perda de confiança nos mercados financeiros. Esta perda de confiança, por seu turno, tem consequências económicas, conforme já foi referido. Alguns investidores podem abandonar o mercado afetando a sua liquidez e outros investidores que decidem permanecer no mercado vão passar a exigir maiores *bid-ask spreads* com o consequente prejuízo em termos de liquidez e de custo do capital[144].

3.5 A EXPERIÊNCIA DE REGULAÇÃO DO *INSIDER TRADING*

A) EVOLUÇÃO HISTÓRICA E PANORAMA ATUAL

Embora o *insider trading* seja normalmente associado a uma conduta ilegal, em algumas jurisdições estabelece-se a diferença entre um *insider trading* legal e um *insider trading* ilegal. No caso dos EUA, por exemplo, os *insiders* podem comprar ou vender legalmente ações da empresa, reportando essas atividades ao regulador (que as divulga pelo público em geral), se não existir uma quebra do dever fiduciário do *insider* para com o acionista. O *insider trading* ilegal, por outro lado, é aquele que envolve a quebra desse dever fiduciário estando o *insider* na posse de informação privilegiada acerca da empresa.

No caso dos EUA, o *insider trading* inclui não apenas as transações pelos *insiders* propriamente ditos (gestores ou outros trabalhadores da empresa), mas também a comunicação dessa informação pelo *insider* a outras pessoas (por exemplo, familiares ou amigos) que a aproveitam para transacionar. O princípio da legislação naquele país é que é proibido transacionar com base em informação não pública; se um *insider* quiser transacionar com base numa dada informação não-pública, tem de a divulgar ao mercado antes de a transacionar (é a denominada regra *disclose-or-abstain*). Entende-se que, quanto mais cedo os *insiders* forem obrigados a divulgar publicamente os seus negócios envolvendo as ações da empresa, menor será a tentação para se adquirir informação com o único propósito de se transacionar e menores serão os incentivos para se manipular a informação e as decisões empresariais em ordem a criar movimentos de preço que facilitem os negócios pessoais desses *insiders*.

Nos EUA a legislação original sobre o *insider trading* é de 1934 com o Securities Exchange Act, mas ao longo das últimas décadas têm sido aprovadas naquele país diversas regras que endureceram o tratamento dessa atividade pelo regulador. As penalizações monetárias aumentaram e as penas de prisão tornaram-se comuns nos anos 80 do século passado. Para se ter uma noção da severidade das penas, refira-se que o Insider Trading and Securities Fraud Enforcement Act, aprovado em 1988, previa a aplicação de uma pena máxima de um milhão de dólares (cerca de 900 mil euros) e uma pena de até 10 anos de prisão. E a gravidade das penas foi ainda aumentada com a lei Sarbannes-Oxley, de 2002, passando a situar-se num máximo de 5 milhões de dólares de multa (cerca de 4,4 milhões de euros) e 20 anos de prisão. Este enquadramento legislativo severo tem aplicação prática: em 2011, o gestor de fundos Raj Rajaratnam foi condenado a 11 anos de prisão pela prática de *insider trading*.

Embora a legislação sobre o *insider trading* nos EUA date de 1934, a maioria dos países desenvolvidos e emergentes só veio a introduzir legislação muito mais tarde. Num estudo empírico cobrindo 103 países referente ao ano 2000, conclui-se que nos países desenvolvidos a legislação foi introduzida, em mediana, apenas no ano de 1989, enquanto nos países emergentes tal se verificou apenas em 1992. A primeira aplicação da lei deu-se apenas em 1993 e 1995 no primeiro e segundo grupo de países, respetivamente. No caso dos países europeus, o impulso decisivo foi dado apenas nos anos que se seguiram à diretiva da União Europeia (então Comunidade Económica Europeia) 89/592/EEC, de 13 de novembro de 1989. No início dos anos 90 do século passado, o *insider trading* ainda não era ilegal na maioria dos países europeus[145].

Apresentam-se na tabela 1, a seguir, alguns dados relativos às diferentes experiências nacionais de um grupo selecionado de mercados na regulação do *insider trading*.

Tabela 1 – Diferentes experiências nacionais na regulação do *insider trading*

País	Ano de estabelecimento da principal bolsa de valores	Ano de introdução da legislação relativa ao *insider trading*	Ano da primeira aplicação da legislação relativa ao *insider trading*
Alemanha	1585	1994	1995
Austrália	1859	1991	1996
Canadá	1878	1966	1976
Dinamarca	1919	1991	1996
Espanha	1831	1994	1998
EUA	1792	1934	1961
Finlândia	1912	1989	1993
França	1826	1967	1975
Irlanda	1793	1990	–
Itália	1806	1991	1996
Japão	1878	1988	1990
Holanda	Século XVII	1989	1994
Noruega	1819	1985	1990
Nova Zelândia	1870	1988	–
Polónia	1817	1991	1993
Portugal	1825	1986	2003*
Reino Unido	1773	1980	1981
República Checa	1871	1992	–
Singapura	1930	1973	1978
Suécia	1863	1971	1990
Suíça	1938	1988	1995

* O primeiro julgamento e condenação de um caso de *insider trading* em Portugal ocorreu em 2003 (*Público*, 2003).
Fonte: Adaptado de Bhattacharya e Daouk (2002).

A legislação contra o *insider trading* está hoje muito difundida. Dos 103 países analisados no ano 2000, 87 (84%) tinham estabelecido legislação nesse domínio e 38 (37%) tinham aplicado a legislação pelo menos uma vez. Antes do ano de 1990 esses números eram apenas 34 (33%) e de 9 (9%), respetivamente.

A legislação é mais frequente nos mercados desenvolvidos – os 22 mercados analisados dispunham de legislação nesse domínio –, embora esteja também muito difundida nos mercados emergentes. De facto, existiam leis contra o *insider trading* em quatro de cada cinco dos mercados emergentes estudados.

Na generalidade dos sistemas de regulação, o *insider trading* é objeto de restrições com o argumento de que mina a confiança dos investidores na equidade e na integridade dos mercados financeiros.

Embora a existência de legislação seja comum, a sua severidade e nível de aplicação variam. Em muitos casos, a aplicação da lei só se deu recentemente e muito tempo depois da sua entrada em vigor. A aplicação da lei deu-se apenas num em cada três países onde existe legislação. Os países desenvolvidos têm um melhor registo em termos de aplicação da lei (82% dos países) do que os países emergentes (25% dos países).

No que diz respeito à severidade da legislação, as diferenças são também vincadas. No gráfico 3, a seguir, apresenta-se um índice relativo às diferenças na legislação, num grupo de 33 países selecionados.

GRÁFICO 3 – Índice da regulação sobre *insider trading* num conjunto de 33 países selecionados (1 = lei menos severa; 5 = lei mais severa)

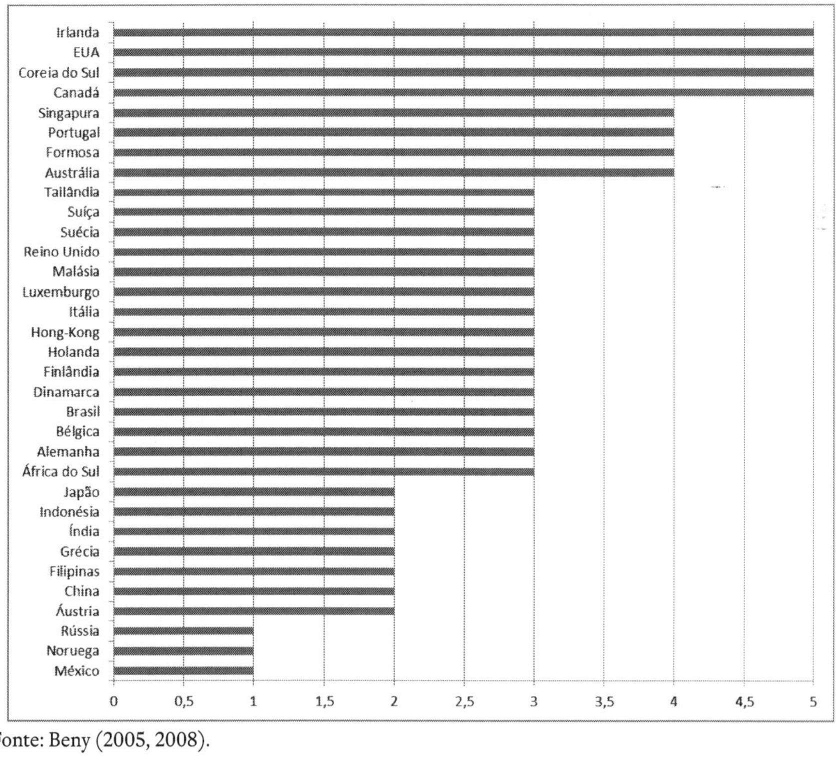

Fonte: Beny (2005, 2008).

Na construção do índice agregaram-se cinco componentes individuais das legislações nacionais. O índice foi calculado adicionando-se uma unidade se 1. a violação da lei sobre *insider trading* tiver natureza criminal; 2. os indivíduos que recebem informação dos *insiders* estiverem proibidos de transacionar com base nessa informação; 3. os *insiders* estiverem proibidos de fornecer informação a outros agentes ou de os encorajar a transacionar com base em tal informação em seu benefício; 4. as penalizações monetárias forem proporcionais aos lucros obtidos pelos *insiders*; 5. os investidores tiverem possibilidade de acionar judicialmente um *insider* pela prática de *insider trading*.

Como se pode constatar no gráfico 3, México, Noruega e Rússia têm as leis mais permissivas em relação ao *insider trading*. Em face do que foi dito, não é surpreendente constatar que os EUA apresentam uma das leis mais restritivas do mundo, em conjunto com outros países como o Canadá, a Coreia do Sul e a Irlanda.

É possível ainda observar que a legislação varia de forma significativa de país para país. As diferenças nos valores do índice espelham enquadramentos legislativos nacionais muito diversos a vários níveis. Por exemplo, alguns países, como a Suíça, distinguem entre *insiders* primários e *insiders* secundários. Os *insiders* primários são aqueles agentes que, pela sua relação com a empresa, têm acesso a informação privilegiada enquanto os *insiders* secundários são os que recebem informação privilegiada pelas relações que têm com os *insiders* primários. No Japão, a informação é considerada pública, podendo ser utilizada de forma legal para efeitos de transação se tiver sido anunciada por duas fontes distintas de *media* por um período de 12 horas. Nos EUA, os membros do Congresso não estão abrangidos pela legislação anti-*insider trading* daquele país. Outras diferenças são visíveis na gravidade das penas de prisão aplicáveis. Por exemplo, há países, como o Japão ou a Suíça, em que a pena máxima aplicável se situa nos 3 anos, enquanto nos EUA ou na Coreia do Sul essa pena pode atingir os 20 anos. O montante das multas máximas aplicáveis é também muito diverso. Por exemplo, no Japão esse montante é de apenas 3 milhões de ienes (pouco mais de 22 mil euros), no Canadá é de 5 milhões de dólares canadianos (cerca de 3,4 milhões de euros), no Brasil é de 19 milhões de reais (cerca de 4,4 milhões de euros), enquanto no Reino Unido o valor máximo da multa não está sequer limitado por lei. Alguns países definem a multa tendo em consideração os ganhos obtidos pelo *insider*. Por exemplo, nos EUA a multa aplicável é o maior valor entre três vezes os ganhos obtidos pelo *insider* e um milhão de dólares (cerca de 900 mil euros) até ao máximo de 5 milhões de dólares (cerca de 4,4 milhões de euros). Na Índia e na China, a multa pode atingir 3 e 5 vezes os lucros do *insider*, respetivamente, e na Austrália a multa máxima é o maior valor entre 495 mil dólares australianos (cerca de 320 mil euros) e três vezes o lucro obtido com o *insider trading*[146].

Apesar de o debate se ter centrado sobretudo na questão da proibição *vs.* legalização do *insider trading*, têm sido apresentadas algumas propostas de alteração da legislação que vão no sentido de minimizar os seus impactos negativos ao mesmo tempo que se pretende usufruir dos efeitos positivos. A este propósito, pode ser referida a proposta de Fried (1998) segundo a qual o *insider* deveria ser obrigado a divulgar a transação que tenciona efetuar imediatamente antes de esta ter lugar. Segundo o autor, este procedimento reduziria a lucratividade do *insider trading* e permitiria, ainda assim, que a informação perpassasse para os preços. Outro autor, Grechenig (2009), defende uma solução assimétrica na legislação do *insider trading*. Uma vez que, como vimos, existe uma maior relutância dos gestores em comunicar informação negativa ao mercado (ver alínea *a*) da secção 2.4), Grechenig (2009) considera que o *insider trading* pode ser especialmente útil para permitir que esse tipo de informação tenha um impacto nos preços. Nessa medida, preconiza que os gestores deveriam poder transacionar com informação negativa, mas não com informação de teor positivo.

Com a integração crescente dos mercados financeiros, os comportamentos de *insider trading* podem cruzar fronteiras. Por isso, é necessária a cooperação internacional para que a investigação e o combate ao fenómeno sejam bem-sucedidos. Existem diversos acordos de partilha de informações para esse fim quer por parte dos países membros da União Europeia quer por parte dos EUA.

B) O CÓDIGO DE VALORES MOBILIÁRIOS E O INSIDER TRADING

No quadro legislativo aplicável em Portugal ao caso do *insider trading*, o CVM define o que se entende por informação privilegiada. Considera-se informação privilegiada toda aquela informação que tenha caráter preciso, que não tenha sido tornada pública e que, se lhe fosse dada publicidade, se esperaria que influenciasse de maneira sensível o preço dos ativos financeiros (artigo 248.º, n.º 1, alínea *a*)). Nessa categoria cabem todos os factos ocorridos, existentes ou que possam ser objeto de previsão razoável (artigo 248.º, n.º 2).

A questão da equidade no tratamento de todos os investidores é objeto de cobertura legal. De facto, a informação que caiba na descrição levada a cabo deve ser objeto de divulgação imediata pelas empresas em simultâneo às várias categorias de investidores presentes no mercado (artigo 248.º, n.º 3).

Em Portugal vigora um regime do tipo *disclose-or-abstain* a que já fizemos referência. De facto, está vedada a utilização da informação por parte de qualquer entidade que a ela tenha acesso antes de a informação ser tornada pública (artigo 248.º, n.º 4). De forma a facilitar o controlo da identidade dos *insiders*, o CVM estabelece que as empresas tenham que manter atualizada uma lista dos seus trabalhadores que tenham acesso a informação privilegiada (artigo 248.º, n.º 6 e n.º 7).

O *insider trading* legal em Portugal está regulado no artigo 248.º B do CVM. Os gestores ou pessoas com eles estreitamente relacionadas são obrigados a comunicar à CMVM, no prazo de cinco dias úteis, as transações efetuadas relativas às ações da empresa (artigo 248.º B, n.º 1). São obrigados a divulgar a natureza da transação (compra/venda), a data, o local, o preço e o volume, entre outros elementos (artigo 248.º B, n.º 2). O CVM estabelece como pessoas estreitamente relacionadas com os gestores o cônjuge ou pessoa que com ele viva em união de facto, os descendentes a cargo e outros familiares que com ele coabitem há mais de um ano (artigo 248.º B, n.º 4, alínea *a*)).

Nas penas para a prática do *insider trading* distinguem-se as situações em que o acesso à informação se deu através de um facto ilícito daquelas outras situações em que o acesso à informação que motivou o *insider trading* não teve por base um facto ilícito. No primeiro caso, a pena aplicável é de prisão até 5 anos ou de multa (artigo 378.º, n.º 1, alínea *d*)). No segundo caso, a pena é de prisão até 4 anos ou de multa até 240 dias (artigo 378.º, n.º 1, alínea *d*)). O CVM estabelece ainda a possibilidade de apreensão das mais-valias geradas com o *insider trading* (artigo 380.º A, n.º 1 e n.º 2).

C) EVIDÊNCIA EMPÍRICA

Os estudos acerca da regulação do *insider trading* têm sido na sua larga maioria de natureza teórica. No entanto, dado que existem argumentos a favor e contra a regulação, a intensidade ideal dessa regulação é em última análise uma questão empírica.

A investigação empírica acerca do assunto tem sido dificultada pela natureza ilegal do *insider trading*. Na maioria dos casos, a única fonte de informação diz respeito às transações legais que os gestores comunicam ao regulador e é pouco provável que esses agentes reportem, por vontade própria, violações à lei. Mesmo que o façam, é sabido que os gestores não são os únicos *insiders* que podem beneficiar de informação privilegiada. Os estudos empíricos acerca desta temática confrontam-se com a dificuldade em estabelecer se o adiamento ou a concretização de uma dada atuação foram provocados pelas necessidades de transação do *insider* ou se ocorreram naturalmente e proporcionaram uma oportunidade de negócio. A maior parte das práticas de *insider trading* envolvem decisões de gestão para as quais se pode defender existir um interesse empresarial relevante. Mais, enquanto o *insider trading* for proibido, será impossível, no quadro dos estudos empíricos, observar práticas de gestão num suposto mercado sem regulação. Por isso, é muito difícil avaliar o impacto da legalização dessa atividade no quadro do atual ambiente de regulação. Além do mais, importa mencionar que, devido à disponibilidade de dados e ao longo historial da regulação nos EUA, praticamente todos os estudos empíricos sobre a matéria se têm concentrado nos mercados desse país. São necessários, por isso, mais estudos comparativos.

Apesar destas dificuldades, ao longo dos últimos anos têm-se acumulado indicações de que a regulação do *insider trading* tem efeitos benéficos, embora o alcance desses efeitos ainda seja matéria de debate.

Bhattacharya e Daouk (2002), por exemplo, num estudo a 103 países, concluem que a primeira aplicação da lei está associada a uma melhoria da notação de crédito do país, a um aumento significativo da liquidez e a uma diminuição do custo do capital. Especialmente notória é a queda nos custos do capital após a primeira aplicação da lei e que atingiu os 7%, em média, num dos modelos utilizados. Ao contrário, a simples introdução da lei no enquadramento legislativo nacional não produziu efeitos significativos.

Beny (2007) complementa o estudo anterior, analisando 33 países. O foco agora não é o impacto da entrada em vigor da legislação e da sua aplicação, mas sim o da natureza da legislação anti-*insider trading*. A principal conclusão é que legislações mais restritivas contra o *insider trading* se traduzem em estruturas acionistas mais atomizadas e em mercados mais líquidos e com preços mais precisos e informativos. O resultado relativo ao impacto nas estruturas acionistas sugere que as leis anti-*insider trading* podem desincentivar o surgimento de acionistas de controlo. Os aspetos mais importantes nos elementos legais analisados parecem estar relacionados com o poder de dissuasão da lei e especificamente com a possibilidade de aplicação de sanções de natureza criminal.

Bushman *et al.* (2005), num estudo a mais de 100 países no período 1987-1998, documentam um aumento da cobertura dos analistas financeiros na sequência da primeira aplicação da legislação anti-*insider trading*. Esse aumento é especialmente notório nos mercados emergentes. Estes resultados sugerem que a legislação conduz a uma melhoria das condições informacionais dos mercados de capitais por via do desenvolvimento do mercado de investidores informados.

Os efeitos benéficos da regulação são confirmados por Liang e Wei (2012) num artigo recente. Os autores estudam os fatores que explicam o risco de liquidez em 11 mercados de ações de países desenvolvidos. Concluem que a regulação acerca do *insider trading* desempenha um papel relevante: verifica-se que uma maior atividade de *insider trading* leva os investidores a exigir uma compensação adicional na forma de um maior prémio de liquidez.

Num estudo relacionado, Beny (2013) investiga os determinantes nacionais da regulação anti-*insider trading* ao longo das décadas de 80 e 90 do século passado. Conclui que a principal explicação para a introdução dessa legislação reside no sistema político de cada país e não nas características dos seus sistemas legais ou financeiros. Os sistemas políticos mais democráticos introduziram e aplicaram a legislação mais cedo do que os sistemas menos democráticos. Além disso, os governos situados mais à esquerda do espetro político foram mais serôdios na introdução e aplicação da legislação do que governos centristas ou situados ideologicamente mais à direita. A autora mostra ainda que os resultados desafiam a alegação de que as restrições legais quanto ao *insider trading* são ineficientes por inibirem o funcionamento do mercado; na verdade, constata-se que os governos mais propensos a regular essa prática foram precisamente os normalmente mais associados à promoção de políticas favoráveis ao mercado.

Apesar de Bhattacharya e Daouk (2002) argumentarem que a mera instituição de legislação contra o *insider trading* não tem importância, os resultados de Benny (2005) sugerem que a introdução de uma «boa lei» tem um impacto positivo[147]. Entendidos no seu conjunto, os resultados mostram, por um lado, que a legislação anti-*insider trading* é relevante para o desenvolvimento dos mercados e para a economia. Por outro lado, permitem perceber que, para recolher os benefícios da legislação, não basta a parte mais fácil:

introduzir uma qualquer lei contra o *insider trading*; é também necessário assegurar que a lei é suficientemente dissuasora e que os países dispõem das instituições necessárias para a aplicar.

Um outro conjunto de estudos analisa mais especificamente as condições institucionais que é necessário assegurar para que a aplicação da legislação anti-*insider trading* seja bem-sucedida.

Por exemplo, Fernandes e Ferreira (2009), numa investigação a 48 países no período 1980-2003, chegam à conclusão de que a aplicação da legislação faz baixar o custo do capital e torna os preços mais precisos. No entanto, a melhoria da qualidade informativa dos preços circunscreve-se aos países desenvolvidos. A diferença entre os países é atribuída aos fatores institucionais capazes de favorecer o desenvolvimento de um mercado competitivo de investidores informados. Em países com infraestruturas institucionais fortes em termos da eficiência do sistema judicial, proteção dos investidores e reporte financeiro, o impacto da legislação anti-*insider trading* é positivo. Já em países com mais fracas infraestruturas institucionais, a atividade de *insider trading* tende a desempenhar um papel mais importante na incorporação da informação dos preços. Por isso, quando o *insider trading* passa a ser proibido nestes países, os investidores informados (analistas, investidores institucionais, etc.) não são capazes de suprir no imediato a sua ausência. Consequentemente, a introdução de legislação não se reflete numa melhoria dos níveis informacionais dos preços.

Durnev e Nain (2007), num estudo incidindo sobre 21 países, concluem que em geral a legislação faz diminuir a incidência de transações com informação privilegiada, reduz o custo do capital e aumenta a transparência dos resultados empresariais. No entanto, os resultados são diferenciados consoante as características institucionais onde a legislação é aplicada. A implementação de leis restritivas do *insider trading* em países em que os investidores têm elevados níveis de proteção está associada a esses efeitos positivos. Já em países onde os direitos dos acionistas não estão bem protegidos, a combinação de leis mais restritivas ao *insider trading* com maiores custos de monitorização dos gestores conduzem a um maior volume de transações com informação privilegiada, a custos de capital superiores e a maior opacidade de resultados.

As diferenças mantêm-se quando se comparam empresas em vez de países. Analisando mais de 2000 empresas, Durnev e Nain (2007) notam que o impacto da legislação anti-*insider trading* é diferente consoante o tipo de empresa. A proibição do *insider trading* faz diminuir o volume das transações dos *insiders* em empresas com baixos custos de monitorização dos gestores. Já em empresas onde esses custos são elevados, onde as regras de *governance* são deficientes e há um grupo de acionistas de controlo entrincheirados, estes continuam a usar os recursos da empresa para gerar benefícios privados que não são partilhados pelos acionistas minoritários. Nestas empresas, as leis anti-*insider trading* não impedem que os acionistas de controlo continuem a utilizar informação privilegiada, em seu benefício, para mascarar o *insider trading* através de outros métodos como contas *offshore* ou dividendos especiais, por exemplo. No caso destas empresas, a destruição de valor decorrente não resulta apenas da atenuação da monitorização por parte dos acionistas de controlo. Os principais prejuízos advêm outrossim das suas atividades de expropriação de recursos dos acionistas minoritários num ambiente institucional opaco e esses prejuízos mais do que compensam os efeitos benéficos que resultam da legislação.

Ackerman *et al.* (2008) examinam o ajustamento de preços antes do anúncio de quase 19 mil aquisições empresariais ocorridas em 48 países, a maioria dos quais com boas instituições de aplicação da lei. A conclusão principal é que nos países com essas condições a simples entrada em vigor da legislação contra o *insider trading* produz resultados positivos uma vez que os investidores anteveem que a legislação vá ser aplicada. Verifica-se que a simples introdução da lei está associada a uma alteração do ambiente informacional que rodeia o anúncio das aquisições no caso dos países estudados, com eficientes sistemas judiciais.

Beny (2008) estuda os reflexos da legislação anti-*insider trading* no valor das vinte maiores empresas em cada um de 27 países desenvolvidos selecionados. Os resultados sugerem que a aplicação de leis mais restritivas está associada a um maior valor das empresas, mas apenas no caso em que as empresas se situam em países que adotaram o direito comum *(common law)*. Nos países da amostra com o sistema jurídico romano-germânico *(civil law)*, a legislação não se mostra relevante. A autora atribui a diferença nos resultados à aplicação mais frouxa das leis contra o *insider trading* nos países com o sistema jurídico romano-germânico.

O ponto a salientar destes estudos é que pode não ser produtiva a mera transposição de regras de um ambiente económico para outro. A qualidade das instituições de cada país importa. Implementar e aplicar regras de *insider trading* sem alterações na estrutura institucional de um país pode produzir efeitos secundários indesejáveis. Assim, para se conseguir criar um melhor ambiente informacional que permita embaratecer o custo do capital, os legisladores e reguladores devem complementar as restrições ao *insider trading* com outras iniciativas de política de forma a encorajar o investimento na produção de informação e minimizar efeitos secundários negativos. Em particular, a implementação de restrições legais ao *insider trading* sem se cuidar de fechar outros canais de expropriação pode encorajar os acionistas de controlo a procurar outras formas de desviar recursos dos pequenos acionistas.

Os efeitos redistributivos que resultam da legislação devem também ser considerados pelo legislador. Uma vez que a regulação torna o *insider trading* mais custoso em termos reputacionais e de multas e outras penalizações, os episódios de *insider trading* deveriam tornar-se mais raros e os lucros resultantes do *insider trading* deveriam diminuir depois da introdução da legislação. No entanto, isso pode não ser assim. À medida que as restrições legais ao *insider trading* se tornam mais severas, aumenta a atração para adotar práticas desse tipo pois a competição torna-se menor.

São vários os estudos que mostram que o *insider trading* ilegal continua a existir após a introdução da legislação. Por exemplo, Meulbrock (1992) reporta 183 casos de *insider trading* ilegal no período 1979-1989, dos quais 145 (79%) dizem respeito a operações relacionadas com aquisições empresariais. A mediana do lucro do *insider* em cada episódio situou-se nos 24 673 dólares e a mediana da penalização foi de 21 mil dólares.

Fried (1998) estima que os *insiders* nos EUA transacionam cerca de 70 mil milhões de dólares por ano e que realizam de mais-valias um valor próximo dos 5 mil milhões de dólares por ano.

Num estudo mais recente, Bris (2005) analisa o efeito produzido pela aplicação da legislação num conjunto de 4541 aquisições empresariais ocorridas em 52 países no período 1990-1999. Os resultados, surpreendentes, apontam que a aplicação da lei faz aumentar tanto a incidência como a lucratividade do *insider trading*. A percentagem de empresas em que essa atividade se registou passou de 30% antes da regulação para 58% depois da primeira aplicação da lei.

A lei desencoraja os *insiders* com alguns escrúpulos e aqueles que tendem a ter que suportar maiores custos se forem detetados. No entanto, a aplicação da lei tende a criar lucros de monopolista para quem a quiser (e conseguir) ultrapassar. De facto, constata-se que a lucratividade do *insider trading* tende a aumentar depois da primeira aplicação da lei. Verifica-se pois que as leis que proíbem o *insider trading* não conseguem eliminar os lucros com essa prática.

Apesar disso, verifica-se que o endurecimento das leis tem melhores efeitos na redução da incidência e da lucratividade do *insider trading*. Com efeito, o impacto da legislação anti-*insider trading* no comportamento dos *insiders* depende da severidade das penas que os prevaricadores têm de enfrentar quando são detetados.

Os resultados de Bris (2005) mostram que as leis anti-*insider trading* aumentam a eficiência de mercado – é maior a reação dos preços ao anúncio da aquisição –, mas produzem o efeito indesejável de criar maior espaço para os lucros dos *insiders*. Estes resultados são úteis para a regulação. O regulador enfrenta um dilema: ao proibir o *insider trading* está a torná-lo mais lucrativo. Para enfrentar o problema, sugere-se que as iniciativas legislativas concebidas para eliminar o *insider trading* prestem especial atenção aos requisitos de divulgação obrigatória de informação pelas empresas, aos mecanismos de deteção do *insider trading* e às penalizações para aqueles que violam a lei. Os esforços nestes três domínios são essenciais para que os resultados obtidos sejam positivos. Com efeito, pode ser pior ter uma regulação anti-*insider trading* que falha em penalizar quem a viola do que não ter qualquer regulação.

O debate acerca da necessidade de implementação de regras contra o *insider trading* está resolvido na prática. Como se referiu, todos os países desenvolvidos e a larga maioria dos países emergentes introduziram legislação sobre o assunto nos seus ordenamentos jurídicos. Por isso, na atualidade, o ónus da prova de que o *insider trading* deve ser legalizado situa-se do lado de quem quer alterar o *statu quo*, ou seja, do lado dos críticos da regulação.

Ainda muito permanece por investigar acerca deste assunto. A ausência de estudos é sobretudo sentida no que se refere a mercados que não o dos EUA e especialmente nos mercados emergentes. Os comportamentos dos agentes ligados às empresas de um dado país são regulados pela legislação específica desse país. Um maior conhecimento do *insider trading* a nível internacional contribuirá de forma significativa para orientar os reguladores na implementação de legislação acerca dessa atividade.

3.6 CONCLUSÃO

Os custos da legalização do *insider trading* são, como se viu, muito significativos. Há motivos para crer que a legalização do *insider trading* possa perverter as práticas de divulgação de informação das empresas, o que resultará no adiamento ou na manipulação da informação de forma a servir os interesses de transação dos gestores. Os gestores insatisfeitos com o preço corrente das ações poderiam, neste caso, adotar projetos de investimento de alto risco em ordem a provocar variações significativas nos preços. Além disso, poderiam manipular o momento da decisão empresarial para beneficiar com isso. No limite, a legalização do *insider trading* poderia fazer com que o gestor lucrasse de igual forma com as boas notícias e com as más notícias acerca da empresa. Este resultado é preocupante. À partida pensar-se-ia que a detenção de ações por parte do gestor seria benéfica, uma vez que contribuiria para alinhar os seus interesses com os dos acionistas; no entanto, a divergência de interesses entre os dois grupos aumenta quando os gestores podem lucrar independentemente do desempenho da empresa. Em suma, se estes diversos efeitos fossem percebidos pelos investidores em geral, o efeito seria danificar a confiança dos investidores nos mercados financeiros e aumentar o custo do capital das empresas aí presentes.

Mesmo os maiores defensores do *insider trading* como forma de remuneração dos gestores reconhecem que esta ideia levanta problemas importantes e que os seus argumentos são hoje em dia menos robustos do que se pensava inicialmente[148].

A proibição do *insider trading* também acarreta problemas na sua implementação. Não impede por exemplo que um *insider* colha benefícios de *não transacionar (insider nontrading)*. No caso do *insider nontrading*, o gestor abstém-se de transacionar por ter acesso a informação privilegiada. Por exemplo, o gestor que estaria prestes a comprar ações por outros motivos vai deixar de o fazer por ter tido acesso a informação negativa. O problema do *insider nontrading* não é solucionável, mas é provável que não seja muito importante uma vez que requer que o gestor tenha ao mesmo tempo razões para transacionar as ações e acesso a informação privada que contrarie essa intenção. É plausível admitir que estas duas condições não estejam frequentemente reunidas[149].

Outros autores referem, no quadro da teoria da escolha pública *(Public Choice)* que a proibição do *insider trading* responde apenas aos interesses privados dos próprios reguladores e de alguns grupos de investidores – no caso, o grupo dos investidores informados que competem com os gestores para obter vantagens na utilização da informação[150]. Apesar de as pressões exercidas por interesses privados no sentido da implantação de regras anti-*insider trading* poderem desempenhar o seu papel, o argumento inerente à teoria da escolha pública, ao ignorar os argumentos de índole económica que temos vindo a apresentar neste capítulo, parece ser, no mínimo, uma explicação incompleta do que se observa neste domínio.

Por fim, é interessante notar que há alguma incoerência entre os argumentos de que, por um lado, o *insider trading* é útil por aumentar a eficiência de mercado e de que, por outro lado, constitui uma forma eficiente de remuneração dos gestores. A utilização do *insider trading* como forma de remunerar os gestores exige que a informação privilegiada seja mantida em segredo de modo que o mercado não reaja até que o gestor tenha transacionado um número suficiente de ações. Se o preço reagir de imediato às primeiras transações do gestor, encaminhando-se para o preço eficiente, então as transações adicionais por parte do gestor não lhe proporcionarão qualquer vantagem.

Independentemente do debate teórico sobre o assunto, os dados empíricos mostram que em geral a legislação anti-*insider trading* produz efeitos benéficos em termos de liquidez e eficiência de mercado, sobretudo por contribuir para o desenvolvimento de um mercado de investidores informados. O principal desafio parece residir hoje em dia no desenvolvimento de condições institucionais que permitam ao mesmo tempo usufruir desses benefícios e evitar os efeitos secundários indesejáveis da legislação contra o *insider trading*.

4. Manipulação de mercado

4.1 INTRODUÇÃO

Em termos históricos, a possibilidade de se influenciar os preços de forma artificial constituiu um assunto importante desde o advento das primeiras bolsas de valores. De facto, logo após a fundação da primeira bolsa de valores, a Bolsa de Amesterdão, no início do século XVII, os corretores que lá operavam descobriram que podiam manipular os preços com sucesso. Há registos de que efetuavam grandes volumes de vendas num curto espaço de tempo levando a que os investidores, receosos de maiores perdas, vendessem igualmente as suas ações. Na sequência da queda dos preços, os corretores compravam ações de modo a restabelecer a sua posição inicial a um preço mais reduzido. Os exemplos de manipulação estendem-se até à atualidade. Por exemplo, em agosto de 2004, o Citigroup colocou num espaço de 18 segundos ordens de venda em cerca de 200 tipos diferentes de obrigações do Tesouro de países da zona euro no valor de 12,9 mil milhões de euros. A empresa voltou a comprar os mesmos títulos na mesma manhã obtendo um lucro de 18,2 milhões de euros. Esta atuação reduziu significativamente a liquidez do mercado. Em maio de 1991, um corretor de obrigações do banco de investimento Salomon Brothers foi descoberto a tentar manipular o mercado de obrigações do Tesouro dos EUA. No decorrer da bolha tecnológica nos EUA, na década de 90 do século passado, numerosos esquemas de manipulação de mercado em ações de reduzida capitalização foram descobertos pela entidade reguladora competente, a Securities and Exchange Commission[151]. E já no século XXI, além dos casos verificados nos mercados de ações, têm sido reportados casos de manipulação nos mercados de taxas de juro, taxas de câmbio e também nos mercados de mercadorias como o ouro, o paládio, o leite, o petróleo, o gás natural e o alumínio. A manipulação continua na ordem do dia. Atualmente nos EUA os tribunais estão a ser inundados por casos relacionados com atividades de manipulação e, enquanto se procede à escrita deste livro, os *media* fazem eco de pelo menos dois casos de potencial manipulação. Por um lado, as autoridades de mercado da China estão a investigar os manipuladores responsáveis pela queda do mercado daquele país mais de 10% numa única semana. Por outro lado, na sequência de uma denúncia da CMVM em 2012, o Ministério Público em Portugal requereu em 2015 o julgamento de Peter Boone, um professor canadiano de Harvard, por suspeita de ter manipulado as obrigações do Tesouro portuguesas em 2010, tendo obtido com essa atividade, segundo a acusação, um ganho de 820 mil euros[152].

Os receios em relação à manipulação de mercado constituíram uma das principais motivações para a implementação dos sistemas de regulação dos países desenvolvidos em geral e nos EUA em particular. Por exemplo, a SEC foi criada em 1934 para combater a manipulação e no Securities Exchange Act declara-se que os preços dos mercados financeiros são suscetíveis de ser manipulados e que isso pode ter levado a consequências como a Depressão ocorrida nos anos 30.

Os reguladores têm passado das palavras aos atos: só entre 1990 e 2001, a SEC instaurou 142 processos relacionados com comportamentos de manipulação. O problema pode ser, no entanto, muito maior do que se possa supor à partida. Existem estimativas de que, por cada processo por manipulação, existem entre 280 e 310 casos que não são detetados ou cujo processo, por razões diversas, não se concretiza[153].

Os participantes de mercado também reconhecem os efeitos negativos da manipulação. Por exemplo, num conjunto de inquéritos aos investidores no mercado de taxas de câmbio, a manipulação por parte dos investidores institucionais foi considerada a segunda causa mais importante para a ineficiência desse mercado[154].

Os estudos existentes sobre o assunto permitem concluir que a manipulação ocorre numa larga variedade de mercados e de circunstâncias[155]. Tal pode desencorajar a participação nos mercados financeiros, com os consequentes efeitos negativos na liquidez e nos custos de transação. Além disso, a manipulação tem potencial para fazer aumentar os custos do capital das empresas, tornando-as mais relutantes em aceitar que as suas ações sejam transacionadas em mercados afetados por essa atividade. Em última análise, os efeitos de distorção dos preços provocados pela manipulação podem prejudicar a afetação dos recursos das economias.

Este capítulo está organizado em onze partes. Na próxima secção apresentam-se diversas perspetivas sobre o conceito de manipulação de mercado. Na secção 4.3. leva-se a cabo a exposição das duas principais posições relativamente a este assunto. Na secção 4.4. debate-se o impacto da manipulação sobre os preços. As possibilidades de se lucrar com essa prática são abordadas na secção 4.5. Na secção 4.6. são elencados os diversos tipos de manipulação que os agentes podem adotar. A principal evidência empírica é apresentada na secção 4.7. Na secção 4.8 analisa-se a necessidade de intervenção do regulador. A secção 4.9. refere-se à experiência de regulação da manipulação. A secção 4.10. aborda as consequências da introdução de inovações tecnológicas nos mercados de capitais e em particular o potencial de manipulação que é trazido pelas transações de elevada frequência. A secção 4.11. conclui o capítulo.

4.2 CONCEITOS DE MANIPULAÇÃO DE MERCADO

Apesar da sua longa história, o conceito de manipulação de mercado não está bem estabelecido na literatura científica sobre o tema. Alguns autores consideram que a manipulação é a prática de compra (venda) de um ativo financeiro com o único propósito de fazer aumentar (diminuir) o seu preço[156]. Uma outra perspetiva é que a manipulação pode ser definida a partir dos efeitos negativos que exerce na eficiência económica através da redução da precisão dos preços de mercado e da diminuição da liquidez[157]. Mais recentemente considerou-se que a manipulação podia ser definida como a pressão exercida nos preços não justificada pela informação[158]. Mas talvez a definição mais aceite seja mais genérica: é a que considera como manipulatórias as transações que pretendem interferir com o livre jogo da oferta e da procura, induzir os restantes investidores a transacionar ou forçar o preço a atingir um nível artificial[159].

Esta indefinição na literatura científica reflete-se naturalmente nas definições de manipulação adotadas pelos legisladores dos diferentes países. Por exemplo, na Austrália, a ênfase vai para a criação de preços artificiais. No enquadramento jurídico da União Europeia, a definição é mais ampla: além de se ter em conta a artificialidade no nível de preços, também se consideram manipulatórias todas as transações que transmitem ou possam transmitir sinais enganadores acerca da procura, da oferta ou do preço dos ativos financeiros. Nos EUA, a lei proíbe a manipulação, mas deixa aos tribunais a tarefa de a definir caso a caso. Apesar disso têm vindo a ser estabelecidas ao longo do tempo, neste país, quatro condições para que uma prática possa ser considerada manipulação de mercado: 1. a capacidade para manipular, 2. a intenção de manipular, 3. o nexo de causalidade entre a ação levada a cabo e as consequências atribuídas à manipulação e 4. a artificialidade dos preços gerados pela manipulação. As componentes da artificialidade e da intenção são em geral as mais difíceis de comprovar. A artificialidade pode dizer respeito às atividades de transação (por exemplo, fazendo parecer que está a ocorrer um maior volume de transações do que ocorreriam normalmente), ou pode ser relativa ao preço (por exemplo fazendo-o aumentar ou diminuir). A intenção é também difícil, mas não impossível, de determinar: os agentes manipuladores podem transmitir informações (a corretores, por exemplo) indiciadoras que têm a intenção de manipular os preços.

4.3 O DEBATE SOBRE A MANIPULAÇÃO DE MERCADO

A conveniência da regulação da manipulação de mercado é um assunto a merecer debate hoje em dia. As posições extremas situam-se entre aqueles que acham que a regulação desta atividade é no essencial prejudicial e aqueles outros que argumentam que a regulação da manipulação deve ser um dos pontos principais de preocupação de um regulador responsável. Descrevamos, de forma sumária, as posições de cada um destes dois grupos de autores.

Para um primeiro conjunto de autores, não faz sentido proibir a manipulação de mercado porque não há nada para proibir. Argumentam que os investidores não manipulariam os mercados ainda que isso fosse legal porque é difícil manipular os preços dos ativos financeiros através das transações. Para manipular os preços com sucesso é necessário, em primeiro lugar, que as transações provoquem uma alteração dos preços e, em segundo lugar, é preciso que o manipulador seja capaz de vender a um preço superior ao preço pago pelos ativos. Defende-se, nesta perspetiva, que é difícil que as transações façam mover os preços e que, mesmo que tal ocorra, é difícil lucrar com as variações de preço. Se as compras do manipulador fizerem subir o preço, as suas vendas deverão fazê-lo diminuir. Se o efeito das vendas for simétrico ao efeito das compras, a manipulação não produzirá lucros e, ainda assim, o agente terá que suportar custos de transação. Assim, e uma vez que se considera que a prática da manipulação não pode ser bem-sucedida, os investidores não tentarão manipular os preços, pelo que a regulação neste campo seria desnecessária. Na verdade a regulação, a existir, poderia até acarretar custos sociais importantes. Uma vez que as intenções de manipulação são difíceis de identificar, seria custosa a aplicação de uma legislação restringindo a manipulação e poderia desincentivar transações não manipulatórias mas suscetíveis de ser confundidas com a manipulação. Assim, a conclusão é que a regulação é insensata visto que os seus custos ultrapassariam os benefícios mínimos que dela resultam[160].

A perspetiva que acabamos de descrever está longe de ser consensual. De facto, para um segundo grupo de autores, a manipulação é uma atividade que pode ser lucrativa e que pode colocar em risco a integridade dos mercados. Os investidores podem fazer mover os preços e podem lucrar com isso. Mas a questão do efeito nos preços não é essencial para alguns destes autores. Defende-se que os manipuladores têm incentivos para que a sua atuação nos mercados passe despercebida pelo que tendem a ocultar as suas intenções. Além disso, os lucros da manipulação podem não advir das diferenças de preço nos mercados alvos da manipulação e sim dos efeitos dessa prática noutros mercados ou contratos. A posição destes autores sustenta-se num conjunto de contribuições teóricas e empíricas que indicam que a manipulação de preços não só é possível como é até uma atividade comum em diversos mercados financeiros. Esta perspetiva implica naturalmente que se entenda que é imperioso eliminar as práticas que interferem com as transações com justificação económica legítima pelo que a lei deve restringir a manipulação de preços[161].

Veremos, de seguida, que é plausível admitir que os preços possam variar em consequência da manipulação (secção 4.4) e que não é sequer necessário que os efeitos nos preços decorrentes das compras e vendas sejam assimétricos para que a manipulação possa ser bem-sucedida (secção 4.5).

4.4 O IMPACTO DA MANIPULAÇÃO DE MERCADO NOS PREÇOS

O argumento de que é difícil fazer mover os preços através das transações é, como se entende, importante no debate entre os defensores e os críticos da regulação da manipulação de mercado. Mais uma vez, a questão põe-se quanto à configuração da procura de ações, assunto a que já nos referimos na secção 3.2, alínea *b*).

Se se partir do princípio de que os investidores têm expectativas homogéneas acerca do valor fundamental das ações, ou seja, se admitirmos que partilham da mesma opinião quanto aos valores dos fluxos financeiros futuros a gerar por cada uma das ações, estão em teoria reunidas as condições para se considerar que o grau de substituibilidade entre as diversas ações é elevado. Sendo assim, cada ação pode ser substituída pelas restantes pelo que uma alteração da procura de uma ação específica não deverá ter efeitos significativos no seu preço. O investidor não estará disposto a pagar um preço superior por uma ação se a expectativa quanto aos fluxos financeiros a gerar por essa ação no futuro se mantiver inalterada, dado que pode substituir essa ação na sua carteira por um conjunto alargado de ações de outras empresas. Assim, desta perspetiva, decorre uma curva de procura de ações praticamente horizontal.

Os dados empíricos conhecidos não suportam esta perspetiva. Pelo contrário, diversos estudos sugerem que a curva de procura de ações é negativamente inclinada.

Como se referiu aquando da análise dos efeitos do *insider trading* nos preços, existem também aqui dois argumentos teóricos principais para sustentar que as transações dos manipuladores de mercado possam alterar os preços.

Em primeiro lugar, as suas transações podem permitir aos restantes agentes de mercado inferir que o valor fundamental das ações – resultante do perfil dos fluxos financeiros que se espera que essas ações venham a gerar ao longo do tempo – se alterou. De facto, as transações podem revelar informação importante e como tal podem ajudar a alterar as perceções do valor das ações através dos denominados mecanismos de «descodificação do volume» e de «descodificação do preço». Por exemplo, se um participante de mercado acreditar que o investidor que acabou de transacionar dispõe de informação não-pública relevante acerca do valor da ação, a transação fará com que reavalie o título e que o preço reflita essa reavaliação. Um manipulador pode aproveitar-se desta possibilidade para convencer, através das suas transações, os restantes investidores, de que o preço atual das ações é desajustado. Assim, o manipulador pode, por exemplo, fazer aumentar (diminuir) o preço das ações através da emissão de ordens de compra (venda) *num padrão* que sugira que os investidores com informação não-pública estão a comprar (vender). A *dimensão* das transações pode também ser relevante. Podem ser levadas a cabo transações de elevados montantes para transmitir a impressão de que o investidor tem acesso a informação relevante. É provável que os participantes de mercado acreditem que aqueles investidores com maiores recursos para transacionar são os que dispõem igualmente de maiores recursos para investir em recolha e processamento de informação[162]. A *escolha entre compras e vendas* pode ser uma outra forma de sinalizar a informação aos investidores. É mais provável que as compras façam alterar a perceção quanto ao valor dos títulos do que as vendas. De facto, as vendas podem ser levadas a cabo por motivos não relacionados com a perceção de que o preço atual é desajustado, como são os casos das vendas relacionadas com a diversificação das carteiras ou das vendas motivadas pela necessidade de se obter liquidez. Além disso, e dadas as restrições às vendas curtas, é mais provável que um investidor informado realize compras do que vendas[163]. Para mais, existe a possibilidade de que compras em montantes elevados estejam relacionadas com o conhecimento de eventos que se traduzem em ulteriores aumentos de preço de elevada dimensão, como são os casos das aquisições empresariais. Neste contexto, é de esperar portanto que os investidores reajam mais fortemente à observação de compras do que à observação de vendas. Por sua vez, o manipulador pode explorar oportunisticamente este efeito. Pode fazê-lo através da realização de compras de ações de forma repetida, o que deverá causar um efeito relativamente mais significativo nos preços, e depois vendendo com efeitos nos preços relativamente mais modestos. Apesar de a operação que acabamos de descrever ser em teoria mais fácil, existem outras formas de manipular os preços, nomeadamente as que envolvem as vendas curtas, como veremos na secção 5.3, alínea *b*). Um conjunto recente de estudos sugere que relativamente pequenas alterações iniciais nos preços podem ser suficientes, em certas circunstâncias, para que uma parte importante dos investidores atue posteriormente no mercado no sentido da amplificação desse movimento inicial. Por exemplo, é sabido que uma parte importante dos investidores utiliza as chamadas estratégias de *feedback* positivo para transacionar. De acordo com estas estratégias, um aumento de preço faz aumentar o interesse dos investidores na aquisição dos ativos financeiros. As estratégias de *feedback* positivo têm como consequência o reforço dos movimentos de preço que lhes deram origem[164]. Outros estudos confirmam que os investidores escolhem comprar as ações que mais se destacam – através de variações de preço mais significativas, por exemplo. Ora os manipuladores podem tirar partido quer de os investidores utilizarem estratégias de *feedback* positivo quer de escolherem as ações que mais se destacam para provocar uma reação a uma reduzida movimentação inicial dos preços[165].

Em segundo lugar, se se admitir existirem expectativas heterogéneas quanto ao valor fundamental dos ativos financeiros – em resultado da incerteza inerente ao desconhecimento do futuro –, estão uma vez mais reunidas as condições para que as transações possam fazer variar o preço de forma significativa. Se alguns detentores de ações recusam desfazer-se desses títulos ao atual preço de mercado, os investidores que os desejam adquirir têm de estar dispostos a pagar um prémio por elas. Desta forma, um investidor pode ser capaz de fazer aumentar o preço através da compra de uma quantidade de ações superior àquela que os atuais acionistas estão dispostos a vender ao preço atual. Note-se que é mais provável que esta pressão nos preços se faça sentir naquelas ações em que o número disponível para transação é mais escasso. É o caso das que tiveram emissões com um número limitado de títulos ou cujos acionistas atuais estão relutantes em vender. Da mesma forma, é mais provável que as vendas excedam o montante da procura ao atual preço de mercado quando apenas um pequeno grupo de acionistas estiver disposto a adquiri-las. Tal torna compreensível que, como veremos na secção dedicada aos dados empíricos conhecidos, se tenha detetado um maior número de casos de manipulação nos preços das ações de reduzida capitalização e de menor liquidez.

A estas duas razões para entender que a curva de procura de ações tenha inclinação negativa junta-se, no caso da manipulação de mercado, uma outra: sendo os manipuladores agentes sofisticados e com um conhecimento profundo do mercado, é plausível que escolham estrategicamente transacionar no momento em que as contrapartes estão ausentes do mercado. A ideia essencial é que nem todos os investidores inclinados a transacionar ao preço em vigor estão sempre presentes no mercado. O pressuposto de que todos os investidores estão continuamente presentes nos diversos mercados financeiros é irrealista pelo menos por dois motivos. Em primeiro lugar, a expressão contínua das opiniões de um investidor individual ou de um investidor institucional no mercado implica custos. É custoso planear antecipadamente as atitudes a tomar no mercado e é custoso permanecer no mercado durante toda a sessão na expectativa de que venha a surgir uma oportunidade para transacionar. Em segundo lugar, é simplesmente impossível transacionar em todos os mercados em simultâneo. Assim, as transações também podem fazer variar os preços se os investidores dispostos a transacionar ao preço de mercado não estiverem presentes na altura em que é levada a cabo a manipulação. Dito de outra forma, a curva da procura de ações pode ser relativamente inelástica em intervalos de tempo relativamente curtos, mas suficientemente longos para a manipulação produzir os efeitos desejados. Se os manipuladores determinarem eficazmente o momento das transações, as suas compras (vendas) podem fazer aumentar (diminuir) os preços o tempo suficiente para que a manipulação seja bem-sucedida[166].

Desde que as transações possam fazer variar os preços, a manipulação é possível, independentemente dos motivos que subjazem a essa variação dos preços. E conforme veremos a seguir, mesmo movimentos de preço relativamente modestos durante períodos curtos podem traduzir-se em elevados lucros para o manipulador de mercado[167].

4.5 POSSIBILIDADE DE LUCRAR COM A MANIPULAÇÃO DE MERCADO

Os críticos da regulação defendem que se for simétrico o efeito nos preços provocado pelas compras e vendas realizadas pelo manipulador, a manipulação não pode originar lucros. Os benefícios originados pelo aumento dos preços seriam anulados pelo efeito negativo das vendas nesses mesmos preços.

Esta linha de raciocínio é, no entanto, simplista. Vimos na secção anterior que é possível que a manipulação tenha um efeito assimétrico nos preços. Além disso, existem pelo menos três formas de manipulação de preços que têm sido identificadas na literatura como sendo capazes de gerar lucros para o manipulador. De seguida analisaremos o efeito nos lucros do manipulador que resultam *a*) da utilização de contratos, *b*) do recurso a operações de compra e venda de ativos e *c*) do recurso à manipulação de *benchmarks*.

A) UTILIZAÇÃO DE CONTRATOS

A ideia segundo a qual um efeito simétrico nos preços das compras e vendas impede a manipulação de originar lucros ignora um facto fundamental: a possibilidade de o lucro advir não das transações no mercado onde a manipulação está a ter lugar, mas de um contrato ou de outro acordo que proporciona um lucro ao manipulador se o preço se mover numa determinada direção ou se atingir um determinado nível.

Em diversos casos, os direitos e obrigações contratuais estão relacionados com a evolução dos preços dos ativos financeiros. Quando é esse o caso, esses preços tornam-se um alvo apetecível para a manipulação.

Existem diversas circunstâncias em que tal pode ocorrer. Pense-se, por exemplo, no caso dos contratos que estabelecem as condições de transformação de títulos convertíveis em ações (como obrigações convertíveis em ações, por exemplo). As empresas que emitiram as obrigações têm interesse em que o preço de conversão das obrigações seja elevado, ou seja, querem entregar um menor número de ações em troca dos títulos convertíveis. De forma recíproca, os detentores desses títulos convertíveis têm vantagem em que o preço de conversão seja baixo. Dito de outro modo, pretendem obter mais ações em troca das suas obrigações. O preço de conversão é frequentemente estabelecido antes de os títulos convertíveis serem vendidos ao público e esse preço é normalmente função do preço de fecho das ações no dia anterior à venda. Esta situação cria incentivos para que a manipulação tenha lugar quer por parte das empresas emitentes quer por parte dos investidores que pretendem adquirir posições nos títulos convertíveis. Algo de semelhante ocorre com os contratos de compra de ações próprias que indexam o preço a pagar aos acionistas ao preço de mercado observado num determinado momento do tempo.

Também os mercados de aquisições empresariais criam diversos incentivos e oportunidades de manipulação baseadas na utilização de contratos. Se numa aquisição a empresa adquirente desejar pagar aos acionistas da empresa-alvo com as suas ações e o número de ações a entregar depender do seu preço de mercado, existem incentivos para fazer aumentar o preço das ações de forma a tornar a oferta mais atrativa e a desencorajar potenciais concorrentes. Por outro lado, os acionistas da empresa-alvo podem tentar manter o preço das suas ações num nível artificialmente elevado de forma a tentar obter uma melhor oferta por parte dos interessados na aquisição. Os acionistas da empresa adquirente e da empresa-alvo têm ainda incentivos para tentar influenciar a seu favor o preço das ações detidas pela contraparte no negócio de aquisição empresarial.

De igual forma, se a remuneração dos trabalhadores de uma empresa for indexada ao preço das ações, aqueles agentes podem ter interesse em tentar manipular os preços. E os gestores dos fundos de investimento podem querer fazer o mesmo no final do período de reporte de forma a apresentar um desempenho mais favorável junto dos investidores e a melhorar as remunerações quando estas dependem desse desempenho.

Os mercados de futuros de índices acionistas também proporcionam oportunidades de manipulação uma vez que envolvem direitos contratuais estabelecidos em função do preço de mercado das ações. Um comprador de futuros sobre um índice acionista recebe um pagamento baseado no preço das ações no mercado à vista na data de expiração do futuro. Um manipulador pode então comprar futuros sobre o índice e posteriormente, na data de expiração, fazer aumentar o preço das ações que compõem o índice através de compras no mercado à vista. Desta forma, o manipulador irá receber as ações ao preço estipulado no futuro e poderá vendê-las ao preço inflacionado estabelecido no mercado à vista. A manipulação poderá ser lucrativa se o mercado à vista for menos líquido do que o mercado de futuros e se a posição no mercado de futuros for maior do que a posição no mercado à vista.

Note-se que, no caso da manipulação com recurso a contratos, não é necessário que o manipulador induza outros agentes a transacionar aos preços manipulados. Por exemplo, as perdas verificadas com a manipulação do preço das ações poderiam ser mais do que compensadas com os ganhos observados num contrato baseado nesses preços de mercado. Nesta medida, não tem razão de ser a crítica de que a simetria dos efeitos na procura e na oferta eliminaria as oportunidades de manipulação.

Alguns autores defendem que as contrapartes do contrato tentarão proteger-se da manipulação refletindo essa possibilidade nos preços ou através de cláusulas contratuais específicas. Embora tal possa ocorrer, isso não dispensa o papel da regulação. Em primeiro lugar, é necessário atender ao dispêndio de recursos sociais das contrapartes contratuais na proteção de comportamentos de manipulação. A proteção pode assumir a forma de disposições contratuais mais complicadas, que implicarão a necessidade de se dedicar mais tempo e esforço na negociação. Com efeito, essa proteção poderá não ser sequer eficaz ou não poder ser implementada por ser demasiado custosa de aplicar. E, em segundo lugar, é necessário ter em conta que as contrapartes contratuais não são as únicas prejudicadas com a manipulação – outros investidores que adquirirão os ativos a preços inflacionados serão também prejudicados e o funcionamento adequado do mercado será colocado em causa. Uma vez que a regulação tem como objetivo não apenas proteger as contrapartes diretamente afetadas pela manipulação mas também manter as condições para que o mercado funcione de forma adequada, continua a justificar-se a intervenção do regulador[168].

Em resumo, a existência de contratos cujos direitos são contingentes com os preços de mercado dos ativos financeiros cria oportunidades de manipulação. No entanto, a manipulação não está limitada aos casos relacionados com obrigações contratuais[169].

B) OPERAÇÕES DE COMPRA E VENDA DE ATIVOS

Com a utilização de contratos que acabámos de descrever, o lucro do manipulador advém apenas das alterações de preço no ativo financeiro que foi alvo da manipulação; não é sequer necessário transacionar a esse preço. Esse lucro foi gerado porque um outro agente estava contratualmente obrigado a conferir um benefício ao manipulador, benefício esse que estava relacionado com o preço de mercado.

Já na manipulação em que se recorre a operações de compra e venda de ativos, o caso é diferente: os manipuladores interessados em aumentar os preços compram primeiro e esperam vender depois a um preço superior; os manipuladores interessados em fazer diminuir os preços efetuam vendas curtas para depois efetuarem compras a um preço desejavelmente mais baixo.

A manipulação através de compras e vendas são mais arriscadas que aquelas e em que se utilizam contratos. Além de fazer mover o preço, o manipulador tem de transacionar ao novo preço que resulta da manipulação. Por exemplo, um manipulador altista tem de comprar o ativo de forma a fazer aumentar o preço e depois tem de vender a esse novo preço. E transacionar a este novo preço pode ser mais difícil do que simplesmente fazer mover os preços de mercado.

Para que a manipulação baseada em transações seja bem-sucedida, uma primeira condição tem de ser preenchida: a transação inicial tem de fazer alterar os preços, como vimos na secção 4.4. Tal pode ser conseguido através da alteração do valor fundamental que os restantes participantes de mercado atribuem ao ativo através da pressão de preços (em resultado de uma curva de procura de ações negativamente inclinada) ou por via do aproveitamento da ausência temporária dos investidores dos mercados.

Mas é preciso verificar ainda uma segunda condição. É necessário que a saída de mercado do manipulador seja realizada a um preço favorável. Tal pode ser difícil de realizar se o segundo conjunto de transações transmitir uma impressão simétrica à do primeiro conjunto de transações porque isso irá anular os efeitos no preço resultantes das transações iniciais. Por exemplo, se um conjunto de compras iniciais fizer aumentar os preços por transmitir a impressão de que o comprador tem acesso a informações positivas, as vendas podem fazer diminuir o preço por dar a impressão que o manipulador – agora na posição de vendedor – está na posse de informações de teor negativo. Assim, é necessário que o manipulador leve a cabo as vendas de modo que não transmitam essa informação aos restantes investidores.

Pode não ser fácil fazer com que os dois grupos de transações – as transações iniciais e as transações de liquidação da posição – não tenham efeitos simétricos. No entanto, em teoria é possível que os efeitos não sejam simétricos. Como foi referido na secção 4.4, é de esperar que as vendas transmitam menos informação aos investidores do que as compras, pelo que um manipulador pode conseguir fazer aumentar o preço através de compras e depois vender sem fazer deprimir o preço na mesma proporção. Além disso, o manipulador pode estruturar as suas transações de forma a maximizar o impacto das transações no preço e a minimizar o impacto das transações de liquidação da posição. Por exemplo, a impressão transmitida por uma compra inicial de elevado volume pode não ser anulada por um conjunto de transações posteriores de reduzida dimensão.

O manipulador pode ainda fazer uso em seu proveito da tomada de posição no mercado de muitos investidores em resposta à verificação de um nível específico no preço do ativo. Em particular, o manipulador pode tentar explorar os utilizadores da denominada análise técnica. A análise técnica é um método de análise de ativos financeiros que se baseia no estudo do histórico de preços para se decidir quando e como transacionar. De acordo com a análise técnica, alguns preços específicos são entendidos como «níveis de resistência». Para os adeptos da análise técnica, se o preço de mercado ultrapassar esses níveis, existe a indicação de que os preços vão subsequentemente subir. Se o preço não ultrapassar esses níveis, prevê-se que o preço desça a seguir. Se um grupo substancial de investidores considerar que a verificação de um dado nível de preço constitui uma indicação de que devem comprar, o manipulador pode procurar levar os preços até esse nível, desencadeando assim uma reação de mercado que lhe permita realizar um lucro através da liquidação da posição inicial. Enquanto existirem investidores que baseiem as suas estratégias de investimento nos preços de mercado, é possível uma manipulação de preços bem-sucedida[170].

C) MANIPULAÇÃO DE *BENCHMARKS*

A manipulação de *benchmarks*, e não apenas de preços, tem sido alvo de atenção ao longo dos últimos anos. Os *benchmarks*, como os índices acionistas por exemplo, sintetizam um conjunto de preços e são essenciais nos mercados de capitais modernos.

Entre os *benchmarks* existentes contam-se, por exemplo, índices acionistas como o Dow Jones, o S&P500 ou o PSI20, mas também índices de taxas de juro como a LIBOR ou índices de preços como o índice de preços do consumidor. Os índices financeiros inscrevem-se diretamente nos contratos e são tomados como ativos subjacentes nos futuros e opções e os índices de preços de consumidor servem frequentemente de base de negociação de aumentos salariais, por exemplo. Desta forma, a precisão dos *benchmarks* acaba por afetar, de forma muito significativa, a economia como um todo.

Uma vez que os *benchmarks* são calculados a partir de apenas uma pequena parcela dos ativos em presença nos mercados, são em princípio mais vulneráveis à manipulação. Através da realização de transações de forma estratégica, o manipulador pode enviesar o *benchmark* e influenciar todo o mercado. Por exemplo, se o manipulador está obrigado a vender petróleo ao preço do *benchmark*, a adulteração do *benchmark* terá o mesmo efeito que a alteração do preço de mercado do petróleo a nível mundial.

Embora a manipulação de *benchmarks* possa ocorrer no contexto da manipulação com recurso a contratos, as duas práticas podem não coincidir. Enquanto na manipulação com recurso a contratos o agente tenta influenciar os preços do mercado como um todo, na manipulação de *benchmarks* a manipulação circunscreve-se à parte do mercado que é considerada para efeitos de cálculo dos *benchmarks*[171].

4.6 UMA TAXONOMIA DAS PRÁTICAS DE MANIPULAÇÃO DE MERCADO

As práticas de manipulação de mercado podem ser organizadas em três categorias: as manipulações baseadas na atuação, as manipulações baseadas na informação e as manipulações baseadas em transações.

As manipulações baseadas na atuação são aquelas em que a manipulação assenta em ações que alteram o valor real ou apercebido dos ativos da empresa.

As manipulações baseadas na informação são aquelas que recorrem à divulgação de informações falsas ou à disseminação de falsos rumores.

O presente capítulo debruçou-se no essencial sobre um terceiro tipo de manipulação: as manipulações baseadas em transações.

As manipulações baseadas em transações ocorrem quando um investidor tenta manipular o preço de um ativo financeiro simplesmente através de compras e vendas, sem realizar qualquer ação publicamente observável para alterar o valor da empresa e sem divulgar informação falsa para alterar o preço.

Nestes três tipos de manipulação cabem atividades muito variadas. Referiremos, de seguida, algumas dessas práticas, sem pretender ser exaustivos. Dada a ausência de denominações estabilizadas na língua portuguesa, adotaremos em geral a denominação que lhes é dada no contexto anglo-saxónico.

As manipulações baseadas na atuação incluem um conjunto muito diverso de comportamentos. Em geral, são levadas a cabo por agentes que têm acesso privilegiado a informações sobre as operações da empresa. Por exemplo, os gestores da empresa podem encerrar uma instalação fabril lucrativa com o único objetivo de fazer diminuir o preço das ações e assim lucrar com essa variação de preço[172].

Tipicamente, as manipulações baseadas em informação são levadas a cabo por analistas de investimento ou outros profissionais de mercado, além das entidades emitentes dos ativos financeiros. Uma forma particularmente problemática de manipulação é a que recorre a recomendações enganadoras fornecidas por corretores ou consultores de investimentos. Em teoria, as manipulações baseadas em informação produzem lucros se o manipulador tiver credibilidade, e essa credibilidade pode ser mantida indefinidamente se o manipulador misturar informações falsas e verdadeiras[173]. Nas manipulações baseadas na informação podem ser incluídas as práticas de *hype and dump* e de *slur and dump*. A disseminação de informações falsas ou de rumores através dos *media* é conhecido por *hype-and-dump* quando a intenção é fazer aumentar os preços e por *slur-and-dump* quando é fazer diminuir os preços. Mais genericamente, são conhecidas por *scalping* as atividades através das quais um manipulador aumenta o valor dos seus investimentos através da emissão de recomendações numa direção que lhe é favorável.

As manipulações baseadas em transações serão lucrativas em teoria se as reações dos preços a compras e vendas forem assimétricas ou se a alteração dos preços dos ativos financeiros provocar alterações no valor da empresa[174]. Além disso, especificidades relativas aos ativos transacionados (por exemplo, derivados como os futuros) ou a contratos (por exemplo, contratos de corretagem ou contratos de remuneração indexada aos preços dos mercados financeiros) dão também azo a oportunidades de manipulação. As manipulações baseadas em transações englobam práticas em que o manipulador utiliza apenas as transações para alterar os preços, utiliza contratos ou faz uso do seu poder de mercado. Entre a manipulação que recorre apenas às transações podem ser identificadas as seguintes quatro formas de atuação: *painting the tape*, *wash sales*, *matched orders* e *pools*. Diz-se que o *painting the tape* ocorre quando o manipulador leva a cabo uma série de transações com o objetivo de induzir a impressão de que existe uma atividade elevada de transações ou de movimentações de preço. Muitas vezes isto envolve a prática das chamadas *wash sales*, ou seja, transações em que o comprador e o vendedor são a mesma pessoa, pelo que apesar das transações não existe qualquer alteração na propriedade dos títulos; podem ser também utilizadas as *matched orders* (ou «ordens combinadas»), em que conjuntos de ordens de compra e de ordens de venda são colocadas no mercado ao mesmo tempo e com o mesmo preço e volume por entidades diferentes, mas atuando de forma concertada. As *pools* ocorrem quando um grupo de manipuladores transaciona entre si, de forma reiterada, para influenciar os preços e criar a ilusão de que o volume de transações é elevado. Envolvem quer transações verdadeiras quer transações fictícias para mostrar atividade no mercado e gerar aumentos no preço dos ativos de forma a estimular a transação dos restantes investidores. A manipulação termina com a venda dos títulos ao novo preço inflacionado.

Existem ainda dois tipos de comportamentos relacionados que importa referir: o *spoofing* e as transações predatórias. O *spoofing* envolve a colocação de ordens fictícias de elevada dimensão – geralmente em sistemas de transação eletrónicos – a um preço mais elevado ou mais baixo do que o preço de mercado corrente, sem intenção de as executar. As ordens são depois retiradas no último momento. O objetivo é induzir em erro os investidores fazendo-os acreditar que existe procura ou oferta do ativo alvo de manipulação aos preços a que as ordens foram colocadas. As transações predatórias são aquelas que induzem ou exploram as necessidades de outros investidores de reduzir as suas posições de investimento. Se um ou mais investidores de elevada dimensão necessitam de vender, outros investidores podem também decidir vender (ou efetuar uma venda curta) e com isso forçar os preços a baixar para além do seu nível de equilíbrio. Nesse caso, poderão atuar novamente no mercado, tomando posições compradoras a um preço mais baixo.

Como se disse acima, as manipulações baseadas em transações podem ser levadas a cabo com recurso a contratos. Neste caso, o manipulador lucra com um contrato ou mercado que é exterior ao mercado que está a ser alvo da manipulação – ver secção 4.5, alínea *a*). Na manipulação com contratos podem identificar-se os casos do *marking the close*, do *marking the open*, do *capping* e do *pegging*. O *marking the close*, também designado por manipulação do preço de fecho, envolve a compra ou venda de ativos financeiros no fecho da sessão ou próximo desse momento com a intenção de alterar o preço de fecho. O *marking the open* é similar, mas envolve a intenção de alterar o preço de abertura da sessão. A manipulação dos preços de abertura e de fecho decorre normalmente no contexto da manipulação com a utilização de contratos porque estes são frequentemente baseados no preço de fecho (e, de forma menos habitual, no preço de abertura). Outras motivações para adotar este tipo de manipulação relacionam-se com a remuneração dos gestores de fundos indexada às rendibilidades ou com a probabilidade de ocorrência de uma aquisição empresarial com recurso ao pagamento com ações. Note-se que no *marking the close* um manipulador pode aproveitar-se do *bid-ask spread* para alterar o preço um pequeno montante – aumentando o valor aparente de uma posição compradora ao garantir que a última transação realizada foi uma compra ou aumentando o valor de uma posição vendedora ao garantir que a última transação foi uma venda. Mesmo movimentos de preço tão reduzidos como os que ocorrem no contexto do *bid-ask spread* podem traduzir-se em elevados lucros para um manipulador que detenha uma posição de mercado significativa. Já o *pegging* e o *capping* referem-se à colocação de ordens que evitam que o preço de mercado varie num sentido desfavorável. No *capping* pretende-se transacionar para manter o preço abaixo de um determinado patamar. No *pegging*, o objetivo é fixar o preço acima de um determinado nível. Estas atividades tendem a estar associadas à tentativa de condicionar os resultados a obter com a expiração de contratos de futuros.

As manipulações baseadas em transações incluem ainda aqueles casos em que o manipulador explora o seu poder de mercado. Por exemplo, os denominados *corners* e *squeezes* configuram técnicas em que o manipulador toma uma posição de controlo na oferta de um determinado ativo financeiro. De seguida, utiliza essa posição para manipular o preço explorando os investidores que necessitam do ativo para fechar posições vendedoras geradas anteriormente com recurso às vendas curtas. Os ativos alvos da manipulação, em grande medida sob controlo do manipulador, são escassos no mercado face à procura existente. Isso leva a que se tornem dispendiosos relativamente aos seus substitutos e que os ativos para entrega imediata se tornem mais dispendiosos relativamente aos ativos com datas de entrega mais diferidas no tempo. Já no *reverse corner* ou no *reverse squeeze*, o agente torna mais difícil aos restantes investidores a absorção da oferta dos ativos alvos de manipulação uma vez que inunda o mercado com colaterais, fazendo diminuir o preço. É difícil levar a cabo um *reverse corner* ou *reverse squeeze* uma vez que os restantes agentes de mercado podem absorver uma parte importante da oferta que se lhes apresenta. Este tipo de manipulação é, no entanto, uma possibilidade mais realista no caso de ativos difíceis de armazenar em elevadas quantidades, como mercadorias do tipo da eletricidade ou do petróleo[175].

4.7 EVIDÊNCIA EMPÍRICA

Sendo a manipulação de mercado uma prática ilegal, o estudo empírico do problema debate-se com dificuldades óbvias.

Apesar disso, têm sido desenvolvidos estudos sobre a matéria, os quais apresentam resultados compatíveis com a ocorrência de manipulação de mercado. Alguns desses estudos relacionam-se com a prática do *marking the close*. Esta atividade, de acordo com Comerton-Forde e Putnins (2014), é prática comum. Por exemplo, Carhart *et al.* (2002) mostram que os gestores de fundos de investimento inflacionam os preços das ações nos EUA no final de cada trimestre através de compras nos últimos trinta minutos da sessão. Os efeitos são mais notórios no caso das ações de reduzida capitalização. São também encontrados padrões significativos nos preços verificados no último dia de cada ano. Reportam que 80% dos fundos de investimento foram capazes de bater um índice de mercado no último dia do ano, mas que essa percentagem foi apenas de 37% no primeiro dia de um novo ano. Os autores atribuem este fenómeno à manipulação levada a cabo pelos gestores de fundos. Os efeitos da manipulação no final das sessões fazem sentir-se igualmente na bolsa de valores de Paris, de acordo com o artigo de Hillion e Suominen (2004): registam-se aumentos significativos na volatilidade, no volume de transações e nos *bid-ask spreads* no último minuto das sessões. Mais recentemente, Gallagher *et al.* (2009), confirmam para o mercado australiano que alguns gestores de fundos utilizam os recursos que lhes são confiados pelos seus clientes para manipular os preços de fecho com o intuito de influenciar os reportes relativos ao seu desempenho. Mais concretamente, conclui-se que os gestores no último dia de cada trimestre tendem a adquirir ações ilíquidas e de reduzida capitalização – ou seja, aquelas onde se espera que os efeitos da manipulação sejam mais fáceis de obter – apesar de terem já uma posição excessiva nessas ações.

As atividades de manipulação dos preços por parte dos *hedge funds* estão também documentadas na literatura. Por exemplo, Ben-David *et al.* (2013) mostram que esses fundos manipulam os preços das ações, fazendo-os aumentar em alturas críticas, em que têm de reportar os seus resultados. A manipulação provoca distorções importantes nos preços no final de cada mês e em particular nos últimos minutos da sessão. Os esforços de manipulação concentram-se nas ações menos líquidas, precisamente aquelas onde é mais provável que essa atividade produza efeitos mais significativos. A prática de manipulação apresenta alguma consistência ao longo do tempo, entre fundos – é mais provável que os fundos que manipularam os preços no passado continuem a fazê-lo no futuro – e tende a ser mais frequente entre os fundos com melhor desempenho no passado. A prevalência da manipulação parece depender ainda das condições de mercado. Embora a manipulação dos preços seja observada em todas as condições de mercado, tende a ser mais intensa nos trimestres em que as rendibilidades de mercado são mais baixas. É nestas circunstâncias que os gestores dos *hedge funds* aproveitam a oportunidade para mostrar as suas capacidades junto dos investidores e destacar-se dos seus competidores.

Um outro conjunto de estudos empíricos aborda a atividade de transações predatórias. Por exemplo, Coval e Stafford (2007) encontram indicações de que as pressões vendedoras geradas por fundos de investimento com necessidades urgentes de venda de ativos pressionam significativamente os preços criando oportunidades de lucro para os restantes investidores; Chen *et al.* (2008) relacionam tais oportunidades com os *hedge funds* mostrando que a rendibilidade deste tipo de fundos aumenta quando é elevado o número de investimento com necessidades urgentes de venda de ativos.

Outros autores concluem existir manipulação por parte dos corretores. É o caso de Khwaja e Mian (2005) num estudo exaustivo sobre as transações efetuadas por todos os corretores que operaram na principal bolsa de ações do Paquistão durante um período de 32 meses. As rendibilidades obtidas por esses agentes nas suas transações próprias foram superiores em 8% às obtidas por um investidor médio. Este resultado é atribuído à manipulação de mercado: quando os preços são baixos, os corretores combinam as suas atuações para fazer subir os preços de forma artificial atraindo assim os restantes investidores; uma vez atingido um nível mais elevado nos preços, os corretores saem do mercado deixando os outros investidores sofrer as perdas.

Outros estudos debruçam-se sobre os casos de manipulação detetados pelos reguladores. Por exemplo, Aggarwal e Wu (2006) identificaram 142 casos de manipulação no período 1990-2001. Concluem que, nos casos da sua amostra, as ações passam por um período de aumento de preços durante o período de manipulação, por um decréscimo de preços no período subsequente e por um aumento na sua volatilidade. Os casos analisados concentram-se em ações de reduzida liquidez e baixa capitalização e a maior parte das transações manipulatórias é levada a cabo por investidores sofisticados como corretores, gestores e acionistas com posições substanciais. O problema do impacto simétrico entre as compras e as vendas, segundo os autores, não se verifica na prática, já que as manipulações analisadas se mostraram eficazes. Na mesma linha de raciocínio, Comerton-Forde e Putnins (2011a) analisaram 184 casos de manipulação do preço de fecho que foram alvo de processos por parte dos reguladores dos EUA e do Canadá entre 1997 e 2009. Na sua amostra, a manipulação foi levada a cabo sobretudo por gestores de fundos, gestores empresariais, corretores e grandes acionistas. Os efeitos nos preços encontrados corroboram em geral os resultados obtidos por Aggarwal e Wu (2006). A manipulação traduz-se num aumento das rendibilidades diárias, dos níveis de transação e dos *bid-ask spreads*. O efeito nas rendibilidades é muito significativo – cerca de seis vezes superior ao verificado num dia sem manipulação – mas esse efeito é, na sua maior parte, anulado na sessão seguinte. O número de transações é multiplicado por um fator de três face à situação sem manipulação e os *spreads* aumentam entre 0,11 e 0,63 pontos percentuais.

Os efeitos negativos da manipulação parecem ser confirmados pelos estudos que se debruçam sobre os efeitos da regulação. Por exemplo, Cumming *et al.* (2011) estudaram o impacto das regras de regulação em vigor num conjunto de 42 mercados de ações na liquidez dos negócios aí levados a cabo. Os resultados, referentes ao período 2006-2008, mostram que as diferenças nas regras acerca da manipulação afetam, de forma significativa, a liquidez. Haver regras antimanipulação mais detalhadas conduz a uma maior liquidez dos mercados de capitais uma vez que cria uma maior confiança dos investidores, reduz a incerteza e promove a redução dos custos de transação. A volatilidade dos preços e o *bid-ask spread* tendem a diminuir quando se introduzem regras mais restritivas às práticas de manipulação.

Allen *et al.* (2006) analisam vários casos de *corners/squeezes* nos mercados acionistas e de mercadorias no período 1863-1980. Os dados empíricos encontrados sustentam a ideia de que os maiores investidores possuem poder de mercado suficiente para manipular os preços. Os resultados mostram que a manipulação provocou um aumento na volatilidade dos preços e tornou mais arriscada a tarefa de correção dos desvios de preço em relação ao valor fundamental dos ativos. Jegadeesh (1993) e Jordan e Jordan (1996) investigam o episódio de *squeeze* conduzido pela Salomon Brothers no mercado de dívida em 1991. A instituição chegou a controlar 94 por cento dos títulos colocados no mercado no leilão de maio de 1991, contribuindo para um aumento dos preços nos seis meses que se seguiram a esse leilão. Já Merrick *et al.* (2004) analisam a tentativa de *squeeze* nos contratos de futuros de obrigações de Tesouro do Reino Unido nos anos de 1997 e 1998. Os principais investidores assumiram um comportamento estratégico nesse período, o que contribuiu para a distorção dos preços de mercado.

Num estudo mais recente, Ahern e Sosyura (2014) debruçam-se sobre a manipulação através do uso de contratos. Para o efeito, analisam 507 aquisições empresariais em que as ações da empresa adquirente foram utilizadas como forma de pagamento. Observa-se que essas empresas manipulam os preços das ações através da criação e disseminação de notícias durante o período em que o rácio de troca de ações é estabelecido. A manipulação dos preços conduz em média a uma descida de 5% a 12% do preço da aquisição, o que por sua vez se traduz numa poupança entre os 230 milhões de dólares e os 558 milhões de dólares em cada operação.

No contexto das investigações acerca da manipulação, importa por último referir os estudos experimentais. Estes estudos analisam o impacto da manipulação em contextos controlados, onde é possível averiguar os efeitos das diversas características dos mercados no resultado final. Não há, no entanto, consenso nas conclusões deste tipo de estudos. Por um lado, alguns autores como Camerer (1998) e Hanson *et al.* (2006), por exemplo, não encontram indicações de que os manipuladores consigam distorcer os preços durante toda a sessão. Por outro lado, Comerton-Forde e Putnins (2011b) mostram que um tipo de manipulação mais fácil de levar a cabo como a manipulação dos preços de fecho produz efeitos negativos tanto na precisão dos preços como na liquidez de mercado.

4.8 NECESSIDADE DE INTERVENÇÃO DO REGULADOR

Do conjunto dos estudos empíricos sobre o tema conclui-se que a manipulação pode afetar de forma significativa a eficiência dos mercados e que por esse motivo se justifica a intervenção de um regulador. Merecem especial atenção os efeitos negativos da manipulação que se faz sentir sobre as atividades de arbitragem, o que pode pôr em questão a capacidade dos investidores para fazerem convergir preços altamente ineficientes para valores mais consentâneos com o valor fundamental dos ativos. O regulador deve intervir para defender os investidores dos manipuladores[176].

Nos EUA, o Securities Exchange Act respondeu ao problema proibindo liminarmente um conjunto de atividades de mercado consideradas manipulatórias – as *wash sales* e as *matched orders* – e sujeitando outras à regulação. Se a manipulação é uma preocupação dos reguladores nos mercados mais desenvolvidos, é de crer que o problema seja ainda mais intenso nos mercados emergentes. Os resultados de estudos aplicados aos mercados de países como o Paquistão e a China[177], por exemplo, apontam nesse sentido.

Os esforços de regulação devem estar concentrados nos mercados e ativos cujas características os tornam mais vulneráveis à manipulação. Diferentes mercados de capitais determinam os preços de formas diferentes e os preços de ativos com diferentes níveis de liquidez reagem de forma diversa a transações de elevado volume. Um investidor que procure influenciar os preços tem de ter estes fatores em consideração. E, por conseguinte, as regras de regulação também o devem fazer.

Se um título é relativamente menos líquido, estão a ser transacionadas menos unidades de ativo num dado período, pelo que as compras ou vendas individuais terão um maior impacto no preço do que teriam em ativos mais líquidos. A falta de liquidez pode ser causada pela reduzida capitalização da empresa emitente, pela parcela dos ativos que é transacionada de forma ativa no mercado ou pelo estado do mercado em que as transações estão a ter lugar. A magnitude do impacto no preço está negativamente correlacionada com a capitalização das ações. Quando um manipulador escolhe o alvo da sua atuação tem em conta tanto o ganho potencial com a manipulação como a facilidade de influência dos preços. As ações muito líquidas são mais difíceis de manipular[178].

A tendência de mercado é também um fator relevante. A existência de uma liquidez excessiva do lado das compras ou das vendas de um mercado tem-se apresentado correlacionada com a prevalência de manipulação. Num mercado com tendência de subida, o impacto no preço de uma ordem de venda com intuitos manipulatórios tende a ser menor. Num mercado com tendência de descida, a situação é a inversa[179]. Este facto sugere que a prevalência das atividades de manipulação tende a ser superior quando a liquidez é mais reduzida e também quando essas atividades vão no sentido da tendência dominante do mercado.

É também de admitir que a manipulação esteja concentrada em alturas específicas da sessão. Como já vimos, existem diversas razões para o manipulador querer influenciar o preço de fecho dos ativos financeiros. Além disso, existem indicações empíricas de que uma parte significativa das manipulações levadas a cabo pelos gestores de fundos de investimento, por exemplo, ocorre no final de cada mês e de cada trimestre[180]. Existem por isso bons motivos para que os esforços de regulação se concentrem nesses momentos e também nos últimos minutos de negociação do mercado.

Os incentivos à manipulação dos preços de fecho podem ser mitigados de diversas formas. Entre as soluções mais defendidas na literatura estão a implementação nos contratos de fórmulas que atendam ao volume de transações em lugar do preço de fecho e a adoção de medidas de desempenho dos gestores de fundos de investimento menos suscetíveis de serem alvos de manipulação[181].

Os títulos mais vulneráveis à manipulação são os que têm menor capitalização e liquidez e aqueles outros que, pelas suas características, alimentam uma maior dispersão de estimativas quanto ao seu valor fundamental. Os dados empíricos sugerem que as ações detidas, em maior proporção, por investidores institucionais como fundos de investimento, por exemplo, são as que estão mais sujeitas a ser manipuladas, em particular no fecho das sessões[182]. Os títulos que servem de ativo subjacente a instrumentos derivados como futuros e opções devem igualmente merecer uma atenção redobrada do regulador. A existência de futuros e opções gera estratégias de manipulação de preços que de outra forma não existiriam[183]. Além disso, os esforços de regulação devem ser reforçados em períodos de maior incerteza e instabilidade. É nestas alturas que é mais difícil identificar a manipulação e em que, por este motivo, o potencial de engano inerente à atuação dos manipuladores é superior[184].

No que diz respeito à manipulação de *benchmarks*, é aconselhável concentrar os esforços de regulação nos ativos transacionados em mercados menos transparentes. Nos mercados onde a formação dos *benchmarks* depende de fatores diversos como o volume de transações, a identidade dos agentes de mercado, o local de transação, etc., existe em teoria uma maior vulnerabilidade à manipulação. A concentração dos *benchmarks* numa parcela reduzida dos preços de mercado constitui outra condição a que o regulador deverá estar atento. Por último, é necessário considerar ainda que a manipulação será tanto mais perniciosa para a economia quanto mais disseminada estiver a adoção do *benchmark* como referência em contratos e outros instrumentos jurídicos.

A exposição detalhada dos métodos de deteção dos comportamentos de manipulação encontra-se fora do âmbito do presente livro. Alguns autores sugerem por exemplo a comparação das distribuições das rendibilidades do mercado com as do investidor suspeito de manipulação ou a utilização de técnicas de exploração de grandes quantidades de dados com vista à deteção de padrões consistentes *(data mining)*[185].

4.9 A EXPERIÊNCIA DE REGULAÇÃO DA MANIPULAÇÃO DE MERCADO

A) EVOLUÇÃO HISTÓRICA E PANORAMA ATUAL

Os reguladores dos diversos países investem avultados recursos humanos, tecnológicos e financeiros para combater a manipulação dos mercados de capitais.

As regras antimanipulação têm uma implantação generalizada nos mercados de capitais tanto no caso dos países desenvolvidos como no caso dos países emergentes.

No gráfico 4, a seguir, apresentam-se os valores de um índice relativo ao detalhe com que essas regras se apresentam num conjunto de 20 mercados selecionados.

Gráfico 4 – Índice de regulação sobre a manipulação de mercado num conjunto selecionado de 20 mercados de ações (0 = lei menos severa; 12 = lei mais severa)

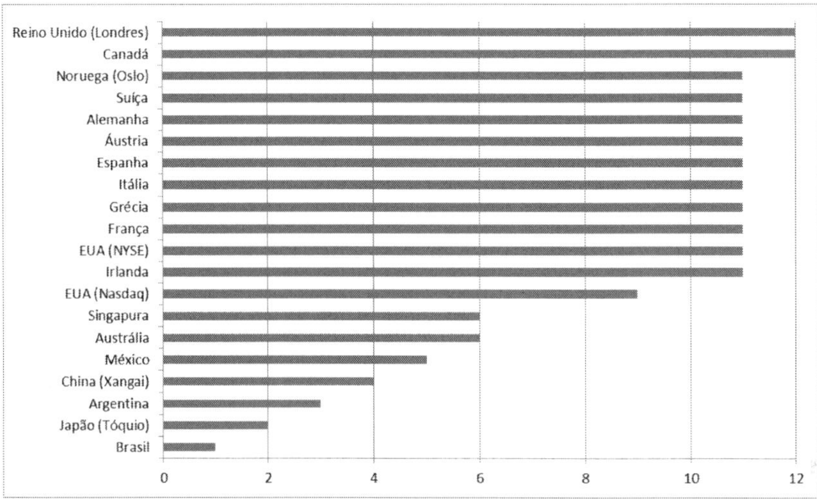

Fonte: Adaptado de Cumming *et al.* (2011).

O índice foi calculado adicionando-se uma unidade por cada uma das proibições explícitas relativas às seguintes atividades: 1. manipulação do preço de abertura da sessão *(marking the open);* 2. manipulação do preço de fecho da sessão *(marking the close);* 3. transacionar numa determinada data para estabelecer ganhos ou perdas ou então para camuflar perdas no final de um dado mês, trimestre ou ano; 4. executar um conjunto de transações num curto período de forma a gerar um movimento de preços inusual dado o histórico de transações do ativo; 5. estabelecer preços pela combinação de ordens de clientes diferentes relativas ao mesmo ativo com o objetivo, por exemplo, de influenciar o preço médio (aplicável a corretores); 6. colocar de forma previamente combinada, num muito curto espaço de tempo, ofertas de compra ou ofertas de venda com o mesmo volume e preço com o objetivo de gerar transações entre os investidores e aumentar artificialmente o volume de transações em função do histórico observado no ativo; 7. controlar a oferta ou procura do ativo de forma a criar movimentos artificiais de preços *(corners/squeezes);* 8. transacionar, de forma excessiva, de modo a gerar a aparência de um elevado volume de transações; 9. efetuar transações através das quais o mesmo investidor se posiciona em ambos os lados do negócio *(wash trades);* 10. eliminar uma ordem num dos lados do mercado quando esta se aproxima das condições de execução e colocá-la de novo no mesmo lado do mercado (*spoofing*, aplicável a corretores); 11. eliminar uma ordem num dos lados do mercado quando esta se aproxima das condições de execução e colocá-la do outro lado do mercado (*spoofing*, aplicável a corretores); e, por último, 12. mover ordens de um mesmo cliente a preços e volumes diferentes de forma a criar a ilusão de que existe um interesse no ativo por parte de um conjunto variado de investidores (aplicável a corretores).

Conforme se pode observar, a situação é muito variada nos diversos mercados de capitais. Em alguns mercados, as regras que proíbem a manipulação são extremamente detalhadas, enquanto noutros são menos precisas. Por exemplo, no caso do National Association of Securities Dealers Automated Quotation (Nasdaq), as regras proíbem explicitamente a prática de *wash trades*, *matched orders*, ordens fictícias e uma variedade de outras atividades que constituem manipulação de mercado. No caso dos mercados europeus, deve ser mencionada a introdução de uma nova diretiva acerca do funcionamento dos mercados de capitais, denominada Directive on Markets in Financial Instruments (MiFID). Esta diretiva, aplicável apenas aos mercados da União Europeia, entrou em vigor em novembro de 2007 e deu origem a um conjunto de regras mais detalhadas e a uma mais transparente proteção dos investidores.

Com a MiFID harmonizaram-se as regras antimanipulação na União Europeia. Em muitos dos países, a introdução da diretiva significou uma alteração muito significativa do enquadramento legislativo nesta matéria. No gráfico 5, a seguir, apresenta-se a situação que vigorava antes da aplicação da MiFID num conjunto selecionado de oito países da União Europeia em comparação com o que se passa no novo quadro legislativo comum. Mais uma vez, recorreu-se ao índice construído conforme se descreveu acima.

Gráfico 5 – Índice de regulação antes e depois da aplicação da MiFID num conjunto selecionado de oito mercados de ações (0 = lei menos severa; 12 = lei mais severa)

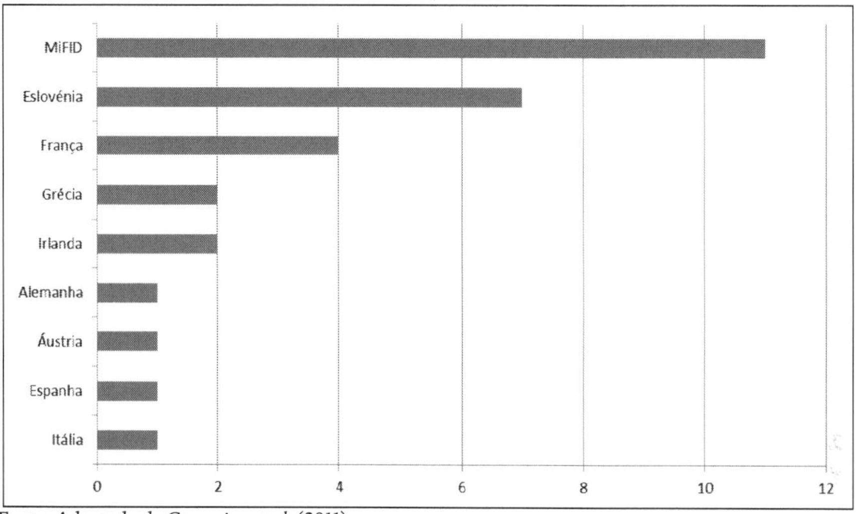

Fonte: Adaptado de Cumming *et al.* (2011).

Como se pode verificar, o impacto da MiFID foi muito significativo para vários dos mercados de capitais da União Europeia, tendo-se traduzido, de acordo com as indicações empíricas conhecidas, numa melhoria da qualidade desses mercados em termos de liquidez, volatilidade e custos de transação (Cumming *et al.*, 2011).

B) O Código de Valores Mobiliários e a manipulação de mercado

As atividades de manipulação de mercado são abordadas no artigo 311.º do CVM. O princípio geral de atuação é definido logo no n.º 1 desse artigo. Os agentes de mercado devem abster-se de praticar atos suscetíveis de colocar em risco a regularidade de funcionamento, a transparência e a credibilidade do mercado.

A definição de manipulação de mercado está sobretudo associada à característica de artificialidade dos preços daí resultantes. De facto, considera-se que os atos suscetíveis de alterar artificialmente o regular funcionamento do mercado são aqueles que são capazes de modificar as condições de formação dos preços e as condições normais de oferta e procura dos ativos financeiros (artigo 379.º, n.º 2).

O artigo 311.º enumera um conjunto de atividades suscetíveis de colocar em risco o regular funcionamento do mercado. Entre essas atividades contam-se, por exemplo, a realização de operações imputadas a uma mesma carteira, tanto na compra como na venda (artigo 311.º, n.º 2, alínea *a*)), e a transferência aparente, simulada ou artificial, de instrumentos financeiros entre diferentes carteiras (alínea *b*) do n.º 2 do artigo 311.º).

De acordo com o CVM, os intermediários financeiros (corretores) devem analisar com especial cuidado algumas situações particulares. São em primeiro lugar os casos em que as ordens transmitidas pelos clientes são, pelo seu elevado volume, suscetíveis de produzir alterações significativas nos preços de mercado (artigo 311.º, n.º 3, alínea *a*)). São em segundo lugar os casos em que as transações podem produzir alterações significativas nos preços por se encontrarem concentradas num curto período da sessão de negociação (artigo 311.º, n.º 3, alínea *b*)). Em terceiro lugar, são referidas as situações em que as transações ocorrem em momentos sensíveis de formação de preços de referência, associáveis por exemplo a tentativas de manipulação dos preços de fecho da sessão (artigo 311.º, n.º 3, alínea *c*)). São ainda referidos os casos em que são dadas ordens de compra ou venda de ativos financeiros que alteram as características normais do livro de ofertas desses ativos, sendo essas ordens posteriormente canceladas (artigo 311.º, n.º 3, alínea *d*)). Estas práticas correspondem assim àquilo que é designado *spoofing*.

A legislação cobre ainda as manipulações baseadas na informação. De facto, o artigo a que nos temos vindo a referir exige os mesmos deveres de cautela aos intermediários financeiros nos casos em que as ordens ou transações são antecedidas ou seguidas da divulgação de informação falsa, incompleta, exagerada, tendenciosa ou enganosa pelos autores ou beneficiários das transações (artigo 311.º, n.º 3, alíneas *e*) e *f*)).

Os comportamentos de manipulação de mercado são punidos com pena de prisão até 5 anos ou com pena de multa (artigo 379.º, n.º 1). Os intermediários financeiros que, tendo conhecimento das atividades de manipulação, nada tenham feito para as impedir, são punidos com pena de prisão até quatro anos ou pena de multa até 240 dias (artigo 379.º, n.º 3). O CVM estabelece ainda a possibilidade de apreensão das mais-valias geradas com a manipulação de mercado (artigo 380.º A, n.º 1 e n.º 2).

A importância da cooperação internacional em matérias como o combate à manipulação de mercado encontra-se refletida no princípio de cooperação da CMVM com as instituições suas congéneres no quadro dos estados membros da União Europeia (artigo 377.º, n.º 1).

4.10 O IMPACTO DA TECNOLOGIA E AS TRANSAÇÕES DE ELEVADA FREQUÊNCIA

A) A TECNOLOGIA E O FATOR HUMANO

Os mercados de capitais têm passado por um importante processo de transformação ao longo das últimas três décadas. A crescente utilização de modelos matemáticos, de diversas modalidades de inteligência artificial e de supercomputadores tem vindo a alterar de forma muito significativa o modo de funcionamento dos mercados financeiros. Os mercados são hoje mais rápidos, complexos e globais do que alguma vez foram.

As alterações ocorridas nos mercados de ações dos EUA ao longo das últimas décadas são ilustrativas do que pode vir a ocorrer nos restantes mercados financeiros à escala global. Até aos anos 70 do século passado, a grande maioria das transações efetuadas implicava um contacto pessoal entre investidores ou representantes dos investidores. O primeiro mercado com um sistema computorizado de encontro de ordens de compra e venda, o Nasdaq, foi criado em 1971. A partir dessa altura os sistemas automáticos de execução de ordens foram assumindo um papel crescente. A partir da década de 90 do século passado os avanços tecnológicos tornaram as transações eletrónicas uma alternativa viável às tradicionais plataformas de transação. No final dessa década os computadores eram já componentes críticos nas transações financeiras e na gestão de investimentos. Mas a rapidez das alterações foi muito superior na última década. Ainda em 2006, as transações de ações davam-se na sua maioria através de sistemas manuais. A evolução da informática e as mudanças na regulação provocaram alterações profundas nas formas de transacionar. Os decisores políticos e os reguladores têm vindo a promover desde o início do século XXI uma maior competição entre bolsas de valores e isso levou a uma multiplicação dos locais de transação. No caso dos EUA, por exemplo, a fragmentação do mercado de ações levou a que o número de locais de transação desses ativos ultrapassasse a meia centena. A fragmentação do mercado gerou novas oportunidades para o processo de computorização. Por um lado, cada um dos novos locais de transação entretanto criados começou a funcionar de forma totalmente automática. Por outro, o facto de os preços de cada ação e de a profundidade do respetivo mercado variarem consoante o local de transação criou a necessidade de monitorizar os preços e os volumes de transação e essa necessidade só pode ser satisfeita através de computadores.

É necessário ter em conta, todavia, que uma parte importante dos negócios realizados – cerca de um quarto do total, de acordo com algumas estimativas – ocorre de forma pouco transparente. Esta é a parcela realizada por exemplo através das chamadas *dark pools*, bolsas privadas que processam ordens de transação provenientes de investidores institucionais que estes não querem ver divulgadas ao público em geral. Os investidores que utilizam as *dark pools* preferem transacionar aí para não perderem vantagens informacionais sobre os restantes investidores, que de outra forma poderiam imitar as suas decisões. Além disso, as *dark pools* servem de proteção face às instituições que recorrem a transações de elevada frequência. As transações de elevada frequência serão abordadas com maior detalhe na secção seguinte.

Há ainda outras alterações fundamentais. Hoje os principais agentes nos mercados que movimentam os maiores volumes de transação não são já totalmente humanos mas antes híbridos, parte humanos e parte máquinas. Uma das características mais marcantes dos mercados modernos reside na utilização de computadores de elevada capacidade para analisar o risco, gerir ativos e executar transações a velocidades elevadíssimas com base em programas que recorrem a algoritmos complexos. Estes programas podem processar quantidades extraordinárias de informação, detetar padrões nos preços e efetuar transações no espaço de alguns milissegundos. As decisões que anteriormente demoravam horas a planear e executar por grupos de indivíduos são hoje tomadas por um único computador em períodos inferiores aos que seriam necessários aos seres humanos para se aperceberem da existência da informação[186].

A computorização dos mercados de capitais levanta novos problemas aos reguladores. Para se adotarem políticas de regulação eficazes é necessário ter antes um entendimento renovado da realidade, também ela nova, dos mercados financeiros modernos.

O advento da computorização nos mercados financeiros tem levado alguns observadores a considerar que o fator humano deixará de ser relevante para se entender o processo de formação dos preços. No entanto, esta ideia não parece assente em bases sólidas. É de crer que o ser humano, com todas as suas características psicológicas e culturais, continuará a desempenhar um papel crucial nos mercados do futuro. Por um lado, não há razões para ficarmos excessivamente deslumbrados com a sofisticação das estratégias de transação aplicadas através dos computadores. Afinal são os seres humanos que utilizam a mais complexa estrutura do universo conhecido, que é também a mais complexa das máquinas de computação: o cérebro humano. No desempenho de tarefas favorecidas pela evolução da espécie, como por exemplo o reconhecimento de objetos e de expressões faciais, a compreensão do discurso oral ou a incorporação de regras gramaticais, a mente humana exibe capacidades em geral superiores aos mais avançados sistemas artificiais. A experiência tem mostrado por outro lado que os modelos automáticos de gestão dos riscos têm falhado de forma grave, tendo inclusivamente desempenhado um papel relevante no surgimento de crises financeiras, como a crise do *subprime*[187]. De uma certa forma, a componente humana é hoje mais importante que nunca. São os seres humanos que em parte recolhem e criam a informação de que as inteligências artificiais se alimentam. Mais importante ainda: os computadores são tão inteligentes quanto os algoritmos de decisão que utilizam. Ora quer esses algoritmos quer os programas onde correm são criados por seres humanos. Num mundo onde existem diversos modelos de interpretação da realidade, onde as estratégias de transação são heterogéneas e onde a ambiguidade em relação ao significado da informação é em grande medida intransponível, serão as *perceções* que os seres humanos têm da forma como os mercados financeiros funcionam que continuarão a ditar a evolução dos preços.

Este entendimento dos mercados de capitais de hoje tem implicações cruciais para a regulação. Se desejam manter-se efetivos e relevantes, os decisores políticos e os reguladores devem reconhecer a realidade dos mercados de capitais na conceção das medidas de regulação. Os reguladores financeiros têm operado frequentemente com base no pressuposto de que os agentes de mercado típicos se guiam por objetivos de maximização da sua utilidade esperada, com base em toda a informação disponível. Existem pelo menos três décadas de estudos científicos que mostram que essa não é a realidade dos mercados financeiros: os investidores que aí atuam têm características psicológicas que conduzem a enviesamentos sistemáticos no processamento da informação. As finanças comportamentais têm acumulado um acervo impressionante e consistente de dados empíricos relativos à forma de decisão dos investidores reais, aqueles que atuam nos mercados financeiros de forma direta ou através dos algoritmos de inteligência artificial. Os investidores revelam atenção e capacidade de cálculo limitadas, excesso de confiança e otimismo e enviesamentos decisionais como o enviesamento de disponibilidade ou o de autoatribuição[188]. Estes efeitos são essenciais, como veremos, para entender os comportamentos de especulação ou a formação de bolhas especulativas.

Ao longo das últimas décadas, os conhecimentos das finanças comportamentais têm-se comunicado de forma lenta à regulação. Hoje já existe apesar de tudo um campo bastante bem estabelecido que se relaciona com uma abordagem mais realista na regulação, a corrente da *behavioral law and economics*[189], na denominação anglo-saxónica. Uma abordagem mais efetiva na regulação dos mercados de capitais deve recolher ensinamentos na realidade evidenciada por esta nova área de conhecimento[190].

B) A INTERNET E AS TRANSAÇÕES DE ELEVADA FREQUÊNCIA

A evolução dos mercados financeiros e das tecnologias de informação sugere que os casos de manipulação continuarão a ser importantes nos mercados financeiros do futuro. A ascensão das redes sociais multiplicou as oportunidades de manipulação de mercado. Os manipuladores potenciais têm à sua disposição um número elevadíssimo de *chats*, boletins e sítios de internet, consultados em permanência por investidores mais ou menos sofisticados, que podem ser usados para disseminar rumores e beneficiar com a reação dos investidores. A utilização da internet proporciona vantagens importantes aos manipuladores, já que lhes permite permanecer anónimos num ambiente mais difícil de regular. Os erros cometidos pelos investidores menos sofisticados que recorrem às redes sociais sugerem que estas se podem constituir como canal de comunicação lucrativo para os manipuladores[191].

Mas as alterações não se limitam ao impacto da internet, por maior que este seja. Porventura o maior símbolo da alteração da forma de transacionar nos mercados contemporâneos de ações dos EUA é o dado pelo advento das transações de elevada frequência. Estas são caracterizadas pela utilização de algoritmos de transação pré-definidos através de computadores para intervir nos mercados em períodos extremamente curtos. Os computadores «observam» os dados de mercado e, com base num conjunto de regras, emitem ordens de transação no espaço de apenas alguns milissegundos. Essas ordens contemplam o preço e a quantidade a transacionar bem como o tipo de ordem a levar a cabo e o local onde deve decorrer a transação.

As transações de elevada frequência foram inicialmente desenvolvidas para os mercados de ações. Contudo, com o desenvolvimento das plataformas e das bolsas alastraram a outros mercados (futuros e opções, mercado cambial, mercadorias). O crescimento das transações de elevada frequência deu-se a um ritmo muito elevado. Entre os anos de 2005 e de 2010, o volume de negociação efetuado através de transações de elevada frequência evoluiu de 30% para 73% do volume global de ações comercializadas nos EUA, sendo mais significativo no caso das ações de elevada capitalização. Os investidores de elevada frequência tipicamente abrem e fecham posições milhares de vezes por dia e atualmente as suas transações representam a maior parte das efetuadas nos EUA e também na Europa.

A evolução tecnológica tem levado portanto a que o período de latência entre a chegada da informação ao computador e a execução das ordens tenha diminuído até valores de dois ou três milisegundos. Os investidores de elevada frequência competem para diminuir esse período de latência através do investimento em tecnologia (computadores, conexões e programas) e também do pagamento às bolsas pelo privilégio de localizar os seus computadores tão perto quanto possível dos locais das transações.

O impacto das transações de elevada frequência na qualidade dos mercados permanece objeto de discussão. Alguns estudos sugerem que essas transações envolvem algumas vantagens importantes em termos de aumento da liquidez dos mercados, de diminuição dos custos de execução de ordens e de aumento de capacidade de exploração de oportunidades de arbitragem. No entanto, as conclusões neste domínio não são ainda definitivas, uma vez que os problemas de endogeneidade permanecem uma questão relevante na maioria dos estudos: é difícil distinguir o impacto das transações nos preços das características dos preços que atraem esse tipo de transações. Outros autores defendem que as transações de elevada frequência envolvem algumas desvantagens importantes. Em primeiro lugar, tornam os mercados mais suscetíveis a subidas e descidas de preço extremas num espaço de tempo extraordinariamente curto e isso pode pôr em risco a estabilidade do sistema de formação de preços. Em segundo lugar, têm o potencial de aumentar exponencialmente as possibilidades de manipulação de mercado, nomeadamente através das práticas de iniciação de *momentum*, de *stuffing*, de *smoking* e de *spoofing*. Em terceiro lugar, as transações de elevada frequência podem afastar do mercado os investidores mais lentos, com os consequentes efeitos deletérios na qualidade do processo de formação dos preços. Por último, alguns autores têm chamado a atenção para os efeitos negativos dos incentivos para um investimento excessivo em tecnologias relacionadas com as transações de elevada frequência.

No que diz respeito ao primeiro caso, é necessário então ter em conta que uma execução mais rápida das ordens se pode traduzir na ocorrência de movimentos de preço significativos e num curto período. Os programas de execução automática de ordens podem atuar sem atender às condições de mercado fazendo variar os preços e esta variação por sua vez pode desencadear novas ordens desestabilizadoras dos preços. Além disso, tem sido observado que, se uma parte importante das estratégias de elevada frequência em presença no mercado forem muito correlacionadas entre si, isso pode contribuir ainda mais para a desestabilização dos preços. Quando mais de um sistema de transação com regras semelhantes reage de forma similar a um choque, em simultâneo, podem gerar-se espirais de preços. O chamado Flash Crash, ocorrido no dia 6 de maio de 2010 no mercado de ações dos EUA e que se traduziu numa perda de capitalização bolsista de 1 trilião de dólares em menos de 30 minutos, é apenas um dos exemplos mais notórios dos efeitos potenciais das transações ditadas por algoritmos.

Os riscos sistémicos envolvidos nas transações de elevada frequência aumentam o valor social da monitorização dos mercados por parte das entidades responsáveis pela regulação. As transações financeiras que ocorrem a um ritmo mais elevado aumentam os riscos de serem cometidos erros antes que haja possibilidade de os evitar. Os programas automáticos de transação podem reagir a dados errados ou a estímulos mal-intencionados causando danos à confiança dos investidores na integridade dos mercados. É em face destes riscos que alguns autores têm advogado que os reguladores devem favorecer práticas financeiras mais previdentes e que deem um maior espaço à reflexão e à deliberação. Dito de outro modo, defende-se um abrandamento do ritmo de atuação dos investidores. Estabelecendo uma comparação com os limites de velocidade na circulação viária, alguns autores defendem a imposição de um período de latência mínimo nas transações dos mercados financeiros. A imposição de comissões sobre as ordens não executadas – que alguns autores estimam representarem 98% do total das ordens transmitidas – poderia contribuir para moderar o ritmo das transações financeiras. Outros mecanismos, como a suspensão das transações no caso de se ultrapassarem determinados níveis pré-fixados na volatilidade dos preços, limites quanto aos volumes de negociação e taxas de transação têm sido adotados por diversos reguladores nacionais com o mesmo objetivo[192].

Além disso, deve ser tido em conta que as empresas que utilizam estratégias de elevada frequência têm uma capacidade limitada para suportar choques negativos. Não estão sujeitas a regulação prudencial e na prática operam com níveis de capitais próprios muito reduzidos. No caso de um evento de alcance sistémico, a falta de capital próprio pode por isso deixar um número elevado de empresas em simultâneo em insolvência. Esta situação pode propagar-se a outros participantes de mercado que detenham posições abertas naquelas empresas. Para prevenir estes efeitos, tem sido recomendada a imposição de níveis mínimos de capital para as empresas que recorrem a transações de elevada frequência e a condução de testes de resistência a eventos adversos de natureza sistémica[193].

O segundo risco a ter em consideração refere-se ao potencial de manipulação dos preços contido nas transações de elevada frequência. Existem pelo menos dois fatores a ter em conta na possibilidade de manipulação dos preços por via das transações de elevada frequência. Em primeiro lugar, há razões para acreditar que este tipo de transações contribui para ultrapassar a objeção da simetria dos efeitos entre compras e vendas. Diz-se que um dos obstáculos da manipulação é a dificuldade de obter preços de compra e venda favoráveis uma vez que as duas operações – de compra e venda – têm efeitos simétricos no preço: as transações do manipulador fariam variar na mesma proporção os preços nos casos da compra e da venda. No entanto, a velocidade vertiginosa com que as transações de elevada frequência são realizadas leva a crer que um investidor será capaz de manipular o mercado e dele sair antes que os restantes investidores tenham tempo para reagir. Há uma segunda implicação relevante: as transações de elevada frequência, ao criarem um volume de transações muito elevado, podem tornar mais difíceis de detetar as práticas de inserção de ordens com intuito manipulatório, ou seja, sem intenção de ser executadas.

As transações de elevada frequência têm sido associadas a quatro tipos de práticas manipulatórias: a iniciação de *momentum*, o *stuffing*, o *smoking* e o *spoofing*.

As estratégias de iniciação de *momentum* consistem em submeter ordens de mercado de compra (venda) para desencadear um movimento de subida (descida) dos preços na expectativa de que tal atraia outros investidores capazes de amplificar esse movimento. Neste caso, o investidor de elevada frequência poderá então desfazer-se da sua posição com lucro, vendendo o ativo a um preço artificialmente elevado ou comprando a um preço artificialmente baixo.

O *stuffing* envolve a submissão ao mercado de um muito elevado número de ordens de transação com o objetivo de congestionar o processo de geração de preços. Nestas condições, o acesso ao mercado por parte dos investidores mais lentos, que competem com os investidores de elevada frequência, é colocado em causa. Os investidores mais lentos têm assim uma maior dificuldade em se aperceber das condições do mercado e também em executar ordens. Entretanto, os investidores mais rápidos, que têm um melhor entendimento da situação e um acesso privilegiado às infraestruturas do mercado, são capazes de levar a cabo transações à custa dos investidores mais lentos.

A prática do *smoking* por parte dos investidores de elevada frequência implica a emissão de ordens com limite de preço para atrair os investidores mais lentos ao mercado. Ora, quando estes investidores mais lentos entram no mercado, os agentes que utilizam transações de elevada frequência revêm as ordens com limite de preço emitidas anteriormente com o objetivo de executar negócios aproveitando o fluxo de ordens daqueles investidores.

As estratégias manipulatórias de *spoofing* passam pela simulação de que existe interesse num determinado ativo ou de que os investidores estão pessimistas quanto a esse ativo. Os sinais (ilusórios) de interesse são criados pela colocação de um número muito elevado de ordens de compra que não se pretende executar; o pessimismo é simulado através da introdução de um muito elevado número de ordens de venda nos sistemas de mercado que depois são canceladas ou retiradas. É provocada a agitação no mercado com vista a atrair outros investidores e a induzir uma reação que se possa traduzir em lucros.

Os dados empíricos sugerem que as práticas manipulatórias associadas às transações de elevada frequência são frequentes e produzem efeitos adversos na forma de uma volatilidade acrescida nos preços, de uma menor liquidez e de custos de transação mais elevados. Por este motivo, têm vindo a ser alvo de proibição nos principais mercados de ações[194].

Um terceiro fator a merecer a atenção do regulador tem a ver com os efeitos distributivos das transações de elevada frequência e suas consequências nos mercados. Os investidores que recorrem a esta prática possuem uma vantagem importante face aos restantes agentes: têm um acesso antecipado a informação relevante, o que lhes permite transacionar antes dos concorrentes e detetar as melhores oportunidades de mercado. Os investidores mais lentos, por outro lado, sentindo-se em desvantagem, têm incentivos para sair do mercado e proteger-se da atuação predatória dos investidores de elevada frequência. Neste contexto, pode entender-se que as transações com elevada frequência produzem externalidades negativas para os investidores mais lentos. Quando essas externalidades são elevadas, em resultado da menor participação dos investidores mais lentos, pode dar-se o colapso do mercado para estes investidores com a consequente redução nos volumes de transação. A fuga de alguns investidores para locais de transação com menor transparência como as *dark pools* são um sintoma deste problema e levantam outras questões relevantes relacionadas com a perda do papel de agregação de informação que devia ser levada a cabo pelos mercados financeiros.

Assim, os efeitos a que nos temos vindo a referir devem merecer a atenção dos reguladores[195]. Existem indicações de que um maior orçamento afeto às atividades de regulação se traduz numa maior taxa de deteção e combate à manipulação[196]. Este facto, associado às implicações dos desenvolvimentos nos mercados financeiros que temos vindo a abordar, tem levado vários autores a advogarem um reforço dos instrumentos de deteção e de aplicação de regras antimanipulação[197].

Por último, tem sido evidenciado por alguns autores que o enquadramento em que decorrem as transações de elevada frequência pode conduzir a um sobreinvestimento em tecnologia. Os ganhos para os investidores de elevada frequência são gerados, em parte, pelas perdas dos investidores mais lentos. Essa transferência de riqueza entre os dois grupos de investidores não corresponde, no entanto, a nenhum ganho social. Na verdade, é difícil perceber em que medida um encurtamento digamos, de um segundo, do período necessário para que a informação se reflita nos preços possa ter um impacto relevante nos agentes económicos. No entanto, a vantagem de um segundo constitui algo de extremamente valioso para um investidor. Por isso, para manter a sua vantagem face aos concorrentes, os investidores de elevada frequência estão dispostos a levar a cabo investimentos avultados ainda que desses investimentos não resulte nenhum ganho social. O projeto de instalação de um cabo submarino entre Londres e Nova Iorque em 2014 para diminuir a latência das ordens entre as duas cidades cerca de 5 milisegundos, com um custo de 300 milhões de dólares, ou a criação de uma rede de ondas curtas entre Londres e Frankfurt para reduzir o período de latência em menos de 4 milisegundos, com um custo de 20 milhões de dólares, são apenas dois exemplos do tipo de investimentos a que nos estamos a referir. Já a diminuição de apenas 3 milisegundos no tempo de latência entre as cidades de Chicago e de Nova Iorque teve um custo estimado de 500 milhões de dólares. As estimativas do investimento em tecnologias relacionadas com as transações de elevada frequência apenas no ano de 2013 atingem os 1,5 mil milhões de dólares. Para lidar com o problema do sobreinvestimento em tecnologias de mercado, tem sido advogada a imposição de taxas sobre esses investimentos em montante equivalente ao das externalidades por eles criados[198].

4.11 CONCLUSÃO

As atividades de manipulação têm acompanhado os mercados de capitais desde a sua fundação. Hoje em dia, não obstante as extraordinárias alterações ocorridas nos mercados de capitais ao longo das últimas décadas, os casos de manipulação continuam a acumular-se. Na verdade, até existem boas razões para crer que algumas das evoluções recentes nos mercados – pense-se no caso das transações de elevada frequência – possam potenciar as oportunidades de manipulação de preços.

A manipulação é, de todas as áreas tradicionais de atuação da regulação, certamente uma daquelas em que existe uma maior divergência entre o pensamento ortodoxo em finanças e o entendimento corrente dos reguladores. As dificuldades na definição do conceito de manipulação e a adoção de modelos teóricos assentes numa visão altamente irrealista dos mercados financeiros tem levado muitos autores a considerar que a manipulação de mercado não deveria ser uma das preocupações dos reguladores.

Apesar disso, têm surgido ao longo dos últimos anos vários esforços no sentido de se desenvolver uma perspetiva mais pragmática acerca dos mercados financeiros. Os dados empíricos conhecidos têm permitido a reguladores e académicos formar uma visão mais realista da forma como os preços são gerados nos mercados. Percebendo como os preços são criados é possível perceber como podem ser manipulados. Atualmente estão identificadas as atividades que implicam um maior risco de manipulação. A possibilidade de se utilizarem contratos para se lucrar com manipulações de preço, a disseminação do uso de *benchmarks* e a incorporação crescente da tecnologia nos processos de tomada de decisão de compra e venda de ativos têm acrescentado novas vertentes de análise da manipulação nos mercados modernos.

Além disso, a realidade tem-se encarregado de mostrar que as preocupações com a manipulação são fundadas. Um número elevado de estudos empíricos tem detetado de forma conclusiva indicações de manipulação nos mais diversos mercados. Por exemplo, as atividades de *marking the close* por parte dos fundos de investimento e dos *hedge funds* parecem ocorrer frequentemente. A literatura empírica sugere ainda que a manipulação dos preços deteriora as condições dos mercados de capitais: verificam-se impactos negativos em termos de liquidez e a volatilidade dos preços tende a aumentar.

Estes sinais convocam o regulador para desempenhar o seu papel nos mercados financeiros modernos. A dificuldade na definição de um conceito relevante de manipulação não tem impedido a regulação de prosseguir a sua atividade de defesa da integridade dos mercados, e por esta via da proteção da confiança dos investidores. Na maioria dos casos entende-se que a marca da manipulação está na influência dos mecanismos de mercado com vista ao estabelecimento de preços artificiais, que não refletem o funcionamento adequado das forças da oferta e da procura de ativos financeiros.

Os desenvolvimentos mais recentes vão no sentido do endurecimento da regulação em relação à prática da manipulação. A experiência mostra que o regulador deve concentrar-se sobretudo nos casos em que é de esperar que a manipulação produza maiores danos – nos títulos de menor liquidez e menor capitalização e nos que servem de ativo subjacente aos contratos derivados – e nos períodos em que é mais provável assistir-se a essa prática, como os finais de sessão, de mês e de trimestre.

5. Vendas curtas *(short selling)*

5.1 INTRODUÇÃO

Uma venda curta *(short selling)* consiste na prática da venda de ações (ou outros ativos financeiros) que o investidor não detém e posterior compra desses ativos.

No caso de uma descida dos preços entre esses dois momentos, o investidor que fez a venda curta *(short seller)* irá ganhar, uma vez que o custo de compra das ações será inferior ao resultado obtido inicialmente com a sua venda. Pelo contrário, a venda curta originará uma perda se o preço do ativo negociado aumentar entre o momento da venda e o da compra.

No mercado de ações, o *short seller* tem normalmente de obter o empréstimo dos títulos antes de efetuar a venda[199]. Nalguns casos, o agente que efetua uma venda curta tem de pagar uma comissão para obter esse empréstimo de ações além de ter que compensar o proprietário original das ações pelos rendimentos (por exemplo dividendos) que este obteria caso tivesse mantido os títulos na sua posse. No caso típico, o proprietário original das ações pode requerer a sua devolução a qualquer momento e o agente que fez uma venda curta também pode devolver os títulos a qualquer momento.

Existem algumas diferenças a salientar entre as operações de venda curta e a convencional compra de ações. Uma das mais importantes diz respeito às perdas que a operação pode implicar. Quando um investidor compra ações, a perda máxima que pode registar corresponde ao valor pago por esses ativos financeiros. Mas, quando um investidor efetua uma venda curta de ações, a perda potencial excede o investimento inicial uma vez que depende da dimensão do aumento dos preços. Na verdade, a perda potencial com o *short selling* é em teoria ilimitada, uma vez que à partida não existem restrições ao aumento do preço dos ativos. No entanto, na prática, o agente que leva a cabo uma venda curta tem de entregar uma margem ou colateral para cobrir perdas potenciais e a sua incapacidade de cumprir com essa obrigação em tempo oportuno levará a que a contraparte liquide a posição prematuramente.

As barreiras de natureza prática nas vendas curtas são também superiores às que se verificam na compra de ações. Em lugar da simples compra de ações, para levar a cabo a venda curta, um investidor terá de realizar quatro operações: pedir emprestadas as ações, vendê-las, comprá-las mais tarde e por fim devolvê-las ao seu proprietário original.

Uma venda curta pode ser realizada por diversos motivos. Os especuladores podem efetuá-la com a expectativa de obter uma mais-valia com um ativo que pensam estar sobreavaliado. Já outros investidores podem utilizar o *short-selling* como forma de cobrir o risco inerente a subidas de preço do ativo que já detêm. As vendas curtas podem também fazer parte da denominada arbitragem de índice. A arbitragem é a compra e venda em simultâneo de um mesmo ativo ou de ativos relacionados em ordem a obter mais-valias com diferenças de preço em diferentes mercados. A arbitragem de índice ocorre quando a diferença entre o preço do contrato de futuros sobre um índice acionista e o valor do índice que serve de ativo subjacente é suficientemente significativa para incentivar a atividade de arbitragem.

A importância da regulação das vendas curtas depende do seu peso nos mercados. Vários estudos assinalam que as vendas curtas representam uma parcela importante nas transações efetuadas em diversos mercados desenvolvidos. Por exemplo, nos EUA, um estudo reporta que 31% e 24% foi o peso do *short selling* no volume global de transações observado nas bolsas NYSE e Nasdaq, respetivamente, durante o ano de 2005[200]. Alguns autores estimam que 93% das ações transacionadas em todo o mundo podem ser objeto de venda curta[201].

Este capítulo está organizado em sete secções. Na secção 5.2 apresentam-se os principais argumentos atinentes à regulação das vendas curtas. Na secção 5.3 discutem-se os principais efeitos do *short selling* de acordo com os modelos teóricos e os dados empíricos conhecidos. O ponto 5.4 é dedicado ao *naked short selling*. Na secção 5.5 discutem-se as implicações éticas do *short selling* e do *naked short selling*. A secção 5.6 contém informação acerca da experiência internacional na regulação das vendas curtas. O ponto 5.7 conclui o capítulo.

5.2 O DEBATE ACERCA DAS VENDAS CURTAS

As vendas curtas têm sido criticadas ao longo do tempo por se considerar que exacerbam a queda dos preços e que facilitam a manipulação dos mercados. Argumenta-se que a possibilidade de se efetuarem vendas curtas massivas [*bear raids*] pode precipitar a descida súbita dos preços. Os especuladores podem efetuar vendas curtas de ações, espalhar falsos rumores acerca das empresas para fazer baixar os preços e depois adquirir as ações a um preço mais baixo para cobrir as suas posições. A queda dos preços e a redução da eficiência dos mercados, argumenta-se, prejudicam a reputação das empresas e dificultam o acesso ao financiamento. Os críticos têm também atacado as vendas curtas numa base moral uma vez que consideram injusta a exploração do infortúnio dos restantes investidores. Por vezes o *short selling* tem sido também referido como um fator que exacerba a volatilidade de mercado e tem sido implicado na ocorrência de alguns dos principais *crashes* ao longo do último século.

Por outro lado, muitos académicos e agentes consideram que as vendas curtas são benéficas para os mercados de capitais já que podem aumentar a sua liquidez e eficiência. Nesta perspetiva, o *short selling* promoveria a eficiência dos mercados ao facilitar a incorporação de informação negativa nos preços evitando assim a sobreavaliação das ações. E uma maior eficiência nos mercados de ações traduzir-se-ia numa mais correta afetação social dos recursos. Além disso, as vendas curtas permitiriam levar a cabo estratégias de cobertura de risco baseadas na combinação de posições cujo valor aumenta com subidas de preço (ou seja, posições longas) com posições cujo valor aumenta com descidas de preço (posições curtas). As vantagens decorrentes da cobertura do risco traduzir-se-iam numa maior participação dos investidores com os consequentes benefícios no aumento da liquidez.

5.3 EFEITOS DAS VENDAS CURTAS

A) INCENTIVOS PARA RECOLHER E ANALISAR INFORMAÇÃO

A possibilidade de se efetuarem vendas curtas aumenta a rendibilidade das tarefas de recolha e análise de informação nova, relevante para se preverem os fluxos financeiros a gerar pelos ativos. Esses incentivos resultam de qualquer investidor poder ser um comprador de ações mas sem as vendas curtas apenas um investidor que detenha as ações poder ser um vendedor.

À partida não é possível prever os resultados da análise da informação, pelo que se pode presumir que existe uma probabilidade de 50% de a sua recolha e análise revelar que os fluxos financeiros a gerar por uma dada ação são superiores ao que se pensava. Neste caso o investidor pode adquirir essas ações quer já detenha quer ainda não detenha ações e dessa forma usufruir com o esforço despendido na análise da informação.

Mas existe também a possibilidade de a recolha e análise da informação revelar que os fluxos financeiros que se prevê que a ação venha a gerar são menores que o estimado inicialmente. Neste caso, sem a possibilidade de se efetuarem vendas curtas, o investidor apenas pode vender ações se as tiver na sua posse, o que naturalmente limita o volume de vendas ao número de ações detidas. Assim, o investidor ver-se-á impossibilitado ou limitado no aproveitamento do seu esforço para obter uma maior rendibilidade. Isto significa por conseguinte que sem a possibilidade de se efetuarem vendas curtas a compensação pelo esforço de recolha e análise de informação é maior quando os resultados são positivos que quando são negativos. Esta assimetria de resultados pode criar enviesamentos na produção e recolha de informação: existem incentivos relativamente mais elevados para privilegiar as informações de teor positivo.

Esta assimetria de resultados é eliminada se o *short selling* for permitido. Neste caso, do mesmo modo que qualquer investidor se pode tornar um comprador de ações, qualquer investidor poderá ser um vendedor. Se os resultados do esforço do investidor se revelarem negativos, a compensação por esse esforço não estará limitada. Se os resultados forem positivos, a remuneração pelo esforço será tão elevada quanto seria no caso de as vendas curtas estarem proibidas. Uma vez que a disponibilidade das vendas curtas aumenta a probabilidade de se lucrar se um dos resultados do esforço de recolha e análise da informação se materializar – o resultado negativo – sem diminuir a probabilidade de se lucrar no caso de se revelar o outro resultado possível – o resultado positivo –, pode considerar-se que as vendas curtas aumentam a rendibilidade esperada inerente a essas atividades.

Um aumento na rendibilidade esperada nas tarefas de recolha e análise de informação tenderá a provocar um acréscimo nos esforços que os investidores dedicam a essas tarefas com a previsível melhoria da precisão das previsões relativas aos fluxos financeiros futuros a gerar pelas ações. Se se presumir que essa informação sustentará as decisões de investimento, é de supor que tal investimento se traduzirá em preços mais precisos e em mercados mais eficientes, considerando tudo o resto constante. Por sua vez, conforme já foi referido, uma maior precisão dos preços terá em teoria implicações benéficas na afetação social dos recursos e tendencialmente nos níveis de bem-estar geral das sociedades[202].

B) MANIPULAÇÃO DE MERCADO

As vendas curtas podem ser utilizadas para manipular o mercado. A possibilidade do *short selling* proporciona incentivos para que os investidores, na sequência da venda curta, disseminem notícias falsas ou erróneas acerca das ações.

Têm sido levadas a cabo modelizações teóricas que mostram que o *short selling* pode ser utilizado para manipular os preços com sucesso. Por exemplo, no modelo de Vila (1989) um manipulador efetua vendas curtas, divulga em seguida informação falsa para pressionar em baixa o preço das ações e depois adquire as ações a um preço mais reduzido. Já no contexto do modelo de Gerard e Nanda (1993), os agentes manipuladores efetuam uma venda curta de ações imediatamente antes de se levar a cabo um aumento de capital, para pressionar os preços. Depois, aproveitando as novas ações que foram emitidas com um desconto, não só não fecham a sua posição como tomam uma posição compradora para beneficiar com a subida dos preços para o valor fundamental.

Apesar das dificuldades inerentes ao estudo deste tema, são igualmente conhecidos dados empíricos que sugerem que as vendas curtas são utilizadas para manipular os preços em situações específicas. Por exemplo, Bechmann (2004) e Mitchell *et al.* (2004) mostram que os agentes que efetuam vendas curtas pressionam os preços quando ocorrem respetivamente emissões de obrigações convertíveis e fusões empresariais. Os resultados obtidos por Henry e Koski (2010) indiciam que os *short sellers* manipulam os preços nas datas que rodeiam os anúncios de aumentos de capital. Blocher *et al.* (2011) concluem que os gestores dos fundos usam as vendas curtas para exercer uma pressão dos preços no último dia do ano, em especial no caso dos títulos mais facilmente manipuláveis, como as ações com menor liquidez e menor capitalização. Shkilko *et al.* (2012) reportam que o *short selling* contribui para desestabilizar os preços e exacerbar as fricções de mercado nos casos em que ocorrem quedas de preços significativas e temporárias no decorrer das sessões. A pressão negativa nos preços que advém do *short selling* não é justificada pela existência de informações negativas. O alcance da manipulação de mercado com recurso ao *short selling*, além dos casos de eventos como os referidos, não é matéria consensual na literatura empírica. Por exemplo, no estudo de Albert *et al.* (1997) das ações de reduzida capitalização do mercado Nasdaq, as vendas curtas não parecem ter tido o feito de desestabilizar os mercados nem de exacerbar as quedas verificadas nos preços.

Mas a manipulação levada a cabo pelos *short sellers* pode não se limitar a afetar temporariamente o preço das ações, fazendo-o desviar-se do valor fundamental. Existem razões para crer que os *short sellers* podem fazer variar o próprio valor fundamental. São várias as abordagens teóricas que sugerem esta possibilidade. Por exemplo, Goldstein e Guembel (2008) mostram que basta admitir que os preços de mercado têm influência na afetação dos recursos sociais para existirem oportunidades de manipulação de mercado. Quando os preços dos mercados de capitais têm impacto na afetação de recursos, também influenciam o valor fundamental dos ativos não-financeiros. Empresas com preços dos ativos financeiros demasiado baixos saem prejudicadas porque os capitais a que têm acesso têm um custo mais elevado. Isto repercute-se nos ativos financeiros sob administração do gestor. Assim, o impacto dos preços nos ativos não financeiros geridos nas empresas permite ao investidor gerar expectativas autorrealizadas através do *short selling*. O impacto nos preços decorrentes do *short selling* distorce a afetação de recursos, reduz ainda mais o valor dos ativos não-financeiros e esta redução traduz-se numa descida do preço das ações. O manipulador de mercado é então capaz de fechar a sua posição com uma mais-valia. Goldstein e Guembel (2008) mostram que este tipo de manipulação apenas é possível com a descida de preços.

Os efeitos da manipulação, com recurso ao *short selling*, no valor fundamental das empresas dependem, de forma crítica, do tipo de empresa que está em causa. Se se tratar de uma empresa não-financeira, uma descida temporária no preço das ações não relacionada com os seus valores fundamentais não a impede de prosseguir a sua atividade sem sobressaltos de maior a não ser aqueles ditados pela necessidade de adiamento temporário de investimentos ou pela necessidade de obter fundos por outra via que não a emissão de ações. O caso é potencialmente bem mais grave no caso das empresas financeiras. A capacidade de uma empresa deste tipo para levar a cabo as suas operações regulares de concessão de crédito e de aplicações financeiras, por exemplo, depende de forma crítica da capacidade para manter a sua base de capital. As instituições financeiras, por via do desfasamento nos prazos dos seus ativos e das suas responsabilidades, estão particularmente expostas a choques negativos. A sua base de capital pode deteriorar-se rapidamente no caso de uma descida abrupta e acentuada do preço das ações com a consequente necessidade de reforço dos seus capitais por via da emissão de novas ações. Quando há uma erosão significativa da base de capital das instituições financeiras e os preços das ações se apresentam pressionados por efeito da manipulação dos *short sellers*, as instituições veem-se forçadas a reduzir a sua atividade ou a emitir um maior número de ações a um preço unitário artificialmente baixo. Consequentemente, os fluxos financeiros futuros a distribuir por cada ação podem ser reduzidos em resultado de uma descida temporária dos preços das instituições financeiras.

Mas existe ainda um outro canal através do qual os *short sellers* podem explorar a vulnerabilidade das instituições financeiras. No modelo de Brunnermeier e Oehmke (2014), a existência de vendas curtas agressivas obriga essas instituições a liquidar investimentos de longo prazo (ainda que a preços desfavoráveis) para obedecer às restrições de alavancagem. As restrições de alavancagem são impostas pelos depositantes e pelos credores a curto prazo. A liquidação de investimentos a longo prazo torna-se necessária para pagar dívidas, reforçar os rácios de capital e assim continuar a satisfazer as restrições de alavancagem. Quando essa liquidação é realizada em condições desfavoráveis de preço, as perdas para a instituição financeira permitem aos *short sellers* predatórios lucrar com a sua atuação.

Existem assim fundamentos económicos para a imposição de restrições às vendas curtas de ações de instituições financeiras em altura de crise. Essas restrições são particularmente necessárias no caso das instituições financeiras mais endividadas. É a maior suscetibilidade destas instituições financeiras à manipulação através de vendas curtas predatórias que está na origem das medidas criadas para proteger os preços das ações emitidas por estas empresas em particular durante crises financeiras como a verificada em 2008 (ver secção 5.6 sobre a evolução histórica das medidas de regulação das vendas curtas). Por um lado, a lógica da manipulação de mercado e a dificuldade na implementação de uma regulação eficaz na prevenção e deteção da disseminação de informações enganadoras podem justificar a restrição às atividades de *short selling*. A restrição às vendas curtas eliminaria os incentivos económicos à manipulação. Por outro lado, é necessário considerar igualmente a existência de incentivos para que os investidores com posições compradoras no mercado tentem divulgar notícias positivas (e falsas) acerca das ações que detêm[203, 204].

C) EFICIÊNCIA DE MERCADO

As vendas curtas podem estar associadas à manipulação de mercado e, em algumas circunstâncias concretas, essa ligação tem sido confirmada através dos dados empíricos obtidos.

Além destes efeitos, que parecem circunscritos a determinados ativos e fases do mercado, importa perceber o impacto das vendas curtas em geral sobre a eficiência dos mercados financeiros. A opinião mais habitual na comunidade académica é que as vendas curtas contribuem para transmitir informação relevante aos preços. Em particular, a arbitragem de índice deveria em teoria permitir a transferência de informação entre mercados diferentes e facilitar a aproximação dos preços do seu nível de equilíbrio. Neste sentido, as restrições ao *short selling* poderiam contribuir para diminuir a eficiência dos mercados e introduzir enviesamentos nos preços.

Não existe consenso, no entanto, acerca do sentido desse enviesamento. Algumas abordagens teóricas permitem perceber quais podem ser esses efeitos. Miller (1977) concebe um modelo em que investidores com expectativas heterogéneas sofrem restrições às vendas curtas. Neste contexto, as restrições ao *short selling* impedem os investidores com expectativas relativamente pessimistas – precisamente aqueles que estão interessados em efetuar vendas curtas – de transacionar. O afastamento do mercado dos investidores com expectativas relativamente pessimistas tem como consequência interessante que apenas os investidores relativamente otimistas participam no mercado. Tal conduz a uma sobrevalorização dos preços. A permissão da prática do *short selling* teria, nesta perspetiva, o efeito de eliminar esta sobrevalorização e o de permitir que os investidores pudessem adquirir ações a um preço mais reduzido.

Ao contrário de Miller (1977), Jarrow (1980) argumenta que os efeitos das restrições às vendas curtas são ambíguos. Na opinião deste autor, apesar de a procura das ações de uma dada empresa não ser afetada pelas restrições ao *short selling*, essa procura depende das restrições a essa atividade que se verificam noutros títulos. Por exemplo, se um investidor tiver expectativas otimistas acerca da ação A e expectativas pessimistas acerca da ação B, pode considerar como estratégia ótima comprar a ação A e, em simultâneo, vender a ação B. No entanto, se as restrições ao *short selling* o impedirem de efetuar uma venda curta da ação B, isso pode afetar a sua estratégia e levar a que não adquira o montante da ação A inicialmente pretendido. Desta forma, as restrições às vendas curtas tanto podem em teoria fazer diminuir a oferta de ações como fazer diminuir a procura desses ativos financeiros.

Diamond e Verrecchia (1987) constroem um modelo que permite analisar o impacto potencial das vendas curtas na velocidade de ajustamento a novas informações. Neste modelo, as restrições ao *short selling* aumentam os custos dessa operação e, por conseguinte, reduzem o número de agentes presentes no mercado que efetuam vendas curtas. Ao aumentar os custos do *short selling*, as restrições alteram igualmente a composição dos agentes que efetuam vendas curtas: quanto maiores forem os custos associados a essa atividade, mais informados terão de ser os investidores que a levam a cabo. Por conseguinte, as restrições às vendas curtas transmitem, elas próprias, informação, e os investidores consideram o conteúdo informacional dessas vendas quando tomam as suas decisões. As implicações deste modelo são contrárias às do modelo de Miller (1977). Apesar de as restrições ao *short selling* afastarem alguns investidores do mercado, não introduzem um enviesamento no sentido do aumento dos preços. Os investidores atualizam as suas expectativas e incorporam no preço as informações quanto às restrições ao *short selling* pelo que os preços acabam por ser semelhantes aos que se observariam sem regulação. Apesar disso, as restrições reduzem a velocidade de ajustamento às informações. No quadro do modelo proposto, é de esperar que este efeito seja sentido com maior intensidade nas informações de teor negativo uma vez que alguns investidores com acesso a este tipo de informações não poderão efetuar vendas.

Bai *et al.* (2006) propõem um novo enquadramento teórico para esta questão. Defendem que os investidores são avessos ao risco e que a regulação anti-*short selling* exclui informação relevante do mercado. Deste modo, a existência de regulação leva a que os investidores exijam uma maior rendibilidade nos ativos detidos como compensação por transacionarem num mercado onde a incerteza é superior. Por isso, para Bai *et al.* (2006), as restrições às vendas curtas devem fazer baixar o preço a que os investidores estão dispostos a comprar ações.

Os modelos de Miller (1977), Diamond e Verrecchia (1987) e Bai *et al.* (2006) preveem respetivamente um enviesamento positivo, neutro e negativo dos preços num mercado com restrições ao *short selling*. A questão não pode ser resolvida teoricamente. Têm, por isso, acrescida importância os resultados obtidos na seio da literatura empírica sobre o tema.

Têm sido desenvolvidos diversos estudos empíricos acerca da repercussão das vendas curtas nos preços.

A maioria dos estudos parece confirmar a hipótese de sobreavaliação das ações prevista pelo modelo de Miller (1977). As restrições ao *short selling* prejudicam a eficiência ao dificultarem a incorporação de informação negativa nos preços. É o que resulta do estudo de Figlewski (1981), por exemplo. O autor testa os efeitos das restrições ao *short selling* ao comparar as rendibilidades geradas por diferentes carteiras em função do *short interest*. O *short interest* é a percentagem das ações que se encontram a ser objeto de vendas curtas no total das ações admitidas à cotação. Os níveis de *short interest* foram entendidos como um sinal acerca da informação desfavorável excluída dos preços de mercado em consequência das restrições às vendas curtas. Por outras palavras, um nível relativamente elevado de *short interest* numa dada ação indica que o *short interest* seria ainda mais elevado caso não existissem esse tipo de restrições. Os resultados revelam que as carteiras com maior *short interest* permitem obter uma rendibilidade inferior às carteiras com *short interest* mais baixo. Tal é compatível com a ideia de que as restrições às vendas curtas excluem investidores com expectativas mais pessimistas. Outros autores chegam a resultados semelhantes. É o caso, por exemplo, de Jones e Lamont (2002), que reexaminam o efeito dos custos das vendas curtas no contexto da Grande Depressão dos EUA (1926-1933). As ações mais difíceis de ser objeto de vendas curtas são aquelas que atingem valores mais elevados e que, por isso, geram posteriormente rendibilidades mais baixas. Ofek e Richardson (2003) chegam a conclusões semelhantes no contexto da bolha tecnológica ocorrida nos EUA no final do século passado.

Num estudo aos mercados de ações de 46 países no período 1990-2001, Bris *et al.* (2007) concluem que os preços das ações individuais incorporam mais rapidamente informação negativa nos países em que as vendas curtas são legais e são prática corrente dos investidores. A ideia de que as vendas curtas fazem aumentar a eficiência dos preços é igualmente confirmada por Saffi e Sigurdson (2011) para um conjunto de mais de 12 600 ações transacionadas em 26 países no período 2005-2008. Nos casos em que os níveis de empréstimos de ações são baixos – associados a mais fortes obstáculos às vendas curtas – os níveis de eficiência tendem a ser mais reduzidos.

No mesmo sentido, outros autores recolhem dados acerca do comportamento dos *short sellers*. Por exemplo, Diether *et al.* (2009) e Blau e Brough

(2012) concluem que os *short sellers* a atuar nos mercados são investidores sofisticados que desempenham um papel útil por corrigirem os preços das ações sobrevalorizadas. O facto de os *short sellers* entrarem no mercado na sequência de aumentos de preço das ações está de acordo com essa interpretação. A vantagem desses participantes do mercado parece advir principalmente da sua capacidade acrescida para interpretar informação pública, ou seja, informação que está ao dispor do comum dos investidores (Engelberg *et al.*, 2012).

Os resultados obtidos por Boehmer e Wu (2013) num estudo sobre a NYSE entre os anos de 2005 e 2007 sugerem que as vendas curtas são especialmente úteis por acelerar a incorporação de informação negativa nos preços. Beber e Pagano (2013), num estudo sobre o impacto das medidas de regulação tomadas pelas autoridades de 30 países durante o período de crise de 2007-2008, corroboram as conclusões de Boehmer e Wu (2013).

Alguns estudos empíricos introduzem certos cambiantes na perceção de que o *short selling* aumenta a eficiência dos preços. Por exemplo, Blau *et al.* (2010), num estudo ao mercado dos EUA durante os anos de 2005 e 2006, conclui que o papel dos *short sellers* parece alterar-se de forma significativa com os movimentos de mercado. Nas alturas em que os preços variam de forma moderada, os *short sellers* entram no mercado na sequência de aumentos dos preços, conforme assinalaram outros autores. No entanto, nos dias em que os preços registam movimentos extremos – grandes subidas ou grandes descidas – os *short sellers* imitam a maioria dos investidores presentes no mercado, o que sugere que contribuem para exacerbar esses movimentos de preço.

Num estudo recente, Horta e Lobão (2015) analisam a relação entre o sentimento de mercado e os preços em sete mercados de ações europeus no período 1985-2015. A relação entre os preços e o sentimento de mercado é confirmada empiricamente. Além disso, os resultados indicam que os investidores reagem de forma assimétrica ao sentimento de mercado *extremo*: a queda nos preços associada a um sentimento extremo de sinal negativo é significativa ao mesmo tempo que não é significativa a subida dos preços associada a sentimentos de mercado extremos de sinal contrário. Uma das implicações é que a atuação dos *short sellers* em alturas de sentimento extremamente negativo tem maior potencial de desestabilização dos preços, o que sustenta a atuação do regulador nestas circunstâncias.

Já os resultados de Lin (2012) lançam dúvidas acerca do impacto das restrições às vendas curtas implementadas na Formosa na sequência da crise financeira asiática, em 1998. Os preços das ações, segundo o autor, não se alteraram com a introdução da legislação, o que está de acordo com as previsões do modelo de Diamond e Verrecchia (1987) ou com a anulação dos dois efeitos de sinal contrário preconizada por Miller (1977) e por Bai *et al.* (2006).

Em geral, os dados empíricos sugerem que as vendas curtas são benéficas para a eficiência dos mercados e que as restrições a essa atividade perturbam o processo de incorporação de informação (negativa) nos preços.

D) VOLATILIDADE DOS PREÇOS

Existe controvérsia acerca do impacto das vendas curtas na volatilidade dos preços. Está bastante difundida entre os reguladores a percepção de que o *short selling* torna os mercados mais voláteis, enquanto alguns autores argumentam que essa prática contribui para estabilizar os preços.

De acordo com o modelo de Diamond e Verrecchia (1987), as restrições às vendas curtas diminuem o conteúdo informacional dos preços. Ao reduzir o conhecimento contido nos preços a cada momento do tempo, é de esperar que essas restrições tornem mais intensa a reação dos preços quando as informações privadas são tornadas públicas. Dito de outra forma, é de esperar que a volatilidade seja superior quando o *short selling* for difícil de concretizar.

Existem alguns estudos empíricos sobre esta temática, mas os resultados não são uniformes. De um lado há alguns autores que apresentam resultados compatíveis com a ideia de que as vendas curtas exacerbam a volatilidade dos preços. Por exemplo, Angel *et al.* (2003) e Chang *et al.* (2007) mostram, para os mercados dos EUA e Hong Kong respetivamente, que as vendas curtas e a volatilidade dos preços variam no mesmo sentido. No estudo de Bris *et al.* (2007) a que fizemos menção na secção anterior, os autores concluem que as restrições legais ou institucionais ao *short selling* têm um impacto relevante na estabilidade dos preços uma vez que tais restrições estão associadas a rendibilidades negativas menos pronunciadas. Quando não existem restrições às vendas curtas os *crashes* tornam-se não mais frequentes mas mais graves, o que sugere que não é o *short selling* que causa essas rápidas descidas de preço embora contribua para exacerbar esses movimentos.

Mas há estudos que chegam a resultados opostos. Por exemplo, Boehmer *et al.* (2013) concluem que a introdução de restrições ao *short selling* nos EUA durante a crise financeira de 2008 se traduziu num aumento da volatilidade do preço das ações. Também Charoenrook e Daouk (2005) e Saffi e Sigurdson

(2011) concluem que quando o *short selling* é possível os preços tendem a ser menos voláteis.

Por fim, outros autores não encontram qualquer relação entre a regulação das vendas curtas e a volatilidade dos preços. É o caso, por exemplo, de Diether *et al.* (2009) num estudo acerca do mercado de ações dos EUA. Também o estudo levado a cabo pelo regulador do mercado do Reino Unido, o Financial Services Authority (2009), conclui que as medidas tomadas durante a crise neste país não tiveram um efeito significativo na volatilidade dos ativos.

E) LIQUIDEZ

Em teoria, os efeitos do *short selling* sobre a liquidez são ambíguos. Por um lado, a possibilidade de cobertura de risco facilita a participação de um maior número de agentes no mercado e, por isso, torna mais provável a concretização das transações. Além disso, a possibilidade de transmissão de notícias negativas aos preços torna-os mais informativos, o que diminui o risco do investimento dos investidores menos bem informados. Por outro lado, a manipulação dos preços por via das vendas curtas pode forçar a descida dos preços e esgotar a liquidez disponível do lado comprador. Este efeito pode ser exacerbado em ações de reduzida capitalização e em particular se os investidores interpretarem as vendas curtas como indicativas de que existem informações negativas relevantes na posse dos *short sellers.*

Os modelos teóricos desenvolvidos ao longo do tempo não permitem dilucidar a questão. No modelo de Diamond e Verrecchia (1987), por exemplo, mostra-se que, ao impedir que os investidores informados transacionem com base em notícias negativas, a proibição do *short selling* reduz a velocidade na descoberta dos preços, o que faz aumentar tanto a incerteza acerca dos fundamentais como o *bid-ask spread.*

Também aqui os dados empíricos não são consensuais, embora a maioria dos estudos seja compatível com a ideia de que as restrições ao *short selling* levam a uma deterioração das condições de liquidez dos mercados.

No estudo de Jones (2012), a liquidez pareceu variar com o tipo de limitações aplicadas às vendas curtas durante o período da Grande Depressão nos EUA: se o aumento dos requisitos para os empréstimos de ações se traduziu numa redução da liquidez, a implementação da regra de que o *short selling* apenas poderia ter lugar num mercado com subidas de preços *(uptick rule)* fez aumentar a liquidez. A alteração do comportamento dos investidores é a razão adiantada para explicar os efeitos benéficos da *uptick rule*. Os *short sellers* tornam-se menos agressivos nas ordens dadas, o que torna menos provável que esgotem a liquidez existente. De igual forma, Shkilko *et al.* (2012) mostram, num estudo incidindo nos anos de 2005 e 2006, que a atuação dos agentes que efetuam vendas curtas tende a reduzir a liquidez nos casos em que os preços sofrem quedas significativas ao longo da sessão.

Os estudos multinacionais sugerem uma deterioração das condições de liquidez em resultado da aplicação de restrições ao *short selling*. É o que ocorre, por exemplo, no estudo desenvolvido por Charoenrook e Daouk (2005) num conjunto de 111 países e em que se adotou como critério de liquidez o volume de transações.

Há pelo menos quatro estudos que se debruçam sobre os efeitos das proibições às vendas curtas aplicadas no auge da crise financeira em 2008 e que sugerem que tais medidas contribuíram, regra geral, para uma diminuição da liquidez do mercado. No caso de Boehmer *et al.* (2013), verifica-se que a regulação fez aumentar o *bid-ask spread* e o impacto das transações nos preços das ações cotadas nos EUA. Beber e Pagano (2013) mostram que as restrições às vendas curtas afetaram negativamente a liquidez sobretudo das ações com reduzida capitalização e em que as alternativas de transação de opções não se encontravam disponíveis. Ao contrário, verifica-se que as medidas que obrigavam os investidores a divulgar as suas vendas curtas estiveram associadas a um aumento da liquidez. Para Marsh e Payne (2012), a restrição imposta às vendas curtas no mesmo período de crise, no Reino Unido, às ações do sector financeiro teve igualmente como consequência o aumento do *bid-ask spread* e a diminuição da profundidade de mercado. Os estudos académicos são coerentes com o balanço efetuado pelos próprios reguladores. É o caso do relatório apresentado pela Financial Services Authority (2009), o regulador do Reino Unido à época da aplicação das restrições ao *short selling* (final de 2008 e inícios de 2009) e que aponta igualmente para uma diminuição do volume de transações e aumento do *bid-ask spread* em consequência das medidas tomadas.

Uma limitação potencial dos estudos realizados em tempos de crise é que a identificação da causalidade nesses casos é especialmente difícil de efetuar uma vez que não é claro o que teria ocorrido na ausência das medidas de regulação adotadas. Em particular, é necessário ter em atenção que o facto de os mercados de ações não terem recuperado de imediato com as medidas de regulação e na verdade terem continuado a depreciar mesmo com essas medidas em vigor, em si, não significa que essas medidas não foram úteis. Os preços poderiam ter evoluído de forma ainda mais desfavorável caso as medidas não tivessem sido tomadas.

5.4 O *NAKED SHORT SELLING*

Conforme já foi referido, no *short selling* o investidor, antes de efetuar a venda, obtém o empréstimo das ações a transacionar junto de um outro investidor. Depois, o *short seller* vende as ações que pediu emprestadas e tem de as comprar, mais tarde, para as entregar ao seu proprietário original.

Existe, no entanto, uma diferença importante entre o *short selling* e o *naked short selling*. No *naked short selling*, o investidor vende as ações sem primeiro as obter através do empréstimo ou sem garantir que podem ser obtidas. É por esta razão que as atividades de *naked short selling* podem ser designadas por vendas curtas a descoberto. Quando o vendedor não consegue obter as ações em tempo útil, o resultado é conhecido como «falta de entrega» [*failure to deliver*]. A transação mantém-se em aberto até que o investidor consiga obter as ações ou até que o seu intermediário financeiro o faça por ele.

De acordo com os dados fornecidos pelo Depository Trust and Clearing Corporation para os mercados dos EUA, o *naked short selling* ocorre em cerca de 1,5% do volume de transações que a instituição processa. A percentagem de ações afetadas varia de acordo com o critério adotado para identificar o *naked short selling*. Com um critério mais conservador, os dados indicam que o *naked short selling* se verificou em 19,2% das ações entre os meses de abril de 2004 e maio de 2006[205]. Com um outro critério, as percentagens obtidas para o período 2005-2008 podem atingir os 95% das ações cotadas[206]. Em qualquer caso, estes números permitem afirmar que o *naked short selling* afeta uma faixa de ações relativamente larga.

O *naked short selling* é geralmente encarado como uma atividade que suscita preocupação quanto à possibilidade de manipulação de preços. Note-se que, ao não assegurar o empréstimo prévio das ações, um manipulador poderia em teoria vender um número infinito de ações. Essas vendas poderiam prevalecer sobre qualquer pressão compradora existente no mercado e, por conseguinte, poderiam fazer descer o preço para um qualquer nível mínimo. Um baixo preço das ações, assim obtido de forma artificial, poderia prejudicar as empresas emitentes por via de um dano reputacional ou por impedir o acesso a novo financiamento através da emissão de ações.

Além dos efeitos perniciosos que se podem fazer sentir nas empresas e nos mercados financeiros, o *naked short selling* pode causar dano aos investidores que transacionam com os *short sellers*. Quem compra as ações tem direito a obter os títulos. No entanto, se a transação tiver sido efetuada com um *naked short seller*, a «falta de entrega» privará o investidor das ações e dos direitos de voto respetivos. Se a falta desses direitos de voto coincidir com momentos de votações numa assembleia-geral, o investidor ver-se-á impedido de votar apesar de ter comprado as ações.

Na verdade, o *short selling* permite separar a propriedade do direito de voto. Um vendedor curto pode adquirir direitos de voto sem estar exposto, em termos económicos, aos destinos da empresa. Por exemplo, o *naked short seller* pode deter ações numa conta num corretor e, em simultâneo, ter uma posição vendedora nessas mesmas ações noutra conta num corretor diferente. Nestas circunstâncias, em teoria, seria possível usar os direitos de voto das ações na primeira conta. Note-se que os efeitos das variações de preço das ações nas duas contas se compensam, pelo que o investidor pode votar sem estar exposto ao risco económico associado à detenção de ações.

Os legítimos detentores das ações podem ser ainda prejudicados por outra via. As «faltas de entrega» ocorrem geralmente em ações cujo empréstimo é difícil de obter. Nestes casos, o custo de obter o empréstimo das ações pode ser superior à rendibilidade que poderia ser obtida com a sua venda. Os compradores que são defraudados pelos *naked short seller* poderiam, caso as ações lhes tivessem sido entregues, emprestá-las a outros investidores. O *naked short selling*, ao impedir ao legítimo comprador o acesso às ações, impede-o também de obter a rendibilidade que adviria do empréstimo dessas ações.

São estas preocupações que estão na origem da maioria dos enquadramentos legais altamente restritivos da prática do *naked short selling*.

Apesar dos receios relacionados com o *naked short selling*, é preciso ter em atenção que existem algumas restrições institucionais a essa atividade. É de crer que intermediários financeiros como corretores, por exemplo, admitiriam com relutância que um seu cliente assumisse uma posição extremamente elevada num dado título através do *naked short selling*. Apesar disso, o *naked short selling* pode ser praticado de forma mais agressiva do que as vendas curtas convencionais. A capacidade para se vender uma quantidade avultada de ações e para deferir a sua entrega indefinidamente constitui uma poderosa ferramenta para um manipulador de preços.

Existe controvérsia acerca do efeito do *naked short selling* nos mercados. À partida, dado o potencial de manipulação, esperar-se-ia que estivesse associado a uma menor liquidez dos mercados e a uma maior volatilidade dos preços.

No entanto, a maioria dos estudos empíricos deteta efeitos negativos importantes com a implementação de restrições temporárias ao *naked short selling* durante a crise de 2008. Por exemplo, Bris (2008), num estudo preliminar a essas medidas, conclui que as restrições à atividade que temos vindo a referir estiveram associadas a uma diminuição quer da eficiência quer da liquidez no mercado das ações abrangidas. Embora antes da entrada em vigor das novas regras o desempenho das ações alvo da regulação tenha sido inferior ao de um conjunto de ações comparáveis, tal não parece ser justificado pelas vendas curtas. Boulton *et al.* (2010) mostram que o anúncio (fim) das restrições teve um efeito positivo (negativo) nos preços, o que é compatível com a perspetiva de que a regulação afasta do mercado os investidores com informação negativa relevante. Além disso, as novas regras implicaram uma deterioração das condições de liquidez. Fotak *et al.* (2014), num estudo recente, chegam a resultados similares. Os autores analisam o impacto do *naked short selling* na qualidade de mercado para um conjunto de 1492 ações cotadas nos EUA entre 2005 e 2008. A conclusão é que essa prática conduziu a um aumento da liquidez e da eficiência de mercado. Já as medidas restritivas impostas ao *naked short selling* estiveram na origem, segundo os autores, de uma diminuição da liquidez e de maiores erros de preço. Por último, não se encontrou uma relação entre o *naked short selling* e as falências de empresas do sector financeiro na crise de 2008.

Num outro estudo, Kolasinski *et al.* (2013) obtém conclusões diferentes. Os seus resultados revelam algo de contraintuitivo: as restrições ao *naked short selling* tiveram um efeito positivo ao contribuir para aumentar o conteúdo informativo das vendas curtas. Uma vez que os investidores sofisticados que desejavam recorrer a essa atividade foram afastados do mercado à vista, tiveram que recorrer ao mercado de opções. O recurso a esse mercado traduziu-se num aumento na proporção de investidores informados.

Uma vez mais, é arriscado generalizar os resultados acerca dos efeitos da regulação no período da crise de 2008 uma vez que as medidas abrangeram um segmento limitado de ações e tiveram lugar num contexto particularmente turbulento. Apesar disso, e apesar da perceção pública acerca do *naked short selling*, os estudos existentes parecem estar longe de validar a bondade da implementação de restrições ao *naked short selling*[207].

5.5 UMA APRECIAÇÃO ÉTICA DAS VENDAS CURTAS

No debate acerca do *short selling*, é por vezes referido que esta prática levanta problemas éticos. Diz-se que é injusto os *short sellers* lucrarem com a descida dos mercados financeiros uma vez que esta situação acarreta perdas para a maioria dos investidores.

Assim, é algo surpreendente constatar que as implicações éticas das vendas curtas não tenham sido objeto de uma análise aprofundada na literatura[208].

Em geral, as consequências éticas das vendas curtas são analisadas numa ótica utilitarista. Embora o *short selling* esteja, em teoria e na prática, associado à manipulação dos preços (ver alínea *b*) da secção 5.3), os dados empíricos apontam genericamente para a prevalência de efeitos positivos sobre os mercados, quer em termos de liquidez quer de eficiência. Estas consequências benéficas têm servido para afirmar que, em termos éticos, as vendas curtas não são problemáticas uma vez que os eventuais danos são mais do que compensados pelas vantagens sociais resultantes de se ter mercados financeiros com um mais adequado funcionamento.

Ainda que se ignorem as implicações em termos de afetação social de recursos de um melhor funcionamento dos mercados e se adote, ao invés, a perspetiva de que os mercados financeiros são no essencial um jogo de soma nula, parece ser difícil sustentar que as vendas curtas reprovam num exame de natureza ética. As diferenças de informação entre os investidores são inerentes à transação nos mercados financeiros e não é por um investidor fazer *short selling* que existe desigualdade no acesso às fontes de informação. Apesar disso, os estudos empíricos têm concluído que os *short sellers* são em geral investidores sofisticados. Embora pareçam ser surpreendidos com variações extremas dos mercados – grandes subidas ou grandes descidas de preço –, a atuação desses agentes sugere que em condições normais conseguem antever as variações dos preços[209].

Embora as vendas curtas possam estar associadas à manipulação dos preços, pode ser considerado que o *short selling* é apenas instrumental para a manipulação. Nesta medida, é a manipulação dos preços que deve ser censurada, não as vendas curtas. Em termos éticos, alguns autores têm defendido que não é censurável lucrar com o sofrimento alheio – ou seja, efetuar as vendas curtas – desde que não se provoque ou aumente esse sofrimento – ou seja, desde que não se manipulem os preços[210].

Situação um pouco diferente é a do *naked short selling*. É verdade que, conforme foi referido acima, existem estudos empíricos que assinalam os efeitos benéficos do *naked short selling*. No entanto, neste caso, existem investidores que são prejudicados uma vez que lhes são negados o direito de voto inerente às ações e o direito de usufruir das rendibilidades decorrentes do empréstimo desses ativos financeiros (ver secção 5.4). Por este motivo, e por existirem alternativas ao *naked short selling* – referimo-nos ao *short selling* convencional e eventualmente à tomada de posição no mercado de futuros e opções –, afirmar a bondade ética desta atividade parece ser mais discutível.

Os reguladores também se defrontam com problemas éticos a respeito das vendas curtas. O *short selling* pode trazer benefícios para os mercados financeiros, mas constitui também um incentivo para atos censuráveis como a criação de rumores e a manipulação do mercado. A escolha entre a restrição de uma prática que, em si, não é censurável mas é mais fácil de detetar e a proibição da manipulação de mercado ou da disseminação de informações erradas – algo muito mais difícil de descobrir – levanta dificuldades. Entende-se assim mais facilmente que em algumas jurisdições, como a dos EUA, a regulação do *short selling* esteja dependente das condições de mercado e seja aplicada apenas nas situações em que é de supor que os rumores e a manipulação produzam efeitos nefastos mais significativos.

5.6 A EXPERIÊNCIA DE REGULAÇÃO DAS VENDAS CURTAS

A) EVOLUÇÃO HISTÓRICA

A história das vendas curtas tem sido controversa e confunde-se com a história dos próprios mercados financeiros.

A suspeita de que as atividades de *short selling* possam estar na origem de quedas de preços levou as autoridades, ao longo do tempo, a adotar medidas restritivas. A história da regulação do *short selling* iniciou-se com as primeiras bolsas de ações, no início do século XVII. Por essa época, na Bolsa de Amesterdão, alguns investidores em ações da Companhia das Índias Orientais descobriram que podiam obter lucros não apenas com a compra das ações quando os preços estavam a aumentar, mas também com vendas curtas quando os preços estavam em queda. A pedido da Companhia das Índias Orientais, o *short selling* de ações foi proibido em 1610. Estava criada a primeira regulação contra as vendas curtas.

Este não foi um acontecimento isolado. Seguiram-se, ao longo dos séculos seguintes, numerosas proibições e outras restrições ao *short selling*.

A Inglaterra proibiu as vendas curtas durante uma boa parte dos séculos XVIII e XIX e nos EUA essa prática era já ilegal no início do século XIX. Só na Bolsa de Nova Iorque, esse tipo de transações esteve banido entre 1812 e 1858. Também no tempo de Napoleão, os *short sellers* foram considerados inimigos do Estado. Durante a Primeira Guerra Mundial, as principais potências beligerantes proibiram as vendas curtas nas bolsas respetivas sob o pretexto de impedir excessos de especulação e, sobretudo, de evitar que agentes inimigos perturbassem o funcionamento dos mercados financeiros. O receio de que os inimigos provocassem vendas curtas em grande escala – o que poderia ocorrer na prática uma vez que estariam dispostos a perder largas somas em troca da obtenção de um efeito desmoralizador decorrente da queda dos preços – esteve na origem da inclusão de uma cláusula antidesmoralização na constituição da Bolsa de Valores de Nova Iorque.

Pela sua influência no resto do mundo, é relevante abordar a evolução da regulação acerca das vendas curtas nos EUA. O *crash* no mercado das ações em 1929, atribuído em parte aos *short sellers*, levou a novos pedidos de restrições às vendas curtas. O mercado de empréstimos de ações que existia na Bolsa de Nova Iorque foi encerrado poucos anos após o *crash* e, em 1931, numa tentativa de evitar a implementação de medidas restritivas, essa mesma bolsa começou a exigir aos seus membros a recolha e comunicação de informação relativa ao *short interest*. Além disso, os receios acerca do *short selling* desempenharam um papel central nas audições que o Congresso dos EUA levou a cabo no processo de criação do Securities Exchange Act de 1934.

A evolução da legislação nos principais mercados ao longo do último século reflete a perceção pública e o conhecimento sobre o fenómeno do *short selling*.

Os diferentes regimes que vigoraram nos EUA são bem disso exemplo. No inverno de 1937 deu-se uma queda substancial nos preços das ações na Bolsa de Nova Iorque, acompanhada de um significativo incremento do volume transacionado e da volatilidade. Os estudos levados a cabo pelo regulador norte-americano permitiram retirar as ilações de que as vendas curtas representavam uma parte importante das vendas e que exacerbaram a queda nos preços. Em reação a um período de turbulência financeira que se vinha arrastando há quase uma década, o Securities Exchange Act passou a incluir, desde 1939, normas que proibiam o *short selling* de ações cotadas em bolsas sempre que esse *short selling* fosse a um preço menor do que o último preço de venda ou fosse a um preço igual ao último preço a não ser que este preço tivesse sido superior ao preço precedente de valor diferente. Dito de outra forma, o *short selling* era permitido desde que a um preço superior ao da última venda ou ao mesmo preço da última venda desde que este último preço de venda tivesse sido maior do que o preço diferente que o precedera. Este regime, denominado *zero-plus tick*, tinha como propósito permitir as vendas curtas de forma relativamente irrestrita em fases de subida do mercado e, ao mesmo tempo, evitar que as vendas curtas pressionassem os preços no sentido descendente, arrastando os mercados para níveis de preço progressivamente menores.

O exemplo constante da tabela seguinte permite perceber melhor o alcance da regra que acabamos de descrever.

Tabela 2 – Exemplo da aplicação da regra de *zero-plus tick*

Sequência de vendas	Preço de venda	Vendas curtas permitidas
1	39	–
2	38,5	Não
3	38,5	Não
4	39	Sim
5	39	Sim
6	38,7	Não
7	38,6	Não
8	38,7	Sim
9	38,9	Sim
10	38,9	Sim

Os estudos acerca da bondade deste regime de regulação sucederam-se. E a perceção quanto às vantagens e inconvenientes da regra de *zero-plus tick* foram-se alterando. Num primeiro estudo levado a cabo pelo regulador dos EUA em 1963, concluiu-se que a regra não era eficaz na proteção de um mercado em queda contra a pressão negativa exercida pelos *short sellers*. A análise de dados históricos revelou, para os autores do estudo, que as subidas ligeiras de preço num mercado com tendência de queda permitiam que os *short sellers* atuassem no quadro da legislação então em vigor. A recomendação era, então, no sentido da implementação reforçada de regras contra a pressão negativa exercida pelos *short sellers* num mercado em queda.

Num segundo estudo, publicado em 1976, a SEC questionou novamente a utilidade da regulação vigente. No entanto, desta vez, o regulador sugeria que o *short selling* não tinha efeitos negativos num mercado em queda pelo que considerava ser apropriado eliminar a regra de *zero-plus tick*. Além disso, aventava-se que as vendas curtas num mercado com tendência descendente poderiam até ser benéficas já que poderiam facilitar a correção dos preços para os níveis consentâneos com a perceção dos agentes de mercado acerca do valor fundamental dos ativos financeiros[211].

Um terceiro relatório, desta vez apresentado por uma comissão do Congresso dos EUA em 1991, referiu que as vendas curtas podiam ter um papel positivo mas que, em face das indicações de disseminação de rumores com elas relacionados, era aconselhável manter inalterada a regulação sobre a matéria. Segundo o relatório, a generalidade dos investidores sobrestimava as capacidades de manipulação dos investidores que efetuam vendas curtas, mas essa perceção errónea aumentava os efeitos do *short selling* uma vez que as reações incentivavam a atividade dos *short sellers*[212].

Uma nova regulação, denominada regulação SHO, entrou em vigor em janeiro de 2005 e constituiu a primeira atualização da regulação sobre o *insider trading* desde 1939. A regulação SHO teve como principal objetivo limitar a atividade de *naked short selling* uma vez que passou a impor aos intermediários de mercado a necessidade da localização de ações disponíveis para serem emprestadas antes de se efetuarem as vendas curtas. O novo regime de regulação suspendeu também a regra de *zero-plus tick* durante um ano para um conjunto selecionado de ações; durante esse período foram efetuados estudos para se avaliar a eficácia e necessidade dessa regra. Os resultados desses estudos conduziram à abolição da regra de *zero-plus tick* no dia 3 de julho de 2007.

A crise financeira de 2008 exigiu da parte dos reguladores uma atuação rápida no domínio das vendas curtas. Na visão do regulador dos EUA, o *short selling* estava a contribuir para a rápida descida dos preços, em especial nas ações das empresas do sector financeiro. Estas empresas, conforme se referiu anteriormente, são vulneráveis às vendas curtas predatórias, ou seja, realizadas com o objetivo de prejudicar os fundamentais das instituições. A 15 de julho de 2008, a SEC aprovou a regra segundo a qual as vendas curtas de 19 ações financeiras deveriam ser precedidas pela obtenção das ações junto de terceiros. Esta regra deveria vigorar até 29 de julho, mas foi prolongada até 15 de agosto. Mais tarde, a partir do dia 19 de setembro de 2008, foi imposta uma proibição do *short selling* em 799 ações financeiras e a obrigatoriedade de comunicação semanal das vendas curtas em todas as ações desde que os negócios realizados excedessem os 0,25% das ações cotadas. Esta proibição extinguiu-se em outubro de 2008.

As medidas de emergência quanto ao *short selling* propagaram-se aos principais mercados acionistas. No dia 21 de setembro de 2008, a Austrália proibiu temporariamente a execução de todos os tipos de vendas curtas. No Reino Unido foi acionada uma moratória sobre o *short selling* das ações de 29 instituições financeiras entre 18 de setembro de 2008 e 16 de janeiro do ano seguinte. Medidas semelhantes foram adotadas em países como a Alemanha, a Irlanda, a Suíça e o Canadá em relação às vendas curtas de ações financeiras, enquanto noutros países, como França, Holanda e Bélgica, as medidas incidiram apenas sobre o *naked short selling* dessas ações. Estima-se que cerca de 80% da capitalização do mercado de ações a nível mundial estivesse, no final de 2008, coberto por alguma medida desse tipo. Se se incluírem na avaliação os países que não acionaram medidas de emergência por já terem, antes de 2008, algum tipo de restrições a essa prática, pode afirmar-se que cerca de 90% da capitalização mundial esteve coberta por algum tipo de limitação às vendas curtas.

A avaliação da experiência nas décadas recentes nos EUA conduziu à adoção de um novo regime de regulação das vendas curtas, a ser aplicado a partir do ano de 2011. O novo regime contempla uma regra de *uptick* alternativa que estabelece restrições ao *short selling* mas apenas no caso de uma significativa pressão negativa nos preços. A medida, segundo o regulador, destinava-se a preservar a confiança dos investidores e a promover a eficiência do mercado. A nova regra pretende impedir que as atividades de *short selling* pressionem os preços dos ativos nos casos em que estes se encontrem a perder mais do que 10% da sua cotação em relação ao preço de fecho da sessão anterior. Neste caso, as vendas curtas apenas são permitidas se o seu preço for superior ao maior preço que os compradores estão dispostos a pagar no momento. A regra aplica-se às ações em causa na sessão em que a queda de preço se verifica e também na sessão subsequente. Esta forma de aplicação seletiva da regra, denominada «quebra de circuito» [*circuit breaker*], tem a vantagem de permitir usufruir dos aspetos benéficos do *short selling* em períodos de normal funcionamento do mercado e, ao mesmo tempo, permite evitar os efeitos perniciosos associados à pressão negativa em fases de baixa acentuada dos preços. Com efeito, se a descida de preços for superior a 10%, a aplicação da regra permite que os detentores das ações tenham oportunidade de as vender antes dos *short sellers*.

A ideia de um regime especial em fases de descida acentuada dos preços é compatível com os dados empíricos que apontam que os *short sellers* são úteis na correção da sobrevalorização das ações quando os preços não variam muito, mas podem ser desestabilizadores do mercado quando este regista variações negativas pronunciadas[213].

Como se percebe, a regra de *uptick* alternativa, a aplicar num regime de *circuit breaker*, constitui uma restrição menos profunda das vendas curtas, uma vez que a sua aplicação é contingente e limitada a condições de mercado particulares e a ações específicas. A tendência atual dos reguladores parece ser pois considerar que as proibições ao *short selling* devam ser apenas aplicadas em circunstâncias extremas como resposta a curto prazo a eventos específicos[214].

B) A REGULAÇÃO NA ATUALIDADE

A falta de consenso em torno dos efeitos do *short selling* sobre os mercados reflete-se nas posições adotadas pelos reguladores, ao longo do tempo, sobre esta matéria.

Num estudo a 111 países, os resultados reportados a 2002 revelam que o *short selling* era permitido em menos de metade das bolsas existentes[215]. A situação era muito diferente consoante o nível de desenvolvimento dos mercados. Dos 33 mercados desenvolvidos considerados, todos, com exceção de Singapura, permitiam as vendas curtas. Tal representa uma percentagem de 95% do total dos mercados desenvolvidos. Já nos mercados emergentes, as restrições legais ao *short selling* eram muito mais significativas: dos 88 mercados emergentes analisados, essa atividade era legal em apenas 27 mercados (cerca de 31%). A situação representa, ainda assim, uma alteração significativa em relação ao que acontecia antes de 1990. De facto, antes de 1990, o *short selling* era legal em apenas 64% e 10% dos mercados desenvolvidos e dos mercados emergentes, respetivamente.

É preciso ter em conta que o facto de as vendas curtas serem legais não implica necessariamente que sejam passíveis de ser concretizadas. Para cada país existe um vasto conjunto de leis, regulamentos, normas institucionalizadas e burocracias que condicionam a capacidade de se levarem a cabo vendas curtas de ações. Com efeito, apesar de vários países não terem legislação restritiva das vendas curtas, a falta de enquadramento institucional impede que as transações tenham lugar. Nalguns outros países, é a lei fiscal que dificulta seriamente o *short selling*. E noutros países ainda apenas as ações com maior capitalização e liquidez podem ser transacionadas. De forma inversa, há também países onde o *short selling* é prática corrente, apesar de ser proibido. Quando se consideram as condições de exequibilidade das vendas curtas, a percentagem dos mercados onde essa atividade efetivamente tem lugar é menor. De facto, em 2002, as vendas curtas eram exequíveis em 86% dos mercados desenvolvidos e em apenas 12% dos mercados emergentes. Antes de 1990, estas percentagens eram de 68% e de 6%, respetivamente.

Estes números revelam que se assistiu a um aumento significativo do número de países que permitem as vendas curtas apenas após o ano de 1990. Apesar das alterações legais verificadas, em muitos casos tal não se traduziu em alterações na execução do *short selling*. Ao longo dos anos 90 do século passado alargou-se a diferença entre o número de países onde as vendas curtas eram legalmente permitidas e o número de países onde efetivamente podiam ser executadas. Essa diferença revela a falta de consenso dos reguladores acerca da atitude a tomar quanto ao *short selling*.

Na tabela 3, a seguir, apresenta-se a situação legal e de exequibilidade das vendas curtas num conjunto de 21 países selecionados.

TABELA 3 – Legalidade e exequibilidade das vendas curtas num conjunto selecionado de 21 países

País	Legalidade	Exequibilidade	Notas
Alemanha	Sim	Sim	O *short selling* esteve proibido até 1/3/1994; em março de 1996 foram levantadas muitas restrições; em 1998 foram reintroduzidas restrições incluindo uma regra de *tick*; a partir de setembro de 2008 foi proibido o *naked short selling* em algumas ações de empresas financeiras
Austrália	Sim	Sim	*Naked short selling* proibido desde 2001; *short selling* proibido entre setembro de 2008 e maio de 2009
Canadá	Sim	Sim	Uma proibição temporária ao *short selling* foi anulada em 1940; *short selling* proibido entre outubro de 2008 e novembro de 2010
Dinamarca	Sim	Sim	Não existe regulação específica sobre a matéria; *short selling* proibido em ações de bancos a partir de outubro de 2008
Espanha	1992	Não	O *short selling* é permitido a partir de 1992, mas não é prática comum; é proibido o *naked short selling*
EUA	Sim	Sim	Ver alínea *a*) da presente secção

Finlândia	1998	Não	A legislação fiscal penaliza o *short selling*
França	Sim	Sim	O empréstimo de ativos financeiros passou a ser permitido por lei em 1987 e 1988; a partir de setembro de 2008 foi proibido o *naked short selling* em ações de empresas financeiras
Irlanda	Sim	Sim	Atividade não é regulada, mas é pouco comum; o *short selling* passou a ser proibido em 2008
Itália	Sim	Sim	Durante os anos de 2008 e 2009 foram aplicadas proibições temporárias ao *short selling* e ao *naked short selling*
Japão	Sim	Sim	O *short selling* é permitido apenas para as ações cotadas no primeiro mercado; a partir de outubro de 2008 passou a ser proibido o *naked short selling*
Holanda	Sim	Sim	*Short selling* proibido entre setembro de 2008 e junho de 2009
Noruega	1992	1999	O empréstimo de ações apenas se tornou permitido em 1996; a partir de outubro de 2008 foi proibido o *naked short selling* em cinco ações de empresas financeiras
Nova Zelândia	1992	Não	A legislação fiscal penaliza o *short selling*
Polónia	2000	Não	*Short selling* permitido apenas num conjunto selecionado de ações
Portugal	Sim	Sim	A partir de setembro de 2008 foi proibido o *naked short selling* em algumas ações de empresas financeiras
Reino Unido	Sim	Sim	Entre setembro de 2008 e janeiro de 2009 foi proibido o *naked short selling* em algumas ações de empresas financeiras
República Checa	Sim	Sim	Prática não é regulada
Singapura	Não	Sim	Apesar de ser desincentivada pelos reguladores, a atividade de *short selling* é comum
Suécia	1991	1991	Prática do *short selling* é generalizada
Suíça	Sim	Sim	Entre setembro de 2008 e janeiro de 2009 foi proibido o *naked short selling*

Fonte: Adaptado de Charoenrook e Daouk (2005), Bris (2007) e Jain *et al.* (2013).

A tabela ilustra a regulação e práticas relativas ao *short selling* no período desde a Segunda Guerra Mundial até o ano de 2002. Os valores na 2.ª coluna representam o ano em que o *short selling* se tornou uma prática legal. Um «Sim» significa que o *short selling* foi sempre legal no período considerado. Um «Não» significa que o *short selling* esteve sempre proibido nesse período. Os valores na 3.ª coluna representam o ano em que o *short selling* se tornou na prática exequível. Um «Sim» significa que o *short selling* foi sempre exequível. Um «Não» significa que o *short selling* nunca foi exequível. As notas na 4.ª coluna contêm detalhes acerca das regras sobre o *short selling* e sua implementação no país respetivo.

Os autores de estudos em contexto multinacional assinalam que os países europeus em geral tendem a ser mais liberais e menos prescritivos na regulação do *short selling* com alguns países como a Dinamarca, a Irlanda e a Suíça a não terem sequer uma regulação específica sobre a matéria. De assinalar ainda que mercados de elevada dimensão como os de Londres e Tóquio não têm qualquer restrição de preço à prática das vendas curtas. A implementação de regras comuns na União Europeia está em marcha com o Regulamento n.º 236/2012 do Parlamento Europeu e do Conselho de 14 de março de 2012. Este regulamento reconhece os receios de que o *naked short selling* possa causar problemas de liquidez e volatilidade excessiva nos mercados de capitais. Nesse sentido, proíbe-se o *naked short selling* nas obrigações do Tesouro e nas ações cotadas com exceção das transações levadas a cabo por agentes profissionais com a função de proporcionar liquidez [*market maker*] ou pelas instituições financeiras envolvidas na emissão das obrigações do Tesouro.

Atendendo ao panorama internacional, o facto de as vendas curtas serem fáceis de levar a cabo não implica necessariamente, como é óbvio, que a intensidade dessa atividade seja elevada. Por outro lado, as alterações legislativas e de caráter administrativo que vão ocorrendo em diversos países ao longo do tempo vão alterando a possibilidade de concretização das vendas curtas. No gráfico 6, a seguir, apresentam-se dados relativos à intensidade do *short selling:*

Gráfico 6 – Intensidade das vendas curtas num conjunto de 21 países selecionados no período de julho de 2006 a janeiro de 2010

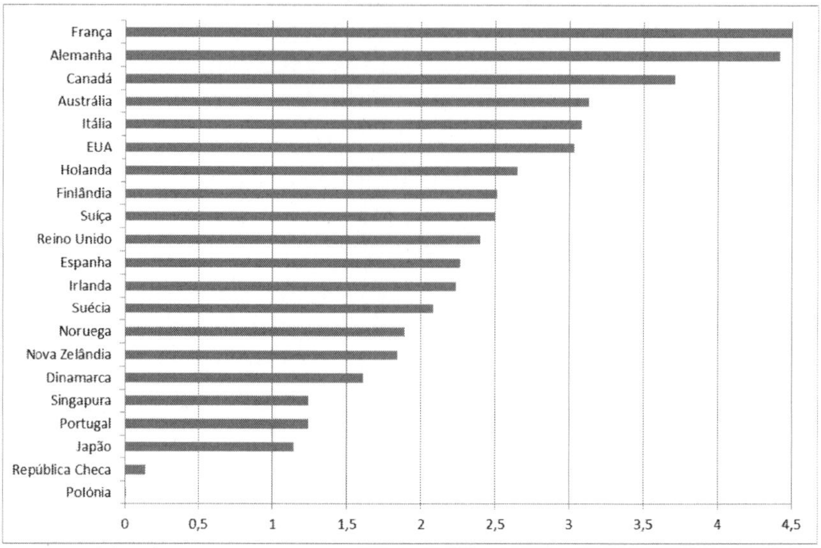

Fonte: Jain *et al.* (2013).

No gráfico estão representadas as intensidades das vendas curtas para um conjunto de 21 países no período julho de 2006-Janeiro de 2010. Como indicador dessa intensidade adotou-se a mediana dos valores dos empréstimos de ações relacionados com as vendas curtas ocorridos em cada mercado no período referido divididos pela capitalização do mercado acionista respetivo no final do ano anterior. Constata-se que o *short selling* foi mais intenso nos mercados de ações de Alemanha e França enquanto na Polónia e na República Checa tal atividade registou níveis residuais no período considerado.

5.7 CONCLUSÃO

Como não poderia deixar de ser quando se debate um assunto tão controverso como as vendas curtas, as opiniões acerca da bondade das medidas de regulação nesta matéria são muito diversificadas.

Os reguladores têm justificado a sua atuação, pelo menos desde o início do século passado, com o receio de que vendas curtas em grande escala pudessem estar na origem de movimentos abruptos de queda dos preços nos mercados de ações. A possibilidade de venda curta geraria os incentivos para que se criassem rumores negativos acerca das empresas prejudicando assim a sua reputação e dificultando o acesso ao seu financiamento via mercados de capitais.

Por outro lado, os críticos da regulação argumentam que não há estudos empíricos que sustentem a ideia de que as vendas curtas são prejudiciais para os investidores, para os mercados e para a economia como um todo. De facto, no balanço das várias atividades tradicionalmente sujeitas à regulação, as vendas curtas são certamente aquela cujos benefícios recebem mais suporte dos dados empíricos conhecidos. Conforme fomos verificando ao longo deste capítulo, os dados empíricos sugerem, com algumas exceções, que as vendas curtas contribuem para tornar os mercados mais eficientes por permitirem que os preços reflitam informação relevante. Os casos em que o *short selling* surge associado a manipulações e outras atividades desestabilizadoras do mercado parecem circunscritos aos episódios de crises financeiras e a empresas com características particulares, nomeadamente instituições financeiras.

Assim, para os críticos das restrições generalizadas às vendas curtas, a regulação serve apenas para criar custos de transação adicionais e para dificultar a incorporação de informação relevante nos preços.

Além disso, tem-se argumentado que a legislação anti-*short selling* é ineficaz, uma vez que as vendas curtas podem ser replicadas através de uma estratégia adequada com recurso a futuros e opções. Estratégias deste tipo, é claro, só poderão ser usadas para obter efeitos similares às vendas curtas quando existem futuros ou opções cujo ativo subjacente é o ativo financeiro sobre o qual se pretende transacionar. Os dados empíricos parecem confirmar que a existência de um mercado de opções reduz os efeitos das restrições nas vendas curtas[216].

Há uma outra alegação de que a regulação ao *short selling* carece de eficácia e que reside, desta vez, na reação dos mercados financeiros à implementação de medidas deste tipo. Os investidores, sabendo que existem restrições às vendas curtas, vão ter isso em conta na formação das suas expectativas. Pois se é sabido que há investidores pessimistas que são excluídos do mercado por efeito desta regulação, os investidores que permanecem no mercado incluem esse conhecimento no processo que conduz às suas decisões. Este processo de antecipação por parte dos investidores pode refletir-se nos preços e, afinal, anular os efeitos da regulação. Os dados empíricos sugerem que tal pode ocorrer, em especial em situações em que as regras de limitação do *short selling* são claras e de acesso fácil por parte dos investidores e em que existe um mercado de opções[217]. No entanto, e independentemente da bondade das medidas adotadas pelo regulador, existem também resultados empíricos que permitem sustentar que em geral as restrições às vendas curtas limitam de facto esta atividade[218].

No quadro da teoria da escolha pública, alguns autores consideram que a origem da regulação pode ser encontrada na pressão exercida por alguns grupos de interesses junto dos reguladores. Entre esses grupos de interesses dizem encontrar-se os gestores de empresas que procuram evitar que a informação negativa seja transmitida aos preços e assim assegurar um preço mais elevado para as ações emitidas. Entre as empresas existentes, os gestores das pequenas empresas – aquelas cuja reduzida capitalização as torna mais expostas aos efeitos de preço decorrentes das vendas curtas – serão provavelmente os mais interessados na limitação do *short selling*. E a existência de esquemas de remuneração da gestão empresarial indexados ao preço das ações reforçaria a sua preocupação.

Nesta linha de argumentação, a pressão exercida por estes agentes e pelo público em geral seria especialmente eficaz em alturas de crise, em que a instabilidade dos mercados e a queda dos preços tornam mais premente a atuação dos reguladores.

6. O problema da especulação

6.1 INTRODUÇÃO

A especulação é um termo usado frequentemente, em linguagem comum, com uma conotação negativa. É frequente atribuir-se algumas das características mais visíveis dos mercados financeiros – como a sua elevada volatilidade, em certos períodos históricos – à atuação dos especuladores. O dicionário estabelece como sinónimos de especulação, entre outros, termos como «engano», «logro» ou «exploração». A ideia de que os especuladores se dedicam a atividades que não contribuem em nada para o bem-estar social reflete-se em expressões que estabelecem uma equivalência entre a atividade desses agentes e a dos jogadores. Daí as expressões, comuns nos dias de hoje, de «jogar na bolsa» ou de «apostar na bolsa», por exemplo. A noção de que a especulação é algo de improdutivo ou, pior, que pode trazer prejuízos à sociedade como um todo, é antiga e encontra-se vertida nos mais variados sistemas jurídicos em todo o mundo. Um dos sinais mais evidentes da desconfiança dos legisladores em relação à especulação é o que se traduz na existência de taxas que incidem sobre transações financeiras a curto prazo[219].

As propostas de introdução de taxas sobre transações financeiras contam, entre os seus apoiantes, nomes ilustres na história das finanças e da economia. É o caso de John Maynard Keynes (1936) ou de James Tobin (1978), por exemplo. O argumento essencial assenta no pressuposto de que existem dois tipos de participantes nos mercados: investidores a longo prazo que contribuem para estabilizar os preços e especuladores a curto prazo que os desestabilizam. Uma taxa sobre as transações deve ser suficientemente reduzida para não ter um impacto significativo nos investidores a longo prazo mas deve ser suficiente para desincentivar a atuação dos especuladores. A expectativa é que, se o papel dos especuladores se tornasse menos importante, os mercados tenderiam a ser menos propensos a episódios de grande turbulência.

Em muitos dos principais mercados financeiros mais desenvolvidos, como Alemanha, Japão ou Reino Unido, existe alguma forma de taxação sobre as transações de ativos financeiros. No entanto, o debate acerca da bondade desse tipo de medidas continua vivo. Os sucessores de Keynes e Tobin continuam a argumentar hoje que a medida contribui para reduzir a volatilidade excessiva dos mercados financeiros ao desencorajar as transações especulativas. Defende-se ainda que a imposição da taxa levará a que os agentes de mercado se foquem em horizontes de investimento mais longos, o que por sua vez encorajará os gestores das empresas a privilegiar políticas de crescimento a longo prazo. A medida tem ainda a vantagem de poder constituir uma fonte de receitas importante para as autoridades públicas.

Já para os críticos da regulação, os benefícios da taxa sobre transações serão mais do que compensados pelos custos por ela criados. Assinalam que uma taxa sobre transações financeiras fará aumentar os custos do capital, fará reduzir a liquidez e diminuir o preço dos ativos financeiros. Além disso, uma vez que tal taxa provocará uma variação nos custos relativos dos diferentes tipos de ativos financeiros, é de esperar que conduza a alterações nas estruturas de capitais das empresas e nas carteiras de investimento. Na pior das hipóteses, a imposição de uma taxa sobre as transações financeiras poderá originar uma fuga dos capitais para mercados onde essa taxa tem um menor valor ou não existe sequer.

Para debater as vantagens e desvantagens inerentes à aplicação de medidas contra a especulação, é necessário em primeiro lugar procurar identificar os fatores que definem o conceito. Esse é o objetivo da secção 6.2, que se apresenta a seguir. Nas secções 6.3 e 6.4 discutem-se respetivamente as principais vantagens e desvantagens atribuídas à regulação da especulação através da imposição de uma taxa sobre transações financeiras. No ponto 6.5 apresentam-se os dados empíricos acerca dos efeitos da aplicação de tal taxa. Na secção 6.6 leva-se a cabo uma apreciação ética das atividades especulativas evidenciando-se os seus pontos de convergência e de distinção relativamente ao jogo. Na secção 6.7 apresenta-se o panorama internacional no que diz respeito à aplicação de taxas sobre transações financeiras. O ponto 6.8 conclui o capítulo.

6.2 CONCEITOS DE ESPECULAÇÃO

O conceito de especulação não é consensual. No entanto, geralmente considera-se que a especulação consiste na compra ou venda de um ativo com a intenção de lucrar com a variação de preços a curto prazo. No caso da compra do ativo, o especulador pretende vendê-lo mais tarde a um preço mais elevado; no caso da venda do ativo, o especulador pretende comprá-lo, pouco tempo depois, a um preço mais baixo[220].

Esta definição de especulação contém alguns elementos que merecem ser ponderados. Em primeiro lugar, o especulador pretende atuar *a curto prazo*. Esta característica permite distinguir a especulação do comportamento dos investidores que adquirem os ativos para os manter na sua posse a longo prazo (pense-se, por exemplo, num investidor que aplica as suas poupanças adquirindo ações nos mercados financeiros com a intenção de as manter durante dezenas de anos até à altura da reforma). Permite também distinguir a especulação da atuação dos agentes que transacionam bens ou serviços porque os produzem ou consomem (pense-se por exemplo no caso de uma empresa de ourivesaria que compra ouro porque necessita do metal para o transformar).

O segundo ponto a ter em atenção é que o especulador pretende lucrar com a *variação de preços*. É importante notar que a atuação do especulador não se guia pela sua perceção do valor fundamental dos ativos. Um especulador pode estar interessado em comprar um ativo já sobreavaliado se a sua expectativa for um aumento de preços desse ativo a curto prazo. A motivação para a transação do especulador reside, isso sim, na comparação entre o preço atual do ativo e o preço que espera observar num futuro próximo. Nesta medida, o efeito do especulador na relação entre os preços e o valor fundamental dos ativos é ambíguo. Ao comprar um ativo sobreavaliado (com base numa expectativa de subida de preços), o especulador estará a contribuir para um maior afastamento entre preço e valor fundamental do ativo; já se comprar um ativo subavaliado, ou seja, um ativo cujo preço se encontra abaixo do valor fundamental, estará a contribuir para o aumento da eficiência do mercado uma vez que da sua ação resulta a aproximação entre aquelas duas variáveis.

Para entender a atitude do regulador face à especulação, é necessário perceber o que motiva os especuladores. A teoria económica identifica três explicações para as transações especulativas.

A) O MODELO DA COBERTURA DE RISCO

O modelo da cobertura de risco descreve os especuladores como investidores que lucram aceitando assumir o risco que os investidores avessos ao risco não estão dispostos a aceitar.

O risco pode ser entendido como a variação probabilística da riqueza de um investidor, ou seja, a probabilidade de registar ganhos ou perdas. Como se considera que em geral os investidores são avessos ao risco, estão dispostos a pagar para o evitar. Por sua vez, isto implica que os investidores menos avessos ao risco podem lucrar aceitando esses riscos. De acordo com o modelo da cobertura de risco, os especuladores são precisamente os investidores menos avessos ao risco.

Um caso típico da aplicação deste modelo seria um agricultor produtor de cereal cuja colheita estaria para breve. Se o agricultor for avesso ao risco – ou seja, mais preocupado com a probabilidade de que os preços diminuam do que com a probabilidade de que aumentem –, pode preferir vender a colheita com um pequeno desconto e entregá-la no prazo de, digamos, 30 dias. Por outro lado, um especulador menos avesso ao risco pode aceitar esse contrato porque o desconto cria um prémio de risco que o compensa por aceitar a possibilidade de variações de preço no futuro.

B) O MODELO DE ARBITRAGEM DE INFORMAÇÃO

No modelo de arbitragem de informação, os especuladores investem em informação relativa ao futuro que lhes permite transacionar com vantagem com consumidores e produtores menos bem informados.

Tal como ocorria no modelo de cobertura de risco, o modelo de arbitragem de informação pressupõe que os especuladores necessitam de não-especuladores (produtores e consumidores) com quem transacionar. Assim, é importante notar que o modelo de arbitragem de informação não contempla a possibilidade de que um especulador otimista que acredita possuir melhor informação acerca dos preços futuros transacione com um especulador pessimista que também acredita possuir a melhor informação acerca dos preços futuros. Neste modelo, as expectativas dos agentes em presença no mercado não os colocam fundamentalmente em desacordo acerca do futuro.

O modelo de arbitragem da informação é também similar ao modelo de cobertura de risco no que tem a ver com os resultados a obter pelo especulador. Também aqui se espera que o especulador lucre em média com os negócios realizados. De facto, é essa expectativa que justifica a aceitação dos custos inerentes ao acesso a informação superior acerca dos preços futuros.

C) O MODELO DAS EXPECTATIVAS HETEROGÉNEAS

No modelo das expectativas heterogéneas, os investidores transacionam simplesmente porque existem diferenças nas suas expectativas subjetivas. As expectativas quanto aos preços futuros podem diferir substancialmente: enquanto um investidor otimista acredita que os preços irão aumentar, um investidor pessimista crê que os preços irão descer.

O desacordo entre os especuladores pode advir da incerteza a que já nos referimos no segundo capítulo, pode resultar da interpretação diferente que é dada à mesma informação ou então pode ser a consequência de se atender a informação heterogénea e incompleta. Neste último caso, é assim possível que dois investidores processem diferentes segmentos da informação disponível no mercado – ainda que de igual importância – e que, por esse motivo, cheguem a conclusões diferentes acerca do futuro. Note-se que nos mercados financeiros modernos a informação dos mais diversos tipos – macroeconómica, sectorial e específica a um dado título – é extremamente abundante, tão abundante que é impossível processá-la na sua integralidade. E a necessidade de fazer previsões em relação a um futuro pela sua natureza desconhecido conduz a que o custo de aquisição de toda a informação relevante se torne, a partir de certo ponto, infinito. Assim, mesmo os investidores profissionais têm de atuar com base em informação incompleta. Como se disse, diferentes indivíduos podem ter acesso a diferentes subconjuntos de informação incompleta ou podem interpretar diferentemente a mesma parcela de informação.

Uma das características importantes das transações com base em expectativas heterogéneas tem a ver com os erros de os especuladores serem avaliados pelos resultados obtidos em termos *ex post*. Considere-se o caso dos dois especuladores que transacionam entre si no mercado do ouro. O especulador otimista antevê um ganho de 10 dólares por onça em resultado da compra de ouro e o especulador pessimista espera evitar uma perda de 10 dólares por onça através da venda do metal. Embora cada especulador espere obter um ganho de 10 dólares por onça em termos *ex ante* (ou seja, 20 dólares por onça, no total), vão necessariamente ter um retorno conjunto de zero euros. O ponto é este: a especulação com base no desacordo é um *jogo de soma nula* em que os ganhos de um especulador são necessariamente iguais às perdas de outro. Na verdade, se forem levados em consideração os custos de transação suportados pelos investidores bem como os custos diretos e os custos de oportunidade na aquisição e processamento da informação, a especulação converte-se mesmo num *jogo de soma negativa* para os intervenientes[221]. Quando as transações com base em expectativas heterogéneas envolvem custos de transação, como na realidade acontece, o retorno médio dos especuladores é negativo.

A noção de que a especulação é um jogo de soma negativa é com frequência ignorada. Isto deve-se à confusão entre dois tipos de «jogos»: o de transacionar ações e o de deter ações. Deter ações é um jogo de soma positiva, já que os compradores podem esperar receber em média mais do que despenderam na aquisição desses títulos. A longo prazo, as rendibilidades históricas das ações têm sido positivas[222]. No entanto, como se disse, a especulação, ou seja, o jogo de transacionar ações, é um jogo de soma negativa depois de descontados os custos de transação e os custos com a informação.

Assim, o modelo de especulação com base em expectativas heterogéneas implica que os especuladores enquanto classe tenham perdas em resultado das transações. Alguns especuladores podem ganhar e outros especuladores podem perder mas, quando existem custos de transação, os especuladores em média sofrem perdas com as transações realizadas. Este resultado contrasta claramente com a teoria de cobertura do risco e com a teoria da arbitragem da informação, que preveem, em ambos os casos, que os especuladores, enquanto classe, obtenham lucros com as transações à custa de contrapartes mais avessas ao risco ou menos bem informadas.

A maioria das transações a curto prazo identificadas com o conceito de especulação enquadra-se no modelo das expectativas heterogéneas[223]. Mas se os especuladores em média registam perdas, como se entende que persistam em transacionar?

A resposta a essa pergunta é dada pela psicologia cognitiva. Ao longo das últimas três décadas, os estudos empíricos confirmam de modo inequívoco que os indivíduos tendem a ser excessivamente confiantes. O excesso de confiança é tão comum que hoje em dia é considerado como sendo uma característica do pensamento humano *normal*. Este excesso de confiança repercute-se na perceção que os investidores têm das suas próprias capacidades: vários estudos no campo das finanças comportamentais permitem concluir que o investidor típico acredita ter acesso a informação mais valiosa do que os restantes e ter mais capacidades do que os concorrentes para bater o mercado[224]. A atuação de investidores excessivamente confiantes num ambiente de incerteza como aquele a que temos vindo a fazer referência permite perceber os elevados níveis de transações observados nos mercados financeiros modernos, mesmo na ausência aparente de informação que os justifiquem. Ainda que um investidor possa ter perceções altamente irrealistas acerca das suas capacidades ou da qualidade da informação que possui, é difícil provar a esse investidor que está errado: o futuro é incerto e existe sempre a possibilidade de lhe vir a dar razão. O preço de uma dada ação pode aumentar drasticamente muito para além de qualquer avaliação razoável dado que os investidores podem sempre convencer-se de que algo no futuro acontecerá de forma a justificar o preço de mercado. Neste contexto, é até possível que um investidor com uma avaliação errada da situação lucre no mercado: ainda que o mercado convirja no futuro para um preço mais consentâneo com os seus fundamentais, tal pode demorar muito tempo porque não existe uma forma objetiva de provar que o preço está errado. Por isso, investidores com perspetivas altamente divergentes – e algumas até que poderíamos considerar à partida irrealistas – podem manter-se a transacionar nos mercados financeiros, mesmo a longo prazo.

A atuação dos *hedge funds* na bolha tecnológica ocorrida nos EUA nos anos 1995-2000 é uma boa ilustração das circunstâncias em que investidores com expectativas aparentemente irrealistas podem permanecer no mercado e acumular mais-valias. Os estudos empíricos mostram que os *hedge funds*, ao invés de procurar fazer aproximar os preços das ações do seu valor fundamental, contribuíram de forma decisiva para «insuflar» a bolha especulativa. A desestabilização dos preços provocada pelos fundos constitui um bom exemplo de como a especulação pode fazer afastar os preços do valor fundamental. Nestas circunstâncias, em que a bolha especulativa encontrou condições para se desenvolver durante vários anos, é fácil perceber como um investidor excessivamente otimista se pode manter no mercado e lucrar – pelo menos durante algum tempo – com o afastamento progressivo dos preços face aos seus fundamentais[225].

A coexistência de investidores excessivamente confiantes a transacionar num ambiente de incerteza constitui a situação ideal para que a especulação se baseie em expectativas heterogéneas. Os dados empíricos conhecidos parecem sustentar a ideia de que o excesso de confiança está na base das expectativas heterogéneas e das transações especulativas. Por exemplo, verifica-se que os investidores com maior excesso de confiança são ao mesmo tempo os que mais transacionam e os que sofrem maiores perdas em média com as suas transações. Os especuladores menos afetados por enviesamentos cognitivos e emocionais como o excesso de confiança tendem a obter rendibilidades superiores à custa dos investidores menos capazes[226].

É a noção de que os especuladores enquanto grupo registam perdas e podem ter uma atuação potencialmente desestabilizadora dos mercados que está na origem do debate entre os que defendem a regulação da especulação através da imposição de uma taxa sobre transações financeiras e os que se opõem a esta proposta. Apresentaremos nas secções seguintes os principais argumentos a favor e contra essa forma de regulação.

6.3 VANTAGENS DA REGULAÇÃO

Entre as principais vantagens apontadas na adoção de medidas de taxação das transações financeiras contam-se a redução da especulação, a redução na volatilidade dos preços, o incentivo para os investidores e gestores empresariais se focarem em horizontes de tempo mais longos e as receitas fiscais a gerar com a própria taxa.

A) REDUÇÃO DA ESPECULAÇÃO EXCESSIVA

Como já vimos, pode argumentar-se que nos mercados financeiros existe um conflito entre os benefícios privados auferidos pelos investidores e os benefícios sociais que resultam da sua atividade (ver alínea *c*) da secção 2.4). Os investidores têm incentivos para procurar a informação que julgam ser mais relevante e, na ausência de um mecanismo de coordenação dos seus esforços, é de esperar que exista um esforço em parte repetido, de muitos investidores, para obter uma mesma parcela de informação. Esta situação, do ponto de vista da aplicação dos recursos sociais, configura um caso de sobreinvestimento em informação.

Além disso, os investidores têm incentivos para investir nos processos que permitam adquirir e processar a informação de forma mais rápida do que os demais agentes de mercado, de forma a lucrar com isso. Tal proporciona um incentivo poderoso para se investir fortemente em obter uma vantagem mesmo mínima – um milissegundo que seja – sobre os concorrentes. Se por um lado uma vantagem mínima pode ser crucial para os especuladores, é necessário ter em atenção, por outro lado, que as decisões dos gestores em nada beneficiam de a informação ser incorporada nos preços apenas um pouco mais rapidamente. Nenhum gestor altera os seus planos de investimento por a informação demorar a causar impacto nos preços um dia em vez de dois dias, por exemplo. No entanto, os efeitos reais nas decisões empresariais são o que mais importa em termos sociais pelo efeito que podem ter na criação de riqueza e bem-estar. A desproporção entre os (elevados) benefícios privados dos especuladores e os (parcos) benefícios sociais na melhoria da afetação social de recursos é evidente.

Imagine-se o caso de um especulador que, fruto de um dispendioso esforço de aquisição de informação, consegue saber antes dos demais que uma empresa farmacêutica planeia anunciar a cura da diabetes. Ao comprar as ações da empresa no momento e ao vendê-las depois do anúncio público da descoberta, o especulador pode obter lucros elevados. O resultado da transação é que a posse das ações da empresa se transferiu de um especulador para outro, mas daí não resulta a criação de qualquer riqueza em termos sociais. Este exemplo ilustra a ideia de que os recursos que estão a ser despendidos pelos especuladores na procura de informação podem ser excessivos em termos sociais, pelo que se pode justificar a aplicação de medidas que desincentivem a recolha de informação.

Alguns autores referem que o sobreinvestimento pode fazer-se sentir igualmente em matéria de recursos humanos. O desenvolvimento dos mercados financeiros ao longo das últimas décadas tem criado uma elevada atração pelo sector, desviando de outras áreas de atividade, com maior potencial de criação de valor social, muitos dos talentos mais jovens.

Além disso, há investidores que atuam nos mercados financeiros sem atenderem sequer à informação relevante. Este tipo de investidores tende a transacionar em prazos mais curtos, e muitas vezes em resposta a variações dos preços de mercado (seguem estratégias de *feedback* positivo). É a este tipo de investidores que, conforme veremos na alínea seguinte, é normalmente atribuído o excesso de volatilidade dos preços[227].

É útil ter uma noção da importância dos recursos consumidos na especulação, ou seja, nas transações no jogo de soma negativa a que nos referimos anteriormente. Uma forma direta para se ter essa noção resulta da comparação entre os custos de transação suportados pelos investidores na transação de ações nos mercados secundários e o montante de financiamento obtido pelas empresas por via da emissão e colocação de novos títulos junto dos investidores através dos mercados primários. O gráfico 7, a seguir, ilustra essa relação para o caso dos mercados de ações dos EUA.

GRÁFICO 7 – Comparação entre a função especulativa e a função de afetação de recursos nos mercados de ações dos EUA (1980-2006)

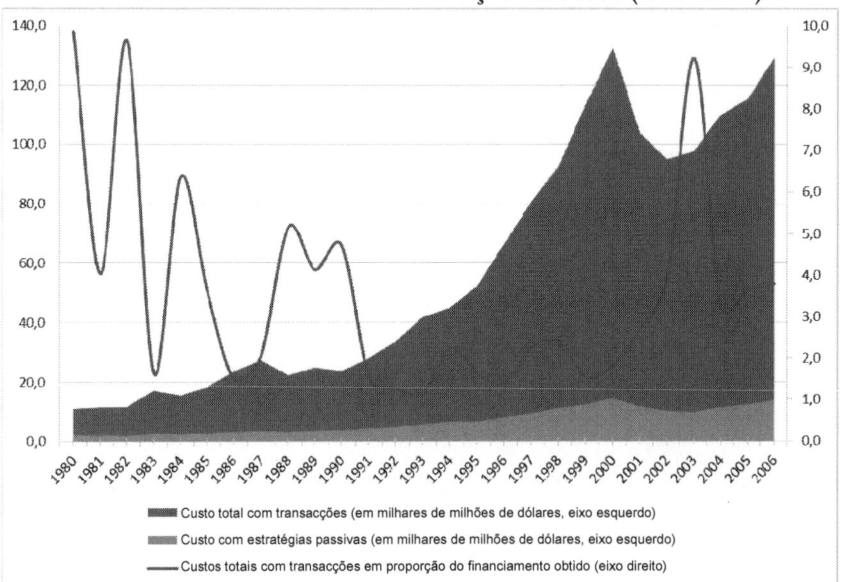

Notas: Os mercados abrangidos são o NYSE, o Amex e o Nasdaq.
Fonte: French (2008) e *website* de Jay Ritter.

O gráfico contém informações bastante interessantes sobre o que podemos designar como a «função especulativa» dos mercados de capitais e que se traduz nos custos suportados pelos investidores através das transações realizadas nos mercados secundários. Conforme se pode observar no gráfico, o montante global desses custos – que inclui, entre outros elementos, os custos e as comissões pagos para deter fundos de investimento, os custos suportados pelos investidores institucionais e os custos de transação pagos por todos os investidores – aumentou de forma bastante pronunciada no período 1980-2006. Se esses custos se cifravam em 1980 em cerca de 9 mil milhões de dólares, em 2006 atingiram os 115,5 mil milhões de dólares. Isto significa que esses custos foram multiplicados por um fator de 13 nesse período. É também interessante notar que o aumento dos custos com transações se acentuou a partir de meados da década de 90 do século passado, coincidindo assim com o período de formação da bolha tecnológica nos EUA. Na verdade, o total dos custos de transação atingiu o seu valor máximo (118,2 mil milhões de dólares) no ano 2000, precisamente o ano em que se verificou o pico das cotações nessa bolha especulativa.

Um segundo elemento a ter em conta tem a ver com os custos suportados pelos investidores com os diferentes tipos de estratégias. As estratégias ativas são aquelas que têm como objetivo obter um desempenho superior ao do mercado – por exemplo, comprando e vendendo ativamente ações –, enquanto as estratégias passivas visam replicar o mercado e minimizar os custos com transações. Conforme se pode observar, os custos de transação referentes às estratégias de investimento passivas constituem uma pequena parcela dos custos totais suportados pelos investidores. Entre os custos das estratégias passivas incluem-se entre outros os que os investidores suportaram em fundos de investimento que adotam estratégias passivas. Entre 1980 e 2006, os custos totais com estratégias passivas passaram de 2 mil milhões de dólares para 13,7 mil milhões de dólares, o que significa que foram multiplicados por um fator de 7 ao longo nesse período.

O valor económico que os investidores despendem a tentar «bater o mercado» através de estratégias de investimento ativas é extremamente significativo: no período pós-1999 representou uma perda que varia entre 0,7% e 1% do PIB dos EUA, *em cada ano*. Deve ainda ser salientado que estes valores incluem apenas custos diretos das transações, não se considerando assim fatores como o tempo despendido pelos investidores e os inerentes custos de oportunidade[228].

Um terceiro elemento a considerar, porventura o mais importante, diz respeito à linha constante no gráfico 7 e que representa a relação entre os custos totais suportados pelos investidores nos mercados secundários e o financiamento obtido pelas empresas nos mercados primários. Entende-se normalmente que a principal função dos mercados financeiros é proporcionar o acesso a capitais às empresas que pretendem investir. É a denominada teoria da afetação do capital, a que aludimos no primeiro capítulo do livro. Ora a linha do gráfico 7 permite perceber que em todos os anos do período 1980-2006 o montante gasto pelos investidores em transações nunca foi inferior ao montante de financiamento obtido pelas empresas.

Em alguns dos anos desse período, a relação entre as duas grandezas assumiu valores extremos: por exemplo, nos anos de 1980 e de 2003, por cada dólar de financiamento obtido pelas empresas foram despendidos outros 9 dólares em transações nos mercados secundários. As causas para a variação nessa proporção ao longo de 1980-2006 prenderam-se mais com a variação do financiamento obtido pelas empresas nos mercados de capitais do que com a variação nos custos de transação. Em média, ao longo do período 1980-2003, por cada dólar de financiamento empresarial foram gastos 3,6 dólares em custos com transações.

Uma vez que os investidores que adotam estratégias de investimento ativas são os que correspondem, de forma mais precisa, ao perfil de um especulador, faz sentido considerar os custos suportados apenas por essa categoria de investidores. Se se efetuar essa comparação verifica-se que, por cada dólar de financiamento que as empresas obtiveram nos mercados de ações ao longo do período 1980-2006, os investidores que desenvolveram estratégias ativas despenderam em média *outros 3 dólares* em custos de transação. Isto significa que cada dólar de financiamento empresarial custou em média, na realidade, 4 dólares aos investidores. É a constatação desta significativa desproporção entre a função de afetação de recursos dos mercados de capitais – que é em teoria a sua principal razão de ser – e os custos suportados na função especulativa desses mercados que tem levado alguns autores a defender que os mercados de capitais são no essencial apenas um mecanismo de transferência de riqueza entre diferentes investidores[229].

É neste contexto que têm surgido diversas propostas com o intuito de limitar a atuação especulativa dos investidores que investem excessivamente em informação e dos investidores que atuam a curto prazo sem basearem as suas decisões em informação (normalmente designados *noise traders*). Entre essas propostas destacam-se as taxas sobre as transações financeiras. O objetivo é aumentar ligeiramente os custos de transacionar os ativos financeiros de modo que alguns investidores, em particular os que se dedicam a transações não informadas a curto prazo, diminuam a sua influência no mercado e passem a dedicar-se a atividades mais produtivas para si e para a sociedade[230].

B) REDUÇÃO DA VOLATILIDADE EM EXCESSO

Um dos objetivos mais frequentemente apontados para a implementação das taxas sobre transações financeiras refere-se à redução da volatilidade dos mercados.

A ideia subjacente é que existe um conjunto de investidores que levam a cabo transações não baseadas em informação. São investidores que compram e vendem ações simplesmente porque gostam de transacionar; ou então, até podem julgar que estão a usar informação relevante como fundamento das suas decisões quando na verdade essa informação não é de facto pertinente por não estar relacionada com o ativo em causa ou por já ter sido usada anteriormente por outros investidores não tendo por isso nenhum valor adicional.

Em qualquer dos casos, essas transações não informadas refletir-se-ão numa volatilidade maior nos preços que a justificada pela informação. Além disso, essas transações podem fazer afastar os preços dos valores fundamentais dos ativos financeiros e fazer diminuir a qualidade da informação revelada pelos preços[231]. Os defensores da taxação sobre transações financeiras argumentam que tal medida contribui para limitar a atuação dos investidores a que nos temos vindo a referir, faz diminuir os seus níveis de atividade e que isso trará efeitos benéficos que se traduzirão nomeadamente numa maior estabilidade dos preços, em maiores incentivos para investir nos mercados de capitais e, em última análise, numa maior disponibilidade de capital para as empresas[232].

Existem indicações de que uma parte importante dos investidores utiliza métodos de investimento que exacerbam a volatilidade dos mercados. É o caso das chamadas estratégias de *feedback* positivo, em que um sinal de compra é dado por um aumento dos preços. Por exemplo, Cheung e Chinn (2001) observam, a partir de um inquérito aos investidores no mercado cambial, que 30% desses agentes dizem utilizar métodos de análise técnica, um dos principais exemplos de estratégia de *feedback* positivo. E Chuang e Lee (2006) mostram que os investidores excessivamente confiantes, a quem é frequentemente atribuída a especulação nos mercados financeiros, são precisamente os que mais contribuem para o excesso de volatilidade observado.

O excesso de volatilidade dos mercados financeiros tem sido assinalado por diversos autores. Num estudo clássico levado a cabo pelo prémio Nobel da Economia Robert Shiller (1981), concluiu-se que a volatilidade dos preços das ações nos EUA se situava num nível 5 a 13 vezes superior ao justificado por fatores fundamentais. Num estudo posterior, Roll (1988) analisou os preços das ações daquele país entre os anos de 1982 e 1987. Também neste caso, a informação explica apenas uma parcela limitada da variação dos preços, no caso, cerca de 20%. Os restantes 80% da variação dos preços não parecem ser justificados pela informação conhecida publicamente. Num outro estudo, Cutler *et al.* (1989) debruçaram-se sobre as cinquenta maiores variações diárias nos preços das ações norte-americanas no período 1946-1987. Também neste caso, a maioria das variações de preço não pode ser justificada pela reação à nova informação. Mais recentemente, Siegel (2008) expandiu o estudo de Cutler *et al.* (1989) ao incluir as maiores variações de preço no período 1885-2006. A principal conclusão é que menos de um em cada quatro dos maiores movimentos de preço pôde ser relacionado com notícias relevantes (guerras, alterações políticas). O estudo de casos específicos em que os preços variam significativamente na ausência de informação relevante ou a ocorrência de quedas abruptas nos preços, normalmente designadas *crashes*, sem que se observem informações que o justifiquem, constitui uma ilustração adicional da desconexão entre a variação dos preços e a informação[233].

O excesso de volatilidade dos preços parece ser um problema relevante. No entanto, a proposta da adoção de uma taxa sobre as transações financeiras para o resolver tem sido contestada. Os críticos da taxa defendem que a medida afeta todos os investidores de forma indiscriminada – tanto os que transacionam sem olhar à informação como os chamados investidores informados – e que, por este motivo, pode fazer reduzir a atividade também dos investidores informados. Uma vez que não é evidente, nesta perspetiva, qual será o efeito líquido da taxa no conjunto dos investidores do mercado, não é também claro qual o seu impacto na volatilidade dos preços[234].

Alguns estudos têm permitido identificar em parte as variáveis relevantes. Por exemplo, há estudos que sugerem que o efeito sobre a volatilidade depende da dimensão do mercado em causa. A redução do volume de transações devido à introdução da taxa pode ter diferentes consequências na volatilidade dependendo da dimensão do mercado. Uma taxa aplicada num mercado de dimensão elevada fazer diminuir a volatilidade dos preços enquanto a introdução da taxação em mercados mais pequenos pode fazê-la aumentar. A explicação é simples. Enquanto nos mercados de maior dimensão a diminuição da liquidez pode não chegar a produzir efeitos prejudiciais em termos de volatilidade dos preços, a redução da liquidez num mercado mais pequeno produz tendencialmente uma maior sensibilidade às ordens de mercado com o consequente acréscimo na volatilidade que se espera observar[235].

As características institucionais dos mercados onde a medida é aplicada são também relevantes. Se, em resultado da introdução da medida, alguns especuladores saem do mercado e a liquidez diminui, pode ocorrer que as ordens de transação tenham um maior impacto nos preços, o que por sua vez tenderia a mitigar o efeito estabilizador da taxa. No entanto, num outro contexto institucional, pode ocorrer que a diminuição da liquidez seja compensada pela atuação de um *market maker*, que proporciona liquidez ao mercado. Neste último caso, o impacto das ordens de transação não se alteraria e a introdução da taxa sobre as transações poderia acabar por ter um efeito significativo na redução da volatilidade[236].

Em suma, em teoria a volatilidade pode manter-se inalterada, baixar ou até aumentar em consequência da introdução da taxa, dependendo da dimensão do mercado, das suas características institucionais e do efeito relativo da medida nas diversas categorias de investidores. Cabe à literatura empírica estudar qual dos efeitos tende a prevalecer nos diversos contextos em que a medida teve aplicação[237].

C) REDUÇÃO DA ÊNFASE NO CURTO PRAZO E MONITORIZAÇÃO DA GESTÃO

A implementação de taxas de transação pode exercer pelo menos dois efeitos positivos na forma como se desenvolve a gestão das empresas. O primeiro efeito refere-se ao caso em que os investidores são excessivamente sensíveis ao desempenho a *curto prazo* das ações. O segundo efeito refere-se à relação entre os custos de transação e os incentivos para monitorizar a atividade dos gestores.

Comecemos pelo primeiro efeito. É referido frequentemente que um conjunto importante de investidores está excessivamente focado nas variações de preço das ações ocorridas a muito curto prazo. Ora essa excessiva atenção ao curto prazo pode induzir os gestores de empresas a atuar de forma míope, procurando aumentar os resultados das empresas a curto prazo ainda que, para tal, tenham de tomar medidas que prejudiquem o desempenho empresarial num horizonte temporal mais longo. A excessiva concentração no desempenho das ações a curto prazo pode assim conduzir os gestores a recusar projetos que se prevê só venham a mostrar-se lucrativos a longo prazo e a aceitar em vez disso projetos que, podendo ser menos lucrativos, se espera que produzam resultados a curto prazo. Esta miopia pode exercer um efeito semelhante aos que resultam dos sistemas de remuneração dos gestores indexados ao desempenho das ações a curto prazo: pode por exemplo incentivar a antecipação de receitas e o adiamento no reconhecimento de despesas. O gestor pode até ter incentivos para se aproveitar da miopia dos investidores nos momentos em que existem ameaças de aquisição da própria empresa. Esta atuação oportunística, de concentração excessiva nas decisões com efeitos a curto prazo, pretende aumentar o preço das ações para desincentivar uma aquisição que pode pôr em risco o lugar do gestor[238].

Existem indicações de que os investidores valorizam sobremaneira a evolução dos preços das ações a curto prazo. Por exemplo, os inquéritos estudados por Shiller e Pound (1989) revelam que os investidores individuais passam *pelo menos* meia hora por dia a seguir os preços das ações que adquiriram há menos tempo. Dada a importância dos investidores institucionais nos mercados de capitais atuais, é necessário atender igualmente ao seu comportamento. Ora verifica-se que os investidores institucionais como os gestores de fundos de investimento, por exemplo, são igualmente afetados por esta visão míope dos mercados financeiros. Tuckett (2011) entrevistou um conjunto de 52 gestores de carteiras. O autor nota que mais de dois terços dos entrevistados referiu que verificava o seu desempenho ou diariamente ou com uma periodicidade de apenas algumas horas. É plausível pensar que os investidores mais sensíveis à evolução do preço das ações a curto prazo sejam aqueles que transacionam com maior frequência. Os próprios entrevistados de Tuckett (2011) assinalam que o acompanhamento do mercado num período curto os torna mais reativos às variações de preço. Outros dados confirmam esta perspetiva. Em meados do século XX, o gestor de um fundo de investimento típico nos EUA estaria centrado no desempenho a longo prazo da sua carteira. Nessa altura, a carteira de um fundo era detida em média por um período de seis anos. No início do novo século, a carteira do fundo médio é renovada integralmente todos os anos. Os próprios investidores em fundos estão mais centrados no curto prazo: o período de detenção de unidades de participação de fundos de investimento passou de cerca de 16 anos, em média, em meados do século XX para um quarto desse valor no novo século. Os dados empíricos mostram que em geral os investidores que transacionam com mais frequência são prejudicados com essa prática, uma vez que têm de suportar maiores custos de transação na forma de taxas e comissões[239].

Uma taxa sobre transações financeiras será em princípio mais penalizadora para os investidores mais centrados no desempenho das ações a curto prazo, uma vez que estes investidores tendem a transacionar mais frequentemente. O desincentivo a transações frequentes permitir-lhes-á reduzir os gastos com custos de transação. Além disso, os defensores da regulação sustentam que, como os investidores mais míopes serão mais fortemente taxados, a sua influência sobre os gestores será menor. Os gestores estarão desta forma mais livres para adotar estratégias capazes de produzir resultados apenas a longo prazo, como é o caso das medidas relacionadas com investigação e desenvolvimento, por exemplo[240].

Mas existe um segundo efeito a considerar. Ainda que não estejam excessivamente concentrados no curto prazo, se for barato transacionar, os investidores podem simplesmente vender as suas ações quando estiverem descontentes com a forma como a empresa está a ser gerida. Dito de outra forma, custos de transação muito baixos reduzem os incentivos para que os agentes de mercado invistam recursos na monitorização. Os investidores ficam afetados por aquilo a que Stout (2012b) chama «apatia racional» face às decisões tomadas pelos gestores empresariais. No entanto, à medida que transacionar se torna mais dispendioso, os investidores vão ficando com os investimentos como que bloqueados, pelo que têm incentivos reforçados para melhorar o desempenho da sua carteira através de ações dirigidas à qualidade da gestão das empresas. Uma vez que a introdução de taxas sobre as transações as tornam mais dispendiosas, este raciocínio implica que tal medida pode aumentar a monitorização dos gestores e, consequentemente, o desempenho empresarial.

D) AUMENTO DAS RECEITAS FISCAIS

A imposição de uma taxa sobre as transações financeiras pode, para os defensores da regulação, constituir uma fonte de receitas importante.

No entanto, esta ideia deve ser ponderada com cuidado. Na estimativa das receitas a obter com a medida devem ser tidas em conta as alterações comportamentais que poderão advir da introdução da própria taxa. De facto, a introdução de uma taxa sobre transações terá o efeito previsível de diminuir o número de transações tanto por via da redução do número total de transações como em resultado da fuga de capitais para mercados menos regulados. Parece evidente que estes efeitos terão por si só implicações nas receitas a obter. Por outro lado, se a taxa fizer reduzir os preços de mercado, conforme é defendido pelos críticos da regulação, tal terá igualmente um impacto negativo nas receitas a gerar.

A experiência mostra que estes fatores, e em particular a possibilidade de os capitais migrarem para outros mercados, devem ser tidos em conta sob pena de se sobrestimarem grosseiramente as receitas a obter com a taxa. A experiência da Suécia é bem ilustrativa do perigo de sobrestimar receitas: antes da introdução da taxa, foram estimadas receitas anuais de 1500 milhões de coroas suecas. No entanto, as receitas efetivamente obtidas cifraram-se em torno dos 50 milhões de coroas suecas por ano[241].

6.4 DESVANTAGENS DA REGULAÇÃO

Entre os principais argumentos dos críticos da taxa sobre transações financeiras contam-se os que dizem respeito ao seu impacto negativo nos custos do capital e na liquidez e eficiência do mercado, à justiça na aplicação da medida, aos efeitos de distorção na estrutura de capitais das empresas e nas carteiras de investimento e por último os relacionados com as dificuldades inerentes à sua implementação.

A) AUMENTO DOS CUSTOS DO CAPITAL

O impacto das taxas sobre as transações financeiras no custo do capital a que as empresas têm acesso constitui um dos principais argumentos dos críticos da regulação.

A introdução de taxas sobre as transações financeiras, em princípio, fará reduzir o preço dos ativos financeiros. A taxa fará com que sejam superiores os custos de transacionar os ativos no mercado secundário. Isto tornará os ativos financeiros menos atrativos para os investidores, pelo que estes apenas aceitarão deter esses ativos se os preços forem menores que os que vigoravam antes da introdução da taxa. Um menor preço das ações implica por sua vez que as empresas vão ter que emitir mais títulos para obter o mesmo montante de capital, o que significa que o custo desses capitais vai ficar mais elevado para as empresas.

A descida do preço dos ativos financeiros não deverá ser, no entanto, constante em todos os casos. Ativos mais líquidos e que são transacionados mais frequentemente deverão sofrer, em princípio, uma descida mais acentuada nos preços, uma vez que a taxa incide precisamente sobre as transações efetuadas.

Em qualquer caso, o aumento dos custos do capital acarreta efeitos negativos potencialmente importantes. Em primeiro lugar, pode contribuir para a redução do volume de projetos de investimento que as empresas levam a cabo com o consequente impacto negativo na produção e no emprego. Estes efeitos podem por sua vez repercutir-se negativamente nas receitas fiscais relacionadas com os lucros empresariais. É por isso avisado considerar este efeito na estimativa do impacto fiscal global da introdução de uma taxa sobre transações financeiras. Por outro lado, deve ser igualmente tido em conta que as receitas fiscais adicionais podem ser utilizadas para incrementar o investimento público, o que poderá compensar a diminuição previsível no investimento privado. Na verdade, esta diminuição do investimento privado pode até nem vir a ser significativa já que existem fontes alternativas de financiamento para as empresas – em primeira linha, o financiamento bancário – que não são afetadas pela taxa sobre transações financeiras.

É de notar ainda que é possível argumentar que a introdução de uma taxa sobre as transações financeiras faça *aumentar* os preços dos ativos. Se a taxa contribuir para reduzir a volatilidade dos mercados financeiros, isso significa que as transações se vão tornar menos arriscadas – existe menor variação dos preços para uma mesma rendibilidade esperada. Se a maioria dos investidores for avessa ao risco, isso significa que estarão dispostos a pagar mais pelos ativos financeiros, pelo que o acesso aos capitais por parte das empresas pode até tornar-se menos custoso. É este raciocínio que é apresentado pelos defensores da regulação para rebater os argumentos dos críticos à taxa sobre transações.

Existindo argumentos contraditórios no que diz respeito ao impacto da taxa sobre os custos do capital, a questão terá de ser dirimida no campo empírico. Dedicaremos atenção a essa questão na secção 6.5.

B) REDUÇÃO DA LIQUIDEZ E DA EFICIÊNCIA DE MERCADO

A introdução de uma taxa sobre transações pode afetar a liquidez dos ativos financeiros. Uma taxa deste tipo afeta a liquidez diretamente através do custo das transações, mas também de forma indireta através do *bid-ask spread.* Se a taxa se repercutir num aumento (diminuição) da proporção de investidores informados presentes no mercado, então é de esperar que o *bid-ask spread* diminua (aumente), uma vez que os investidores usarão esse *bid-ask spread* como forma de os compensar da possibilidade de estarem a transacionar com esse tipo de agentes (ver alínea *e*) da secção 3.2).

Se se der o caso de que a taxa desincentive as transações dos investidores informados, como referem os críticos da regulação, de tal forma que a proporção destes investidores no mercado diminui, tal deverá refletir-se num aumento do *bid-ask spread.* Um *bid-ask spread* mais elevado desincentiva os investidores a corrigir os erros de preço, o que pode ter implicações negativas na eficiência dos mercados. Quando os custos de transação são mais elevados, tanto diretamente por via de custos de transação como taxas e comissões, como indiretamente por via de maiores *bid-ask spreads,* é de esperar que os erros de preço dos mercados sejam mais significativos e mais persistentes.

Mas os defensores da regulação contrapõem que os especuladores são investidores não-informados que causam ineficiências de mercado. Ora deverão ser precisamente esses investidores, por terem um horizonte de investimento mais curto, que deverão ser mais afetados com a introdução de uma taxa sobre transações financeiras. A consequência de tal medida seria então reduzir a influência desses investidores no mercado e, com isso, as ineficiências observadas[242].

Mais uma vez, o debate teórico entre as duas posições acerca da regulação da especulação é inconclusivo. O desempate, a existir, terá que advir da literatura empírica sobre o tema.

C) QUESTÕES DE EQUIDADE

A taxa sobre transações financeiras pretende ser uma medida com progressividade nos seus efeitos. Uma vez que uma medida deste tipo seria concebida para penalizar quem mais transaciona, seria de esperar que atingisse sobretudo os investidores com maiores posses.

Os críticos da medida, no entanto, sustentam que tal pode não ocorrer. A taxa pode ser sentida por largas camadas de investidores e não apenas pelos especuladores. O aumento do *bid-ask spread* que em teoria pode resultar da aplicação da medida, como vimos no ponto anterior, afeta todos os agentes e não apenas os que fazem investimentos a curto prazo.

A maior dimensão dos investidores pode até ser um fator em seu favor. De facto, é de crer que os maiores investidores encontrem vantagens mais significativas em substituir os ativos taxados por alternativas. Por exemplo, pode ser proveitoso apenas para os maiores investidores utilizar derivados em substituição de ações objeto da taxa sobre transações. Uma vez que existem custos fixos na negociação de derivados, para o pequeno investidor pode ser preferível suportar a taxa em lugar de ter que pagar por esses custos fixos.

Um outro argumento contra a progressividade da taxa é o que se refere ao caso dos investidores em fundos que investem em ações. A introdução de uma taxa sobre transações financeiras penalizaria estes investidores, ainda que transacionassem raramente as unidades de participação. É que os fundos transacionam frequentemente e os custos adicionais incorridos aquando da transação de ações seriam repercutidos por estes nas comissões a pagar pelos investidores individuais.

Além disso, uma vez que a taxa pode fazer aumentar o custo do capital e prejudicar o investimento, pode reduzir a produtividade e a remuneração salarial de todos os trabalhadores.

Por último, argumenta-se que é de crer que a taxa não seja suportada de maneira uniforme por todas as classes de investidores. Por exemplo, os investidores mais velhos, dado o maior nível relativo das suas poupanças acumuladas e a sua maior propensão para investirem em horizontes temporais mais curtos, tenderão a ser relativamente mais penalizados.

D) DISTORÇÕES NAS ESTRUTURAS DE CAPITAL E DAS CARTEIRAS DE INVESTIMENTO

Conforme já se referiu, é provável que a introdução de uma taxa sobre transações financeiras tenha efeitos diferenciados em diferentes categorias de ativos em razão das diferenças observadas nas intensidades de transação, por exemplo. Isto significa que essa medida pode produzir distorções nas carteiras de investimento detidas pelos investidores e nas estruturas de capital adotadas pelas empresas.

Uma vez que a taxa alterará o custo relativo de deter e emitir diferentes tipos de ativos, os preços e a oferta e procura das diversas classes de ativos irão variar. Daqui decorre que as estruturas de capital das empresas e a composição das carteiras dos investidores sofram previsivelmente alterações.

Os ativos com maturidade mais curta, como é o caso da dívida a curto prazo, serão em princípio mais afetados. Isto deverá conduzir à redução do peso desses ativos nas carteiras dos investidores e concomitantemente nas estruturas de capital das empresas.

De igual forma, a aplicação de taxas mais elevadas às transações de ações do que às transações de dívida pode levar as empresas a procurarem baixar os seus custos de capital aumentando a sua alavancagem por via de maiores emissões de dívida e menores emissões de ações.

E) PROBLEMAS DE IMPLEMENTAÇÃO

A implementação de uma taxa sobre transações financeiras exige que se façam escolhas difíceis no que diz respeito, por exemplo, à definição dos ativos a abranger com a medida. Além de se decidir se se deve fazer incidir a taxa unicamente sobre ações ou também sobre instrumentos de dívida ou derivados, é necessário fazer escolhas em relação a diversos instrumentos financeiros híbridos que partilham características de diversas categorias de ativos. Além disso, uma nova taxa requer a assunção de despesas relacionadas com a sua aplicação e com a monitorização dessa aplicação. Os custos inerentes à implementação da medida devem ser tidos em consideração aquando da estimativa das receitas líquidas a gerar.

Um outro elemento a ter em conta diz respeito às despesas acrescidas em que os agentes de mercado podem incorrer para procurar contornar a medida. Tal como ocorre com qualquer medida fiscal, os agentes a quem ela se destina têm incentivos para despender recursos de forma improdutiva numa tentativa de evitar a taxa. Este problema pode ser mais significativo no caso em que a taxa abrange uma vasta gama de ativos e investidores. É de esperar que os profissionais de mercado apliquem recursos – em jurisconsultos e analistas financeiros, por exemplo – para desenvolver novos produtos financeiros capazes de reduzir a incidência da taxa. Se os incentivos para este tipo de comportamento forem elevados, pode ocorrer que os intuitos iniciais que levaram à aplicação da medida – a redução dos incentivos à especulação enquanto esforço improdutivo – acabem por ser colocados em causa pela própria medida.

Apesar destes problemas, a possibilidade de fuga dos investidores dos mercados onde existem taxas sobre transações para mercados menos regulados constitui um dos principais argumentos apresentados pelos críticos da regulação. Os investidores, segundo esta lógica, irão substituir os ativos transacionados num mercado pelos ativos transacionados noutros mercados.

Os receios quanto à fuga dos capitais surgem em especial no caso dos ativos que pela sua natureza têm de ser transacionados mais frequentemente. É o caso por exemplo dos instrumentos de dívida a curto prazo, em que, dada a sua curta maturidade, deve existir uma maior desproporção entre as taxas suportadas pelos investidores e o tempo de permanência desses ativos em carteira.

É de esperar que esta possível fuga de capitais envolva questões de equidade. Os pequenos investidores terão naturalmente maiores dificuldades em investir internacionalmente, enquanto para os maiores investidores e para os investidores institucionais isso será mais fácil[243].

A estes receios contrapõem os defensores da regulação a ideia de que os incentivos para a fuga de capitais poderão ser minorados através de duas abordagens. A primeira consiste na cooperação internacional na aplicação da taxa. Se forem aplicadas taxas sobre transações semelhantes nos principais mercados ao mesmo tempo, os incentivos para transferir os investimentos dos mercados domésticos para mercados estrangeiros serão mais reduzidos. Em segundo lugar, a taxa pode incidir sobre transações ocorrendo fora do território mas envolvendo os residentes do país. O critério seria pois, não o local da ocorrência da transação, mas sim o do país de residência.

Estas respostas permitiriam minimizar as vantagens das transferências de transações. No entanto, não devem ser menosprezadas as dificuldades da cooperação internacional nesta área. Com o crescimento dos mercados financeiros à escala global, são cada vez mais tentadores os benefícios que um dado mercado pode recolher ao decidir atrair os investidores por via de uma taxação mais reduzida[244].

6.5 EVIDÊNCIA EMPÍRICA

Os dados empíricos relativos aos efeitos da aplicação de uma medida como a taxa sobre transações financeiras são variados. Organizamo-los de acordo com as suas implicações em três importantes variáveis: a liquidez, o nível dos preços e a sua volatilidade.

A) EFEITOS NA LIQUIDEZ

Ericsson e Lindgren (1992) analisaram dados relativos a 23 bolsas de valores situadas em 22 países diferentes para averiguar o impacto de uma alteração dos custos no volume de transações. A principal conclusão é que a elasticidade do volume em relação aos custos é de cerca de -1,00. Isso significa que um aumento dos custos de transação de 100% (como seria o caso de um aumento da taxa sobre transações de 1% para 2%) teria como efeito, segundo os autores, uma redução a zero do volume de transações.

Um valor entre os -0,85 e os -1,35 foi encontrado por Lindgren e Westlund (1990) para a dita elasticidade, mas no mercado de ações sueco. Westerholm (2003) reavalia os casos sueco e finlandês obtendo elasticidades de -1,002 e de -1,274, respetivamente. Já Jackson e O'Donnell (1985), num estudo semelhante incidindo sobre as ações do Reino Unido no período 1964-1985, estimaram valores entre os -1,0 e os -1,7.

Com base nos dados empíricos conhecidos, parece então que a elasticidade do volume de transações com respeito aos custos de transação se situa entre os -0,85 e os -1,7. Isto significa que custos de transação mais baixos (elevados) podem provocar aumentos (diminuições) significativos no volume de transações.

Estes resultados parecem no entanto depender de forma crítica das condições concretas em que a taxa é aplicada. Por exemplo, no estudo de Hu (1998) sobre 14 alterações de taxa ocorridas em quatro países asiáticos no período 1975-1994, os resultados apontam para a inexistência de efeitos da taxa sobre o volume de transações. Dois estudos posteriores, levados a cabo por Baltagli *et al.* (2006) e por Chou e Wang (2006), incidem igualmente nos mercados asiáticos, no caso da China e da Formosa, respetivamente. Baltagli *et al.* (2006) analisam o impacto de um aumento do valor da taxa (de 0,3% para 5%) verificado em 1997 no mercado de ações e encontram uma diminuição do volume de transações de um terço. Já Chou e Wang (2006) debruçaram-se sobre os efeitos de uma alteração da taxa que incide sobre a negociação de futuros no ano 2000. Os resultados sugerem que a taxa teve um impacto prejudicial sobre o volume de transações e sobre o *bid-ask spread*. De acordo com o estudo, taxas mais elevadas reduzem a liquidez de mercado ao fazer reduzir o volume de transações e ao fazer aumentar o *bid-ask spread*.

Na globalidade, estes resultados sugerem que o impacto dos custos de transação no volume parece depender de forma crítica da possibilidade de substituição por outros ativos. Se os investidores puderem, de forma fácil, mudar de ativos objeto da taxa para ativos não taxados, os custos de transação acrescidos terão um maior efeito no volume observado de transações nos ativos sujeitos à taxa. Se os investidores puderem apenas escolher entre as transações objeto da taxa e a manutenção dos ativos em carteira, então os custos de transação produzirão um efeito muito menor na redução do volume observado de transações. Parece ser o caso dos mercados asiáticos analisados por Hu (1998), em que a possibilidade de migração dos investimentos para outros mercados é relativamente limitada.

A experiência do caso da Suécia permite confirmar a ilação que acabamos de apresentar. Aquele país introduziu uma taxa de 1% sobre transações financeiras em 1984, tendo aumentado esse valor para 2% em 1986. Na sequência do aumento da taxa, 30% do volume de transações com ações suecas transferiu-se para Londres e em 1990 mais de metade desse volume já se realizava na Bolsa de Londres. Os efeitos no mercado de opções de taxas de juro foram ainda mais fortes: o mercado simplesmente desapareceu. Esta experiência sugere uma vez mais que quando os investidores têm à sua disposição um substituto a resposta à introdução de uma taxa é a fuga para outros mercados e a diminuição dramática do volume de transações observado[245].

Mais recentemente, Becchetti *et al.* (2014), Colliard e Hoffmann (2015) e Meyer *et al.* (2015) analisam os efeitos da introdução, em 2012, de uma taxa de 0,2% sobre as compras de ativos financeiros em França. Neste caso verifica-se que a taxa produziu um efeito de redução do volume de transações em grande medida temporário.

Os resultados, entendidos no seu conjunto, sugerem que a possibilidade de migração de capitais para outros mercados seja uma condição necessária para que se observe uma redução do volume na sequência da introdução (ou de um aumento) das taxas sobre transações financeiras.

B) EFEITOS NO NÍVEL DE PREÇOS

Existem estudos que procuram relacionar os custos de transação com os níveis de preços. Por exemplo, Amihud e Mendelson (1986) encontraram uma forte relação positiva entre as rendibilidades médias e os *bid-ask spreads* das ações cotadas em Nova Iorque. Tal sugere que as ações com os custos de transação mais elevados têm de proporcionar uma rendibilidade mais elevada para atrair os investidores. Dito de outra forma, os preços das ações têm de ser menores nos casos em que os custos de transação são mais elevados.

Outra indicação advém da reação dos preços a alterações não previstas dos custos de transação. Por exemplo, observou-se uma descida de 2,2% em outubro de 1983 no índice sueco geral quando uma taxa de 1% sobre transações foi anunciada pela primeira vez. E esse índice caiu de novo 0,8% no dia 11 de março de 1986, quando se anunciou o aumento da taxa para 2%[246]. Westerholm (2003) analisou a experiência da Suécia e da Finlândia com as taxas sobre transações encontrando elasticidades dos preços em relação aos custos de transação entre -0,27 e -0,13 para o primeiro país e entre -0,15 e -0,28 para o segundo.

Outros estudos empíricos acerca dos efeitos da introdução de taxas de transação nos preços abrangem outras geografias. Por exemplo, Hu (1998), no contexto do estudo dos mercados asiáticos a que já nos referimos na alínea anterior, verificou que em média cada anúncio de aumento da taxa sobre transações se traduziu numa diminuição dos preços de mercado em torno de 1%.

Em conclusão, os dados empíricos parecem apontar para um efeito negativo da medida em análise sobre os preços de mercado.

C) EFEITOS NA VOLATILIDADE DOS PREÇOS

Conforme já se viu, o impacto da taxa sobre transações financeiras na volatilidade dos preços é matéria de debate entre os defensores e os críticos da regulação. Existem vários estudos empíricos sobre o assunto.

Por exemplo, Roll (1989) analisou a relação entre a volatilidade dos mercados de ações de 23 países no período 1987-1989 e os métodos de regulação que sobre eles incidem (incluindo as taxas sobre transações financeiras). Os resultados mostram que as taxas sobre transações estiveram negativamente relacionadas com a volatilidade, ainda que de forma não estatisticamente significativa. Verifica-se ainda que um evento de marcada volatilidade como o *crash* de outubro de 1987 teve magnitude pelo menos tão elevada em países com taxas sobre transações como em países em que tal taxa não existia.

Shiller (1992) assinala que os episódios de bolhas especulativas e *crashes* ocorrem no mercado imobiliário e nos mercados de capitais (ações e obrigações) com frequência semelhante, apesar de o mercado imobiliário ter custos de transação muito mais elevados. Isto sugere que custos de transação mais elevados não são suficientes para evitar grandes variações nos preços.

Alguns autores procuram perceber o impacto de uma taxa sobre transações a partir da relação entre outros custos de transação e volatilidade.

Por exemplo, Jones e Seguin (1997) concluem que uma redução dos custos com comissões na Bolsa de Nova Iorque ocorrida em 1975 fez diminuir a volatilidade, o que sugere que uma taxa sobre as transações tornaria o mercado mais volátil.

Os dados empíricos nos mercados europeus também não são consensuais. Hau e Chevalier (2000) consideram um aumento implícito nos custos de transação no mercado de ações da França, mostrando que tal provocou uma pequena diminuição, mas ainda assim significativa, na volatilidade. Em sentido contrário está Hau (2006), que examinou a migração de capitais entre regimes institucionais diferentes na Bolsa de Paris para concluir que um aumento nos custos de transação fixos se repercutiu num aumento da volatilidade de mercado. Já para Umlauf (1993), a experiência da introdução das taxas na Suécia nos anos 80 revela que esta medida não só não fez diminuir a volatilidade do mercado como contribuiu para a aumentar. Phylaktis e Aristou (2007) descrevem o efeito de um aumento e diminuição da taxa sobre transações financeiras nos preços das ações cotadas na bolsa grega. Os resultados indicam que a taxa fez diminuir a volatilidade em períodos de subida dos preços, mas levou a um aumento quando a tendência era de queda. Quando a tendência é de subida a volatilidade diminui porque os investidores são menos afetados pela taxa quando existe mais liquidez, adquirindo ações na previsão de subidas adicionais dos preços. Já em períodos de tendência negativa, os investidores tornam-se mais sensíveis aos custos de transação. Mais recentemente, Colliard e Hoffmann (2015) mostram que a introdução de uma taxa em França em 2012 não produziu qualquer efeito significativo na volatilidade dos preços.

No contexto dos mercados asiáticos, há também vários estudos que merecem ser mencionados. Por exemplo, Hu (1998) concluiu que as 14 variações no valor das taxas que ocorreram em Hong Kong, Japão, Coreia e Formosa no período 1975-1994 não tiveram qualquer efeito na volatilidade do mercado de ações. Chou e Wang (2006) chegaram ao mesmo resultado para o mercado de futuros da Formosa no período 1999-2001. Para Baltagli *et al.* (2006), o aumento das taxas sobre transações no mercado acionista chinês levou a um incremento na volatilidade dos preços. Liu e Zhu (2009) analisam a desregulação ocorrida em 1999 no mercado japonês, caracterizada pela abolição de taxas sobre transações. Concluem que, ao contrário do que se verificou nos EUA, a redução de taxas se traduziu num aumento da volatilidade da Bolsa de Tóquio.

Num estudo sobre o mercado cambial, Aliber *et al.* (2003) concluem que custos de transação mais elevados nos futuros sobre a libra, o marco, o iene e o franco suíço no período 1977-1999 estiveram associados a uma maior volatilidade. No entanto, não é claro o sentido da causalidade: é igualmente plausível que os custos de transação mais elevados provoquem um aumento na volatilidade ou que custos de transação mais elevados sejam consequência de uma maior incerteza, e portanto de uma maior volatilidade.

Mais recentemente têm surgido contributos que sugerem que os efeitos pouco significativos da taxação das transações especulativas na volatilidade dos mercados se devem a concepções pouco adequadas das medidas de regulação em vigor. Por exemplo, Marsh *et al.* (2009) mostram, num estudo para o mercado dos EUA, que são os investidores não informados que provocam a volatilidade dos preços e que uma taxa sobre transações financeiras, *desde que adequadamente concebida*, poderia reduzir essa volatilidade de forma significativa.

Os estudos agora apresentados sofrem de algumas limitações importantes. Por exemplo, utilizam diferentes medidas de volatilidade, o que dificulta a comparação entre os resultados obtidos. Depois centram-se na volatilidade em períodos muito curtos (diários ou até intradiários), o que pode não ser o mais relevante na perspetiva da economia como um todo. Pelo contrário, é de crer que sejam as quedas abruptas de preço e os ajustamentos de mercado de grande dimensão que tenham um impacto mais significativo e duradouro na economia.

Entendidos no seu conjunto, os dados empíricos não permitem concluir que as taxas sobre transações diminuem a volatilidade dos preços. Na verdade, vários estudos até indicam que maiores custos de transação tendem a estar associados a uma volatilidade mais elevada nos mercados de capitais.

6.6 UMA APRECIAÇÃO ÉTICA DA ESPECULAÇÃO

O juízo ético sobre as atividades de especulação divide os estudiosos da matéria. É possível encontrar opiniões fortemente contrastantes sobre o tema, com implicações contraditórias no campo da regulação: há autores que realçam, na avaliação ética da especulação, as consequências benéficas para a sociedade e que propõem que a regulação seja concebida de forma a não dificultar essa prática, e há autores que evidenciam as consequências nefastas da especulação sustentando consequentemente medidas restritivas e, no limite, a ilegalização dos comportamentos especulativos[247].

A avaliação do ponto de vista ético dos comportamentos de especulação desenvolve-se regra geral em duas fases. Numa primeira fase procura-se perceber em que medida a especulação se aproxima dos comportamentos de jogo verificados em sociedade. Numa segunda fase, em função das conclusões obtidas na primeira etapa, procura-se perceber em que medida e de que forma os julgamentos éticos aplicáveis ao jogo podem ser aplicados à especulação. Sendo essa a abordagem tradicional na ponderação ética do problema, será também a adotada nesta secção.

Devemos então, seguindo esta linha de raciocínio, procurar indagar em que medida a especulação está próxima das práticas de jogo. Foi já referido, no início deste capítulo, que a associação entre a especulação nos mercados financeiros e o jogo existe na perceção da opinião pública: não é raro observar a utilização de expressões como «jogar na bolsa», por exemplo. A associação entre a especulação e os jogos de sorte e azar é também frequente na literatura não técnica: uma busca simples permite encontrar livros em português que recomendam que se «aposte na bolsa em tempos de crise» e que mencionam «o jogo da bolsa»; na língua inglesa é igualmente fácil encontrar títulos como «The Trading Game» ou algo semelhante. Esta perceção não se circunscreve, no entanto, à opinião pública.

Na tradição jurídica dos países anglo-saxónicos, a começar nos EUA, existe uma associação bem estabelecida entre a especulação nos mercados de capitais e o jogo. É esta ligação que está na base de decisões judiciais que não protegem juridicamente contratos especulativos com o argumento de que não são mais do que apostas quanto à evolução futura dos preços, ou seja, não essencialmente diferentes daquelas apostas que se realizam a propósito de corridas de cavalos ou jogos de cartas[248].

De facto, o paralelismo entre os dois tipos de práticas segue uma tradição bem enraizada no pensamento económico. Dois dos maiores pensadores no campo da economia e das finanças, Frank Knight e John Maynard Keynes, partilham igualmente essa perspetiva. Para Knight (1935), os decisores económicos nas empresas e nos mercados e os jogadores são guiados pelos mesmos motivos. A competição económica que se desenvolve em qualquer desses planos não tem como objetivo *imediato* a obtenção de uma mais-valia económica, mas antes o reconhecimento do sucesso pelos pares. De uma forma semelhante, Keynes (1936) compara os mercados financeiros com casinos já que em ambos os casos é provável que as decisões sejam motivadas no essencial por julgamentos a curto prazo relativamente às decisões a tomar pelos restantes jogadores/investidores. Para este autor, se um investidor especula que o preço vai subir amanhã, compreende-se que compre hoje a ação ainda que saiba que o está a fazer a um preço superior ao valor fundamental do título. Este tipo de comportamento tem a consequência óbvia de conduzir a uma desconexão entre o preço de mercado e o valor fundamental dos ativos[249].

A ligação entre jogo e especulação continua presente nos autores contemporâneos em finanças. É o caso, por exemplo, de um dos prémios Nobel da Economia de 2013, Robert Shiller (2015), segundo o qual o advento do jogo e da frequência com que se joga tem um impacto cultural importante e contribui para alterar as atitudes dos indivíduos acerca da assunção do risco em outras áreas tais como a especulação nos mercados de capitais. A prática do jogo suprime algumas das inibições naturais acerca da tomada de risco e é notada a similitude entre alguns contratos de jogo, em particular as lotarias e os mercados financeiros. Depois de se estabelecer o hábito do jogo convencional, é mais natural a transição para uma forma mais sofisticada de «jogo», a especulação em ativos financeiros.

Em termos históricos, o espírito «empreendedor» ligado a atividades de elevado risco, como a especulação financeira, tem estado associado a comportamentos de jogo. Existem diversos casos históricos notáveis, pelo menos desde o século XVIII, de ligação entre jogadores e episódios de especulação. Um dos exemplos mais citados é o de John Law, um dos responsáveis pela bolha especulativa da Mississippi Company e, ao mesmo tempo, um conhecido jogador de cartas. Mas a relação é mais geral. No início do século XIX nos EUA, diversas formas de jogo surgiram precisamente entre as camadas da população a que se atribui uma mentalidade mais propensa à aceitação do risco. Pelo menos desde essa época, é provável que os mesmos indivíduos sejam jogadores e especuladores financeiros[250].

A associação entre as atividades de investimento e de jogo acompanhou o desenvolvimento dos mercados financeiros modernos. Na sequência de uma crise financeira ocorrida nos EUA em 1907, o governador do estado de Nova Iorque, Charles Evans Hughes, encarregou um comité de investigar o sucedido. Uma das principais conclusões apresentadas em 1909 por aquele que que ficou conhecido como Comité Hughes era que apenas uma pequena parte das transações realizadas na Bolsa de Nova Iorque podia ser relacionada com atividades de investimento. A parte substancial das transações, dizia o relatório, podia ser caracterizada como simplesmente um jogo.

A associação entre, por um lado, alguns dos mais notórios episódios históricos de volatilidade acrescida nos preços e bolhas especulativas e, por outro, o recrudescimento das atividades de jogo, está bem estabelecida. O período de maior volatilidade no mercado norte-americano ocorreu entre 1929 e 1933, precisamente o período em que se assistiu a uma muito significativa difusão do jogo (ilegal) relacionado com a chamada lei seca, que vigorou entre 1920 e 1933. O enfraquecimento das barreiras legais ao jogo no final do século passado e a maior disponibilidade e aceitação social do jogo coincidiu, de igual forma, com a chamada «bolha tecnológica», a que nos iremos referir com maior detalhe no capítulo seguinte. Casos como estes têm vindo a ser assinalados noutros mercados desenvolvidos e também em mercados emergentes[251].

O desenvolvimento dos *media*, e em particular a cobertura jornalística permanente que começou a ser dada aos mercados financeiros sobretudo a partir dos anos 90 do século passado, serviu para evidenciar ainda mais a relação com o jogo. O mercado de ações começou a ser tratado como um evento desportivo com programas antes de o «jogo» se iniciar (abordando as expectativas acerca da sessão prestes a começar), com relatos detalhados ao longo da sessão, e com programas depois do «jogo» para revisão dos principais movimentos ocorridos durante o dia e para preparar os investidores para o dia seguinte.

A relação entre a especulação nos mercados financeiros e o jogo tem sido confirmada por numerosos estudos empíricos recentes. O jogo proporciona excitação e as pessoas que são atraídas por jogos de azar tendem a ter uma maior inclinação pela procura de sensações como as que se relacionam com o investimento em ativos financeiros. De facto, os dados sustentam a ideia de que muitos investidores encontram nos mercados financeiros um valor recreativo semelhante ao que se encontra nos jogos de azar. Por exemplo, Dorn e Sengmueller (2009) concluem que os investidores que gostam de jogar negoceiam em ações muito mais frequentemente. Grinblatt e Keloharju (2009) corroboram estes resultados mostrando que os investidores com maior excesso de confiança e mais propensos a gostar de experiências intensas são também os que mais transacionam. Barber *et al.* (2008) sugerem que os investidores individuais no país estudado (a Formosa) veem o mercado de ações como uma oportunidade para jogar. Num resultado que parece confirmar esta hipótese, os autores mostram que a introdução da lotaria naquele país, em 2002, desviou uma parte dos investidores individuais para o novo jogo. Kumar (2009) constata que a propensão para jogar está correlacionada com as escolhas realizadas pelos agentes nos mercados financeiros. De facto, observa-se que os investidores que mais jogam têm uma maior preferência por ações com características de «lotaria», ou seja, ações de baixo preço e com um perfil de maior volatilidade e rendibilidades mais assimétricas. Markiewicz e Weber (2013) utilizam dados provenientes de inquéritos e de simulações de investimento para estudar a relação entre comportamentos de jogo e de especulação a muito curto prazo [*day trading*]. A conclusão principal é que medidas de propensão ao jogo permitem prever a intensidade dos comportamentos especulativos (volumes de transações, custos de transação). Os especuladores parecem ser atraídos por novidades e despendem mais tempo a seguir o mercado embora não pareçam ter maiores conhecimentos sobre o mercado que os restantes investidores. Os seus resultados não são diferentes dos dos restantes investidores, pelo que a sua maior remuneração parece advir sobretudo da excitação associada às transações financeiras e não tanto dos lucros a obter. Lobão e Rolla (2015), numa análise aos mercados de apostas *online*, concluem que os apostadores exibem os enviesamentos cognitivos que são observados igualmente nos investidores dos mercados de capitais. A analogia entre jogadores e investidores foi igualmente evidenciada por Statman (2002) nos planos do excesso de otimismo, das aspirações, da emoção e da capacidade de entretenimento. Por fim, descobertas recentes no campo da neuroeconomia sugerem que as funções cerebrais que são ativadas nas duas atividades – jogo e especulação – são semelhantes. Os sistemas de recompensa através da busca de prazer verificam-se nos dois casos através da libertação de dopamina e de uma maior atividade cerebral no *nucleus accumbens*[252]. Estes estudos sugerem que os benefícios não pecuniários das transações são importantes para compreender o comportamento dos investidores.

Por todos os motivos expostos, parece ser seguro afirmar que existe uma relação próxima, e em diversas vertentes, entre o jogo e os comportamentos de especulação nos mercados financeiros.

Alguns autores, como Angel e McCabe (2009) por exemplo, tentam distinguir as duas práticas com o argumento de que um especulador tem alguma razão plausível – pelo menos plausível para o próprio especulador – para esperar obter um resultado positivo enquanto com um jogador isso não acontece. Esta alegação não parece fazer muito sentido. Por um lado, como estes últimos autores reconhecem, existem jogos cujo desfecho depende, em parte, das capacidades dos jogadores. Os resultados de alguns jogos de cartas como o póquer ou das corridas de cavalos dependem, em parte, do conhecimento que os jogadores têm, pelo que esses resultados tenderão a estar positivamente correlacionados com as capacidades dos intervenientes. Consequentemente, em vez de se considerar o jogo e a especulação atividades essencialmente diferentes, é possível organizar os diversos tipos de jogo e as intervenções no mercado de capitais num *continuum* de acordo com as componentes de acaso e de mérito envolvidas. É precisamente essa organização que se apresenta a seguir, na figura 1:

Figura 1 – Atividades de jogo e de intervenção nos mercados de capitais de acordo com a componente de acaso envolvida

Acaso	→					Combinação entre mérito e acaso
Jogos de acaso puro	Vinte-e-um (jogo de cartas)	Especulação	Póquer	Apostas desportivas	*Insider trading*	Investimento de longo prazo
Maior valor de entretenimento	→				Menor valor de entretenimento	

Fonte: Adaptado de Hurt (2006).

Como se pode ver, os universos do jogo e da especulação financeira sobrepõem-se em grande medida. Num dos extremos do espetro, apenas o acaso determina os resultados do jogo. Os exemplos, neste caso, incluem jogos como a lotaria ou jogos de casino como a roleta ou as *slot machines*. No outro extremo do espetro, o jogador/investidor controla o resultado num maior grau. Assim, em face das diferentes modalidades de jogo, resulta evidente que é realista que os jogadores mais capazes (ou experientes) esperem lucrar com o jogo.

Por outro lado, pode afirmar-se, de forma análoga, que um investidor experiente ou com um conhecimento profundo dos mercados financeiros pode ter expectativas fundadas de obter resultados positivos à custa dos investidores menos capazes. Conforme já foi referido, os dados empíricos sustentam que os investidores com capacidades cognitivas mais desenvolvidas lucram no mercado em prejuízo dos restantes[253]. O ponto é que as duas categorias de intervenientes – jogadores e especuladores – podem ser equiparadas no que diz respeito às suas expectativas. E tanto num caso como noutro a decisão dos jogadores/investidores menos capacitados para intervir no jogo/mercado pode ser compreendida se nos dermos conta de que se trata de agentes com excesso de confiança a decidir numa situação de incerteza.

Em qualquer caso, o estereótipo do especulador enquanto jogador parece ser bem sustentado.

Saliente-se uma vez mais que o juízo ético que aqui se desenvolve se refere à especulação conforme foi definida na secção 6.2 e não aos comportamentos de investimento, em que um agente adquire ações para as manter na sua posse durante um período prolongado. Diferentemente da especulação, o investimento em ações, por atender à relação entre os preços e o valor fundamental futuro dos títulos, pode proporcionar rendimentos positivos para os agentes e externalidades positivas para a sociedade em geral.

Sendo evidente a relação entre especulação e jogo, interessa agora discutir o segundo dos pontos a que aludimos anteriormente. Que avaliações éticas atinentes ao jogo podem ser aplicáveis à especulação?

A investigação produzida pelos especialistas no domínio da ética permite apresentar algumas respostas a essa questão. Para um primeiro grupo de autores, a avaliação ética do jogo e também da especulação é neutra. O principal argumento é que os indivíduos têm a liberdade de dispor dos seus bens da forma que lhes aprouver desde que tal não implique uma incapacidade para cumprir as suas responsabilidades para com terceiros. Esta linha de raciocínio tem sido, todavia, rebatida na base de que se está a fazer depender a validade ética de um ato não das características do ato *em si* mas antes dos resultados obtidos e das capacidades financeiras dos indivíduos que o praticam. Se os indivíduos têm recursos para suportar perdas ou registam ganhos, o ato será eticamente aceitável; se não têm esses recursos ou se sofrem perdas, o ato será eticamente reprovável.

Em razão deste debate, alguns autores têm procurado analisar o jogo (e também a especulação enquanto jogo) pelos seus próprios méritos, independentemente dos intervenientes ou dos resultados obtidos. Ao afastarem a avaliação ética das consequências da especulação, estes autores afastaram-se igualmente, e muito, da troca de argumentos observada no âmbito da ciência económica sobre estes assuntos, argumentos esses que se sustentam no essencial precisamente nas consequências da especulação.

Assim, um outro grupo de autores conclui que quer o jogo quer a especulação são atividades eticamente condenáveis *em si*. São-no porque absorvem tempo, energias e capitais numa atividade inútil que desvia esses recursos de atividades produtivas. Ao distrair os agentes com a perspetiva ilusória da riqueza, essas práticas desencorajam a poupança e o espírito empreendedor;

os indivíduos tornam-se insensatos, passam a ignorar as probabilidades de ganhos e perdas e tornam-se dependentes do acaso. No pior dos casos, podem desenvolver-se comportamentos de dependência do jogo e da especulação financeira. No dizer de um dos autores que se debruçaram sobre esta questão no início do século XX, a especulação, tal como o jogo, prejudica os próprios especuladores, já que os torna vítimas da avareza; instila um sentimento negativo para com os restantes participantes de mercado dado que o especulador almeja lucrar à sua custa; e, por último, provoca dano à sociedade em geral por desviar recursos que de outra forma poderiam ser usados para proveito do público em geral[254].

O jogo e a especulação têm sido atacados noutras perspetivas. Alguns autores, na linha do pensamento clássico dos primeiros defensores do capitalismo, consideram que esses comportamentos, ao porem os indivíduos na dependência de um acaso que não controlam (pelo menos no caso dos «jogos de puro acaso»), contrariam os princípios do capitalismo enquanto sistema que deve, ao invés, ser baseado na racionalidade, na prudência, na poupança, na disciplina, no sentido do dever[255]. Segundo a doutrina social da Igreja, os comportamentos de jogo e especulação põem em risco a propriedade; ora os indivíduos não são livres de dispor dessa propriedade independentemente das consequências dos seus atos. Sobre essa propriedade, lê-se na encíclica *Laborem Exercens*, impende uma «hipoteca social», já que tais bens – mesmo sendo de propriedade privada – devem ser postos ao serviço da comunidade. Como já se disse, a apreciação ética negativa sobre a especulação tem também sustentação na doutrina produzida pelos juízes no sistema anglo-saxónico: os especuladores são considerados não produtivos, vivendo à custa do trabalho dos restantes indivíduos e sem nada contribuir para a comunidade[256].

Consequentemente, tanto o jogo como a especulação são encarados por estes autores no mínimo como comportamentos eticamente questionáveis.

Um outro aspeto a abordar na relação entre o jogo e a especulação financeira tem a ver com o valor de entretenimento das duas práticas. Cada uma das atividades do espetro representado na figura 1 acima proporciona um valor recreativo para o participante. Apesar da subjetividade inerente à avaliação da utilidade recreativa de cada uma das atividades, em geral esse valor é maior nas atividades situadas à esquerda do espetro. Este valor lúdico é importante, uma vez que na prática constitui um dos poucos benefícios sociais que se pode alegar existirem no jogo e na especulação financeira. Neste sentido, em vez de despender dinheiro na compra de um bilhete de cinema ou de um espetáculo musical, um indivíduo pode tomar a decisão de gastar o dinheiro num casino ou em especulação financeira.

Mas existe uma razão adicional para valorizar os resultados do jogo e da especulação financeira. O argumento é que uma aposta relativamente reduzida, ainda que com uma baixa probabilidade de ganho, pode ter uma utilidade positiva para o agente. A aposta pode ser considerada reduzida visto que não representa uma alteração nos padrões de vida do agente. O resultado obtido, no entanto, pode representar uma alteração positiva (e potencialmente muito significativa) nesse padrão de vida. Por conseguinte, o valor esperado de uma aposta, não obstante a excessivamente reduzida probabilidade de alteração no padrão de vida, pode ser superior ao baixo custo de a concretizar. A transação de ações e o jogo poderiam ser assim encarados como o reflexo de uma esperança de rápida ascensão social. Essa pode ser uma justificação óbvia para os apostadores comprarem bilhetes de lotaria – têm um custo baixo, uma muito reduzida probabilidade de ganho e um prémio de valor muito elevado. Mas o mesmo raciocínio é aplicável aos especuladores: verifica-se que estes têm uma preferência marcada por ações do tipo *jackpot*, isto é, ações com uma maior probabilidade de produzirem retornos extremamente positivos. Da mesma forma que na esmagadora maioria dos casos não se obtém o prémio da lotaria, observa-se em média que as ações do tipo *jackpot* registam rendibilidades muito baixas[257].

Por último, a especulação pode estar relacionada com a manipulação dos preços a que já nos referimos no quarto capítulo. Quando o especulador, que lucra com a diferença entre os preços de transação, tem poder suficiente para fazer mover os preços, existem incentivos para usar esse poder. Ao pôr em causa a integridade do mercado, essa especulação com efeitos manipulatórios não pode deixar de ser alvo de um juízo ético negativo[258].

Em suma, existem diversas razões para sustentar que o jogo e a especulação financeira são atividades com implicações éticas similares. Nesta medida, pode argumentar-se que devem ter uma regulação semelhante. Apesar dos problemas éticos que levantam, existem também, como vimos, fatores positivos a considerar. Não parece por isso razoável a posição de que ambas as atividades devam ser pura e simplesmente proibidas, conforme é defendido por alguns autores.

O jogo é uma prática fortemente regulada pelas autoridades públicas e sobre ela incidem taxas elevadas. Atendendo à similitude com a especulação, é defensável para alguns autores que o mesmo tipo de medidas públicas que desincentivam o acesso dos indivíduos ao jogo deva ser aplicado às transações de curto prazo nos mercados financeiros. Entre essas medidas incluem-se a proibição de transações nos casos em que a componente especulativa é mais significativa, o aumento dos controlos no licenciamento dos intermediários financeiros, a imposição de restrições quanto ao momento e aos mercados em que as transações especulativas podem ocorrer, a imposição de restrições no acesso dos investidores menos qualificados a instrumentos especulativos, as limitações nas possibilidades de concessão de crédito para transações especulativas, a regulação da publicidade nos serviços prestados pelos intermediários financeiros, medidas de taxação dos proventos gerados com a especulação ou o aumento da literacia financeira dos investidores[259].

6.7 A EXPERIÊNCIA DE APLICAÇÃO DE TAXAS SOBRE TRANSAÇÕES FINANCEIRAS

A) INDICADORES DE ESPECULAÇÃO

A tarefa de regulação dos comportamentos especulativos é dificultada pela ausência de indicadores claros acerca das intenções dos investidores. Apesar disso, algumas estatísticas ao longo do tempo têm sido tomadas como *proxies* de transações especulativas.

O tempo médio de investimento constitui provavelmente o indicador mais utilizado para este efeito, uma vez que um dos fatores que caracteriza as transações especulativas são como vimos o curto prazo na tomada de posições no mercado. Esta opção tem também algum apoio na literatura teórica no tema da especulação uma vez que as transações especulativas tendem a estar relacionadas nos modelos com o aumento do volume de transação e consequentemente com uma permanência mais curta dos ativos em carteira[260].

Neste sentido, apresenta-se de seguida o gráfico 8, que representa o tempo médio de investimento no mercado em ações do investidor típico que atuou em 2012 em cada um de um conjunto de 25 mercados selecionados.

GRÁFICO 8 – Duração média de investimento em ações em 25 mercados selecionados durante o ano de 2012

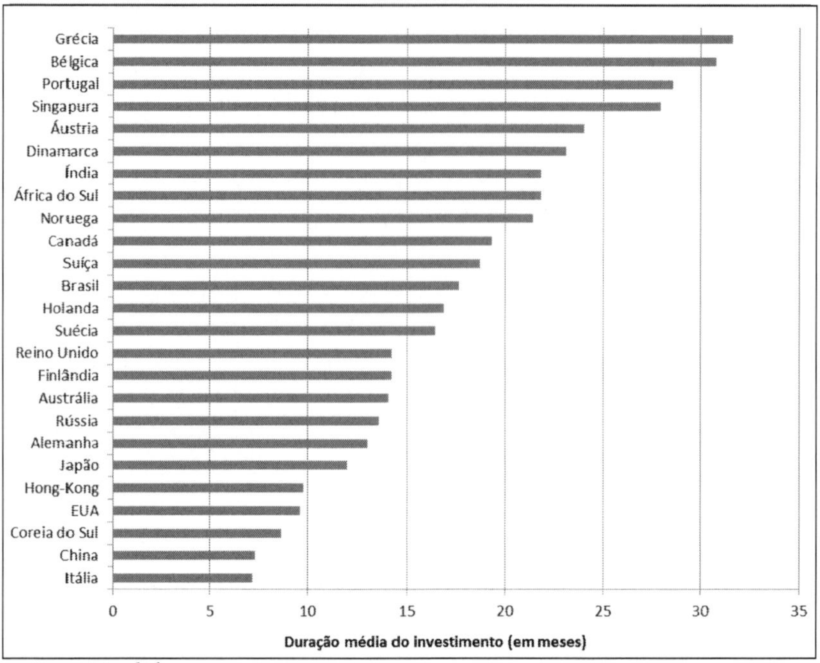

Fonte: Banco Mundial.

Conforme se pode observar, a duração média do investimento em ações variou de forma significativa em 2012.

O indicador que acabámos de apresentar envolve desvantagens, a mais importante das quais reside em não estabelecer qualquer distinção entre os diversos tipos de investidores. Faz por isso sentido atender às diferenças entre os agentes presentes no mercado.

O indicador desenvolvido por Chan e Covrig (2012), por exemplo, atende especificamente à atuação dos gestores dos fundos de investimento. Dado o crescente papel dos investidores institucionais nos mercados de capitais atuais, nomeadamente no que diz respeito à detenção de ações, o estudo destes agentes reveste-se de particular importância. Os autores estabelecem também uma diferença entre a atuação desses gestores nos mercados onde estão sedeados os fundos e nos mercados estrangeiros que, para os efeitos relevantes nesta secção, não será tida em conta. Assim, apresentam-se de seguida, no gráfico 9, os valores para o indicador de Chan e Covrig (2012), que refletem a rotação das carteiras dos fundos de investimento num conjunto selecionado de 29 mercados de ações.

Gráfico 9 – Indicador de rotação de carteiras dos fundos de investimento no mercado doméstico num conjunto de 29 mercados de ações selecionados no período 1999-2006

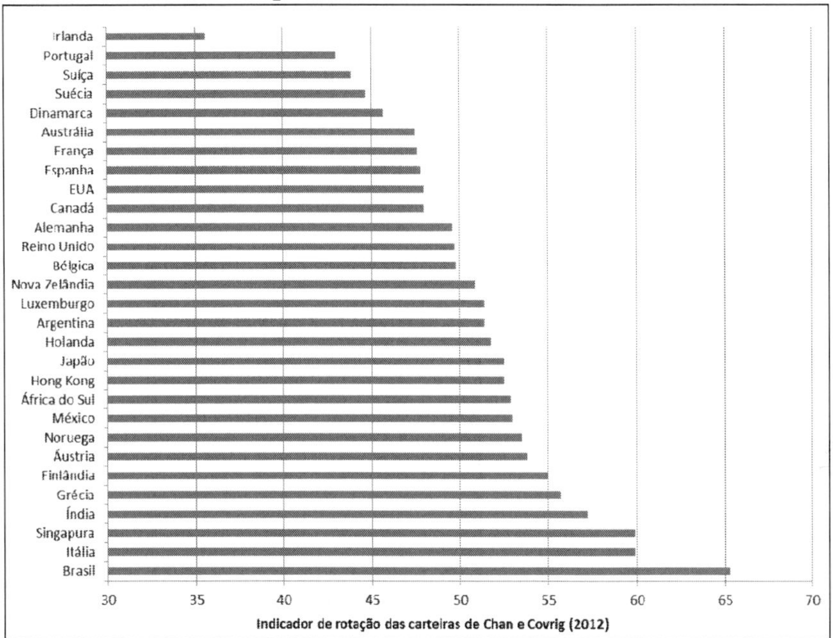

Notas: Indicador normalizado ao intervalo de variação [0-100]; um maior valor do indicador corresponde a uma maior rotação de carteira.
Fonte: Chan e Covrig (2012).

A comparação, por parte do regulador, da intensidade de rotação das carteiras dos diversos tipos de agentes em presença no mercado permite que sejam concebidos instrumentos de regulação com destinatários específicos.

B) EVOLUÇÃO HISTÓRICA E PANORAMA ATUAL

A noção de que a especulação é prejudicial ao interesse público está profundamente enraizada na perceção popular, mas também na prática legislativa dos países. Nos EUA, por exemplo, há notícias de que já no século XIX os tribunais se recusavam a fazer cumprir acordos especulativos com essa justificação. A especulação foi desde cedo associada à desestabilização dos preços e à formação de bolhas especulativas. A posição antiespeculação por parte do sistema judicial dos EUA era partilhada pelos legisladores daquele país e traduziu-se num numeroso conjunto de leis como o Securities

Exchange Act, a que já nos referimos nos capítulos anteriores, o Commodity Exchange Act de 1936, as regras contra os contratos de diferença de preço *(the rule against difference contracts)* e as regras contra a especulação através dos contratos de seguros.

O Securities Exchange Act de 1934 assumiu um papel particular no combate à especulação no mercado de ações. Uma das estratégias adotadas nessa legislação para atacar os excessos da especulação foi a imposição de margens de forma a limitar a capacidade dos investidores para contrair dívida para comprar ações. Uma outra restrição à especulação refere-se às vendas curtas. Como vimos no capítulo 5, o Securities Exchange Act proibiu as vendas curtas exceto depois de uma subida do preço das ações *(uptick rule)*.

Neste contexto, não é pois de admirar que a utilização de taxas com o fito de moderar os excessos de especulação nos mercados de capitais tenha igualmente uma longa história. De facto, nos EUA, por exemplo, a aplicação desse tipo de medidas data pelo menos de 1863[261].

As taxas sobre as transações incidem normalmente na venda de ativos como ações, obrigações e contratos derivados (futuros e opções)[262]. Levantam-se assim questões relacionadas com a definição do valor da taxa a aplicar, com o ponto do sistema de pagamentos em que deve incidir e, por fim, com os ativos a abranger.

Como veremos, a experiência mostra que as taxas aplicadas são muito variadas. Já no que diz respeito ao ponto em que devem ser cobradas, existem no essencial duas posições. A taxa pode ser cobrada em bolsa, no momento em que a transação se processa, ou, em alternativa, a coleta pode dar-se no momento da liquidação. Uma vez que a liquidação tende a ser centralizada, a segunda alternativa parece ser preferível por facilitar o controlo do pagamento.

A maioria dos economistas que defendem a regulação sustenta que é preferível que a taxa abranja um conjunto alargado de ativos. O objetivo é que os ativos objeto da taxa tenham poucos substitutos. Quando um bem é taxado, existem como vimos incentivos acrescidos para adquirir produtos substitutos que não são alvos de taxação.

Muitos dos principais mercados desenvolvidos têm alguma forma de taxação sobre as transações financeiras, como se pode observar na tabela 4, a seguir.

Tabela 4 – A experiência internacional em taxas sobre transações de ativos financeiros (ações e obrigações)

País	Ações	Obrigações emitidas por empresas	Obrigações do Tesouro	Notas
Alemanha	[0,5%]	0,4%	0,2%	Eliminada em 1991
Austrália	0,3%	0,15%	-	Reduzida duas vezes durante os anos 90 do século xx; atualmente é de 0,15% tanto para comprador como para vendedor
Áustria	0,15%	0,15%	-	Em vigor
Bélgica	0,17%	0,07%	0,07%	Em vigor
Brasil	0,3%	0,3%	0,3%	Taxa sobre ações aumentou e taxa sobre obrigações diminuiu em 1999
China	0,5% ou 0,8%	[0,1%]	0	Taxa sobre obrigações eliminada em 2001
Dinamarca	[0,5%]	[0,5%]	-	Reduzida em 1995 e 1998; eliminada em 1999
EUA	0,003%	-	-	Aplicável às ações transacionadas na Bolsa de Nova Iorque e na Nasdaq
Finlândia	1,6%	-	-	Introduzida em 1997; apenas aplicável às transações na bolsa eletrónica de Helsínquia
França	0,2%	0,2%	-	0,2% para o comprador; aplicável a obrigações convertíveis em ações; em vigor desde 2012
Grécia	0,6%	0,6%	-	Introduzida em 1998; duplicada em 1999
Holanda	[0,12]	[0,12]	0	Em vigor entre 1970 e 1990
Índia	0,5%	0,5%	-	Em vigor
Indonésia	0,14%+10%V	0,03%	0,03%	V = IVA sobre comissões; introduzida em 1998
Irlanda	1%	-	-	Em vigor
Itália	[1,12%]	-	-	Eliminada em 1998
Japão	[0,1%], [0,3%]	[0,08%], [0,16%]	-	Eliminada em 1999
Portugal	[0,08%]	[0,04%]	[0,008%]	Eliminada em 1996
Reino Unido	0,5%	-	-	Em vigor
Singapura	0,05%+3%V	-	-	Reduzida em 1994; eliminada em 1998; IVA aplicável
Suécia	[1%]	-	-	Eliminada em 1990
Suíça	0,15%	0,15%	0,15%	Em vigor a 0,3% em ativos estrangeiros; 1% sobre novas emissões

Notas: Entre parênteses retos assinalam-se os valores das taxas que vigoraram no passado mas atualmente não se encontram já em aplicação.
Fonte: Adaptado de McCulloch e Pacillo (2011).

Da tabela ressalta a existência de países que aplicaram (e aplicam) taxas sobre transações com naturezas, intensidades e formas de implementação muito diferentes. As taxas sobre transações variam de acordo com o tipo de instrumento financeiro (as ações são tipicamente taxadas mais fortemente do que os instrumentos de dívida), com o local onde o negócio tem lugar (em bolsa ou fora de bolsa, no mercado doméstico ou num mercado estrangeiro) e com a identidade do investidor (residente no país ou fora do país, investidor profissional ou não profissional).

A experiência mostra que a imposição de uma qualquer taxa traz consigo um incentivo para alterações de comportamento no sentido de reduzir o montante a pagar. Qualquer análise de proposta de implementação de uma taxa deve ter em conta as respostas comportamentais daí decorrentes. No caso das taxas sobre transações financeiras, são relevantes várias alterações de comportamento. Em primeiro lugar, os investidores podem mudar o local de transação passando a transacionar fora de bolsa ou em mercados estrangeiros. Em segundo lugar, podem transacionar ativos substitutos capazes de gerar rendimentos similares àqueles que resultariam dos ativos objeto da taxa. Em terceiro lugar, os investidores podem escolher não transacionar, encetando uma alteração nos rendimentos recebidos de forma a não ter que suportar a taxa.

Qualquer destes três comportamentos se traduz numa redução dos montantes a cobrar com a imposição da taxa.

A experiência em relação à reação dos investidores tem sido bastante diversificada. No caso do Reino Unido, por exemplo, a taxa não pode ser evitada através das transações no estrangeiro, mas estimula as transações em ativos substitutos além de ter contribuído, em certa medida, para reduzir o volume de transações totais.

No caso da experiência da Suécia, conforme já se referiu, existiram fortes incentivos para transferir as transações para mercados estrangeiros, nomeadamente para o Reino Unido. Os efeitos sentiram-se sobretudo nos investidores estrangeiros – que passaram a transacionar mais fora da Suécia – do que nos investidores suecos – que reagiram essencialmente reduzindo o volume de transações. O impacto no volume de transações foi mais fortemente sentido nos instrumentos de dívida e nos derivados sobre dívida do que nas ações. O volume de transações no caso das obrigações e dos futuros sobre obrigações diminuiu 20% e 98% respetivamente entre finais de 1987 e inícios de 1989. Nesse período, o mercado de opções quase desapareceu. Quando a taxa foi abolida, em abril de 1990, os efeitos deram-se em sentido contrário. Apesar do seu interesse, é de referir que a possibilidade de extrapolação das lições do caso sueco é relativamente limitada uma vez que hoje em dia não é provável que existam recomendações para a introdução de uma taxa sobre transações com um valor tão elevado quanto 2%. Como se pode observar pela tabela 4, na maioria dos casos a taxa a aplicar não ultrapassa 1% do montante transacionado.

Apesar disso, há outros casos referidos na literatura de fuga de capitais em resultado da aplicação de taxas sobre transações, como são o dos futuros na Bolsa de Tóquio (fuga para a bolsa de Osaka e Singapura) e o das ações na Finlândia (fuga para o mercado de Londres)[263].

Estas experiências históricas evidenciam a importância do critério da territorialidade na aplicação das taxas sobre transações. Uma primeira alternativa consiste em a taxa ser aplicada a transações baseadas na localização do negócio, o que requer que as autoridades cobrem a taxa de todos os participantes que transacionam na sua jurisdição. Neste caso, existirão incentivos à criação de «paraísos fiscais» e à migração dos capitais para essas zonas. Mas a taxa pode ser baseada na localização da empresa emitente dos títulos. Neste caso, as empresas sedeadas em países que impõem taxas de transação elevadas estarão em desvantagem, pelo que poderão considerar deslocar-se para jurisdições com taxas de transação mais baixas.

A aplicação de uma taxa sobre transações a nível global mitigaria os receios de fuga de capitais e de substituição de ativos taxados por ativos não taxados. No entanto, dada a oposição de alguns países às taxas sobre transações, o objetivo não se afigura realista. Mesmo que fosse possível implementar uma taxa a nível global, é provável que continuassem a verificar-se exceções. Por exemplo, as transações no mercado primário estariam provavelmente isentas da taxa para evitar impactos desfavoráveis no financiamento empresarial.

Um sistema de taxas pode ser concebido para incentivar a transparência dos mercados. A este respeito pode ser adequado aplicar valores mais baixos na taxa aos ativos transacionados em bolsa do que aos ativos transacionados no mercado de balcão. O mercado de balcão é menos transparente do que as bolsas de valores uma vez que a transação pode ocorrer entre dois agentes sem que os restantes investidores tenham conhecimento do preço aplicado. Além disso, é de esperar encontrar problemas de assimetria de informação importantes dadas as diferenças nos agentes em presença. As características dos produtos financeiros transacionados no mercado de balcão são objeto de negociação e, uma vez que os vendedores – normalmente bancos – estão a transacionar constantemente enquanto os compradores entram no mercado apenas esporadicamente, os vendedores tendem a ter mais informação do que os compradores e a usar essa informação em seu proveito. Isso significa que em média os vendedores tenderão a extrair maior valor dos negócios com os seus clientes. Considerando estas características dos mercados de balcão, é ainda de referir que estes podem implicar problemas sistémicos mais significativos.

Um outro aspeto problemático na concepção das taxas de transação tem a ver com os decisores políticos terem incentivos para maximizar as receitas provenientes dessa medida selecionando, por conseguinte, valores para a taxa que não são eficientes na perspetiva da estabilização dos mercados. Note-se que os principais proponentes da medida, a começar por Tobin (1978), sempre salientaram que o objetivo central das taxas sobre as transações deveria ser a estabilização dos mercados financeiros. A geração de receitas fiscais seria um mero efeito secundário.

A experiência permite identificar dois princípios que podem ser usados para determinar os ativos abrangidos e a taxa que deve ser aplicada. Um primeiro princípio é que as transações que geram o mesmo rendimento devem pagar a mesma taxa. Um segundo princípio é que as transações que usam os mesmos recursos financeiros devem pagar a mesma taxa. O primeiro princípio evidencia o resultado da transação e permite minorar a possibilidade de substituição entre diferentes instrumentos que proporcionam rendimentos semelhantes. O segundo sublinha o custo dos recursos utilizados na transação. Por exemplo, se é possível obter exposição a um ativo através de um ativo diferente e mais dispendioso, então este segundo ativo deverá ser menos taxado do que o primeiro[264].

As características dos mercados onde se pretendem aplicar medidas de redução da especulação influenciam decisivamente os resultados obtidos. Os investidores podem reagir de forma diferente à introdução de taxas sobre transações financeiras em comparação com os casos já estudados. Em geral, não é ainda claro em que medida podem os resultados dos estudos existentes ser extrapolados para o contexto atual.

Em condições normais, é de esperar que a implementação de medidas restritivas da especulação encontre resistências. Podem ser identificadas pelo menos três razões para que os especuladores não exerçam pressão no sentido da regulação, mesmo depois de terem sofrido perdas substanciais. Em primeiro lugar, existe o problema de se admitir ter sido um «perdedor» nos mercados financeiros. Em segundo lugar, os especuladores que sofreram perdas tendem a continuar a ser otimistas em relação às suas capacidades uma vez que frequentemente os seus maus resultados são atribuídos a fatores externos como a má sorte[265]. Em terceiro lugar, os especuladores que sofreram perdas e que se apercebem de que não têm capacidade para obter ganhos nos mercados de capitais podem evitar perdas futuras simplesmente abstendo-se de transacionar nesses mercados. Por esta razão, é pouco provável que exijam uma intervenção pública limitadora da especulação[266].

Em geral é na sequência de períodos de crise que se torna evidente a necessidade de adoção de medidas antiespeculação. Neste sentido, é de prever que os recentes episódios de volatilidade nos mercados financeiros, associados à crise financeira pós-2008, continuem a alimentar o debate sobre a regulação da especulação. Um bom exemplo disso mesmo é o que se está a passar na União Europeia. No momento em que escrevemos, existe a intenção de que dez países da União Europeia – entre os quais se encontra Portugal – cheguem a acordo até meados de 2016 sobre a criação de uma taxa incidindo sobre transações financeiras intradiárias, a aplicar em 2017. Tal, a acontecer, representará portanto um avanço significativo na coordenação fiscal entre os países da União Europeia[267].

6.8 CONCLUSÃO

Os comportamentos de especulação nos mercados de capitais têm sido associados àqueles investidores cuja atuação é guiada pela diferença entre os preços em vigor e a expectativa quanto aos preços futuros. Tanto a teoria como os estudos empíricos existentes mostram que escolhas guiadas apenas pelas diferenças entre preços (observados e esperados) podem fazer aumentar a volatilidade nos mercados de capitais e podem desempenhar um papel relevante na formação de bolhas especulativas e subsequentes *crashes* (ver capítulo seguinte).

A abordagem mais pragmática aos mercados de capitais adotada por alguns dos economistas mais influentes no pensamento em finanças – a começar por Keynes, ele próprio um investidor no mercado de ações – encontrou eco na preocupação das entidades judiciais e dos próprios reguladores com a temática da especulação. A constatação dos pontos de contacto entre a especulação e os comportamentos de jogo enquanto atividades improdutivas e potencialmente danosas do ponto de vista social vem de longe.

Na atualidade, é geralmente reconhecido pelos especialistas em mercados financeiros que a especulação levada a cabo pelo conjunto dos especuladores pode ser entendida como um jogo de soma nula – na verdade, de soma negativa se se tiverem em conta os custos de transação. Além de ser prejudicial para o próprio especulador (médio), o impacto potencialmente negativo desta prática tem levado muitos reguladores a introduzir taxas sobre as transações nos mercados de capitais, em particular sobre as transações de curto prazo.

Em teoria, tais taxas contribuiriam para desincentivar a especulação e consequentemente trariam benefícios na afetação dos recursos e até na monitorização dos gestores empresariais. Por outro lado, os críticos da regulação chamam a atenção para a possibilidade de a taxação criar problemas mais importantes que os que pretende resolver. As principais desvantagens apontadas prendem-se com a redução da liquidez dos mercados e com o aumento dos custos dos capitais.

Os dados empíricos não são inequívocos quanto à bondade dos efeitos da aplicação de uma taxa sobre transações financeiras. Os efeitos sobre a liquidez e a volatilidade não são claros, o que sugere que o sucesso da medida depende das condições concretas da sua aplicação. Entre estas condições avulta a possibilidade de as transações se deslocarem dos mercados onde a medida é introduzida para outros onde a taxa sobre transações é mais baixa ou até inexistente. A ilação mais importante a retirar neste ponto refere-se então à necessidade da concertação internacional entre os diversos reguladores nacionais e igualmente ao papel que neste campo podem desempenhar instituições transnacionais como a União Europeia.

7. Bolhas especulativas e *crashes*

7.1 INTRODUÇÃO

Ao longo das últimas décadas, os mercados de capitais têm sido marcados por episódios recorrentes de bolhas especulativas. Geralmente entende-se que uma bolha especulativa é o resultado de um processo complexo e prolongado no tempo que conduz a um afastamento progressivo e significativo entre os preços de mercado dos ativos financeiros e o seu valor fundamental. A bolha especulativa refere-se regra geral ao caso em que os preços de mercado são superiores ao valor fundamental e será esta a aceção que será adotada neste capítulo[268]. O final de uma bolha especulativa é muitas vezes marcado por uma correção súbita e pronunciada dos preços em direção ao valor fundamental. Esta descida dos preços é designada normalmente *crash*.

É difícil exagerar a importância de que a possibilidade de ocorrência das bolhas especulativas e dos *crashes* se reveste para o regulador. Bolhas e *crashes* podem produzir efeitos dramáticos não apenas nos mercados de capitais – com perdas muito acentuadas de riqueza dos investidores e perda de confiança na instituição dos mercados financeiros – mas também na economia em geral. Os problemas de afetação de recursos e nomeadamente o sobreinvestimento nos sectores de atividade onde as bolhas especulativas têm lugar podem culminar em episódios de recessão económica, desemprego elevado e perda de bem-estar.

O presente capítulo está organizado em oito secções. No ponto seguinte elabora-se uma breve panorâmica histórica sobre os principais episódios de bolhas especulativas e *crashes*. Na secção 7.3 apresentam-se as principais causas para o fenómeno, com destaque para os modelos comportamentais. O ponto 7.4 é dedicado aos efeitos das bolhas especulativas e dos *crashes*. Na secção 7.5 discorre-se acerca da relação entre a intensidade da regulação e a evolução dos mercados financeiros para concluir que existem ciclos de regulação e desregulação. As principais medidas de regulação do fenómeno em apreço são apresentadas na secção 7.6. Os custos da regulação são debatidos no ponto 7.7 deste capítulo, que tem a sua conclusão na secção 7.8.

7.2 A EXPERIÊNCIA HISTÓRICA

O número e a gravidade dos episódios de bolhas especulativas e *crashes* nos mercados de capitais tem aumentado de forma marcada ao longo das últimas três décadas. O estudo das bolhas especulativas ocorridas no passado é importante porque esses casos apresentam similitudes independentemente do momento e do lugar em que tiveram lugar.

Na década de 90 do século XVII assistiu-se em Inglaterra ao desenvolvimento de um dos primeiros mercados de ações e ao mesmo tempo a uma das primeiras bolhas especulativas de que há registo histórico. A bolha especulativa foi acompanhada de práticas generalizadas de manipulação de mercado nomeadamente através do chamado *corner*, a que já nos referimos no quarto capítulo. A bolha rebentou no verão de 1696, quando os preços caíram e se iniciou um período de crise económica.

Duas décadas depois, a memória do *crash* anterior tinha já perdido vigor, de tal modo que foi possível assistir ao desenvolvimento de uma nova bolha especulativa, que ficou conhecida como a bolha da South Sea. A South Sea era uma entidade que se propunha adquirir e titularizar a dívida pública inglesa. O preço das ações da South Sea aumentou de forma exponencial – mais de 700% na primeira metade do ano de 1720 – gerando ganhos extraordinários para os especuladores. Os casos de emissão de ações de empresas sem ativos reais e sem perspetivas de negócio marcaram este período. O colapso dos preços das ações – que atingiu os 88% no caso da South Sea – desencadeou uma forte reação das autoridades públicas. A legislação então aprovada manteve-se em aplicação por mais de um século, até que a sua anulação coincidiu com surgimento de uma nova bolha especulativa, já em 1825.

Nos EUA ocorreu um *crash* em 1792 no que poderíamos designar como o mercado da dívida pública. Em reação a este evento, alguns estados começaram a regular esses mercados de capitais, marcando o momento em que tal ocorreu pela primeira vez. Por meados do século XIX, os EUA viveram duas bolhas especulativas distintas, associadas ao sector da mineração primeiro e depois ao sector ferroviário. As versões americanas das bolhas especulativas apresentaram muitos pontos em comum com os eventos verificados em Inglaterra. Também nestes casos se assistiu a diversos esquemas fraudulentos e de manipulação de mercado. Os subornos de representantes dos órgãos legislativos foram um dos métodos adotados para contrariar as tímidas tentativas de regulação dos mercados de ações à época.

Nos anos 20 do século passado assistiu-se a uma das mais célebres bolhas especulativas da história. O aumento dos preços ao longo deste episódio histórico foi particularmente notório nas ações das empresas de *utilities*. Em pouco menos de seis anos – entre 1924 e 1929 – o principal índice acionista à época aumentou 280%. Mais uma vez, foram generalizados os esquemas de manipulação e de fraude e o aumento dos preços foi acompanhado pela adoção de diversas inovações financeiras (relacionadas com os chamados *investment trusts* e com novos instrumentos de dívida, por exemplo). A queda nos preços foi extremamente pronunciada – entre setembro de 1929 e junho de 1932 os preços desceram 80,6% em termos reais – e duradoura – o mercado regressou aos níveis pré-crise apenas em dezembro de 1958, ou seja, quase 30 anos após os factos. As consequências para o sistema financeiro foram devastadoras: um em cada cinco bancos nos EUA faliu na sequência da queda dos preços. O impacto nos agentes de mercado foi também fortíssimo, tendo marcado toda uma geração, que até ao final das suas vidas desconfiou de forma crónica dos mercados de capitais enquanto alternativa de aplicação de poupanças (na perspetiva do investidor) e fonte de financiamento empresarial (na perspetiva do gestor de empresas). O colapso dos mercados deu azo a uma reação enérgica das autoridades e os instrumentos legislativos então criados marcaram o panorama legislativo dos EUA até praticamente à atualidade[269].

Na década de 80 do século passado, o Japão assistiu a uma rápida ascensão dos preços das ações e do imobiliário num ambiente de baixas taxas de juro. Desde 1980 até 1989, o mercado de ações subiu 373% em termos reais, tendo caído cerca de 50% nos três anos seguintes. O mercado imobiliário seguiu um padrão semelhante: os preços quase triplicaram na segunda metade da década de 80; em 1990 estima-se que o valor de todo o imobiliário no Japão correspondesse a cerca de quatro vezes o valor do conjunto do imobiliário localizado nos EUA. O colapso dos preços está associado a efeitos de longo prazo na economia japonesa, nomeadamente ao crescimento anémico e aos períodos de inflação muito baixa ou mesmo de deflação que se têm verificado desde então.

A bolha tecnológica nos EUA começou a formar-se em meados da década de 90 do século passado. O índice Nasdaq subiu de 775,20 em janeiro de 1995 para 2505,89 em janeiro de 1999 e posteriormente mais do que duplicou a partir deste ponto, até atingir um máximo de 5048,62 em março do ano 2000. Os preços tinham mais do que sextuplicado em pouco mais de cinco anos. Dessa data em diante, os preços começaram a cair até um mínimo de 1314,85 em agosto de 2002. O colapso da bolha tecnológica provocou perdas estimadas em cerca de 7 biliões de dólares. Esta perda de riqueza apercebida dos investidores contribuiu para que o país entrasse em recessão em maio de 2001. O desemprego passou de 3,9% em outubro de 2000 para 6,3% em junho de 2003. A queda nos preços foi tão forte que, no momento em que escrevemos estas linhas, quase 16 anos após o pico no mercado de ações, o principal índice acionista dos EUA se encontra ainda, em termos reais, abaixo desse nível de preços. A bolha tecnológica foi o resultado da atuação conjunta de vários fatores. Em primeiro lugar, assistiu-se a um aumento significativo da procura de ações resultante de uma maior participação dos investidores no mercado. À entrada nos mercados de capitais dos investimentos para a aposentação da geração *baby-boom* e aos fluxos financeiros provenientes dos mercados asiáticos, entretanto em crise, pode ser atribuído o aumento na procura de ações. Além disso, o ambiente era caracterizado por baixas taxas de juro, de inflação e de desemprego e por um sentimento de otimismo excessivo por parte dos agentes económicos.

Em segundo lugar, as novas tecnologias e em particular a internet prometiam um aumento exponencial dos lucros. Os bancos de investimento responderam à elevada procura por ações relacionadas com a internet aumentando o número de empresas apoiadas na emissão de ações. Para isso, flexibilizaram progressivamente os seus critérios de aceitação de empresas emitentes deixando que ações de empresas com perspetivas duvidosas de negócio chegassem, pela sua mão, aos investidores.

Em terceiro lugar, os custos de transação nos mercados financeiros tinham decrescido e a indústria dos fundos de investimento estava em franco crescimento tornando ainda mais acessível a entrada nos mercados financeiros. Ironicamente, o advento da internet proporcionou um novo canal de investimento para os investidores: a possibilidade de transacionar *online*.

Estes passaram a utilizar a internet para comprar as ações emitidas pelas empresas que operavam no sector da internet[270].

Os episódios de bolhas especulativas são em geral acompanhados por um aumento dos volumes de transação e por uma maior rotação dos ativos em carteira. No caso da bolha tecnológica, a relação entre o aumento dos preços e o encurtamento do horizonte de investimento dos investidores pode ser observado no gráfico 10, que se apresenta a seguir.

GRÁFICO 10 – A bolha tecnológica nos EUA (1992-2002) e a duração média de investimento em ações

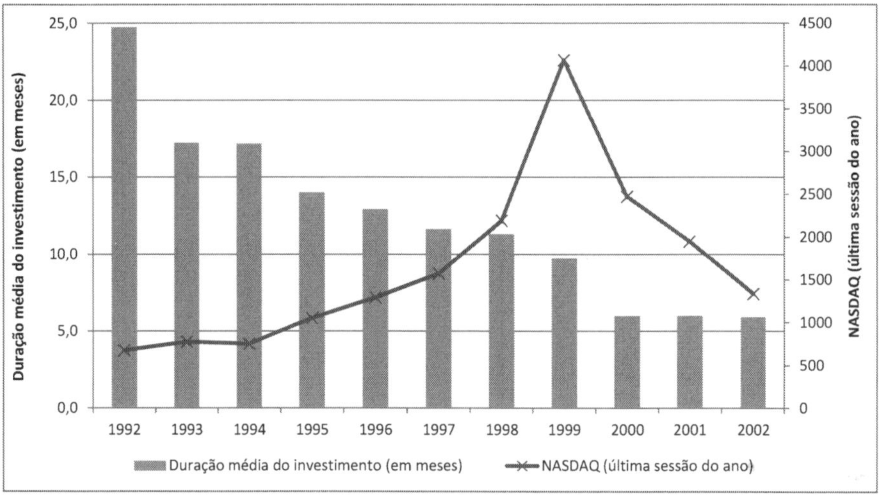

Fonte: Banco Mundial.

Em 1992, o tempo médio de detenção das ações em carteira era de cerca de 25 meses para o investidor típico. Com a formação da bolha especulativa, a partir de meados da década de 90, a duração média do investimento diminuiu até cerca de 6 meses a partir de 2000. Este desenvolvimento ilustra a relação frequentemente observada entre as bolhas especulativas e o recrudescimento da especulação nos mercados financeiros.

Mais recentemente assistiu-se à bolha especulativa no mercado imobiliário nos EUA, que se iniciou no final dos anos 90 do século passado e que durou até meados de 2006. Entre 1997 e 2006, os preços do imobiliário naquele país registaram um aumento médio de 85% em termos reais. O ambiente de baixas taxas de juro, a flexibilização dos critérios de concessão de crédito e diversas inovações financeiras relacionadas com a securitização de créditos contribuíram para a formação da bolha. O endividamento dos agentes económicos atingiu valores sem precedentes. A dívida do sector empresarial representava em vésperas da crise cerca de 76% do produto dos EUA. No caso das famílias, esse valor passou de 48% em 1981 para cerca de 100% em 2007. O colapso dos preços das ações e do imobiliário provocou graves consequências na economia norte-americana: mais de 15 milhões de famílias ficaram com imóveis de valor inferior ao crédito concedido para os adquirir. Assim, o nível de riqueza das famílias diminuiu fortemente, o consumo contraiu-se e isso afetou toda a atividade económica. As dificuldades alastraram ao sector bancário, fortemente endividado e muito exposto à evolução do sector do imobiliário. O banco de investimento Lehman Brothers, que tinha sido fundado em 1850, faliu. Diversas empresas de serviços financeiros como a Merril Lynch e a Wachovia foram adquiridas pelos concorrentes. O Washington Mutual, que se declarou falido em setembro de 2008, protagonizou a maior falência bancária na história financeira dos EUA. Mas foram batidos ainda outros recordes. De facto, este período ficou também marcado por diversos episódios de fraude, entre os quais merece destaque a maior fraude financeira de sempre nos EUA, perpetrada por Bernard Madoff, e que atingiu valores em torno dos 65 mil milhões de dólares. O caso Madoff foi revelado em dezembro de 2008 e teve o seu desenlace judicial em junho do ano seguinte com a condenação do principal responsável a 150 anos de prisão. Embora as perdas de valor no imobiliário tenham sido semelhantes às ocorridas na bolha tecnológica, a crise mais recente teve consequências muito mais graves: só a perda registada no mercado de ações entre o terceiro trimestre de 2007 e o primeiro trimestre de 2009 atingiu os 12,7 biliões de dólares (contra os 7 biliões de dólares de perdas na bolha tecnológica). O pico no mercado de ações foi observado no início de outubro de 2007 e a partir desse ponto as perdas ultrapassaram os 50%. Os meses dramáticos de setembro e outubro de 2008 fizeram as despesas dos consumidores e das empresas diminuir de forma abrupta. Nos três últimos meses do ano, a despesa em bens duradouros caiu 22% numa base anual, o investimento privado caiu 23% e as exportações diminuiram 23%. O primeiro trimestre de 2009 foi ainda pior em alguns aspetos: o investimento caiu 49% e as exportações diminuíram 31% (base anual). O PIB caiu a uma taxa anualizada de mais de 6%. A recessão económica prolongou-se desde dezembro de 2007 a agosto de 2009 e o desemprego aumentou de 4,5% em maio de 2007 para 10,1% em outubro de 2009. As cotações das ações, em termos reais, só regressaram ao valor de outubro de 2007 em meados de 2012. Apesar da atuação agressiva das autoridades monetárias dos EUA, a crise produziu uma das mais longas e profundas recessões na história económica do país. O impacto internacional da crise foi também muito significativo. Entre abril de 2008 e março de 2009, a produção industrial mundial caiu quase 15%. Na Europa, a necessidade de salvar uma parte importante do sector bancário – só entre julho de 2007 e fevereiro de 2009 foram resgatados 20 bancos europeus em dez países diferentes – e a forte contração da atividade económica associada ao elevado endividamento dos sectores público e privado de alguns países criou uma forte pressão sobre os orçamentos públicos expondo de forma súbita os erros e as omissões na construção da zona euro e os conflitos de interesses entre os países que a compõem. Contrastando com a atitude decidida da Reserva Federal dos EUA, foram postas em evidência as limitações do mandato do Banco Central Europeu e a sua resposta tardia e titubeante face à crise. A situação acabou por provocar, em última análise, uma diminuição do crescimento económico à escala mundial e uma extraordinária destruição de riqueza. Numa avaliação realizada em abril de 2009, o Fundo Monetário Internacional estimou que os governos ocidentais tinham já assumido custos em torno de 10 triliões de dólares com ajudas ao sistema financeiro, tendo cerca de metade desse valor sido gasto na forma de ajudas diretas e a outra metade correspondido a esquemas de seguros e outras garantias[271].

7.3 CAUSAS DAS BOLHAS ESPECULATIVAS E DOS *CRASHES*

Se os reguladores pretendem atuar, evitando a formação de bolhas especulativas ou pelo menos diminuindo a sua frequência ou intensidade, é necessário perceber o que pode levar à formação de uma bolha especulativa. Neste sentido torna-se adequado rever, ainda que de forma necessariamente breve, as principais explicações para o fenómeno. Podem ser encontrados diversos modelos de bolhas especulativas na literatura científica sobre o assunto. Abordaremos de seguida os modelos de bolhas racionais, os modelos comportamentais e os modelos macroeconómicos que evidenciam o papel do crédito no desenvolvimento das bolhas especulativas. Por último, faremos referência a um conjunto de outros fatores que podem contribuir para o surgimento do fenómeno em causa.

A) BOLHAS ESPECULATIVAS RACIONAIS

No quadro dos modelos de bolhas racionais, a divergência entre os preços e o valor fundamental dos ativos tem origem geralmente numa profecia autorrealizada. Está-se perante uma profecia autorrealizada quando uma expectativa acerca das circunstâncias da decisão afeta o comportamento dos agentes de tal forma que, em resultado dessa alteração de comportamento, as expectativas iniciais acabam por se concretizar. No caso em apreço, a perceção de que os preços se vão afastar do valor fundamental leva a que isso ocorra.

Os modelos de bolhas racionais não têm ganho aceitação na literatura económica e têm sido fortemente atacados por deixarem por explicar muitos dos elementos mais importantes que caracterizam as bolhas especulativas. Por exemplo, não oferecem qualquer justificação quanto aos fatores que conduzem ao surgimento da bolha. Além disso, estes modelos geram frequentemente soluções matemáticas indeterminadas, pelo que se pode partir dos mesmos dados e dos mesmos modelos e chegar a conclusões diferentes quanto à prevalência das bolhas. Além disso, existe conforme tem sido assinalado por diversos autores uma carência gritante de exemplos de bolhas especulativas ocorridas no mundo real que condigam com as previsões deste tipo de modelos[272].

Em face da incompletude teórica dos modelos de bolhas racionais, da sua falta de suporte empírico e da indeterminação matemática em que laboram, a principal explicação para o surgimento, desenvolvimento e colapso das bolhas especulativas pode ser encontrado no quadro dos modelos provenientes das finanças comportamentais.

B) MODELOS COMPORTAMENTAIS DE BOLHAS ESPECULATIVAS

O processo que desencadeia uma bolha especulativa tem muitas vezes na sua génese fatores de natureza fundamental relacionados com a introdução na economia de um processo ou produto inovador. E muitas vezes a expectativa inicial do impacto económico da inovação não é de modo nenhum descabida. Pense-se por exemplo nas expectativas de aumento de produtividade relacionadas com o desenvolvimento da via-férrea nos EUA do século XIX ou com a massificação da internet na transição para o novo século[273]. Estes casos são apenas dois exemplos de um padrão recorrente.

Essa inovação faz aumentar a produtividade empresarial e esse aumento da produtividade tende a provocar ainda maiores aumentos na procura agregada do que na oferta agregada potencial da economia. Isto ocorre porque o crescimento da produtividade é acompanhado por um aumento ainda maior nas expectativas a longo prazo de geração de lucros empresariais. Este facto por sua vez faz aumentar o preço das ações, alimenta o investimento empresarial – o aumento dos preços nos mercados de capitais provoca uma redução dos custos do financiamento via emissão de ações e obrigações – e cria poder de compra sem que tenha sido gerada ainda a contrapartida na produção de bens. Desde que os níveis de consumo e investimento sejam sensíveis ao nível de riqueza dos agentes económicos, o crescimento do preço das ações a um ritmo superior ao do rendimento irá induzir um aumento na procura agregada superior ao da oferta potencial. Poderia pensar-se que esta situação não pode persistir por muito tempo e que, em face do desequilíbrio descrito, os preços dos ativos financeiros tenderiam a sofrer uma correção num prazo relativamente curto[274].

No entanto, a prática mostra que não é isso que ocorre em muitas circunstâncias. O desequilíbrio pode subsistir durante anos levando ao avolumar de uma bolha especulativa. Os fatores comportamentais permitem entender o que leva à divergência progressiva entre os preços de mercado e os valores fundamentais dos ativos.

As finanças comportamentais explicam a formação das bolhas especulativas a partir da atuação de três fatores. O primeiro desses fatores refere-se aos investidores serem afetados por *enviesamentos cognitivos* que dificultam o processamento da informação fundamental acerca dos ativos. Em segundo lugar, os enviesamentos cognitivos propiciam a aquisição de ações em resposta a uma subida dos preços, ou seja, os investidores tendem a adotar *estratégias de feedback positivo* que contribuem para desestabilizar os preços. Por último, os arbitragistas veem-se impossibilitados de corrigir os desvios dos preços face ao valor fundamental dos ativos por sofrerem de *limites à arbitragem*. Interessa analisar com detalhe cada um destes elementos.

Em primeiro lugar, é necessário perceber que um investidor – qualquer investidor – tem de tomar decisões que dependem das suas perceções quanto ao futuro. Ora como o futuro é naturalmente desconhecido existe espaço para opiniões divergentes entre os diversos investidores. A decisão neste contexto de incerteza conduz a que os investidores sejam influenciados pelas suas características psicológicas, as quais constituem como que um filtro à informação a que têm acesso. Por exemplo, vimos já na alínea *c*) da secção 6.2 que o excesso de confiança leva a que os investidores sobreavaliem as suas capacidades e a importância da informação de que dispõem. No caso das bolhas especulativas, justifica a estimativa exagerada em relação à capacidade para prever a evolução dos mercados financeiros e para sair do mercado antes do *crash*. Mas existem outros enviesamentos comportamentais que favorecem a formação de bolhas especulativas. Entre esses enviesamentos contam-se o excesso de otimismo, o enviesamento de disponibilidade e o enviesamento de representatividade. O excesso de otimismo é o responsável por se achar, erradamente, que a evolução futura dos preços será favorável. Já o enviesamento de disponibilidade torna os investidores demasiado sensíveis aos factos mais salientes e mais recentes, o que conduz a uma estimativa exagerada da possibilidade de continuação da tendência corrente dos preços. A experiência de um *crash* ocorrido no passado não está tão disponível, em termos cognitivos, aos investidores pelo que estes tendem a subavaliar a possibilidade de tal se dar novamente. Já o enviesamento de representatividade leva os investidores a inferir uma tendência a partir de um número excessivamente reduzido de observações. Quando se dá uma fase de crescimento dos preços, os investidores julgam que tal é representativo do estado do mercado pelo que extrapolam erradamente essa tendência de crescimento para o futuro.

De acordo com as finanças comportamentais, durante uma fase prolongada de subida de preços, estes enviesamentos provocam uma perceção errada nos investidores de que os preços continuarão a aumentar. E os investidores concluem, erradamente, que serão capazes de sair do mercado antes que este colapse.

Em segundo lugar, os enviesamentos cognitivos que acabamos de descrever afetam a generalidade dos investidores pelo que as suas decisões em termos de compra e venda de ativos acabam por estar positivamente correlacionadas entre si. Os investidores tendem a ser afetados por dinâmicas sociais que provocam «comportamentos de manada» (*herding behavior*) e que os fazem seguir a tendência do mercado. Vários fatores contribuem para tal. Por um lado, o investimento nos mercados financeiros é suscitado por fatores sociais. Assuntos como estratégias de investimento, os títulos e mercados onde investir e os movimentos dos preços tornam-se assuntos de conversa corrente em sociedade. A comunicação interpessoal e o natural desejo de aceitação social tendem a desempenhar um papel importante no investimento em ações. A imitação dos comportamentos adotados pela maioria potencia a aceitação do indivíduo pelo grupo e promove os valores partilhados pela sociedade. Depois o investimento em ações é também incentivado pelos *media*, que, na fase de aumento dos preços, não só respondem ao interesse do público mas também espicaçam esse interesse. As notícias incidem, o mais das vezes, sobre os ativos e sectores com melhor desempenho. Existe registo, pelo menos desde as bolhas especulativas do início do século XX, de que os jornais divulgavam casos de pessoas comuns, sem conhecimentos particulares em relação aos mercados financeiros, que enriqueciam em pouco tempo com a compra de ações. As informações avançadas pela maioria dos *media* procuram justificar a subida dos preços, reforçando esses motivos, em vez de se centrarem nas razões que poderiam ter levado os mercados a evoluir de forma diferente. A abordagem noticiosa da evolução dos mercados financeiros como se se tratasse de um jogo, própria dos períodos em que as tendências especulativas se acentuam (ver secção 6.6), contribui para acentuar a divergência entre os fundamentais e os preços dos ativos. Aos investidores que se mantêm céticos acerca da continuação do aumento dos preços, novas histórias evidenciam a existência de outros agentes que têm expectativas positivas. Nesta atmosfera de otimismo, estão criadas as condições para a generalização da crença de que se está a viver uma «nova era» de crescimento económico quase ilimitado, num contexto onde a inovação é incensada e onde se entende que os métodos tradicionais de avaliação dos ativos financeiros não são já válidos para entender a evolução dos mercados de capitais. A perda de memória da história dos mercados de capitais é uma das marcas das bolhas especulativas. Os investidores mais desconfiados são acusados de ser incapazes de perceber as novas circunstâncias que sustentam a subida dos preços. A percentagem dos investidores que dizem acreditar que as ações são o melhor ativo para se investir tende a estar positivamente correlacionada com os preços: subidas de preço significativas reforçam a ideia de que se deve entrar no mercado. Um estado emocional positivo faz aumentar a confiança dos investidores e a sua propensão para assumir mais riscos. Além disso, muitos investidores sentem que podem assumir mais riscos uma vez que estão apenas a especular com as mais-valias obtidas com a recente subida de preços. Nesta fase, e em resposta a estes estímulos, uma parte significativa dos investidores tende a adotar estratégias de investimento de *feedback* positivo, ou seja, estratégias baseadas na tendência dos preços. Se os preços dos ativos financeiros aumentam, os investidores que seguem estratégias desse tipo entram no mercado a comprar exercendo consequentemente uma pressão para a subida dos preços. Esta subida dos preços por sua vez desperta o interesse comprador de um novo conjunto de investidores, que fazem os preços aumentar de novo. Instalam-se desta forma no mercado ciclos sucessivos de subidas de preço e de aumentos na procura de ativos com evidentes efeitos desestabilizadores. As estratégias de investimento motivadas por fatores fundamentais são substituídas por estratégias baseadas nos preços esperados conduzindo a uma desconexão progressiva entre os preços e o valor fundamental dos ativos.

Em terceiro lugar, é necessário considerar a não atuação dos arbitragistas. Considera-se que os arbitragistas são investidores sofisticados com os conhecimentos e os recursos para detetar e explorar desvios entre os preços e os valores fundamentais dos ativos. Os gestores de fundos de investimento e de *hedge funds* são tidos normalmente como exemplos de arbitragistas. Assim, em face de uma bolha especulativa, caberia em teoria aos arbitragistas o papel de explorar esse desvio. No entanto, nos modelos comportamentais a bolha especulativa agrava-se porque os arbitragistas não a podem (ou não a querem) combater. Isso ocorre porque os arbitragistas sofrem de limites à arbitragem. Entre os mais habituais encontram-se o risco fundamental, o *noise trader risk* e os custos de implementação. O risco fundamental corresponde à possibilidade de o valor fundamental dos ativos detidos por esses agentes ser afetado por choques aleatórios. Como os arbitragistas são avessos ao risco, a existência de risco fundamental pode levá-los a não intervir no caso de uma bolha especulativa. O *noise trader risk* está associado à possibilidade de os fatores que fizeram divergir os preços dos fundamentais continuarem a exercer esse efeito aumentando ainda mais essa divergência. Uma vez mais, dada a aversão ao risco do arbitragista, o *noise trader risk* desincentiva a sua atuação no mercado. Nos custos de implementação das estratégias de arbitragem podem ser incluídos os custos e riscos inerentes às vendas curtas. Existem ainda outros problemas associados à arbitragem com o risco de sincronização, por exemplo. Neste caso existe o risco de um arbitragista ao atuar de forma isolada não conseguir atenuar a divergência entre preço e valor fundamental. Vários arbitragistas teriam de se coordenar para concretizar esse intento e isso pode ser difícil em resultado de fatores legais, por exemplo. Na verdade, verifica-se que os arbitragistas não só não atuam no sentido de atenuar a bolha especulativa como podem ter incentivos para fazer aumentar ainda mais a divergência entre preços e valores fundamentais dos ativos. Se a expectativa do arbitragista for que a bolha especulativa continue a aumentar, o agente tem incentivos para adquirir ativos que sabe estarem sobrevalorizados face ao valor fundamental. A justificação vem da expectativa de venda desses ativos num momento futuro a um preço ainda maior. Empiricamente, verifica-se que essa foi a atuação de diversos *hedge funds* durante a bolha tecnológica dos EUA. Ao agirem dessa forma, os arbitragistas contribuíram para insuflar a bolha especulativa em vez de a combater[275].

No quadro dos modelos de natureza comportamental existe um subtipo de modelos em que a bolha especulativa resulta da divergência de opiniões entre os investidores. A mera existência no mercado de investidores otimistas e pessimistas acerca do valor fundamental dos ativos pode provocar bolhas especulativas se as duas categorias de investidores não puderem participar, de forma simétrica, no mercado. A existência de expectativas heterogéneas associadas a restrições às vendas curtas faz com que os investidores pessimistas sejam excluídos do mercado. Os investidores pessimistas pretendem efetuar vendas curtas de ações de forma a explorar a diferença que julgam existir entre o valor fundamental dos ativos (que julgam ser superior) e o preço das ações (que creem ser menor). Como as restrições às vendas curtas impedem a atuação dos investidores pessimistas, as suas opiniões não se refletem nos preços. O mercado acaba por ser dominado pelo grupo dos investidores mais otimistas, pelo que estão reunidas as condições para que uma bolha especulativa tenha lugar. Os modelos de expectativas heterogéneas podem ser enquadrados no seio dos modelos comportamentais visto que se pode considerar que são as características psicológicas dos investidores que os levam a ser pessimistas ou otimistas na avaliação dos preços de mercado e do valor fundamental dos ativos financeiros.

A perspetiva comportamental permite, em função do que foi descrito nesta secção, apresentar uma explicação para o surgimento e colapso de uma bolha especulativa. Em primeiro lugar, tem de existir um fator de mudança [*displacement*], que pode ser de natureza macroeconómica, política ou económica, que provoca um aumento dos lucros empresariais e, com ele, novas oportunidades de realocação dos capitais. Entre os fatores de mudança podem encontrar-se factos tão diversos como uma inovação tecnológica ou financeira, uma iniciativa de desregulação, um evento político inesperado ou o início ou final de um conflito armado[276]. Seja qual for o caso, os investidores com informação superior apercebem-se da situação e entram no mercado, guiados por fatores de natureza fundamental. Outros investidores vêm a seguir, atraídos pela subida dos preços e, fruto da adoção de estratégias de *feedback* positivo, provocam uma (ainda) maior subida dos preços. Os arbitragistas apercebem-se da dinâmica gerada pelos investidores que acabamos de descrever e entram também eles no mercado, contribuindo para insuflar ainda mais a bolha especulativa. Os investidores potenciais, ao observar os ganhos auferidos pela generalidade dos investidores que se encontram no mercado, passam a desejar tomar posições compradoras. A sua atuação estimula uma maior procura de ativos financeiros e provoca rondas sucessivas de aumentos de preços. Quando as expectativas dos arbitragistas se alteram, no sentido de acreditarem que a subida dos preços atingiu o seu limite, estes agentes saem do mercado desencadeando uma descida dos preços. O fator que origina a descida de preços não é o mais importante: pode até ser um evento ou conjunto de eventos de importância relativamente modesta mas de qualquer forma suficiente para expor a instabilidade da fase do mercado a alguns investidores. O mais importante são as consequências que daí decorrem. De facto, em resposta a esta descida dos preços, os investidores com estratégias de *feedback* positivo saem também do mercado, mas de forma desordenada, e a queda dos preços daí resultante é súbita e pronunciada. O pânico instala-se e produz-se o *crash* das cotações[277, 278, 279].

C) MODELOS MACROECONÓMICOS DE CRÉDITO

Além dos modelos de natureza microeconómica que acabamos de descrever, existe um conjunto de modelos macroeconómicos que evidenciam o papel do crédito na formação das bolhas especulativas. Em particular, esses modelos partem da observação de um padrão entre a evolução dos preços de mercado e das taxas de juro. Por um lado, a experiência histórica mostra que a emergência das bolhas especulativas é frequentemente precedida ou acompanhada por políticas monetárias expansionistas e por ambientes marcados por baixas taxas de juro. Um significativo aumento do crédito concedido parece ser uma condição importante para a formação de bolhas especulativas[280]. Por outro lado, parece verificar-se uma relação entre os aumentos da taxa de juro e as descidas dos preços de mercado. O poder dos aumentos da taxa de juro para fazer «rebentar» uma bolha especulativa sugere que as taxas de juro e a disponibilidade de crédito têm algum poder explicativo na formação das bolhas. Esta relação pode ser explicada por diversos motivos. Em primeiro lugar, uma taxa de juro mais baixa pode fomentar a especulação já que os investidores têm acesso, a baixo custo, a recursos financeiros para adquirir ativos; por outro lado, o aumento das taxas de juro torna o financiamento mais dispendioso, reduzindo assim os recursos financeiros disponíveis, tudo o resto constante. Em segundo lugar, uma taxa de juro mais reduzida pode fazer com que os investidores sofram da chamada «ilusão monetária». A «ilusão monetária» refere-se à tendência para os investidores pensarem em termos nominais em vez de considerarem os efeitos reais das transações. No caso, a «ilusão monetária» leva-os a julgar, erradamente, que os ativos adquiridos com recurso ao crédito são mais baratos em termos reais. Por último, períodos prolongados com taxas de juro muito baixas têm o efeito de fazer diminuir o grau de exigência dos credores na concessão de empréstimos. Quando as taxas de juro são muito reduzidas, diminui o diferencial entre as taxas de juro ativas (as taxas a que os empréstimos são concedidas, mais elevadas) e as taxas de juro passivas (as taxas que remuneram os depósitos, mais baixas). Nestas circunstâncias, as instiuições de crédito têm incentivos para compensar a diminuição da margem por via do efeito de preço, decorrentes da diminuição do diferencial entre taxas de juro, com um aumento nos montantes globais emprestados, ou seja, por via de um efeito de quantidade. Os primeiros destinatários no esforço para aumentar o montante dos empréstimos concedidos serão os potenciais devedores com rendimentos e garantias suficientes para fazer prever a boa cobrança dos empréstimos. No entanto, a partir de um certo momento, esses potenciais devedores poderão não ser suficientes, pelo que existem incentivos para se começar a conceder créditos também a agentes cuja capacidade de pagamento dos empréstimos é duvidosa. Estes incentivos, sobretudo se conjugados com sistemas de remuneração que privilegiam os montantes de concessão em detrimento das capacidades de cobrança do crédito, tenderão a conduzir a uma redução da qualidade dos créditos concedidos. Isso significa que agentes com reduzidas garantias e rendimentos terão acesso facilitado a crédito, inclusivé nos casos em que esse crédito se destina a adquirir ativos financeiros.

A relação entre o crédito concedido aos investidores para aquisição dos ativos financeiros e a intensidade das bolhas especulativas (e posterior correção) é exponenciada pela relação de reflexividade entre essas operações de crédito e a avaliação do colateral exigido. Este colateral, nas operações que visam a obtenção de crédito para adquirir ativos financeiros, é constituído pelos próprios ativos financeiros. Em teoria, a avaliação do colateral exigido pelas instituições financeiras para conceder o crédito deveria ser independente da operação de crédito suportada por esse colateral. No entanto, verifica-se na prática que o ato de concessão de crédito pode afetar o valor do colateral. No início da bolha especulativa, o montante de crédito concedido pode ser relativamente modesto pelo que o seu impacto no valor dos ativos financeiros pode não ser significativo. Mas, à medida que o endividamento se acumula, os seus efeitos tendem a fortalecer-se tanto por via da pressão nos preços nos mercados dos ativos financeiros como por via do efeito positivo do crédito no crescimento económico.

O que pode então parar um sistema financeiro num processo aparentemente ilimitado de expansão do crédito? A resposta óbvia seria que o processo pararia quando os participantes esgotassem as oportunidades de obtenção de lucro. Mas essa resposta não é convincente se for a atividade dos intermediários bancários no seu conjunto a criar a perceção de que essas oportunidades de lucro existem: o crescimento do crédito faz desenvolver bolhas especulativas nos mercados financeiros que por sua vez alimentam o crescimento do crédito. Assim, o processo continua até que se atinja um ponto em que o crédito total não pode aumentar o suficiente para estimular a economia. Por esta altura, os valores dos ativos financeiros estão já muito dependentes do efeito de estímulo proporcionado pelo novo crédito concedido e, uma vez que esse crédito não pode continuar a um ritmo superior, os valores do colateral começam a diminuir. A depreciação no valor dos ativos financeiros que serviram como colateral tem um efeito depressivo na atividade económica, o que por sua vez reforça a erosão do valor desses ativos. Uma vez que uma parte importante dos ativos foi sendo utilizada como colateral até esse momento, a descida dos preços pode precipitar a liquidação dos empréstimos, aumentando assim a velocidade da descida dos preços. A relação de reflexividade entre o crédito e o colateral que garante esse crédito reforça quer a intensidade da subida dos preços na fase da bolha especulativa quer a intensidade do *crash* que se lhe segue[281].

A intensidade do *crash* pode também ser intensificada pelos problemas de informação entre devedores e credores que surjem na fase descendente da atividade económica e dos preços dos ativos financeiros. Nestas circunstâncias, os investidores alavancados tentam obter crédito adicional para aguentar as suas posições nos mercados de capitais. Ora os bancos têm dificuldades em identificar, no conjunto dos investidores, aqueles que constituem um risco aceitável. O que os bancos sabem é que são os investidores mais fortemente atingidos pela queda dos preços e da atividade económica que estarão mais dispostos a aceitar crédito adicional, ainda que em condições que lhes sejam desfavoráveis (com elevadas taxas de juro, portanto). Dito de outra forma, os investidores financeiramente mais fragilizados pelas perdas nas suas carteiras são os que estão mais dispostos a aceitar crédito em condições gravosas. Esta situação cria um problema informacional denominado de seleção adversa. Temendo que os novos devedores sejam aqueles que mais provavelmente se mostrarão incapazes de suportar o endividamento, os bancos têm fortes incentivos para limitar o crédito. No entanto, se for esta a sua atitude, a economia, e com ela os mercados de capitais, sofrerá ainda mais, o que agravará o problema informacional que descrevemos. Em condições extremas, o mercado de crédito pode ficar paralisado.

É neste contexto geral, em que se encontra bem estabelecida a relação entre políticas monetárias expansionistas e o surgimento de bolhas especulativas, que é particularmente preocupante a hipótese avançada por Lawrence Summers segundo a qual a economia dos países desenvolvidos se encontra numa fase de «estagnação secular». Os países desenvolvidos, entendidos no seu conjunto, encontram-se num ambiente de muito baixas taxas de juro e com elevados níveis de poupança e ainda assim não têm tido o nível de investimento real necessário para absorver esses níveis de poupança e sustentar uma taxa de crescimento económico razoável. As economias parecem encontrar-se numa situação em que os níveis de investimento só podem igualar a poupança disponível se as taxas de juro reais forem negativas e este nível de equilíbrio não pode ser atingido dados os baixos níveis de inflação e a restrição que advém de as taxas de juro nominais não poderem ser inferiores a zero. Segundo a hipótese da «estagnação secular», períodos como o passado recente, em que mesmo políticas de taxas de juro nominais próximas de zero não são capazes de restabelecer os níveis de pleno emprego, serão comuns no futuro.

Uma diminuição da taxa de juro real necessária para atingir níveis de pleno emprego conjugada com um ambiente em que a inflação é muito baixa pode impedir que se atinjam os níveis de crescimento económico potencial e de pleno emprego. Uma vez que as taxas de juro nominais não podem ser negativas, os baixos níveis de inflação tornam mais difícil atingir taxas de juro reais de valor mais reduzido. E, ainda que se possa atingir esse nível de crescimento e de pleno emprego, tal terá de ser feito sacrificando a estabilidade financeira das economias. Manter taxas de juro nominais e reais muito baixas durante períodos longos pode fomentar a instabilidade nos sistemas financeiros, uma vez que os investidores têm de aceitar tomar níveis mais elevados de risco – que se podem revelar excessivos – se quiserem obter rendibilidades superiores. Por outro lado, criada a ilusão de que as obrigações inerentes ao crédito são fáceis de cumprir, as baixas taxas de juro estimulam a emissão de dívida pelos agentes económicos mesmo quando é questionável que se consigam obter as rendibilidades necessárias para honrar essa dívida, e mesmo nos casos em que as suas estruturas financeiras se apresentam muito alavancadas.

A «estagnação secular» deixa assim os decisores políticos perante uma escolha entre duas possibilidades: i) medidas que estimulam o crescimento económico por via de políticas orçamentais expansionistas ou ii) medidas que podem acelerar o crescimento económico por via de políticas monetárias expansionistas de caráter não convencional. No primeiro caso, os decisores impedem a descida das taxas de juro para o nível correspondente ao pleno emprego e adotam antes políticas orçamentais que permitam absorver a poupança excessiva. As políticas orçamentais têm ainda de se confrontar com as restrições decorrentes das condições de acesso ao crédito – que tendem a ser favoráveis num ambiente de baixas taxas de juro – e as condições de sustentabilidade do endividamento público. No segundo caso, os decisores adotam uma política monetária expansionista, por um período prolongado, que leve a uma diminuição das taxas de juro até ao ponto em que surjam bolhas especulativas que permitam absorver o excesso de poupança. Note-se que as bolhas especulativas podem ser entendidas, neste último caso, como uma forma alternativa de lidar com níveis excessivos de poupança na economia. A compra de ativos financeiros que se encontram numa bolha especulativa com a intenção de os vender numa data futura constitui uma forma alternativa de poupar para consumo futuro. Quando ninguém quer realizar investimentos reais e em alternativa se realizam investimentos em ativos financeiros, o preço destes ativos sobe, gerando lucros para os vendedores, que podem assim aumentar os seus níveis de consumo. Este consumo adicional, em teoria, pode restabelecer o equilíbrio entre a procura e a oferta de fundos nos mercados de capitais. Na prática, a realidade é bem diferente: os mecanismos comportamentais a que fizemos referência na alínea anterior tendem a desestabilizar os preços e a afastá-los da situação de equilíbrio. Assim, os custos a suportar com esta política são potencialmente muito elevados e surgem na forma de problemas no sector bancário e de instabilidade financeira nas economias. De facto, a experiência mostra que é de crer que são muito mais significativos a prazo os efeitos deletérios resultantes quer da canalização de recursos para o investimento em ativos reais (por exemplo, em imobiliário) para os quais não existe procura suficiente quer da instabilidade no sistema financeiro provocada pelo colapso da bolha especulativa[282].

Os modelos macroeconómicos que recorrem ao crédito para explicar as bolhas especulativas podem ser entendidos como complementares dos modelos comportamentais. O fator taxa de juro pode provocar um aumento dos preços e isso, ao atrair os investidores que seguem estratégias de *feedback* positivo, contribui para reforçar ainda mais esse aumento de preços[283].

D) OUTROS FATORES

Existem alguns fatores que podem contribuir para acelerar a formação de bolhas especulativas. Neste sentido, servem portanto como coadjuvantes dos mecanismos referidos anteriormente.

Temos, em primeiro lugar, os problemas de risco moral. O risco moral descreve a situação do agente económico que assume riscos excessivos por sentir que existe uma instância de proteção no caso da ocorrência de um evento negativo relacionado com esses riscos. O exemplo típico é alguém que constitui um seguro automóvel contra roubo e em consequência disso assume maiores riscos (deixando o veículo em zonas inseguras ou mal iluminadas, por exemplo). No caso das bolhas especulativas, o risco moral pode incentivar à assunção de riscos excessivos por parte dos investidores se estes sentirem que, em caso de *crash*, serão socorridos pelas instâncias públicas nacionais ou por organismos supranacionais como o Fundo Monetário Internacional, por exemplo. No que diz respeito às empresas, é por vezes referido que as garantias oferecidas por essas instituições poderão ter criado incentivos para se contrair uma dívida excessiva em alguns países emergentes, o que por sua vez esteve na base da criação de uma maior procura de ações e correlativo menor custo de capital. O custo de capital mais baixo pôde ser utilizado pelas empresas para obter largas somas de capital que foram utilizadas para adquirir instrumentos financeiros também eles garantidos.

Apesar de os problemas de risco moral poderem em teoria desempenhar um papel relevante no insuflar da bolha especulativa, os dados empíricos sobre o assunto são muito escassos. Além do mais, o efeito negativo das garantias cria um dilema interessante. Se as garantias de apoio aos investidores em caso de *crash* tivessem sido relevantes neste sentido ao longo do último século, seria de esperar que medidas como a garantia dos depósitos tivessem *agravado* os problemas de pânico bancário. No entanto, a experiência histórica parece apontar no sentido inverso: a instituição de tais garantias fez na verdade diminuir a frequência e a gravidade dos episódios dessa natureza.

Um segundo fator a ter em consideração diz respeito às assimetrias de informação entre gestores e investidores. É plausível admitir que os gestores têm regra geral melhor informação acerca da empresa do que os investidores.

Neste contexto, e assumindo que os gestores não são obrigados a divulgar informação, pode existir uma divergência entre os preços dos ativos financeiros e os valores fundamentais porque os investidores não têm acesso a informação suficiente para avaliar convenientemente os ativos que têm em carteira. Se a diferença informacional resultar numa subavaliação das ações, os gestores podem divulgar informação positiva de forma a encorajar os investidores a pagar mais por esses títulos. No entanto, se o problema for de sobreavaliação das ações, como no caso das bolhas especulativas, os gestores não terão os mesmos incentivos para divulgar informação. Conforme já foi referido anteriormente, os gestores não têm em geral incentivos para divulgar informação de teor negativo. E aos investidores com posições compradoras no mercado não interessa também divulgar notícias negativas. A situação pode ser agravada pelos conflitos de interesses de que enfermam intermediários como os analistas de investimento ou as agências de notação financeira. Estes agentes têm acesso a maiores lucros com a subida dos preços, dado o aumento no nível de atividade potencialmente associado a um maior otimismo dos investidores. Os analistas de investimento têm assim incentivos para transmitir informações positivas ao mercado, mesmo quando têm uma perspetiva negativa acerca dos ativos. Os analistas temem que uma atitude crítica acerca dos ativos emitidos por uma dada empresa passe a refletir-se numa maior dificuldade no acesso a informação privilegiada face aos concorrentes e numa diminuição dos negócios futuros com a empresa em questão. Da mesma forma, as agências de notação financeira são enviesadas no sentido de privilegiar a disseminação de informação positiva. As agências são pagas pelas empresas e não pelos investidores pelo que têm uma natural relutância em desagradar os clientes. Os problemas de informação assimétrica podem assim ajudar a sustentar a formação de uma bolha especulativa.

Por último, os fluxos internacionais de capitais são um fator a considerar na formação das bolhas especulativas. Thomas Piketty (2014), no seu livro *O Capital no Século XXI*, realça a extraordinária acumulação de riqueza que se tem verificado no pós-Segunda Gerra Mundial. No gráfico 11, a seguir, apresenta-se a evolução verificada no capital acumulado, em percentagem do rendimento anual entre 1870 e 2010, bem como as estimativas acerca da evolução dessa variável até ao final do século XXI.

Gráfico 11 – Rácio entre capital e rendimento a nível mundial (1870-2100)

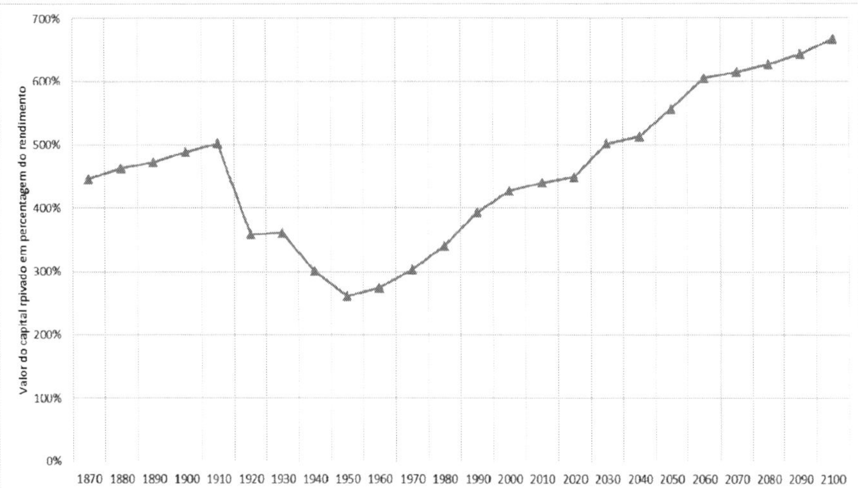

Nota: os valores referentes ao período posterior a 2010 correspondem à estimativa de Piketty (2014).
Fonte: Piketty (2014).

Conforme se pode verificar, imediatamente depois da Segunda Guerra Mundial, e em resultado da extraordinária devastação ocorrida nesse período, a riqueza acumulada a nível mundial situava-se em torno de três vezes o rendimento anual gerado. De então para cá a subida foi muito pronunciada, encontrando-se o rácio na atualidade em cerca de 450%. É claro que esta média mundial esconde situações muito diversas. Por exemplo, no caso de alguns dos países mais desenvolvidos, o rácio atingiu valores superiores a 600%, ou seja, seis vezes o rendimento nacional. As previsões quanto à evolução do rácio, tendo em conta as estimativas de evolução da taxa de poupança e da taxa de crescimento económico a nível global, apontam para que a tendência de acumulação de riqueza se prolongue até ao final do século XXI, podendo atingir nessa altura valores próximos dos 700% (ver gráfico 11). Esta situação conduz naturalmente à expectativa de que os países em que os níveis de riqueza acumulada são mais elevados invistam em grande escala a nível internacional. Nessa medida, os fluxos financeiros internacionais refletem, em parte, a riqueza entretanto acumulada. Para se ter uma noção da integração financeira a nível internacional refira-se apenas que as responsabilidades e os créditos financeiros internacionais aumentaram, nos países desenvolvidos, de uma média de 70% do PIB daqueles países em 1980 para 440% do PIB em 2007. A evolução nas economias emergentes foi de 35% para 70% ao longo do mesmo período. Esse reforço da internacionalização da componente financeira das economias poderia em teoria ter um efeito estabilizador nos mercados. No entanto, não é isso que se tem verificado. A experiência mostra que a liberalização dos fluxos de capitais tem exposto as economias em geral e os mercados financeiros em particular a importantes choques externos. A maior velocidade a que os grandes montantes de capitais financeiros podem circular entre mercados de capitais de diferentes países tem feito aumentar a volatilidade dos preços e a virulência das crises financeiras. Observa-se que o aumento significativo dos preços num dado mercado de capitais pode ser alimentado por um incremento dos fluxos de entrada no país e, ao mesmo tempo, pode contribuir para a atração de novos capitais. Os estudos empíricos têm mostrado que existe um ciclo financeiro a nível global caracterizado por evoluções síncronas dos fluxos internacionais de capitais, da criação de crédito e de variação dos preços dos ativos financeiros. Os fluxos financeiros parecem afetar os preços dos ativos de forma indiscriminada. De facto, a entrada de capitais nas diversas áreas geográficas e em diversas classes de ativos financeiros apresentam uma significativa correlação positiva: tendem a aumentar em períodos de menor aversão ao risco e a retrair-se quando a aversão ao risco aumenta. Ora como os fluxos internacionais de capitais se têm mostrado pró-cíclicos, têm na verdade contribuído para a formação de bolhas especulativas. Numa análise a 23 episódios de bolhas especulativas ao longo de um período de 400 anos, Brunnermeier e Schnabel (2015) mostram que em mais de metade dos casos as bolhas foram alimentadas por investidores estrangeiros que participaram ativamente no aumento da pressão compradora[284].

7.4 EFEITOS DAS BOLHAS ESPECULATIVAS E *CRASHES*

Entre os efeitos atribuídos primeiro às bolhas especulativas e depois ao seu colapso contam-se a má afetação dos recursos sociais, a redução da liquidez de mercado, o surgimento de casos de fraude, as crises de confiança nos mercados de capitais e outros impactos económicos como crises de crédito, recessões e episódios de contágio financeiro a outros mercados e países.

Os custos económicos das bolhas especulativas podem ser classificados em quatro tipos. Em primeiro lugar, os erros de preço traduzem-se numa má afetação dos recursos sociais: os preços demasiado elevados numa classe de ativos desviam os recursos que deveriam ser aplicados nos sectores que não se encontram sobrevalorizados. Empresas com ações sobrevalorizadas podem obter capitais para investir em projetos não lucrativos e empresas com ações cotadas a um preço demasiado baixo não conseguem obter financiamento nos mercados de capitais para levar a cabo projetos com potencial de lucro. A construção de milhares de habitações que acabam por ficar desabitadas (na bolha especulativa do imobiliário nos EUA) ou o investimento em milhões de quilómetros de fibra ótica não utilizada (no caso da bolha tecnológica) são alguns dos exemplos mais evidentes dos efeitos reais negativos produzidos pelas bolhas especulativas. Mas existem outros impactos importantes. A liquidez do mercado pode ser reduzida se os investidores mais avessos ao risco tiverem relutância em atuar em mercados com preços que apresentam desvios significativos face aos fundamentais. Se os preços forem ineficientes, como acontece no caso das bolhas especulativas, isso pode fazer aumentar a volatilidade dos preços e os investidores poderão não ser capazes de diversificar o acréscimo de risco que isso implica. Um outro efeito nefasto prende-se com a distorção aos incentivos dados ao gestor. As bolhas especulativas podem criar incentivos perversos para os gestores no sentido de estes fazerem aumentar o preço das ações das suas empresas a curto prazo, ainda que tal atuação provoque uma diminuição do seu valor fundamental.

Em segundo lugar, é preciso ter em atenção que os períodos de crise económica que se seguem ao colapso de bolhas especulativas provocam alterações comportamentais duradouras nos agentes económicos, que prejudicam o crescimento económico por várias décadas. De facto, vários estudos sugerem que o ambiente económico em que os indivíduos iniciam a sua vida ativa afeta significativamente as escolhas financeiras que irão realizar. É sabido, por exemplo, que a vivência da Grande Depressão nos EUA, ao longo dos anos 30 do século passado, deixou nos investidores e nos gestores uma grande desconfiança em relação aos mercados de capitais, um maior nível de aversão ao risco, e uma maior propensão à autossuficiência financeira. Os gestores que cresceram nessa época tornaram-se mais conservadores. Recorreram menos ao endividamento do que seria aconselhável para usufruir dos efeitos fiscais positivos associados e passaram a utilizar em excesso o financiamento interno em alternativa ao recurso aos mercados de capitais. Estes efeitos prolongaram-se por cerca de três décadas: até ao final dos anos 50 do século passado o sector privado nos EUA resistiu ao endividamento apesar das taxas de juro historicamente baixas e da desalavancagem entretanto verificada[285]. Mas não é sequer necessário ter vivido uma crise económica com a gravidade da Grande Depressão para se ficar afetado durante décadas. De uma forma mais geral, os gestores que iniciam a sua carreira durante uma recessão tendem a escolher estruturas de capital mais conservadoras, ou seja, marcadas por um menor recurso ao financiamento e com maior predominância do financiamento interno face à alternativa do financiamento externo. Além disso, investem menos em investigação e desenvolvimento e tendem a diversificar mais intensamente a sua atividade em vários segmentos de negócio. Também o desempenho do mercado de ações é importante na formação dos gestores. A experiência mostra que os choques económicos experimentados pelos indivíduos – medidos pela rendibilidade do mercado de ações – exercem um efeito duradouro nos seus níveis de aversão ao risco e tornam os agentes mais ou menos avessos à tomada de decisões de investimento que envolvam o recurso a transações nos mercados de ações. Embora as experiências mais recentes exerçam, como é natural, um maior impacto, as vivências ocorridas nas décadas anteriores têm também um efeito significativo[286].

Em terceiro lugar, a dinâmica de subida de preços inerente a uma bolha especulativa propicia os comportamentos de fraude e desrespeito pela legislação. A experiência histórica de bolhas especulativas em diversos mercados e países mostra que estes fenómenos foram geralmente acompanhados por fraudes tanto no mercado de ações como no mercado imobiliário. Os dados empíricos mostram que é mais provável que as empresas com um histórico de subida recente nos preços das ações, com um nível elevado dos preços das ações face aos fundamentais e com gestores com remunerações indexadas ao desempenho do preço das ações – tudo características que é mais provável encontrar em períodos marcados por bolhas especulativas –, comuniquem informações contabilísticas erradas ao mercado. Além disso, os casos de fraude tendem a seguir um padrão procíclico, ou seja, são mais frequentes nos períodos em que existe uma bolha no investimento empresarial. Em condições normais, os *media* financeiros desempenham um papel essencial na revelação de casos de fraude. No entanto, durante uma bolha especulativa, diminuem os incentivos para a revelação de informações negativas acerca das empresas. Pelo contrário, existem incentivos para que se estabeleça um regime de troca de favores entre as empresas e os *media* financeiros em que estes recebem informações das empresas retribuindo com a publicação de notícias favoráveis. Quando a empresa apresenta um bom desempenho existem muitas fugas de informação de teor positivo para os *media*. Em particular, a empresa deseja transmitir informações otimistas acerca das perspetivas de crescimento futuro, de forma a sustentar a subida dos preços.

Nestas condições, antagonizar uma empresa bem-sucedida através da publicação de notícias negativas pode ser algo muito custoso para um jornalista. Um comportamento «não cooperante» de um jornalista pode ter como consequência a perda de uma fonte de informação privilegiada. Já numa fase de descida dos preços e de um mais fraco desempenho empresarial, as empresas têm menos informação que desejem partilhar com os *media*. Além disso, o valor das ações nesta fase tende a depender mais do valor de liquidação dos ativos – algo mais tangível e mais acessível à avaliação independente dos *media* – do que das expectativas de crescimento futuro. A dependência das fontes de informação empresariais é menor, pelo que antagonizar a empresa não envolverá custos tão elevados. A coligação de interesses entre os *media* e as empresas na fase ascendente dos preços leva a que a divulgação dos casos de fraude ocorra, de forma concentrada, quando os preços descem de forma abrupta. Ora a generalização dos comportamentos de fraude mina a confiança dos investidores nos mercados de capitais e nas instituições que estabeleceram as práticas de mercado. A manutenção da confiança do público é crucial para o sistema financeiro, para as suas instituições e para as pessoas que têm o poder para dirigir essas instituições. Se os investidores não tiverem confiança nos mercados financeiros, o *bid-ask spread* tenderá a aumentar e com ele os custos de transação. Com custos de transação mais elevados, tudo o resto constante, a liquidez dos mercados será menor. Se a desconfiança se fizer sentir no sector bancário, o preço dos empréstimos interbancários diminuirá e o volume desses empréstimos será menor, o que pode pôr em causa a liquidez das instituições e a sua capacidade para efetuar pagamentos a curto prazo[287].

Em quarto lugar, o colapso de uma bolha pode acarretar consequências graves para além do mercado financeiro onde se registou o *crash*. Existem mecanismos de amplificação que desempenham um papel importante na fase de queda dos preços e disseminam os efeitos a outras partes da economia. Esses mecanismos de amplificação podem ser diretos (causados por relações contratuais diretas) ou indiretos (causados por externalidades resultantes de exposições comuns de vários agentes económicos aos mesmo fatores de risco ou gerados pela reação dos participantes de mercado). Por exemplo, os *crashes* nos mercados de ações ou no mercado imobiliário estão amiúde na origem de dificuldades súbitas nas instituições financeiras (em particular no sector bancário) e na obtenção de crédito *(credit crunch)*. As instituições bancárias são particularmente vulneráveis a choques negativos em razão do desfasamento nos prazos dos seus ativos e das suas responsabilidades. Por um lado, a descida do preço das ações pode levar os bancos a exigir o reforço das garantias dos empréstimos garantidos por colaterais financeiros, com o consequente potencial de amplificação dos problemas de crédito na economia. Por outro lado, a venda de ativos por parte de um banco, numa tentativa de reforçar a sua liquidez, tende a pressionar os preços em baixa. Por sua vez, os preços mais baixos dos ativos financeiros fazem deteriorar o balanço de outras entidades bancárias, que podem por este motivo ser obrigadas a efetuar vendas a preços ainda mais desfavoráveis. Gera-se assim um ciclo vicioso. O colapso dos preços, no caso das bolhas acompanhadas por uma expansão do endividamento, deixa habitualmente comprometidos os balanços dos agentes de mercado, prejudicando seriamente a evolução do crescimento económico e muitas vezes, a situações de recessão económica.

A maior profundidade dos efeitos das bolhas especulativas está historicamente associada à presença de um endividamento elevado dos agentes e à participação ativa do sector bancário na pressão compradora que conduziu à formação da bolha. A relação entre endividamento, poupanças e consumo é essencial para se compreender o impacto económico de um *crash* nos mercados de capitais. Quanto maior for a taxa de poupança, menos provável é que uma dificuldade na obtenção do crédito, causada por dificuldades no sector bancário e por uma descida no nível de riqueza apercebida, causada por uma descida do preço dos ativos financeiros, se traduza numa redução acentuada da procura de bens e serviços. Os indivíduos recorrerão às suas poupanças para manter os seus níveis habituais de consumo.

Quando os níveis de poupança dos investidores são baixos, o impacto económico do *crash* é muito superior. Quando as suas poupanças estão concentradas nos ativos que constituem a bolha, a descida dos preços expõe aos agentes à inadequação do nível dessas poupanças. E quando essas poupanças são inadequadas, e o rendimento desce por via do aumento do desemprego, é provável que os agentes não consigam (ou não desejem) afetar as poupanças que sobram ao consumo. Por isso os níveis de consumo tendem a diminuir. Os recursos de alguns agentes que de outra forma poderiam ter sido utilizados para consumir são utilizados para restabelecer os níveis de poupança, em ordem a lidar com a maior incerteza face ao futuro. Outros agentes, cujo rendimento diminui, reduzem o consumo porque não têm níveis de poupança suficientes para manter os seus padrões de vida mesmo depois de reafectarem as suas poupanças ao consumo.

As dificuldades na obtenção de crédito contribuem para reduzir a atividade económica – por via da contração tanto do consumo como da produção – e para reduzir a utilização do capital instalado e da mão de obra disponível.

É importante compreender que as instituições bancárias não têm os incentivos necessários para as levar a adotar o comportamento adequado no sentido de evitar o surgimento de crises económicas. Por um lado, ainda que o banco suspeite que está a financiar a aquisição de ativos – imóveis ou ações, por exemplo – na fase ascendente de preços da bolha especulativa, é difícil defender junto dos seus acionistas uma redução das suas posições. Desde que as instituições bancárias concorrentes continuem a lucrar com a subida dos preços, é difícil que seja persuasiva a argumentação de que se deve reduzir o risco a curto prazo a pensar nos benefícios que daí advirão a longo prazo. Os acionistas das instituições bancárias, observando os lucros crescentes dos concorrentes, dificilmente aceitarão essa proposta. Por outro lado, se um evento extremamente negativo, como a falência da instituição bancária, tiver uma reduzida probabilidade de se concretizar ou se esse evento for possível apenas num futuro distante, existem razões para crer que o comportamento dos gestores da instituição não se altere. O princípio da responsabilidade limitada impede que os credores se apropriem dos bens dos gestores no caso de uma falência. A falência pode até nem ser catastrófica para os próprios acionistas se estes tiverem uma carteira diversificada. Já para uma economia o caso é muito diferente: a falência de um banco pode ser um desastre de grandes proporções pelos efeitos sistémicos que implica por via do impacto nas restantes entidades do sector bancário. Os custos sociais de uma recessão ou de uma depressão económica não são considerados no processo de decisão das instituições financeiras, um dos fundamentos para a regulação pública dessas instituições.

A rápida deterioração das condições orçamentais das entidades públicas é outra das consequências prováveis das bolhas especulativas. A fase de subida de preços é geralmente acompanhada por um aumento das receitas fiscais – o nível de atividade económica é elevado e os investidores registam mais-valias elevadas – e as autoridades públicas têm maior margem para aumentar despesas. Quando se dá a correção dos preços, as receitas fiscais podem diminuir de forma rápida sobretudo se os eventos nos mercados financeiros se propagarem à economia real. A desaceleração da atividade económica, o aumento do desemprego e a eventual necessidade de resgate de instituições bancárias exercem forte pressão nos orçamentos, atirando o sector público para situações de défice elevado.

Os episódios de *crash* estão igualmente associados a volatilidades muito elevadas nos preços dos ativos financeiros. As instituições de crédito que operam em mercados voláteis podem enfrentar dificuldades de liquidez em períodos em que os preços descem de forma significativa. A volatilidade dos mercados, a queda dos preços e a escassez de crédito pode contribuir para afetar a confiança dos investidores e tal pode por sua vez afetar a economia como um todo de forma significativa. Além disso, verifica-se que o colapso de uma bolha especulativa pode provocar efeitos que extravasam o ativo e o país em questão e dar azo a fenómenos de contágio internacional: a queda dos preços num dado mercado pode causar colapsos nos preços e instabilidade financeira noutras classes de ativos e noutros países[288].

7.5 CICLOS DE REGULAÇÃO E DE DESREGULAÇÃO

A experiência histórica sugere que a regulação dos mercados financeiros se desenvolve por ciclos coincidentes com os períodos de formação de bolhas especulativas e respetivo colapso. De facto, comprova-se que muita da principal legislação contra a especulação e a formação de bolhas especulativas foi aprovada em reação a episódios de crise em que as bolhas desempenharam um papel importante.

Interessa assim entender de que forma a evolução dos preços nos mercados financeiros pode influenciar a ação do legislador. A relação entre esses dois planos desenvolve-se em três períodos distintos: o de formação da bolha, o imediatamente subsequente ao *crash*, em que a memória do evento ainda está bem presente nos diversos agentes envolvidos, e por último num período em que a memória pessoal que os agentes económicos têm da crise está já desvanecida.

Analisemos então cada um destes três períodos. No primeiro, a bolha especulativa encoraja o desenvolvimento de um sentimento de confiança nos mercados, concomitante com um incremento nos comportamentos de especulação. A subida dos preços e o acesso fácil ao crédito faz desenvolver esse sentimento de confiança dos investidores, que se traduz numa maior propensão para aceitar que os preços de mercado estão de acordo com o valor fundamental dos ativos. Além disso, o excesso de confiança dos agentes aumenta a sua credulidade e dificulta a deteção de casos de manipulação de resultados e de fraude empresarial. O ambiente de questionamento dos métodos tradicionais de avaliação de ações, característico dos períodos em que as bolhas especulativas se desenvolvem, pode também desempenhar um papel relevante no convite à fraude.

Neste período, um reforço da regulação não beneficia nenhum dos principais agentes presentes no mercado – investidores ou gestores –, pelo que não existem motivos para formular exigências nesse sentido. Quando os preços sobem, os investidores e o público em geral tendem a acreditar que o mercado é um sistema íntegro e justo. Por outro lado, neste contexto, as entidades que mais são prejudicadas pela regulação – as entidades reguladas (empresas, sobretudo) – têm maior margem para resistir. Na verdade, além de evitarem um endurecimento da regulação em vigor, as bolhas especulativas podem até desencadear um relaxamento da regulação. Existem dois motivos principais para isso. Em primeiro lugar, as bolhas geram pressões políticas no sentido da desregulação dos mercados. Esta pressão, exercida pelo sector financeiro e pelas entidades emitentes de títulos, é sustentada pelos ganhos obtidos com a bolha especulativa. E manifesta-se não apenas nos esforços para anular leis que poderiam de outra forma contribuir para diminuir a fraude, mas também em tentativas para tornar mais flexível a aplicação das leis existentes. Em segundo lugar, as bolhas enfraquecem a eficácia das leis que permanecem em vigor. A observância das leis que regulam o mercado tende a deteriorar-se durante o período da bolha porque a perceção de que os preços vão continuar a aumentar enfraquece o efeito dissuasor das leis antifraude. Várias instâncias de vigilância da atuação empresarial tendem a enfraquecer num ambiente marcado por expectativas de aumentos sucessivos de preço. Em primeiro lugar, intermediários como auditores, analistas financeiros, bancos de investimento e agências de notação financeira estão envolvidos numa competição para realizar mais receitas a partir das empresas. Isto faz com que os interesses dos intermediários fiquem mais alinhados com os dos seus clientes, as empresas a que prestam serviços. Têm também interesse no aumento do preço das ações porque tal irá contribuir para a manutenção dos seus negócios no futuro. A diminuição da sua independência acaba por traduzir-se numa maior complacência no seu papel de vigilância dos gestores empresariais. Em segundo lugar, o aumento dos preços das ações diminui as probabilidades de deteção de comportamentos fraudulentos. Em diversos sistemas jurídicos, a descida dos preços das ações é condição necessária para que sejam iniciados processos antifraude pelos investidores que se sentem lesados. Por outro lado, a subida generalizada dos preços e o crescimento do mercado em volume e em número de entidades envolvidas podem colocar problemas adicionais aos reguladores.

Se os recursos financeiros ao dispor dos reguladores não aumentarem em proporção, isto significa que os reguladores terão dificuldades acrescidas para investigar e aplicar normas antifraude. Por sua vez, a multiplicação de casos de fraude sem resposta adequada do regulador contribui para diminuir o efeito dissuasor da perda de reputação quer dos intermediários financeiros quer das entidades emitentes. Em terceiro lugar, o fácil acesso a capital favorece o crescimento e a complexificação das organizações e isso provoca um aumento dos custos de processamento da informação. O estabelecimento de controlos internos de qualidade torna-se exponencialmente mais difícil e é muito mais problemática a tarefa para os intermediários referidos acima de deteção de condutas questionáveis.

Um *crash* desestabiliza de forma súbita e pronunciada o equilíbrio de forças entre os grupos de interesses em presença no mercado. A descida abrupta dos preços desilude os investidores, quebra a sua relação de confiança com o mercado e gera uma pressão pública sobre os reguladores no sentido da procura e penalização dos culpados pela situação. Os investidores sofrem perdas significativas e instala-se a suspeita de que o sistema permitiu que alguém lucrasse à sua custa[289]. A alteração do equilíbrio de forças entre os intervenientes de mercado ocorre de várias formas. Em primeiro lugar, algumas das empresas que beneficiaram com a bolha especulativa, na forma de um acesso mais barato a capital, estão agora demasiado fracas em termos financeiros para resistir à regulação. O seu apoio a grupos de pressão torna-se menos relevante. Em segundo lugar, as forças pró-regulação tendem a ter mais apoio ao argumentarem que a regulação contribuirá para restabelecer a confiança dos investidores, entretanto abalada pelo *crash* e pelos momentos de pânico que se lhe seguiram. A expectativa de que esse reforço da confiança conduza, a breve trecho, a um aumento da procura de ações e consequente recuperação dos preços, pode sustentar uma parte importante das opiniões favoráveis à intensificação da regulação. Em terceiro lugar, é de esperar que os defensores da reforma da legislação tenham algum apoio popular em face do conhecimento dos casos de fraude empresarial ocorridos durante a bolha especulativa e também em face do incremento das desigualdades verificadas entre os agentes que mais lucraram com a bolha e com o *crash*, e os agentes que mais perderam com esses eventos. Historicamente verifica-se que é apenas em situações de crise, em que os efeitos das práticas corporativas fraudulentas propiciadas pela desregulação excessiva se tornam evidentes – quer no caso do *crash* pós-1929, quer no caso do escândalo das fraudes contabilísticas pós-2001 (casos Enron, Worldcom, Adelphia, etc.) –, que o ambiente político muda de forma que possam ter lugar reformas de regulação[290].

Neste contexto pode acontecer que exista uma *sobrerreacção* da opinião pública em geral e dos investidores em particular que se traduza numa exigência de resultados visíveis e imediatos da atuação das autoridades públicas, quer no campo do reforço da legislação quer no rigor do esforço de regulação.

De um ponto de vista normativo, são vários os fatores a ter em conta na avaliação dos efeitos resultantes do incremento da regulação no período pós-*crash*. Os efeitos sobre a confiança dos investidores são essenciais nesta análise. A confiança dos investidores é crucial para a existência e adequado funcionamento dos mercados financeiros. O *crash*, como referimos, leva os investidores a questionar a integridade dos mercados e isso afeta a sua confiança no sistema. Ora uma reação pronta e notória do regulador pode contribuir para a recuperação da confiança dos investidores na instituição do mercado de capitais. É interessante notar que, em alguns casos, as entidades que mais lutaram pelo levantamento das restrições regulatórias na fase de crescimento dos preços são as mesmas que apoiam um reforço da regulação no período que se segue ao *crash*. A perda das fontes de financiamento associada à descida dos preços não explica só por si esta atitude das empresas. A justificação é, muito provavelmente, outra: a regulação proporciona apoio público às tentativas das entidades emitentes e dos intermediários financeiros para recuperar a confiança dos investidores. Tal como é difícil, para o comum dos investidores no período pós-*crash*, identificar as entidades que merecem crédito, também é difícil para essas empresas convencer os investidores da sua idoneidade. Num ambiente de descrédito generalizado, a regulação contribui para reduzir os custos que as empresas têm de suportar para sinalizar as suas intenções e, ao ajudar a identificar aquelas instituições que infringiram as regras, concorre para aumentar o poder de discriminação dos investidores. As autoridades públicas protegem os interesses dos investidores e reduzem os elevados custos em que estes teriam que incorrer na monitorização das entidades emitentes e dos intermediários financeiros, o que pode ser de grande importância por se estar a passar uma fase crítica em que os próprios fundamentos da informação – a idoneidade dos seus autores e a adequação dos critérios contabilísticos, por exemplo – podem estar a ser colocados em causa.

No entanto, e ainda de um ponto de vista normativo, existem também razões para crer que a regulação implementada na sequência do colapso de uma bolha especulativa seja, pelo menos em parte, inadequada dado o ambiente político em que as medidas têm de ser tomadas, o que dificulta a avaliação mais objetiva das implicações da própria regulação. Na ponderação entre os ganhos e as perdas decorrentes da regulação deve atender-se a diversas circunstâncias. Em primeiro lugar, é de admitir que os comportamentos fraudulentos sejam diferentes nas sucessivas bolhas especulativas, pelo que medidas legislativas demasiado focadas em evitar comportamentos semelhantes aos observados na bolha mais recente podem não ser eficazes no futuro. Em segundo lugar, os legisladores, na sequência de um *crash* nos mercados financeiros, podem não ter o ambiente mais propício à ponderação cuidadosa dos custos inerentes às medidas a aplicar. Os custos da regulação das bolhas especulativas serão discutidos com maior detalhe na secção 7.7.

O terceiro período a analisar é aquele em que a experiência da bolha especulativa e respetivo colapso já se desvaneceu na memória dos agentes presentes no mercado. Nessas circunstâncias, o apoio político às políticas antibolhas enfraquece e os apelos contra a regulação começam a ganhar peso. A extensão do período que tem de decorrer entre a regulação que se segue ao *crash* e os apelos para a desregulação tende a variar de acordo com a gravidade do impacto económico do colapso da bolha especulativa.

Os efeitos que acabamos de descrever, com os três períodos analisados, configuram um padrão do tipo bolha especulativa-desregulação-*crash*-regulação-perda de memória-desregulação. Este ciclo caracteriza-se por um aumento da confiança dos investidores quando deveria prevalecer uma maior cautela e uma queda abrupta dessa confiança depois de os preços terem sido corrigidos e depois de os reguladores terem sido alertados pelos acontecimentos. O ciclo de regulação segue igualmente um padrão perverso com menos regulação no período em que os preços não são justificados pelos fundamentais e uma reação pró-regulação potencialmente excessiva depois de os danos provocados pelo colapso do mercado se terem verificado. Este padrão de regulação pró-cíclica traduz-se em períodos em que a regulação pode ser excessivamente rigorosa e em períodos em que pode ser ineficaz por ser demasiado permissiva. Uma vez que este caráter pró-cíclico da regulação pode até agravar as consequências de uma bolha especulativa, a conceção de mecanismos de adequação da regulação aos ciclos dos preços constitui na atualidade um desafio a que é necessário dar resposta[291].

7.6 MEDIDAS DE REGULAÇÃO

Ao longo dos últimos anos têm sido propostas e colocadas em prática diversas medidas com o objetivo de limitar a formação de bolhas especulativas. Entre essas medidas incluem-se por exemplo as taxas sobre transações financeiras a que já nos referimos no capítulo anterior, a eliminação das restrições às vendas curtas e a implementação de *circuit breakers*. Existem até propostas de proibição simples de compras de ações no mercado secundário nos casos em que o preço de uma ação em particular esteja acima de um determinado multiplicador calculado a partir de dados fundamentais. Por exemplo, poderiam interditar-se as compras de ações cujo preço fosse, por exemplo, mais do que cem vezes superior aos resultados líquidos por ação. A existência de propostas tão diversas aconselha que estas sejam vistas de forma estruturada, também em função dos ensinamentos que podem ser extraídos dos modelos explicativos de bolhas especulativas abordados neste capítulo.

Assim, as medidas antibolhas especulativas podem ser organizadas em seis categorias, em função do método adotado para alcançar o seu objetivo. Desta forma, temos em primeiro lugar as medidas que pretendem aumentar a informação disponível aos agentes de mercado acerca do valor fundamental dos ativos e melhorar as suas capacidades para processar tal informação. Entre estas medidas contam-se a legislação que obriga a uma maior divulgação de informação e os esforços no sentido de melhorar a literacia financeira dos investidores. A ideia essencial é centrar as atenções dos investidores no valor fundamental dos ativos (e menos na evolução dos preços) e minorar eventuais assimetrias de informação entre estes agentes e os gestores de empresas.

Em segundo lugar, existem medidas que têm como objetivo desativar os mecanismos de *feedback* positivo criados quando os investidores efetuam compras em resposta a um aumento dos preços. Nesta categoria estão incluídas as taxas sobre transações, os *circuit breakers* e os *reverse circuit breakers*, e as leis que tentam restringir o acesso dos investidores a determinados mercados ou favorecer a canalização dos recursos dos investidores menos sofisticados para ativos com menos risco. Entende-se por *circuit breaker* a medida que tem por consequência a suspensão da negociação num mercado de capitais em consequência de uma variação extrema dos preços. Enquanto os *circuit breakers* dizem respeito à suspensão da negociação na sequência de uma queda acentuada dos preços, o *reverse circuit breaker* ocorre na sequência de uma subida extrema.

Em terceiro lugar, temos as providências que têm como objetivo remover as restrições à arbitragem de forma a propiciar a correção dos desvios de preço por parte dos arbitragistas. O objetivo é favorecer a incorporação de informação de teor negativo nos preços quando estes se apresentam sobre-avaliados. A remoção das restrições às vendas curtas pode ser enquadrada nesta categoria de medidas.

Apesar de as intervenções da política monetária não serem normalmente incluídas no universo da regulação financeira, optámos por considerá-las aqui, numa quarta categoria de medidas antibolhas especulativas. As medidas de política monetária mais importantes são aquelas que visam restringir o acesso ao crédito aos investidores para que os recursos disponíveis para especular sejam mais limitados. Nesta categoria de medidas podem encontrar-se políticas macroprudenciais como aquelas que se referem ao desincentivo das entradas de capitais de curto prazo ou a limitações nas aquisições na margem, por exemplo. As aquisições na margem referem-se à utilização de crédito para comprar ações. Esta prática aumenta o risco do investidor, já que as suas perdas e ganhos são amplificados.

O caráter pró-cíclico da regulação pode agravar as consequências de uma bolha especulativa. As medidas para minorar este problema constituem uma quinta categoria de políticas a ser analisada.

Por último, merecem menção as medidas que em vez de procurarem evitar o surgimento das bolhas especulativas se preocupam em aumentar a resistência das economias aos efeitos que resultam da sua formação e posterior colapso.

Cada um destes tipos de medidas levanta questões que merecem ser ponderadas. Além disso, as indicações empíricas conhecidas sugerem que têm diferentes níveis de eficácia quer na prevenção e combate ao surgimento das bolhas especulativas e *crashes* quer no tratamento das suas consequências.

A) MELHORAR A INFORMAÇÃO FUNDAMENTAL AO DISPOR DOS AGENTES DE MERCADO

No que diz respeito ao primeiro tipo de medidas, as que pretendem obter uma maior divulgação de informação aos agentes de mercado, existem alguns problemas que vale a pena ponderar. A primeira questão a ser considerada tem a ver com este tipo de medidas implicar que se identifiquem as parcelas de informação mais diretamente relacionadas com o valor fundamental dos títulos negociados, o que não é tarefa fácil dada a diversidade dos sectores presentes numa economia. Por outro lado, a existência de uma mentalidade de «nova era», típica dos tempos em que as bolhas especulativas se estão a formar, dificulta a aceitação da importância das variáveis fundamentais na avaliação dos ativos. Além disso, se uma parte importante dos investidores é guiada por estratégias de *feedback* positivo, o importante para eles são os preços e não os fundamentais dos ativos. Vimos acima que uma das características do ambiente em que se desenvolvem as bolhas especulativas se prende com o questionamento das formas tradicionais de aferição do valor das ações.

Existem razões para acreditar que este tipo de medidas tem uma eficácia limitada. De facto, os dados empíricos conhecidos sugerem que as bolhas especulativas se formam mesmo quando os investidores têm um acesso alargado à informação considerada relevante para estimar o valor fundamental dos ativos financeiros. Aumentar simplesmente os requisitos para a divulgação de informação não parece ser portanto a solução para o problema. Apesar disso, parecem existir alguns efeitos benéficos. As bolhas parecem menos graves quando a informação divulgada é mais transparente e menos ambígua. No quadro dos modelos com expectativas heterogéneas, é de esperar que a informação com essas características contribua para atenuar as diferenças de perspetiva entre investidores otimistas e pessimistas. De facto, os dados disponíveis revelam que existe uma relação entre a incidência de bolhas especulativas e os regimes de divulgação obrigatória de informação: os países com regimes mais exigentes neste domínio tendem a sofrer menos bolhas especulativas e as bolhas existentes tendem a apresentar uma menor duração e gravidade.

Uma maior divulgação de informação pode produzir ainda outros efeitos benéficos. Referimo-nos aos incentivos dos *media* financeiros para divulgar notícias relevantes, de caráter negativo, acerca das empresas. Vimos que durante o desenvolvimento de uma bolha especulativa os jornalistas têm incentivos para desenvolver uma relação com as empresas marcada pela troca de favores. Tal dificulta a divulgação de casos de fraude, por exemplo. Esta troca de favores tem raiz nos custos de recolha e interpretação da informação em que têm de incorrer os jornalistas. Por isso, se for mais significativa a parcela da informação pública disponível e se esta for de mais fácil interpretação – a padronização da informação desempenha aqui um papel importante –, é mais provável que enfraqueça esse relacionamento cooperativo entre empresas e *media*. Assim, tornam-se mais fortes os incentivos para a divulgação de casos de fraude, com o consequente proveito que decorre do efeito dissuasor dessa atuação dos *media*.

Nesta primeira tipologia de medidas antibolhas enquadram-se ainda os programas de literacia financeira. Relativamente à eficácia de tais programas, os resultados existentes são mistos. Verifica-se que as bolhas especulativas se formam mesmo em mercados povoados por investidores sofisticados. No entanto, existe uma exceção a referir: uma das formas extremas de aprendizagem parece ser a única com alguma eficácia na prevenção das bolhas especulativas. Referimo-nos à aprendizagem inerente a ter experienciado uma bolha especulativa. Observa-se em geral que os investidores que participaram em mercados onde se verificaram bolhas especulativas (e subsequentes *crashes*) tendem a ser mais cautelosos. Esta indicação é confirmada pela regularidade histórica de que as bolhas especulativas tendem a formar-se num determinado mercado apenas depois de ter decorrido um período significativo – por vezes uma década ou mais – desde o anterior *crash*. Ainda assim, este ensinamento deve ser encarado com precaução, uma vez que a globalização dos mercados financeiros propicia que os investidores que lucraram com uma bolha especulativa num mercado invistam esses lucros noutros mercados, eventualmente contribuindo para a formação de novas bolhas especulativas. Além disso, a chegada constante de novos investidores aos mercados de capitais pode contrariar os efeitos no preço resultantes da maior experiência dos restantes investidores.

Uma das propostas para combater as bolhas especulativas e subsequentes *crashes* passa pela atuação pública nos casos em que a propriedade privada de uma economia se encontra muito concentrada nas mãos de alguns (poucos) indivíduos, e em especial quando esses indivíduos têm entre si laços familiares. A concentração de propriedade pode conduzir a casos de governação empresarial disfuncional, à expropriação dos pequenos acionistas, à captura dos reguladores pelas entidades reguladas, ao aumento dos custos de capital e sobretudo a casos de falhas na prestação de informação que podem estar na origem de colapsos no mercado de ações. Neste sentido, têm surgido propostas na literatura de medidas tendentes a diluir a concentração da propriedade familiar.

Por último, é por vezes sugerido que o desenvolvimento dos mercados de contratos de futuros é uma forma de aumentar a informação ao dispor dos investidores, podendo assim contribuir para a mitigação das bolhas especulativas. Os dados empíricos sugerem também aqui que os mercados de futuros contribuem para diminuir a gravidade das bolhas, mas não as evitam completamente[292].

B) DIFICULTAR OS MECANISMOS DE *FEEDBACK* POSITIVO

As medidas para dificultar os mecanismos de *feedback* positivo entre os preços e as transações dos investidores podem tomar diversas formas. Em primeiro lugar, as autoridades públicas podem restringir o acesso aos mercados financeiros aos investidores menos sofisticados ou tomar providências para que os seus investimentos sejam canalizados para ativos com menos risco. O objetivo é afastar do mercado aqueles investidores que, com maior probabilidade, podem induzir desequilíbrios nos preços. Este tipo de medidas confronta-se no entanto com algumas indefinições. Por exemplo, não é claro à partida qual será o melhor método para identificar o nível de sofisticação dos investidores. Uma política assente na distinção entre investidores exige para ser eficaz informações acerca do perfil e da relevância das variáveis a considerar. Alguns esforços têm sido desenvolvidos nos últimos anos neste sentido. Por exemplo, têm sido usadas variáveis demográficas relacionadas com a idade dos investidores, as suas qualificações académicas e o seu nível de rendimento e riqueza para aferir a sofisticação destes agentes[293].

Uma segunda medida possível consiste em utilizar as taxas sobre transações para fazer aumentar os custos daqueles investidores que transacionam com maior frequência. Os resultados não são esclarecedores acerca da eficácia das taxas na prevenção das bolhas especulativas. Vimos já no capítulo anterior que o efeito das taxas sobre a volatilidade do mercado também não é claro. O efeito combinado da adoção deste tipo de medidas, por um lado, nos investidores que desestabilizam os preços e, por outro lado, nos investidores que contribuem para os estabilizar, é ainda uma questão em aberto.

Os chamados *circuit breakers*, e em particular os *reverse circuit breakers*, representam uma terceira alternativa para combater as bolhas especulativas. O objetivo, neste caso, é proporcionar aos investidores um período de reflexão de forma a poderem reconsiderar, em melhores condições, a sua participação num mercado, apenas em reação à subida dos preços. Os dados empíricos conhecidos sugerem que a suspensão da negociação não é um mecanismo eficaz para evitar ou sequer para mitigar as bolhas especulativas. Estes resultados não são de modo algum surpreendentes. Os *circuit breakers* e os *reverse circuit breakers* impedem a negociação por um curto período – um dia ou apenas algumas horas – e foram concebidos para proporcionar tempo aos investidores para refletir após um movimento de mercado extremo, mas de curto prazo. Em particular os *reverse circuit breakers* não foram concebidos como mecanismo para impedir os desvios dos preços face aos fundamentais ocorridos em prazos longos, tal como ocorre no caso das bolhas especulativas.

Por último, existem medidas que visam desviar a atenção dos investidores dos preços, que são a variável sobre a qual assentam as estratégias de *feedback* positivo. Por exemplo, na Europa e nos EUA, têm vindo a ser criados ao longo dos últimos anos contratos de derivados sobre o valor dos dividendos futuros do conjunto das ações que compõem os principais índices acionistas. A introdução desses instrumentos proporciona um incentivo a que os investidores desviem a sua atenção da tarefa de previsão dos preços das ações para, em alternativa, se concentrarem na previsão dos fundamentais (os dividendos futuros). Além disso, uma vez que o nível do índice de mercado de ações tem de estar de acordo com os dividendos futuros, a relação entre as duas variáveis tem a vantagem adicional de revelar os pressupostos implícitos na avaliação que os investidores estão a realizar, a cada momento, dos ativos transacionados no mercado[294].

C) FAVORECER A ARBITRAGEM

Os arbitragistas são os investidores que, pelo seu conhecimento e pelos montantes que têm sob gestão, têm em teoria a capacidade para detetar e contrariar a divergência entre os preços e o valor fundamental dos ativos.

Entre as providências que podem ser tomadas para favorecer a arbitragem inclui-se por exemplo a remoção das restrições às vendas curtas. O objetivo neste caso é favorecer a atuação dos investidores que em teoria contribuem para atenuar as diferenças entre os preços e o valor fundamental dos ativos.

Os dados empíricos sugerem que as vendas curtas não conseguem evitar o surgimento de bolhas especulativas. De facto, os estudos experimentais mostram que as bolhas especulativas ocorrem mesmo na presença de investidores que podem efetuar transações desse tipo. Tal indica que o afastamento das restrições ao *short selling* não é suficiente para resolver o problema.

Uma medida adicional de fortalecimento da arbitragem pode passar pela abertura do mercado de capitais a investidores internacionais. No quadro dos modelos comportamentais a que fizemos referência, é de crer que os mecanismos de transmissão «local» de informação possam desempenhar um papel importante no desenvolvimento da bolha especulativa. A entrada no mercado de investidores alheios a esses mecanismos poderia em teoria reforçar as forças da arbitragem.

No entanto, não se deve confiar demasiado no papel benéfico da arbitragem no quadro de uma bolha especulativa. Por um lado, conforme já foi referido, os fluxos internacionais de capitais têm tido um impacto pró-cíclico. Por outro lado, a influência dos arbitragistas no sentido de atenuar as bolhas especulativas pode estar ausente não por estes agentes *não poderem* atuar mas por *não quererem* atuar nesse sentido. Os casos verificados na prática de arbitragistas como gestores de fundos de investimento e de *hedge funds* que contribuem para insuflar uma bolha especulativa são disso um exemplo esclarecedor[295].

D) AUMENTAR OS CUSTOS DO CRÉDITO E ADOTAR POLÍTICAS MACROPRUDENCIAIS

Uma das políticas antibolhas especulativas relaciona-se com o papel que as políticas monetárias podem desempenhar no fenómeno em apreço. O debate acerca da adequação dessas políticas para lidar com as bolhas especulativas continua em aberto.

A questão deve ser analisada nas suas diversas vertentes. O primeiro ponto a considerar tem a ver com o impacto dos preços dos ativos financeiros na atividade económica. Este impacto pode dar-se através de diversos canais. Os preços dos ativos proporcionam sinais informativos acerca dos investimentos mais rentáveis, afetam a riqueza das famílias e influenciam o custo do capital a que as famílias e empresas têm acesso. Nesta medida, influenciam o investimento empresarial e a procura agregada da economia. As alterações na afetação de recursos conduzem também a alterações na inflação e nas expectativas dos agentes económicos acerca desta variável.

A influência dos preços dos ativos financeiros na procura agregada e na inflação sugere que as autoridades monetárias, que se preocupam tradicionalmente com essas variáveis, podem ser chamadas a intervir. Mais especificamente, entende-se que as políticas monetárias, regra geral, não devem responder aos preços dos ativos *em si*, mas sim às consequências nas perspetivas na inflação e na procura agregada que podem resultar de movimentos extremos de preço nos mercados financeiros. A crise financeira mais recente fez com que se tornasse mais intervencionista a perspetiva da generalidade das autoridades monetárias.

A intervenção das autoridades monetárias no caso das bolhas especulativas apresenta algumas vantagens em relação à alternativa da regulação financeira. Em primeiro lugar, permite superar os problemas inerentes à prociclicidade da atuação dos reguladores financeiros. Em segundo lugar, a política monetária no caso das bolhas especulativas, pela sua natureza, não sofre dos problemas associados à arbitragem regulatória geralmente levada a cabo pelas entidades alvos da regulação financeira convencional. Em particular, a abordagem monetária pode ser um instrumento mais eficaz uma vez que é capaz de surtir efeitos sobre as atividades fora do perímetro de regulação levadas a cabo pelas entidades do sector bancário [*shadow banking*].

Existem, no entanto, inconvenientes importantes. A política de taxas de juro afeta a economia de diversas formas e não é focada exclusivamente na bolha especulativa que se pretende corrigir. Além disso, a emergência de uma bolha especulativa é um processo longo, prolongado e complexo, que envolve uma alteração gradual no modo de pensar dos investidores. Pequenas alterações na taxa de juro podem não ter um efeito significativo nesse modo de pensar e grandes mudanças na taxa têm até o potencial de agravar a situação, ao exercer um efeito deletério na economia como um todo.

Um caso que reúne um consenso generalizado na literatura é o das bolhas especulativas acompanhadas de um aumento do endividamento dos agentes. As bolhas com estas características revestem-se de particular interesse para as autoridades monetárias. Conforme foi referido anteriormente, o *crash* de uma bolha especulativa alimentada pelo crédito provoca consequências económicas particularmente gravosas. O balanço das instituições financeiras sofre, regra geral, uma deterioração significativa em resultado da descida do preço dos ativos financeiros e do não pagamento de uma parte dos empréstimos concedidos. Tal, por sua vez, concorre para diminuir o crédito concedido, o que deprime a despesa dos particulares e a atividade económica. No limite, a interação entre os preços dos ativos financeiros e a atividade das instituições bancárias na sequência de um *crash* pode colocar em risco o funcionamento do sistema financeiro como um todo. Nesta medida, a política monetária deve ser preparada para responder aos desafios potenciais apresentados ao sistema financeiro pelas bolhas especulativas alimentadas pelo crédito.

A experiência histórica sugere que as bolhas especulativas causadas em parte por uma expansão do crédito são mitigadas quando o acesso a esse crédito se torna mais restrito. A experiência da bolha especulativa no mercado imobiliário da Austrália no início do ano 2000 constitui um caso paradigmático de uma utilização bem-sucedida da taxa de juro. O banco central da Austrália, receando os efeitos associados ao forte aumento dos preços dos imóveis e da expansão do crédito, aumentou a taxa de juro diversas vezes durante esse ano. O efeito a que se assistiu foi uma desaceleração dos preços do imobiliário sem que se tenham verificado disrupções significativas na atividade económica. O sucesso da intervenção parece ter estado intimamente relacionado com o momento em que tal intervenção teve lugar. As autoridades reagiram numa fase inicial da bolha especulativa, antes de atingir proporções perigosas, pelo que o «esvaziamento» da bolha não suscitou a necessidade de intervenções adicionais.

Casos como estes indicam que as intervenções de restrição ao crédito por via de aumentos da taxa de juro podem ser, em princípio, eficazes para evitar crises ou pelo menos diminuir os seus efeitos. No entanto, a política de taxa de juro pode ser ineficaz se for demasiado branda ou se a atuação das autoridades surgir demasiado tarde. Nalguns casos históricos, verifica-se que as autoridades adotaram medidas demasiado suaves pelo que não foram capazes de evitar o surgimento de uma bolha especulativa. A bolha especulativa associada ao mercado do imobiliário nos EUA parece ser um bom exemplo disso: a Reserva Federal aumentou as taxas de juro a partir do início de 2004 mas o nível dos juros manteve-se baixo e os preços do imobiliário continuaram a aumentar até 2006. Noutros casos, as taxas de juro subiram numa fase demasiado tardia da crise. Por exemplo, na crise de final dos anos 20 do século passado nos EUA, as taxas de juro aumentaram depois de a bolha especulativa ter atingido um nível insustentável: no dia 14 de fevereiro de 1929, a autoridade monetária aumentou a taxa de redesconto de 5% para 6% numa tentativa de controlar a especulação. No início de 1930, prosseguiu a política monetária restritiva por parte da Reserva Federal. Em parte por causa destas decisões, a correção nos preços das ações evoluiu para a maior queda dos preços de sempre e a recessão tornou-se o mais grave episódio de depressão nos EUA de que há registo. De igual forma, é normalmente reconhecido que a subida das taxas de juro veio demasiado tarde no caso da bolha especulativa no mercado de ações e no imobiliário japoneses ocorrida na década de 80 do século XX. No pico do mercado, entre maio de 1989 e agosto de 1990, o Banco do Japão aumentou a sua taxa de desconto de 2,5% para 6%. Em resultado disso, os efeitos económicos foram mais negativos e mais prolongados no tempo.

Existe ainda o perigo de ser excessiva a intervenção por via do aumento de taxas de juro. Neste caso, as autoridades podem vir a ser criticadas por terem contribuído para criar desnecessariamente uma redução do crescimento económico ou até uma recessão. Casos como estes são, no entanto, difíceis de avaliar: pode sempre defender-se que uma expansão adicional da bolha especulativa poderia conduzir a uma recessão mais profunda. Quando os preços dos mercados de capitais atingem níveis insustentáveis, qualquer atuação das autoridades implica custos e está longe de ser líquido que o rebentamento da bolha seja pior do que os efeitos provocados pelo crescimento descontrolado dos preços e posterior colapso.

Curiosamente, existem vários motivos para pensar que a manutenção, por um período alargado, de um ambiente com taxas de juro *demasiado elevadas* possa conduzir igualmente à assunção de riscos excessivos. Por um lado, apenas os agentes envolvidos em atividades de elevado risco estarão dispostos a pagar taxas de juro elevadas (é o chamado «efeito de seleção»). E para obter as rendibilidades necessárias para amortizar o crédito e pagar juros, os agentes endividados têm incentivos para desenvolver atividades com risco elevado («efeito de incentivo»). Por outro lado, os credores, confrontados com o elevado retorno subjacente à taxa de juro recebida dos empréstimos pagos, podem ser menos diligentes na seleção dos devedores.

Outras formas de atuação são as que se baseiam em políticas macroprudenciais como são os casos da imposição de restrições adicionais ao crédito (por exemplo, valores máximos nos rácios entre endividamento e rendimentos). A monitorização cuidada dos critérios de concessão de crédito e das estratégias de transação das instituições bancárias durante os períodos de acentuado crescimento do crédito enquadram-se igualmente no âmbito das políticas macroprudenciais. Aqui, o objetivo é desincentivar os comportamentos de especulação normalmente associados às bolhas especulativas. Os testes de tensão [*stress tests*] aos balanços das instituições financeiras de forma mais frequente constituem outra área de atuação possível. Pretende-se aqui avaliar se alterações significativas (mas realistas) nos preços dos ativos poderão pôr em causa a estabilidade financeira. Um exemplo positivo da aplicação de restrições ao crédito é dado novamente pela atuação do banco central da Austrália no início do século quando as autoridades impuseram requisitos de capital mais exigentes no caso dos empréstimos imobiliários. Outros casos apresentam menos sucesso: durante a mais recente crise, as autoridades espanholas introduziram medidas contracíclicas para conter a expansão do crédito imobiliário. Neste caso, as medidas não se revelaram eficazes uma vez que os agentes foram capazes de substituir o crédito por outras fontes de financiamento.

As medidas que visam o controlo dos capitais que entram na economia a fim de poderem ser usados em aplicações de curto prazo constituem uma outra área de atuação das autoridades. A entrada em grande escala de capitais com essas características conduz frequentemente a uma maior fragilidade financeira resultante de um endividamento excessivo que, por estar denominado em moeda estrangeira, expõe a economia ao risco cambial além dos efeitos adversos no preço dos ativos financeiros no caso de uma reversão súbita do sentido de circulação desses capitais. Os efeitos adversos podem ser agravados pelo excessivo otimismo dos investidores e por «comportamentos de manada» por parte destes agentes. Estes receios podem justificar, em determinadas condições, a imposição de controlos nas entradas de capitais ou pelo menos o aumento das taxas sobre transações ou sobre as entradas de capitais para investimentos financeiros de curto prazo.

As leis de insolvência podem também desempenhar aqui um papel importante. Um empréstimo é um contrato entre um mutuário e um mutuante que atuam de livre vontade, mas é de supor que um dos lados do negócio entenda melhor o mercado que o outro. Existe uma significativa assimetria de informação e de poder negocial entre as duas partes da transação, a favor do credor. Nesta medida, é de esperar que seja o credor a assumir as consequências da concessão do empréstimo quando este se revelar um erro. Tornar as leis de insolvência mais protetoras do devedor em caso de dificuldades no pagamento do empréstimo dará incentivos às instituições bancárias para serem mais cuidadosas na concessão de crédito para a aquisição de ativos financeiros. Por esta via, tornar-se-á mais difícil a formação de bolhas sustentadas no crédito bancário.

Uma outra forma de intervir no custo do crédito a que os investidores recorrem tem a ver com a regulação das aquisições na margem. Os estudos experimentais existentes mostram que a introdução de compras na margem se reflete num aumento da amplitude das bolhas especulativas. Este resultado sugere que a política de imposição de restrições às aquisições na margem pode ser eficaz na moderação da intensidade das bolhas. Para ter um maior efeito, este tipo de medidas terá de ser atempado e deve ser dirigido aos ativos mais suscetíveis de fazerem parte de uma bolha especulativa. Por exemplo, o conjunto dos ativos sobre o qual incidiria a proibição de compras na margem poderia incluir aqueles cujo preço aumentou mais que uma dada percentagem num determinado período e aqueles cujo preço de mercado é várias vezes superior – numa proporção a definir – ao preço teórico obtido a partir de uma fórmula relacionada com um método tradicional de avaliação fundamental. No entanto, é necessário notar que os efeitos destas políticas são, normalmente, limitados. As restrições às compras na margem geralmente impedem apenas a extensão do crédito aos investidores que é concedido por alguns agentes; se assim for, e conforme foi já referido, os investidores podem sempre procurar fontes alternativas de financiamento (ou seja, não afetadas pela regulação) para as suas compras de ações.

Em geral, os dados empíricos sugerem que as medidas macroprudenciais, sendo bem aplicadas, podem mitigar as crises associadas a bolhas especulativas. A sua principal vantagem reside em serem mais precisas que as medidas relacionadas com alterações da taxa de juro, uma vez que podem ser dirigidas para os sectores de atividade onde as bolhas se estão a formar. A escolha da intensidade das medidas bem como do momento para a sua aplicação revelam-se fatores cruciais para o seu êxito.

As políticas de taxa de juro e os instrumentos macroprudenciais parecem ser complementares. Caso as autoridades desejem intervir contra uma bolha especulativa, a utilização combinada dos dois tipos de abordagens parece ser a melhor escolha. Se o problema estiver circunscrito a um sector ou instituições específicas, pode até ser que medidas macroprudenciais bem focadas sejam suficientes. Já se a bolha especulativa afetar a generalidade dos mercados ou se a arbitragem regulatória for uma ameaça séria, a ativação da política de taxas de juro pode ser preferível. A acrescentar a este cenário, se a bolha especulativa estiver a ser alimentada por fluxos de crédito internacionais independentes do sector bancário doméstico, a aplicação de controlo de capitais pode ser adequada. No entanto, a experiência mostra que a escolha dos bancos centrais não é em geral fácil. Se o ambiente macroeconómico for frágil, se o sistema bancário estiver vulnerável e se o endividamento dos agentes económicos for muito elevado, a utilização da taxa de juro pode provocar problemas sérios. Neste contexto, os instrumentos macroprudenciais podem ser os mais apropriados[296].

E) RESPONDER À PRÓ-CICLICIDADE DA REGULAÇÃO

Vimos na secção 7.5 que a regulação referente às bolhas especulativas tende a ser pró-cíclica. Os mecanismos de regulação tendem a ser menos eficazes do que o desejado na fase de crescimento dos preços e tendem a ser demasiado exigentes nos períodos que se seguem ao colapso das bolhas. Isto significa que a variação da intensidade da regulação, em função da capacidade de pressão dos grupos de interesses em presença no mercado, pode contribuir para agravar os efeitos económicos das bolhas especulativas nomeadamente no que diz respeito à intensidade nos esforços de deteção e combate aos comportamentos fraudulentos.

A resposta a este problema não é fácil. Uma solução mais radical passaria pela implementação de regras de mercado que apenas se tornam ativas em função das condições de evolução dos preços. O desenvolvimento de uma bolha especulativa desencadearia mecanismos de regulação concebidos para reforçar o poder dissuasor da legislação antifraude. No caso de um *crash*, essas medidas de regulação seriam automaticamente suspensas de forma a evitar uma deterioração das condições económicas.

Uma discussão detalhada das políticas a implementar está para além do âmbito deste livro, mas algumas medidas podem ser sugeridas em função dos determinantes do ciclo de regulação e desregulação. Assim, o poder dissuasor da legislação poderia ser reforçado durante o período de formação da bolha especulativa através do aumento das probabilidades de deteção de comportamentos fraudulentos (por exemplo, indexando o reforço orçamental das entidades de regulação e supervisão à evolução da capitalização de mercado) ou através do aumento das responsabilidades legais quer das entidades emitentes de ativos financeiros quer dos intermediários financeiros.

Como vimos, a natureza pró-cíclica da regulação resulta, numa significativa medida, das pressões dos grupos de interesses presentes no mercado. Para que exista uma regulação eficaz não basta que se seja independente face a esses grupos de interesses. É necessário também que se tenha um adequado conhecimento dos mercados financeiros. Um regulador até pode estar a salvo de pressões políticas mas, se operar com modelos mentais onde fenómenos como bolhas especulativas e *crashes* não podem existir, não estará preparado para atuar quando confrontado com esses fenómenos. A experiência da crise financeira pós-2008 sugere que a inadequação da resposta de alguns dos reguladores nos EUA se deveu não à ausência de instrumentos de regulação adequados, mas a um enviesamento ideológico – por vezes infundido pelas entidades supostamente reguladas, configurando assim uma espécie de «captura cognitiva» – que os impediu sequer de aceitar a possibilidade de existência de bolhas especulativas[297].

F) MINORAR OS EFEITOS DE BOLHAS ESPECULATIVAS E *CRASHES*

Os dados empíricos sugerem que a eficácia das políticas antibolhas especulativas depende fortemente das circunstâncias. Em geral, as bolhas especulativas parecem um fenómeno extremamente robusto. Neste contexto, pode argumentar-se que os regimes jurídicos, em vez de procurar eliminar o fenómeno, devem concentrar-se em garantir que os mercados são resilientes à ocorrência de bolhas especulativas e subsequentes *crashes*. Esta abordagem tem sido objeto de diversas investigações inovadoras que se têm debruçado, entre outros assuntos, sobre a regulação bancária, as políticas internacionais para minorar o contágio financeiro entre países e os riscos sistémicos inerentes a algumas inovações financeiras.

Uma das sugestões que resultam desses estudos é a implementação de uma espécie de seguro contra o evento de *crash* nas cotações dos mercados acionistas. A autoridade monetária poderia comprometer-se com a compra de um conjunto diversificado de ações, representativo do mercado, no caso de uma queda súbita e pronunciada dos preços. Se o mercado caísse, por exemplo, mais de 20% em relação à cotação de abertura da sessão, assegurar-se-ia a compra de um índice de ações. As autoridades serviriam assim como um seguro, o que daria apoio às cotações e, previsivelmente, impediria o pânico dos investidores e a sua saída desordenada do mercado. O facto de o seguro incidir sobre uma carteira representativa do mercado incentivaria os investidores a deter uma carteira diversificada de ações. Este mecanismo, a existir, poderia servir como substituto do *circuit breaker*.

A intervenção direta das autoridades nos mercados de capitais está longe de ser algo inédito. É sabido que durante a crise asiática de 1998 as autoridades monetárias de Hong Kong adquiriram cerca de 5% das ações transacionadas na bolsa de valores local. O Banco do Japão adotou uma política semelhante nos anos de 2002 e de 2009, embora estas intervenções tenham sido em menor escala uma vez que se limitaram às ações do sector financeiro.

Os movimentos de capitais são globais mas a regulação dos mercados financeiros mantém-se essencialmente um assunto nacional. Uma vez que os fluxos internacionais de capitais podem desempenhar um papel importante na desestabilização dos mercados em geral e na formação de bolhas especulativas em particular, têm surgido propostas de criação de uma instituição financeira internacional capaz de coordenar os esforços dos diversos reguladores nacionais. Dado que a circulação internacional de capitais se mantém e que frequentemente esses capitais tendem a afluir aos países com menor intensidade de regulação, uma forma de controlar esses capitais seria através de um regulador de âmbito internacional. A coordenação das diversas instâncias de regulação nacional poderia criar uma maior uniformidade e reduzir custos de transação ao mesmo tempo que contribuiria para promover a competição e a prestação de contas.

Outra das propostas é aplicar os princípios da regulação bancária aos mercados financeiros. Nesta ótica, da mesma forma que as entidades bancárias são acompanhadas de forma próxima pelo regulador, os intermediários de mercado e as entidades emitentes deveriam ser alvo de um escrutínio contínuo. Uma ver que o objetivo é minorar os efeitos negativos de uma subida não sustentada dos preços (e posterior correção), a intervenção do regulador deveria ser mais diligente nas fases de subida dos preços e concentrar-se em particular nos agentes financeiros que, pelas suas características, podem fazer perigar o adequado funcionamento dos mercados. As instituições financeiras de maior dimensão (fundos de investimento, corretores, etc.), mais alavancadas e cujos preços apresentaram uma mais forte propensão à subida são os principais candidatos a um exame mais próximo por parte do regulador. Com esta nova atitude, seria em teoria possível detetar mais precocemente as violações da legislação, nomeadamente por via dos comportamentos de fraude, e atuar em conformidade impedindo uma das consequências mais nefastas das bolhas especulativas.

Como ficou evidente com a recente crise financeira no sector imobiliário dos EUA, o colapso dos preços nos mercados pode afetar, de forma grave, o sector bancário. Muitas das principais consequências da crise, em diversos países, foram propiciadas por um sector financeiro excessivamente endividado e, por isso, demasiado exposto a choques adversos. Assim, a regulação financeira e em particular a regulação financeira prudencial do sector bancário desempenha um papel-chave no controlo das consequências das bolhas especulativas. A análise, em detalhe, das medidas de regulação concebidas para manter a solvabilidade das instituições bancárias no caso de colapso de uma bolha especulativa está para além do âmbito desta obra. No entanto, pode ser mencionado que ao longo dos últimos anos têm surgido diversas propostas no sentido de limitar a alavancagem das instituições bancárias, de circunscrever a atuação dos bancos às áreas financeiras (impedindo o acesso a atividades não financeiras, mais difíceis de regular) e de monitorizar os fluxos financeiros entre os bancos e os seus proprietários, por exemplo[298].

7.7 OS CUSTOS DA REGULAÇÃO

Apesar de os custos económicos potenciais das bolhas especulativas poderem ser bastante graves, devem igualmente ser considerados os custos das políticas públicas antibolhas especulativas. São várias as limitações, perigos e desvantagens que envolvem tais políticas.

Uma das primeiras dificuldades tem a ver precisamente com a deteção de uma bolha especulativa. É sabido que uma bolha especulativa consiste num desvio prolongado e significativo dos preços de mercado em relação aos valores fundamentais dos ativos financeiros. No entanto, estes valores fundamentais não são observáveis. Dada a incerteza que rodeia as previsões acerca dos fluxos financeiros futuros a gerar pelos ativos financeiros, a deteção de uma bolha especulativa é uma tarefa com uma componente importante de subjetividade[299]. Não existe normalmente consenso entre investidores e analistas acerca da existência de uma bolha especulativa. E isso é compreensível: conforme já referimos, os investidores decidem num contexto de incerteza – não conhecem o futuro –, pelo que a heterogeneidade de opiniões é uma das características mais evidentes dos mercados financeiros[300]. Há assim o risco de as autoridades públicas atuarem sobre o mercado para atenuar uma bolha especulativa que, afinal, não o é. Apesar disso, deve ser notado que um papel passivo do regulador também acarreta riscos e que, como ocorre noutras decisões em contexto de incerteza, os decisores políticos devem atuar com base num julgamento de probabilidades. Além disso, é necessário ter em atenção que alguns dos principais problemas provocados pelo aumento significativo e prolongado do preço das ações não dependem da ocorrência de uma bolha especulativa em sentido estrito. Por exemplo, o aumento da fraude empresarial que normalmente se observa nesses períodos depende mais das expectativas dos agentes de que os preços continuarão a aumentar que da verificação de um desvio dos preços em relação ao valor fundamental dos ativos.

Mas existem outras dificuldades relevantes, como as que se ligam, por exemplo, às consequências das políticas antibolhas especulativas. Estas políticas podem precipitar um *crash* nos mercados financeiros e essa correção súbita e pronunciada dos preços pode por sua vez acarretar consequências negativas para a economia. A experiência recente da Suécia é bem ilustrativa deste perigo. Quando o banco central daquele país aumentou as taxas de juro no ano de 2010 para cercear a bolha especulativa no mercado imobiliário e o excesso de endividamento das famílias, a inflação diminuiu fortemente aumentando o peso real da dívida e levando a economia para a recessão.

Existe ainda o perigo de uma sobrerreacção nas medidas legislativas tomadas na sequência de *crashes*. A experiência de um episódio como este pode desencadear um ambiente na opinião pública e nos participantes do mercado que leve os legisladores a adotar políticas demasiado restritivas porque demasiado desincentivadoras da inovação útil. Neste contexto, os efeitos benéficos futuros associados a algumas inovações, como descidas de preço ou aumentos da produtividade, podem ser postos em causa.

A perceção de que as autoridades farão tudo o que está ao seu alcance para limitar os danos económicos de uma bolha especulativa também é problemática. Se os investidores acreditam nessa possibilidade, podem surgir incentivos para que assumam ainda maiores riscos numa próxima oportunidade. Este é outro dos perigos que advêm de uma intervenção tardia, apenas posterior ao rebentamento da bolha: pode criar-se a expectativa de que será esse o padrão a observar no futuro. Isto por sua vez sinaliza aos investidores que as oportunidades para especular, no caso de uma bolha especulativa futura, devem ser aproveitadas. A evolução dos mercados nos EUA ao longo das últimas décadas pode ser entendida, segundo alguns autores, nesta perspetiva. As autoridades de regulação nesse país dispunham dos instrumentos para ter atuado de forma mais decisiva no sentido de combater a bolha especulativa no mercado imobiliário. No entanto, optaram por esperar que a bolha se formasse e rebentasse para atuar depois, baixando a taxa de juro. Foi uma estratégia similar à aplicada em episódios anteriores, como aquando do colapso do fundo Long-Term Capital Management, em 1998, do *crash* das ações tecnológicas em 2000 ou quando os mercados de capitais sofreram perdas importantes depois dos ataques de 11 de setembro. As injeções sucessivas de crédito na economia na sequência de cada um destes episódios criaram as condições para a geração da bolha no imobiliário e ao mesmo tempo levaram os agentes de mercado a acreditar que as autoridades assegurariam uma recuperação do *crash* através de uma política agressiva de descidas da taxa de juro.

Mesmo as políticas concebidas para evitar a formação das bolhas especulativas (e não para anular a bolha especulativa depois de formada) envolvem riscos.

Por exemplo, as medidas que pretendem restringir o acesso aos mercados financeiros dos investidores que não utilizam informação fundamental nas suas transações podem fazer diminuir a especulação mas podem também implicar, como vimos no capítulo anterior, uma redução da liquidez de mercado. Na verdade, um dos objetivos das políticas antibolhas especulativas pode ser mesmo diminuir a liquidez na crença de que tal contribuirá para desincentivar a adoção de uma perspetiva de curto prazo na atuação dos investidores. A questão decisiva parece ser o nível de liquidez necessário para um funcionamento adequado dos mercados financeiros.

Por último, é ainda necessário atender a que as políticas antibolhas especulativas podem não exigir uma maior intervenção das autoridades públicas. Por exemplo, o afastamento das restrições às vendas curtas, uma das medidas preconizadas por alguns autores para combater as bolhas, traduz-se na verdade numa redução da intervenção pública nos mercados financeiros. No caso das vendas curtas, existe um reverso na medalha: o *short selling*, conforme foi referido no quinto capítulo, pode exacerbar a intensidade dos *crashes*[301].

7.8 CONCLUSÃO

Os estudos empíricos das bolhas especulativas evidenciam que o fenómeno é bastante resistente às medidas que pretendem moderar o crescimento dos preços. Apesar disso, dados os importantes custos económicos que as bolhas especulativas acarretam, as políticas públicas podem desempenhar aqui um papel relevante. Ainda que as medidas a tomar não eliminem por completo as bolhas especulativas, podem ser eficazes na correção parcial de desvios de preço face aos fundamentais, tornando-os mais moderados.

Do conjunto das medidas elencadas na literatura, as que passam por uma maior restrição ao crédito ao dispor dos investidores parecem ser, apesar das suas limitações, das mais efetivas no combate às bolhas especulativas. Não obstante o debate sobre a questão ainda estar em aberto, a política monetária parece ser um instrumento com uma assinalável eficácia na perseguição desse objetivo. Os reguladores devem ter ainda presente que a política monetária pode ter muitos objetivos distintos – estímulo do crescimento, ajustamentos no mercado cambial, controlo da inflação, etc. – e a sua utilização no controlo das bolhas especulativas terá, forçosamente, efeitos noutras variáveis económicas relevantes.

As dúvidas levantadas sobre a eficácia das políticas antibolhas, e também pelos custos significativos que podem implicar, evidenciam o potencial das medidas destinadas a aumentar a resiliência das economias face à ocorrência de bolhas especulativas e *crashes*. Entre estas medidas avultam as relacionadas com os mecanismos de garantia e com a regulação prudencial das instituições bancárias.

8. Visões de instabilidade: a crise financeira de 2007/2008

A crise financeira cuja fase mais crítica se iniciou nos EUA nos anos 2007/2008 afetou uma boa parte da economia mundial. Os dados mostram que se trata da crise económica mais grave dos últimos 80 anos.

Entre os muitos fatores apontados como causa da crise contam-se por exemplo uma política monetária caracterizada por uma taxa de juro demasiada baixa e durante demasiado tempo, a desregulação dos mercados financeiros provocada pela crença irrealista dos reguladores e legisladores de que os mercados tendem, sem disrupções, para um estado de equilíbrio natural, os fenómenos da securitização da dívida e as atividades fora do perímetro de regulação desenvolvidas pelo sector bancário, as estruturas de incentivos das entidades que concederam crédito e que indexam a remuneração sobretudo ao volume do crédito concedido independentemente da sua qualidade, à desigualdade crescente nas últimas décadas na distribuição dos rendimentos, ao advento de uma cultura de especulação, etc.[302]

A exploração exaustiva das causas da crise financeira não cabe no âmbito da atual obra. Este assunto é ainda objeto de debate na sociedade em geral e nos meios académicos em particular. Numa revisão a 21 livros sobre o assunto, Lo (2012) realça a diversidade de interpretações sobre a matéria e as dificuldades na construção de uma narrativa única acerca do sucedido.

Apesar disso, o entendimento das causas da crise é essencial na conceção de sistemas de regulação que permitam diminuir a incidência de episódios semelhantes ou pelo menos que permitam mitigar os seus efeitos. De entre os diversos enquadramentos teóricos que podem ajudar a compreender os eventos a que temos assistido nos últimos anos, selecionamos três perspetivas: a hipótese da instabilidade financeira proposta por Minsky, a hipótese do mercado contingente de Frydman e Goldberg e a teoria jurídica das finanças de Katharina Pistor. A cada uma dessas teorias corresponde uma secção do presente capítulo.

São variados os motivos que nos levaram a escolher estas teorias. Sendo a dívida um dos traços mais marcantes da crise recente, a seleção da teoria de Minsky, em que esse fator desempenha um papel central, parece óbvia. A hipótese do mercado contingente realça a inovação e as condições de incerteza que caracterizam os mercados atuais. Por último, na teoria jurídica das finanças, é evidenciado o conflito entre a aplicação estrita das regras («os devedores têm de cumprir os compromissos assumidos, custe o que custar») e a sua flexibilização («a dívida acumulada é de tal forma excessiva que só através da sua renegociação se podem garantir condições mínimas para o seus pagamento»). No quadro de cada uma das três teorias referidas são expostas, de forma necessariamente resumida, as principais propostas de regulação.

8.1 A HIPÓTESE DA INSTABILIDADE FINANCEIRA

Quem quer perceber as fontes de instabilidade das economias – para tomar posição quanto às medidas de regulação a tomar – não pode deixar de refletir sobre os ensinamentos de Hyman Minsky (1919-1996).

Tradicionalmente, as teorias económicas neoclássicas ignoram o papel que instituições como os mercados financeiros e as instituições bancárias podem desempenhar nas economias. Se se pressupõe, independentemente dos dados empíricos em contrário, que os mercados financeiros são eficientes e os agentes tomam sempre as melhores decisões, não é de admirar que se conclua que a parte financeira não tem um impacto significativo na economia real.

Este tipo de raciocínio conduziu a uma visão extremamente simplificada e irrealista do funcionamento das economias: consideram-se economias capitalistas mas ignora-se a existência de capitalistas, há mercados financeiros mas não se estudam os investidores, admite-se a existência de empresas mas não há preocupação de entender os gestores. Os problemas associados ao endividamento e à incerteza inerente às decisões económicas é menorizado. Neste contexto, os desequilíbrios são entendidos como estados transitórios de economias que tendem, naturalmente, para a estabilidade e o equilíbrio.

Como resulta claro, esta noção simplificada da realidade debate-se com problemas sérios quando se trata de explicar as causas da instabilidade persistente nas economias.

O contraste com a perspetiva de Minsky não poderia ser maior. Para este autor, uma teoria não é satisfatória a não ser que explique as flutuações observadas nas economias. E esta explicação é eminentemente financeira, pelo que esta componente deve estar no centro da análise. De facto, o desenvolvimento da componente financeira das economias é uma das principais características dos sistemas económicos modernos pelo que ignorar a interação da economia financeira com a economia real é ignorar parte do essencial. Nas economias modernas, em que existem instituições financeiras (mercados financeiros e bancos) em constante evolução, a economia real e a economia financeira interagem entre si de forma significativa. Desta interação, segundo Minsky, resulta uma dinâmica que arrasta as economias, de forma inevitável, para períodos de instabilidade e crise. A instabilidade é uma das características das economias modernas.

O raciocínio de Minsky concretizou-se na *hipótese de instabilidade financeira*. Segundo esta hipótese, a economia gera, de forma endógena, ou seja, através do seu próprio funcionamento, uma estrutura financeira que se torna instável e, por isso, suscetível a crises; é o funcionamento *normal* dos mercados financeiros nos períodos de expansão económica que dá origem a condições propícias a crises financeiras.

Um dos pontos que merecem ser realçados na hipótese da instabilidade financeira é não ser o funcionamento ineficiente das instituições económicas – sejam mercados reais sejam mercados financeiros – que conduz a crises financeiras. As causas das crises financeiras estão na própria natureza da economia. Realça-se uma vez mais que é o funcionamento *normal* dos mercados que produz um sistema frágil e propenso a crises financeiras. Nesta perspetiva, as crises financeiras são inevitáveis, embora caiba um papel importante à regulação para diminuir a sua frequência e intensidade.

Para Minsky, o sistema financeiro é mais bem entendido como sendo um sistema de crédito. Cada unidade ou agente na economia tem o seu próprio balanço, compreendendo ativos e responsabilidades. Os ativos inscritos num dos lados do balanço têm como contrapartida as responsabilidades no outro lado do balanço. Cada agente tenta equilibrar as duas componentes. Quando as responsabilidades excedem os ativos, o agente procura deferir os pagamentos aos seus credores tentando obter financiamento de curto prazo para suprir o desequilíbrio ou vendendo ativos para gerar liquidez. Se todas estas tentativas falharem, esse agente entra em incumprimento forçando os seus credores a compensar a diferença entre os dois lados do balanço em ordem a equilibrar os seus próprios balanços. Isto, por seu lado, leva a que a cadeia de desequilíbrio entre ativos e responsabilidades se vá propagando no sistema financeiro até que alguma entidade esteja disposta a atuar como «prestamista de última instância» [*lender of last resort*]. Atualmente esta função é desempenhada pelos bancos centrais.

Mas como se caracterizam as condições de robustez e fragilidade do sistema económico? Para responder a esta questão, Minsky estabeleceu três categorias de agentes económicos com base na relação entre o seu rendimento operacional e os pagamentos relativos ao serviço da dívida por eles contraída. Assim, um agente (empresa ou particular) pertence ao grupo das «finanças equilibradas» *(hedge finance)* quando o seu rendimento operacional esperado é mais do que suficiente para pagar os juros e para amortizar a dívida contraída nos prazos estabelecidos. Um agente pertence ao grupo das «finanças especulativas» *(speculative finance)* quando os seus rendimentos operacionais esperados são suficientes para pagar os juros resultantes da dívida contraída; no entanto, os agentes nesta categoria necessitam de utilizar recursos financeiros provenientes de novos empréstimos para amortizar parte ou a totalidade dos montantes em dívida no prazo estabelecido. Por último, um agente pertence ao grupo das «finanças Ponzi» *(Ponzi finance)* quando não é provável que o seu rendimento operacional esperado seja suficiente para pagar todos os juros da dívida existente nas datas devidas; nestas circunstâncias, o agente, para obter os recursos necessários para pagar apenas os juros devidos, terá que contrair nova dívida ou liquidar alguns dos ativos que possua. Esta forma de financiamento é particularmente precária e associada a um padrão de insustentabilidade.

O grau de fragilidade ou robustez da economia como um todo depende em última análise da fragilidade ou robustez dos acordos de financiamento dos agentes económicos presentes na economia. Ao longo do tempo, o comportamento e o desempenho dos diversos agentes económicos leva-os a mudar de uma categoria para outra e as condições financeiras do sistema como um todo dependem da proporção dos agentes presentes em cada uma das três categorias. Mais «finanças equilibradas» implicam condições robustas; mais «finanças especulativas» e «finanças Ponzi» implicam uma maior fragilidade do sistema financeiro.

A hipótese da instabilidade financeira postula que o funcionamento normal da economia leva a que os agentes no estado de «finanças equilibradas» transitem para o estado de «finanças especulativas» e, pior, para o estado de «finanças Ponzi». Dito de outra forma, a evolução normal das economias torna insustentável, de tempos a tempos, a situação financeira de uma parte substancial dos agentes económicos e isso gera instabilidade em todo o sistema.

A instabilidade na evolução da economia manifesta-se em dois momentos: existe instabilidade na fase de crescimento, uma vez que aqui a economia cresce de forma não sustentada semeando as condições que irão ditar a instabilidade na fase seguinte, a fase de declínio económico. Em cada uma destas duas fases intervêm fatores de natureza comportamental.

Passemos então a descrever cada uma destas duas fases. Na fase de crescimento, as perspetivas de lucro por parte das empresas levam a que contraiam dívida para financiar os seus investimentos. As entidades financiadoras, nomeadamente as instituições bancárias, partilham das mesmas perspetivas positivas acerca da viabilidade dos investimentos e consequentemente prontificam-se a conceder os empréstimos. Num primeiro momento, os lucros obtidos com os investimentos reforçam as convicções tanto dos credores (bancos) como dos devedores (empresas) e assim reforçam-se também as condições para se aceder a montantes adicionais de crédito.

Aqui entram em campo diversos fatores de natureza comportamental. Por um lado, os agentes económicos presentes na economia tendem a perder, ao fim de algum tempo, a memória histórica dos períodos marcados por instabilidade económica e endividamento excessivo. Por isso as empresas baseiam as suas decisões de financiamento apenas no passado recente, marcado por negócios proveitosos, ignorando os potenciais efeitos desestabilizadores da dívida. Por seu lado, as instituições de crédito correspondem às intenções das empresas e concedem o crédito solicitado, quer porque sofrem da mesma perda de memória histórica, quer porque a competição sectorial (e possivelmente os sistemas de incentivo estabelecidos) as leva a procurar maximizar o montante de crédito concedido.

A importância da memória histórica de períodos de instabilidade no comportamento dos agentes económicos não deve ser menosprezada. Conforme já foi referido, verifica-se por exemplo que os gestores que viveram a Grande Depressão nos EUA se tornaram mais relutantes em contrair dívida durante mais de três décadas após os acontecimentos traumáticos. Quando passa tempo suficiente sobre esses períodos de instabilidade, perde-se o conhecimento histórico das dificuldades associadas ao endividamento excessivo.

A competição entre bancos leva a que estes procurem aumentar o volume de crédito concedido. E o montante de crédito criado na economia não está sujeito a restrições tecnológicas e de recursos, como acontece com o investimento levado a cabo pelas empresas. De facto, no regime de moeda fiduciária e de reservas fracionais que caracteriza os sistemas financeiros modernos, a concessão de crédito não está sequer limitada por qualquer montante prévio de poupança. Desde que os bancos comerciais estejam em condições de aceder à liquidez proporcionada pelos bancos centrais, o limite na concessão ao crédito reside essencialmente na rendibilidade (ajustada ao risco) que esses bancos comerciais atribuam ao crédito a conceder. Nestas condições, o montante de crédito concedido passa a depender das preferências subjetivas e das expectativas dos agentes devedores e credores, pelo que é inevitável a presença de motivações especulativas destes dois tipos de agentes acerca dos fluxos financeiros futuros e das condições nos mercados financeiros. A diferente natureza do crédito e do investimento real por ele sustentado pode ter consequências desestabilizadoras na economia. Por isso, as autoridades monetárias tentam instituir limites à capacidade de criação de crédito por parte das instituições bancárias através de medidas que se revelam de eficácia questionável como a imposição de rácios mínimos de capital próprio, por exemplo.

Na hipótese da instabilidade financeira reconhece-se que as instituições de crédito têm como objetivo a obtenção de lucros. E a introdução de novos produtos financeiros no mercado permite aumentar as margens cobradas pelos bancos inovadores. Por esse motivo, existe uma pressão para inovar. Ora a existência de uma restrição ao crescimento ao crédito em alturas em que as entidades bancárias estão a competir entre si e estão dispostas a aumentar o montante dos empréstimos concedidos não pode deixar de produzir uma reação. De facto, durante as fases de expansão, os bancos introduzem inovações financeiras no mercado procurando «inventar» novas formas de crédito. As inovações financeiras expandem a disponibilidade do crédito e aumentam a liquidez presente na economia levando ao aumento excessivo dos preços nos mercados de capitais. Este aumento nos preços por sua vez tem o condão de estimular o surgimento de inovações financeiras adicionais, completando-se assim o círculo vicioso. Além disso, as inovações financeiras, quando se mostra bem-sucedidas, são rapidamente imitadas uma vez que são mais difíceis de proteger através de patentes. Estas inovações, na opinião de Minsky, tornam o sistema mais vulnerável a ruturas uma vez que proporcionam oportunidades de endividamento adicional a agentes que de outra forma não o obteriam. Tal contribui assim para prolongar a fase de crescimento instável.

A perda da memória histórica dos agentes económicos e consequente «miopia» na avaliação dos efeitos de financiamento associada à competição entre as instituições bancárias leva a que as empresas se tornem mais e mais endividadas. Durante algum tempo, o acréscimo de endividamento traduz-se num aumento dos lucros, já que os investimentos bem-sucedidos permitem suportar os custos de financiamento. Este aumento dos lucros, conjugado com o incremento da liquidez decorrente das inovações financeiras a que já fizemos referência, traduz-se num aumento dos preços das ações nos mercados de capitais, o que incentiva o investimento empresarial por duas vias. Por um lado, o aumento do preço das ações favorece o financiamento das empresas através da emissão desses títulos. Por outro, o aumento no preço das ações proporciona maior capacidade de financiamento às famílias uma vez que as ações podem ser usadas como colateral nos pedidos de empréstimo. Por sua vez, este maior endividamento das famílias pode ser usado quer para consumir (o que faz aumentar os lucros das empresas e estimula ainda mais o investimento) quer para investir no próprio mercado de ações (o que contribui para um aumento ainda maior dos preços, valorizando ativos que podem servir para colaterizar novos empréstimos e podendo gerar deste modo um ciclo vicioso porque insustentável a prazo).

Desta forma, como se entende, os mercados de capitais, em particular o mercado de ações, podem servir para alimentar a fase de «crescimento eufórico da economia», nas palavras de Minsky. As dívidas existentes são validadas pela evolução favorável da economia e as empresas mais alavancadas são as que mais prosperam. É vantajoso endividar-se e as estruturas de financiamento entendidas como aceitáveis contemplam um cada vez maior peso da dívida. E, como o endividamento de curto prazo é mais barato, as empresas que obtêm financiamento com base na sua rendibilidade são capazes de reduzir custos utilizando mais dívida de curto prazo do que aquela que é necessária para financiar os seus investimentos de longo prazo. Enquanto se acreditar que os aumentos dos custos do acréscimo de endividamento podem ser sustentados pelos aumentos dos lucros provenientes do investimento adicional, a economia continuará a crescer e os incentivos para o acréscimo do investimento continuarão a existir.

Mas estas condições não podem durar indefinidamente e à fase de crescimento terá que suceder-se uma fase de decréscimo da economia.

Para percebermos como se dá a transição é necessário considerar aqui, neste ponto, outro elemento importante. As empresas decidem em contexto de incerteza. As decisões de investimento são baseadas nas expectativas acerca dos fluxos financeiros a gerar internamente pelas empresas e nas expectativas acerca dos fluxos financeiros a obter no seu exterior. Mas os fluxos de fundos internos desses agentes dependem do desempenho da economia entre o momento da decisão de investir e o momento final de concretização do investimento. A relevância das condições económico-financeiras futuras para as decisões de investimento contemporâneas implica um elemento de incerteza que está para além das questões tecnológicas inerentes ao investimento. Este elemento de incerteza centra-se na combinação de financiamento externo e interno que será necessário; essa combinação depende da capacidade de financiar os investimentos a partir dos lucros futuros. É que as condições vigentes no passado recente não são extrapoláveis para o futuro; é isso que significa a incerteza. Tal implica, como vimos, que as expectativas acerca do futuro têm fundações precárias, pelo que os erros no investimento são inevitáveis.

Além disso, existem problemas decorrentes de as previsões dizerem respeito a sistemas económicos complexos, com diversos tipos de agentes económicos que interagem entre si. Cada agente tem o seu próprio entendimento acerca da forma como funciona a economia em que opera e usa esse seu «modelo» para efetuar previsões acerca dos fluxos financeiros futuros. É importante perceber que os agentes presentes numa mesma economia estão interligados entre si: os fluxos financeiros de saída de um agente correspondem aos fluxos financeiros de entrada de outro agente. Isto significa que as previsões de cada agente acerca dos fluxos financeiros futuros correspondem à tentativa de prever as previsões dos restantes agentes económicos, algo que é plausível admitir requerer capacidades que poderão estar para além das detidas pela maioria dos agentes.

Nestas condições de incerteza e complexidade, as decisões de investimento – ainda que alimentadas por crédito fácil – não podem ser todas bem-sucedidas. Inevitavelmente, alguns dos rendimentos operacionais esperados não se concretizarão. Alguns dos investimentos não produzirão os rendimentos previstos, mas as empresas, crescentemente endividadas, continuarão a ter que suportar os custos do endividamento contraído para o efeito. Assim, algumas empresas dão-se conta de que se deteriorou a relação entre os rendimentos operacionais gerados e os compromissos com o serviço da dívida. Nalguns casos, os compromissos financeiros serão até impossíveis de cumprir.

A estas condições junta-se o processo desestabilizador de *feedback* positivo que está na natureza dos juros cobrados pelas instituições bancárias. Os agentes que estão numa posição financeira mais débil são também aqueles a quem são exigidas taxas de juro mais elevadas. Logo que um devedor caia num estado de fragilidade financeira, o banco concluirá que não existe uma taxa de juro viável a que possa ser realizado um novo empréstimo, já que os juros teriam de ser tão elevados que fariam o devedor afundar-se ainda mais na situação de insolvência.

Assim, um número crescente de agentes com «finanças equilibradas» transfere-se para o grupo das «finanças especulativas» e algumas das entidades pertencentes a este grupo passam a pertencer ao grupo das «finanças Ponzi».

Estando na situação de «finanças especulativas», os agentes ficam vulneráveis em diversos sentidos. Em primeiro lugar, ficam dependentes dos mercados de crédito para o refinanciamento da sua dívida. Um aumento nas taxas de juro pode fazer com que aumentem os custos dos seus compromissos com o serviço da dívida face aos rendimentos esperados. Em segundo lugar, numa tentativa de diminuir os custos com a dívida, é plausível admitir que se passem a financiar ainda mais a prazos mais curtos, para obter taxas mais baixas. Tal atitude coloca-os numa posição vulnerável já que que os seus ativos têm um prazo superior às suas dívidas. Assim, uma subida nas taxas de juro terá um maior impacto no valor de mercado dos seus ativos do que no valor da dívida, podendo colocar esses agentes numa situação de falência técnica, ou seja, com um ativo de valor insuficiente para amortizar todas as dívidas. Em terceiro lugar, como as estruturas de financiamento entendidas como aceitáveis são subjetivas e resultam da posição de cada um dos agentes face aos restantes agentes económicos, pode acontecer que a descoberta da vulnerabilidade de alguns agentes produza uma reavaliação súbita e significativa do que é considerado um peso aceitável para o endividamento.

Esta reavaliação pode ser também levada a cabo pelas entidades financiadoras. Os bancos são eles próprios entidades com «finanças especulativas», uma vez que financiam compromissos a longo prazo (investimento empresarial) com recurso a financiamento e fundos a curto prazo (depósitos) que podem ser reclamados de imediato pelos seus detentores (depositantes). Como tal, defrontam-se com problemas de refinanciamento em resultado do seu elevado endividamento e do curto prazo dos capitais utilizados.

Consequentemente, as condições de acesso ao crédito podem tornar-se de súbito mais difíceis. Assiste-se por conseguinte ao aumento das taxas de juro e este aumento traduz-se em dificuldades crescentes de financiamento dos agentes com «finanças especulativas» e num incremento do montante de endividamento dos agentes com «finanças Ponzi».

A forma precisa da crise depende do que ocorre com os agentes em dificuldades financeiras: podem simplesmente incumprir nas suas obrigações de pagamento do serviço da dívida gerando dificuldades adicionais nos restantes agentes da economia ou podem tentar melhorar a sua posição financeira liquidando ativos financeiros que possuam, desta forma afetando, provavelmente de forma grave, os mercados dos preços dos ativos que serviram de colateral para suportar a estrutura de endividamento vigente.

Em qualquer caso, as condições de fragilidade do sistema estão instaladas e é apenas necessário um evento, em si insignificante – uma falência de uma empresa de elevada notoriedade ou um rumor acerca da solvabilidade de uma instituição bancária – para desencadear uma reação em cadeia que revela à generalidade dos agentes a insustentabilidade da situação vigente. O ponto de rutura – a que alguns autores se referem como *momento de Minsky* – dá-se quando um número significativo de agentes económicos não consegue refinanciar a dívida na maturidade. Tal como a instabilidade na primeira fase se traduziu num rápido crescimento da economia, a instabilidade nesta segunda fase manifesta-se numa forte e rápida correção dos balanços financeiros dos agentes económicos.

É importante perceber que a instabilidade do sistema económico na fase de crescimento deixa atrás de si um rasto de compromissos financeiros que coloca problemas à continuação do crescimento. Ao longo do tempo, as condições das «finanças equilibradas» que suportam o investimento e a instabilidade no crescimento dão lugar às condições de um sistema frágil, em que os agentes com «finanças especulativas» e «finanças Ponzi» têm um peso crescente, e em que o investimento diminui, o crescimento desacelera e a coerência do sistema como um todo é colocada em causa. Este efeito está plasmado no lema popularizado por Minsky: «a estabilidade é desestabilizadora.» A estabilidade das «finanças equilibradas» leva a uma instabilidade no crescimento já que esse ambiente encoraja a adoção de comportamentos inovadores e a tomada de níveis crescentes de risco financeiro que vão estar na origem da instabilidade na fase de decréscimo da economia. No centro desta dinâmica de estabilidade e instabilidade estão as finanças e é sobre estas que Minsky propõe medidas radicais de regulação.

São várias as implicações da hipótese da instabilidade financeira no campo da regulação. Em primeiro lugar, é necessário considerar que as políticas que funcionam num regime em que as finanças são robustas podem não ser adequadas para períodos em que as «finanças especulativas» e as «finanças Ponzi» são dominantes na economia.

Um segundo ponto importante no raciocínio de Minsky tem a ver com os efeitos da intervenção das autoridades. Quando estas intervêm como «prestamistas de última instância» na tentativa de socorrer agentes económicos cuja rutura pode provocar efeitos económicos sistémicos – tipicamente, instituições bancárias de grande dimensão e/ou com conexões importantes com os restantes agentes – estão na prática a validar os comportamentos de tomada de risco e as inovações financeiras que provocaram a intervenção. Com isso, estão a garantir a persistência dessas práticas. A consequência é que as autoridades podem conseguir estabilizar o sistema no imediato, mas a sua atuação lança as bases para que, no futuro, novos eventos de índole semelhante venham a ter lugar.

Mas, em terceiro lugar, e mais importante, Minsky defende uma postura interventiva do estado na economia, apesar dos efeitos nefastos da intervenção das autoridades em alturas de crise que acabámos de descrever. Um sistema financeiro complexo, sofisticado e dotado de dinamismo não é estável nem eficiente de *per se*. O interesse próprio das instituições financeiras, de investidores alavancados e de empresários que pretendem investir conduz a economia, na ausência de uma intervenção corretiva, a crises destruidoras de riqueza. Por esta razão, é necessário, na opinião de Minsky, restringir a tendência dos agentes para evoluir para finanças especulativas, e portanto não sustentáveis. Para isso, Minsky propõe algumas medidas de regulação aplicáveis quer às instituições financeiras em particular, quer à economia como um todo.

No que se refere às instituições financeiras, as recomendações de Minsky vão no sentido de uma maior vigilância das autoridades. As autoridades devem orientar a evolução da estrutura financeira da economia. Neste particular, devem ser restringidas práticas e instrumentos que possam aumentar a instabilidade do sistema. Minsky é particularmente crítico quanto ao papel desestabilizador das inovações financeiras, pelo que a regulação neste campo deve ser especialmente incisiva.

No que diz respeito à economia, Minsky defende que o estado deve intervir nas atividades capital-intensivas, onde a relação entre o endividamento e o investimento pode ser particularmente desestabilizadora. A ênfase no investimento e em atividades capital-intensivas como fonte do crescimento conduz a um sistema económico instável pelo que a tónica deve antes ser colocada no objetivo do pleno emprego. A economia deve contemplar um elevado nível de consumo e um investimento mais reduzido privilegiando as organizações de menor dimensão, ou seja, as que não coloquem problemas sistémicos. Minsky reconhece que uma economia menos inovadora e guiada pelo objetivo do pleno emprego gera, em princípio, um menor nível de riqueza. Mas esse é o preço a pagar por uma economia mais estável e equitativa na distribuição do rendimento[303].

8.2 A HIPÓTESE DO MERCADO CONTINGENTE

Roman Frydman e Michael Goldberg inspiraram-se nas contribuições de Knight, Keynes e Minsky em torno do conceito de incerteza para conceber a hipótese do mercado contingente (HMC). A ideia de partida é que não é possível conhecer com exatidão as rendibilidades futuras do mercado nem é possível estabelecer as probabilidades associadas a cada uma dessas rendibilidades.

Neste ponto, Frydman e Goldberg introduzem dois conceitos essenciais à HMC. Como as economias são caracterizadas por *variações não rotineiras* e como os agentes operam com *conhecimento imperfeito*, os mercados financeiros não podem deixar de refletir estes dois fatores. As variações não rotineiras podem tomar a forma de eventos não previsíveis, como inovações tecnológicas ou súbitas e descontínuas alterações do enquadramento institucional, político e social dos espaços económicos. As inovações influenciam as rendibilidades futuras da atividade económica de formas que ninguém é capaz de antecipar completamente. Neste contexto não é possível formar um consenso no mercado, pelo que deverão existir a cada momento diversas estratégias com vista à formação de expectativas acerca dos preços dos ativos financeiros. As respostas dos investidores são diferenciadas porque existem diversas formas de encarar o futuro. Daqui resulta que os preços gerados nos mercados financeiros têm de ser sempre uma medida imperfeita da estimativa do valor dos ativos. Esses preços refletem a aprendizagem dos participantes de mercado ou, noutra perspetiva, o «confronto» entre esses agentes na tentativa de determinação do valor dos ativos num ambiente em constante mudança. Mais, como essas mudanças que afetam as economias não podem ser previstas à partida (são não rotineiras), os mercados são essencialmente instáveis, pelo que os preços exibem *variações extremas* mesmo quando funcionam de forma normal.

Isto não quer dizer que os fundamentais económicos não sejam tidos em conta na formação dos preços. Pelo contrário, no quadro da HMC, os fundamentais são importantes, mas a relação de proximidade entre os preços e os fundamentais que deveriam representar varia ao longo do tempo. Por isso, ao contrário do que é assumido quando se considera que os mercados de capitais são eficientes, não é garantido que os preços tendam para um nível de equilíbrio.

No mundo da HMC, a regulação desempenha um papel importante. Os preços podem exibir variações extremamente elevadas e podem afastar-se, de forma significativa, dos níveis de equilíbrio ditados pelos fundamentais. A excessiva volatilidade dos preços e as correções abruptas podem acarretar custos elevados para a economia real na forma de alterações rápidas nos padrões de consumo e na necessidade da desalavancagem dos agentes económicos, o que por sua vez pode conduzir a desacelerações do crescimento económico. Cabe por isso ao regulador atuar porque os agentes de mercado não internalizam os efeitos negativos a nível económico e social decorrentes da volatilidade excessiva dos preços.

Mas como deve atuar o regulador no quadro da HMC? A incerteza, com o conhecimento imperfeito que acarreta, e as variações não rotineiras na economia tornam os mercados, na sua essência, instáveis. Assim, as medidas destinadas a aumentar a informação ao dispor dos participantes do mercado não resolvem o problema. Não interessa se muita ou pouca informação é divulgada porque mais informação passada e presente não implica necessariamente um maior conhecimento acerca do futuro. As variações excessivas de preço não são causadas por carência de informação. Na verdade, concentrar as políticas de regulação no acesso à informação pode até ter um efeito contraproducente. Isto é assim porque, por um lado, pode criar-se a ilusão de que o problema irredutível da incerteza pode ser convertido numa mera questão de cálculo de probabilidades, mesmo quando, como é o caso, no cálculo dessas probabilidades se recorre a pressupostos baseados no que se sabe hoje e que se poderá revelar errado no futuro. Por outro lado, a crença de que melhor informação pode conduzir os mercados à eficiência pode levar os reguladores e os decisores políticos a acreditar que se encontram dispensados de procurar melhores alternativas de regular os mercados financeiros.

No quadro da HMC, o objetivo principal da regulação é minorar o problema da instabilidade que resulta do conhecimento imperfeito e das mudanças não rotineiras. Esta é a única forma de procurar evitar crises e desacelerações económicas pronunciadas causadas pelos mercados de capitais. Frydman e Goldberg não acreditam que os reguladores estejam mais bem equipados que os mercados para tomar decisões de investimento. Assim, o propósito da regulação deve ser gerir um sistema que é essencialmente instável e que, em razão dessa instabilidade, não se pode presumir que realize uma correta afetação dos recursos da economia. Tal pode ser atingido através da adoção de medidas como a divulgação de intervalos de referência de preços *(guidance range)* ou de atenuação dos efeitos de variações excessivas de preço *(excess dampening measures)*.

Com a divulgação de intervalos de referência de preços pretende-se sinalizar ao mercado que os preços excederam, por uma margem significativa, as referências históricas. As autoridades deverão monitorizar o desenvolvimento dos preços e anunciar publicamente e de forma justificada quando os preços de mercado se encontram em valores demasiado elevados. Os reguladores deveriam divulgar, por exemplo, que os preços de mercado se encontram no 95.º percentil de preços calculado para um período longo (Frydman e Goldberg sugerem um período de referência de várias décadas). Claro que é possível debater os critérios de seleção e cálculo dos indicadores de referência a usar pelo regulador. Mas deve ser notado aqui que o importante *não é* dotar o mercado de informação adicional. De acordo com Frydman e Goldberg, a maior parte dos participantes nos mercados de hoje em dia são bem informados e irão dar-se conta de que os preços se encontram em extremos históricos. O objetivo é antes coordenar as opiniões dos participantes de mercado em torno da perspetiva dos reguladores. Esta medida assenta em bases similares ao que ocorre com as expectativas quanto à inflação quando os bancos centrais divulgam objetivos acerca dessa variável macroeconómica.

Além dos intervalos de referência, a HMC propõe uma estratégia de regulação mais pró-ativa, nomeadamente através da atenuação dos efeitos de variações excessivas de preço. É importante controlar o risco dos bancos decorrentes dessas variações de preço. A este respeito, Frydman e Goldberg sugerem a adoção de requisitos de capital com caráter contracíclico nas instituições financeiras. Estes requisitos de capital deverão ser diferenciados de acordo com as instituições financeiras de forma a assegurar, tanto quanto possível, que as instituições com maior exposição aos mercados de capitais constituem, em tempo útil, as necessárias provisões financeiras. De igual modo, para mitigar a volatilidade dos preços, defende-se que a política monetária pode desempenhar um papel positivo nos mercados de ativos financeiros.

É necessário referir que, uma vez que a HMC é recente (a proposta inicial dos autores surgiu em 2007), as propostas de regulação não estão ainda suficientemente desenvolvidas. Além disso, a abordagem de Frydman e Goldberg parece por vezes ignorar as dificuldades técnicas e políticas que os reguladores têm de ultrapassar na implementação das medidas sugeridas para correção dos valores dos preços dos mercados de capitais.

De qualquer forma, a HMC enfatiza a necessidade de flexibilidade e discricionariedade na regulação. Num mundo com conhecimento imperfeito nem os participantes de mercado nem os reguladores sabem o que o futuro lhes reserva. Por isso, não faz muito sentido que os reguladores estabeleçam regras muito específicas com vista a otimizar os resultados da regulação. Uma filosofia de regulação que pretenda otimizar as regras estará à partida condenada a perder a iniciativa e a seguir os desenvolvimentos dos mercados. Por isso deve ser dada uma margem significativa de flexibilidade aos reguladores para conceber regras e adaptá-las ao longo do tempo e em face das circunstâncias. Só assim, ao desenvolver regras adequadas aos problemas colocados pelos mercados financeiros a cada momento, se poderá minorar a tendência dos investidores para procurarem mercados com condições mais favoráveis de regulação (arbitragem regulatória). Quanto mais específicas forem as regras de regulação e quanto mais comprometido o regulador estiver com essas regras, mais atrativa se tornará a arbitragem regulatória e menos capazes estarão os reguladores para responder a este fenómeno. Como é evidente, a dotação de uma significativa margem de liberdade aos reguladores tem como contrapartida a exigência de reguladores e decisores políticos capazes de resistir às pressões da opinião pública em geral e do sector financeiro em particular[304].

8.3 A TEORIA JURÍDICA DAS FINANÇAS

O ano de 2013 viu nascer a teoria jurídica das finanças *(Legal Theory of Finance)*, desenvolvida pela jurista alemã Katharina Pistor.

A teoria jurídica das finanças (TJF) assenta em três pontos principais. O primeiro tem a ver com a relação entre a lei e as finanças. De acordo com a TJF, os mercados financeiros e os ativos financeiros neles transacionados são construídos através da lei e, como tal, não podem existir fora de um dado regime jurídico. Realça-se que os ativos financeiros são *contratos* cujo valor depende da capacidade do seu detentor de fazer valer legalmente os seus direitos. Ora para que esses direitos sejam concretizados é necessário que sejam reconhecidos pelos tribunais e reguladores e isso por sua vez depende do sistema legal vigente.

O papel constitutivo da lei nos mercados de capitais é tanto mais importante quanto é verdade que o crescimento desses mercados conduz naturalmente ao «anonimato» dos investidores que nele operam. Para o normal funcionamento dos mercados, é assim cada vez mais necessário assegurar que as obrigações e direitos inerentes aos instrumentos financeiros objeto de transação possam ser reclamados judicialmente.

Pode-se pensar em diversos casos ilustrativos da relação entre as finanças e a lei. Tome-se, por exemplo, o caso das ações que representam diversos direitos (direito ao voto, direito à informação, direito a participar dos resultados) e obrigações (entrega do capital à empresa) para o acionista. Ou o caso dos mercados de derivados cuja expansão à escala global exigiu, previamente, a *criação jurídica* desse mercado através da uniformização da legislação aplicável em diversos países de forma a assegurar aos investidores que os procedimentos seriam escrutinados pelos tribunais e pelos reguladores dos diferentes países. Até as empresas têm uma personalidade jurídica própria e portanto distinta dos agentes que com ela se relacionam.

As próprias variantes do capitalismo podem ser entendidas à luz da noção de que os mercados são também um constructo jurídico. Por exemplo, tem sido notado que as empresas alemãs tendem a apresentar uma capitalização bolsista relativamente baixa quando comparada com a de empresas similares sedeadas no Reino Unido ou nos EUA. Essa diferença tem sido atribuída às características do chamado «capitalismo do Reno», resultante das escolhas jurídicas alemãs segundo as quais as empresas devem guiar a sua atuação não apenas para a satisfação dos interesses dos acionistas, mas também atendendo aos objetivos de longo prazo dos restantes interessados na vida das organizações: trabalhadores, governos nacional e federal, consumidores, associações ambientalistas, etc. Esta escolha traduz-se num menor valor de mercado das empresas, mas não necessariamente num menor valor social dessas organizações.

A própria noção de «desregulação» dos mercados, no quadro da TJF, não faz sentido. As regras estão omnipresentes e são essenciais para a vida social e económica. Tudo o que pode ser realizado é a mudança ou a anulação de algumas regras para que outras, as que restam, se tornem aplicáveis a um maior número de situações. Por isso a «desregulação» não significa a ausência de regulação, mas antes a delegação implícita da criação de regras em entidades que não o estado, com o entendimento de que, em todos os restantes aspetos, gozam da proteção da lei.

Mas se é verdade que a lei dá forma aos mercados de capitais também é verdade que os agentes dos mercados financeiros podem atuar sobre a legislação através de pressões e influências sobre o processo político. Nesta medida, a lei pode ser considerada endógena aos mercados financeiros.

A evolução do mercado de derivados no mercado de balcão nos EUA constitui um bom exemplo da endogeneidade entre lei e mercados financeiros. A decisão inicial de não regular os derivados no mercado de balcão traduziu-se num enorme crescimento deste mercado: o valor do nocional de todos os *swaps* cambiais e de taxa de juro foi multiplicado por um fator de 72 entre os anos de 1987 e de 2000. O crescimento exponencial do mercado criou agentes e instituições com poder financeiro para «capturar» o processo legislativo nos EUA levando a que essa decisão inicial de não regulação se tornasse praticamente irreversível, apesar dos receios de que a ausência de regulação pudesse colocar problemas sistémicos à economia.

A visão de que os mercados financeiros não existem fora das leis, mas são antes constituídos por elas, tem implicações interessantes: no quadro da TJF, os mercados financeiros ocupam um lugar híbrido entre o estado (que cria a legislação) e o mercado (ao qual a legislação é aplicada e cujos agentes procuram influenciar o processo legislativo), entre o sector público e o sector privado.

O segundo ponto a salientar tem a ver com a relação dinâmica que se estabelece entre os mercados financeiros e a lei ao longo do tempo. No quadro da TJF, os mercados de capitais exibem dinâmicas que os colocam em tensão direta com os compromissos consagrados na lei e nos contratos. Isto acontece especialmente em períodos de crise, em que o cumprimento integral dos compromissos legais resultaria na autodestruição do sistema financeiro.

Assim, a lei e as finanças estabelecem entre si uma relação paradoxal. Por um lado, a lei empresta credibilidade aos instrumentos financeiros ao proporcionar-lhes um caráter vinculativo mediante o recurso aos tribunais. Por outro lado, a efetivação de todos os compromissos legais realizados no passado, independentemente das alterações das circunstâncias, pode acarretar, em alturas críticas, o colapso do sistema financeiro.

As crises, em que o conflito entre os mercados financeiros e a lei se torna mais evidente, têm a sua origem em dois fatores que caracterizam as decisões financeiras: a incerteza e a volatilidade da liquidez. Incerteza e volatilidade da liquidez andam juntas na criação de episódios de crise: se o futuro fosse conhecido poderiam tomar-se medidas para prover a situações de escassez de liquidez; se níveis adequados de liquidez estivessem disponíveis em qualquer circunstância, os agentes poderiam encontrar sempre financiamento, independentemente das condições a vigorar no futuro.

Ora a incerteza conjugada com as restrições de liquidez dos investidores torna instáveis os mercados financeiros. O desconhecimento do futuro acarreta forçosamente a necessidade de os agentes económicos ajustarem as suas estratégias de investimento. Isto implica a capacidade de encontrar refinanciamentos ou de liquidar ativos financeiros ou adquirir novos ativos financeiros. No entanto, pode não ser possível encontrar contrapartes para todos os ativos financeiros a um preço razoável e pode não ser possível encontrar refinanciamento. Em situações de crise, os investidores poderão ter que liquidar os ativos financeiros a «preço de saldo», desencadeando correções de preço significativas em toda a economia. A probabilidade de que um cenário extremo como este tenha lugar depende do número de investidores que entendem necessitar de refinanciamento ao mesmo tempo.

Se for elevado o número de investidores que se encontram nessas condições, os compromissos legais existentes, sendo vinculativos e não negociáveis, podem precipitar uma crise e em casos mais extremos pôr em causa a sobrevivência do próprio sistema financeiro. Um exemplo: todos os investidores que depositam as suas poupanças num banco têm o direito de as levantar a pedido. Este direito tem uma base contratual e está protegido pela lei. No entanto, se todos os depositantes desejarem exercer esse direito ao mesmo tempo, provocam o colapso de um sistema baseado na existência de bancos que se financiam com prazos mais curtos que os que vigoram nos empréstimos concedidos.

A possibilidade de uma crise financeira ser desencadeada pelo exercício, em simultâneo, de diversos direitos com cobertura legal, conduz ao último ponto da TJF.

Um terceiro tema a realçar na TJF é que existe uma hierarquia nas finanças quer em termos de ativos financeiros quer em termos de investidores.

Comecemos com os ativos financeiros. Em tempos tranquilos, pode ser mantido um sistema complexo de compromissos contratuais interdependentes entre si e tal sistema pode até parecer não hierárquico enquanto existirem investidores em número suficiente para adquirir todos os instrumentos financeiros. Os diversos instrumentos financeiros são na prática substitutos próximos visto que podem ser facilmente comprados ou vendidos em troca de outros instrumentos financeiros ou de moeda. Mas em períodos de crise a situação é radicalmente diferente. Com os mercados financeiros em tensão torna-se evidente que nem todos os instrumentos financeiros são igualmente credíveis. Quando demasiados investidores procuram reajustar as suas carteiras ao mesmo tempo, é natural que não seja possível encontrar compradores para todos os ativos financeiros do sistema, uma vez que os investidores mais sensíveis ao risco, tendem a adquirir ativos entendidos como mais seguros (por exemplo obrigações do Tesouro). Em alturas de crise, a hierarquia entre os ativos financeiros torna-se evidente pela transição dos investidores para ativos de refúgio.

A estrutura hierárquica manifesta-se igualmente no que diz respeito aos agentes económicos. Em tempo de crise de liquidez, alguns investidores podem proporcionar liquidez ao mercado comprando os ativos menos líquidos na expectativa de os revender com lucro mal o mercado recupere. No entanto, este mecanismo tem eficácia limitada no restabelecimento da liquidez uma vez que tais investidores só podem desempenhar esse papel até ao momento em que a sua própria sobrevivência fica em causa. Isto implica que, em último caso, o verdadeiro «prestamista de última instância» tem de ser um agente com recursos ilimitados de criação de liquidez. Apenas algumas instituições podem assumir esse papel: os bancos centrais que controlam a própria moeda ou as entidades públicas que podem emitir a maior parte da sua dívida nessa moeda. Daí a centralidade da intervenção das autoridades públicas no âmbito da TJF.

Pense-se, como exemplo do caso que acabamos de apresentar, no momento crítico da dívida soberana portuguesa em abril de 2011. Durante vários meses, os bancos nacionais compraram dívida soberana portuguesa e, ao fazê-lo, proporcionaram liquidez ao estado. Quando se entendeu que a aquisição de montantes adicionais de dívida acarretaria demasiados riscos para as instituições, tiveram de ser chamadas outras instituições a intervir e a proporcionar a liquidez necessária. No caso, uma vez que Portugal não domina a emissão monetária na moeda de endividamento (o euro), as autoridades em causa tiveram de ser externas ao país: o Banco Central Europeu, a Comissão Europeia e o Fundo Monetário Internacional.

No quadro da TJF, a natureza hierárquica dos sistemas financeiros nota-se ainda no tratamento diferenciado dos agentes económicos que necessitam de auxílio em situações críticas. É necessário notar que em períodos de crise, em que é a sobrevivência do próprio sistema financeiro que está em causa, os efeitos legais dos compromissos assumidos não podem ser concretizados em toda a sua plenitude. Tal, a acontecer, implicaria o colapso do sistema, e por isso alguns desses efeitos legais têm de ser suspensos.

A questão que se põe é saber quais os agentes que verão os seus direitos legais revistos. A experiência sugere que a lei não é igualmente aplicada em todo o sistema financeiro. De facto, a lei é elástica. A *elasticidade da lei* pode ser definida como a probabilidade de que compromissos legais assumidos previamente venham a ser suspensos ou flexibilizados no futuro. Quanto maior for essa probabilidade, mais elástica é a lei.

Ora é precisamente em circunstâncias de crise que a hierarquia de poder entre os diversos agentes de um sistema financeiro se mostra mais evidente. A natureza vinculativa dos compromissos legais e contratuais tende a estar inversamente relacionada com a hierarquia das finanças: a lei tende a ser vinculativa na periferia e relativamente mais elástica no centro do sistema financeiro. Nesta medida, o poder pode ser definido como a relação diferenciada dos agentes perante os compromissos com cobertura legal. É no centro do sistema que se concentram os agentes com maior poder e esse poder, no contexto da TJF, é proporcionar liquidez ao sistema financeiro em alturas de crise.

É por isso que há menor disponibilidade para flexibilizar os compromissos assumidos pelos agentes na periferia e que deram origem à crise. Consequentemente, é também mais provável que sejam os agentes na periferia do sistema financeiro, ou as economias da periferia no caso do sistema financeiro transnacional, a sair involuntariamente do sistema. Ao contrário, no centro do sistema financeiro, onde a sobrevivência do mesmo está em causa, a lei tende a ser mais elástica e o poder tem a capacidade de exercer poderes discricionários para assegurar a manutenção desse sistema.

A aplicação diferenciada da lei de acordo com a posição dos agentes no sistema financeiro colide, é claro, com o princípio da igualdade de todos perante a lei. No entanto, é necessário ter em atenção que, no contexto de um sistema financeiro altamente instável, a elasticidade da lei é essencial para evitar o colapso do sistema.

Katharina Pistor apresenta vários exemplos ilustrativos da elasticidade da lei. Tomemos o caso da crise no mercado imobiliário nos EUA. Os proprietários de imobiliário estão localizados na periferia do sistema financeiro norte-americano. Isso permite compreender que, enquanto os intermediários financeiros receberam ajudas de emergência das autoridades para restabelecer os seus níveis de liquidez, os proprietários tenham tido de enfrentar a possibilidade de falência decorrente da aplicação (estrita) da legislação. De igual forma, no caso da zona euro, a menor elasticidade das regras orçamentais para os países periféricos em tempos de crise faz aumentar o risco de incumprimento das dívidas soberanas desses países e isso pode pôr em causa a sobrevivência da moeda única na sua configuração atual.

A TJF fornece um quadro teórico através do qual é possível entender o funcionamento do sistema financeiro em tempos de estabilidade e de instabilidade bem como a sua instabilidade endógena e também o papel do poder discricionário na resolução de episódios de crise financeira. Através da consideração do papel da lei, a TJF torna possível a explicação e previsão do comportamento dos participantes do mercado bem como das dinâmicas de funcionamento dos próprios mercados.

O paradoxo entre a lei e as finanças sugere que podem ser contraproducentes os compromissos de credibilização das autoridades através da implementação de condições demasiado exigentes para ativar ajudas a diversas instituições financeiras, nomeadamente bancos, em alturas de crise. Em alturas de grave crise, quando a sobrevivência do sistema está em causa, as restrições legais tendem a ser ultrapassadas pelas entidades localizadas no centro do sistema financeiro. Nesta medida, regras demasiado rígidas podem até aumentar a probabilidade de ocorrência de uma crise e também a sua gravidade. A TJF sugere que o caminho deve antes passar pela introdução de «válvulas de escape» que permitam a redução da vulnerabilidade dos sistemas financeiros a crises, nomeadamente através da flexibilização do cumprimento dos contratos – não apenas na periferia dos sistemas, mas também no seu centro – quando as circunstâncias se alteram de forma significativa.

A noção de que a lei e os mercados de capitais são realidades endógenas traz igualmente implicações interessantes para a regulação dos diversos mercados de capitais à escala global. Se os mercados financeiros são instituições complexas, em constante evolução e potencialmente instáveis, a conclusão é que não é aconselhável instituir sistemas de regulação uniformes à escala global. Não existem, à partida e em abstrato, padrões de boas práticas na regulação. Dada a natureza hierárquica das finanças – também à escala internacional – é de esperar que uma estratégia de regulação unificada represente, de forma desproporcionada, os interesses dos países do centro do sistema em desfavor dos países na periferia.

A padronização internacional de regras de regulação – a denominada harmonização da regulação – comprometeria as entidades de regulação com estratégias de atuação cuja eficácia é desconhecida à partida. A incerteza não afeta somente as decisões dos investidores, afeta também os reguladores. Assim, o desalinhamento entre os interesses dos agentes do centro e da periferia bem como os efeitos do fator incerteza desaconselham uma estratégia de regulação uniforme. É preferível um regime de regulação fragmentado, com possibilidades de aprendizagem diferenciada, onde exista flexibilidade e capacidade de resposta à forma como os mercados de capitais evoluem.

No entanto, é também necessário notar que este sistema de regulação «diversificada» entre diversos mercados internacionais implica riscos. Por um lado, pode dar azo a uma competição entre países no sentido da diminuição dos requisitos de regulação numa tentativa de atrair capitais estrangeiros. Por outro lado, a diversificação exagerada de regimes regulatórios pode levar a que os mercados financeiros fiquem demasiado fragmentados. Para responder a estes riscos seria aconselhável a implementação de um mecanismo de coordenação da regulação a um nível global sem que isso implique a perda da flexibilidade de resposta a problemas locais ou regionais. A instituição que servir de mecanismo de coordenação deverá ter a incumbência de estabelecer «mínimos» de regulação nas diversas economias, de incentivar as economias a ir além desses «mínimos» bem como propiciar a aprendizagem através da divulgação dos resultados dos diversos sistemas de regulação nas regiões em questão[305].

8.4 CONCLUSÃO

A recente crise financeira originada nos EUA fez ressurgir o interesse, tanto dos académicos como do público em geral, pelas teorias explicativas dos desequilíbrios financeiros. Neste capítulo selecionamos três dessas teorias: a hipótese da instabilidade financeira de Minsky, a hipótese do mercado contingente de Frydman e de Goldberg e a teoria jurídica das finanças de Katharina Pistor. Estas teorias apresentam alguns pontos em comum. As palavras-chave que ressaltam da sua análise são «incerteza» e «fragilidade». A incerteza que caracteriza o ambiente em que os agentes económicos – investidores nos mercados de capitais e gestores empresariais – têm de tomar decisões, conduz, inevitavelmente, a decisões erradas. Estes agentes baseiam as suas decisões na extrapolação das tendências do passado que julgam detetar. No entanto, num ambiente de incerteza, o futuro não está pré-determinado; pelo contrário, está em aberto e depende dos mesmos agentes que estão a prevê-lo. Sabendo que nas economias modernas a inovação é uma das condições de sobrevivência num ambiente competitivo, não admira que o futuro surpreenda os agentes económicos.

Os erros cometidos nas previsões não seriam tão problemáticos se a atuação dos agentes não conduzisse as economias a situações de fragilidade. No entanto, é precisamente isso que ocorre. A extrapolação das tendências do passado leva os gestores e investidores a assumir crescentes níveis de risco – frequentemente na forma de endividamento acrescido – e esse risco torna as economias muito mais vulneráveis a choques negativos. No final, basta um evento de importância relativamente reduzida – o anúncio do falhanço de uma aquisição empresarial há muito aguardada, um evento político, o conhecimento de que os resultados de uma empresa importante vieram abaixo do esperado – para que as expectativas de alguns agentes comecem a ser revistas em baixa. A fragilidade do sistema revela-se na interação que se estabelece entre os agentes, frequentemente através da sua acelerada desalavancagem.

Dos quadros de análise que abordamos neste capítulo resultam algumas sugestões de regulação no sentido de tornar o sistema económico menos frágil. Sendo a crise financeira associada à bolha no imobiliário o resultado de um processo muito complexo, é natural que tenham vindo a público diversas propostas de regulação. Por exemplo, argumenta-se que um sistema mais transparente e com acesso mais facilitado à informação relevante pode minorar os problemas informacionais de alguns agentes. Mas a experiência mostra que tal não é suficiente. São vários os autores que defendem uma maior monitorização pública dos produtos financeiros postos ao dispor dos investidores – na mesma linha da regulação dos produtos não financeiros oferecidos aos consumidores – e até a imposição de restrições no acesso dos investidores menos sofisticados aos instrumentos financeiros mais complexos. O lançamento de produtos financeiros inovadores é favorável para as instituições que as lançam – podem exigir um prémio pelo acesso a esses produtos –, mas pode levar à assunção de riscos demasiado elevados porque incorretamente avaliados. Alguns autores chamam a atenção para a fragilidade que a existência de instituições bancárias de dimensão demasiado elevada pode acarretar. Os gestores dessas instituições, sentindo que em caso de falência iminente serão ajudados pelas autoridades públicas, tendem a assumir riscos demasiado elevados colocando em causa, no limite, o equilíbrio do sistema financeiro como um todo. A resposta sugerida para as autoridades públicas passaria, neste caso, pela exigência de níveis acrescidos de capitalização, por exemplo, através da emissão de obrigações de longo prazo convertíveis em capital próprio. Em caso de crise, as obrigações poderiam ser convertidas reforçando assim o capital dos bancos. Desta forma, os custos da capitalização recairiam sobre os investidores e não sobre o público em geral. No limite, o problema da dimensão excessiva das instituições bancárias poderia ser resolvido pela obrigatoriedade de cisão destas instituições. Outros autores enfatizam os desequilíbrios que se deparam à gestão macroeconómica pelos fluxos significativos de entrada e de saída de capitais das economias em períodos curtos. A liberdade quase irrestrita de circulação de capitais contribuiria, nesta perspetiva, para a rápida propagação dos choques financeiros à escala global. Para lidar com este estado de coisas e responder de forma mais rápida a crises financeiras potenciais, têm sido feitas propostas de criação de «sistemas de alerta antecipado» às autoridades públicas e de uma concertação mais efetiva das políticas macroeconómicas de cada país.

NOTAS FINAIS

1. Introdução

[1] É interessante notar que o potencial de geração de resultados contraproducentes nos mercados de capitais tem vindo a ser notado pelo menos desde Adam Smith (1776). Foi isso que levou o próprio fundador da ciência económica moderna a apoiar legislação contra a usura e a defender a necessidade de restrições à atuação dos especuladores (por ele denominados *prodigals and projectors*).

[2] Para uma discussão mais detalhada das objeções à teoria da afetação do capital ver por exemplo Lobão (2012).

[3] Para uma discussão mais detalhada das objeções à teoria do mercado do controlo empresarial ver por exemplo Lobão (2012). Acerca de outros canais de transmissão de efeitos dos mercados financeiros para a economia real atender por exemplo à perspetiva cética de Stout (1988) ou à visão crédula de Bond *et al.* (2012).

[4] Ver por exemplo Kelly (2014).

[5] Ao leitor mais interessado no debate conceptual acerca das falhas de mercado no caso dos mercados financeiros aconselha-se a consulta de Stout (1988, 1995), Kahan (1992) e Stiglitz (1993).

2. Divulgação obrigatória de informação

[6] Ver Akerlof (1970).

[7] Os empreendedores com «boas» ideias são prejudicados pela incapacidade dos aforradores para se aperceberem da qualidade do negócio. Para superar este problema, os empreendedores com «boas» ideias têm incentivos para procurar sinalizar aos aforradores a qualidade das suas propostas de negócio. Por exemplo, os empreendedores com «boas» ideias podem recorrer a entidades externas como analistas financeiros, bancos de investimento ou agências de notação financeira com esse propósito (Gilson e Kraakman, 1984). Em segundo lugar, as ações que são criadas como contrapartida da aplicação financeira dos aforradores na nova ideia de negócio são geralmente emitidas a um preço inferior (e, por vezes, muito inferior) ao que os aforradores estariam dispostos a pagar

por elas. Essa emissão a um preço reduzido funciona como uma compensação pelos problemas de informação que prejudicam os aforradores (Tinic, 1988). Estas soluções, apesar de poderem mitigar o problema de informação, criam outros problemas relevantes nomeadamente em termos de conflitos de interesses e de custos de transação acrescidos, pelo que não são suscetíveis de o resolver (Cross e Prentice, 2006)

[8] O problema de controlo que estamos a descrever pode ser entendido no quadro da teoria da agência proposta por Jensen e Meckling (1976). Segundo estes autores, uma relação de agência pode ser definida como um contrato sob o qual uma pessoa – denominada principal – atribui a outra pessoa – denominada e agente – a incumbência de desempenhar uma tarefa em seu nome e que envolve a delegação de alguma autonomia de decisão ao agente. Se as duas partes procurarem maximizar a sua utilidade, é improvável que o agente venha a atuar sempre na defesa do principal. Esta divergência dará origem a custos de agência. A noção de que os gestores de empresas atuam como agentes dos acionistas está muito difundida na comunidade académica. Apesar disso, alguns autores têm defendido que a teoria contradiz os princípios económicos e jurídicos subjacentes à vida das empresas pelo que deve ser substituída por uma teoria alternativa. Na defesa deste ponto de vista ver por exemplo Stout (2012b).

[9] A liquidez refere-se à capacidade do investidor para converter um ativo em meios de pagamento (moeda ou equivalente) de forma imediata e a um preço que é igual ou próximo do que se obteria se o ativo fosse transacionado num prazo mais alargado (não imediato). Assim, num mercado mais líquido, os investidores podem transacionar de imediato elevadas quantidades de ativos sem causar variações substanciais nos preços. Esta liquidez é função do tempo, do preço e da quantidade de ativos transacionados. Acerca da importância da liquidez nos mercados financeiros, ver Macey e Haddock (1985) e Longstaff (2001), por exemplo.

[10] Ver Ross (1979) e Easterbrook e Fischel (1984).

[11] Notícias positivas (negativas) são aquelas parcelas de informação nova (não esperada) que se espera que provoquem um aumento (uma diminuição) nos preços das ações de uma empresa na sequência da sua divulgação pública. Os exemplos incluem o conhecimento da descoberta de recursos naturais, um avanço em termos de investigação e desenvolvimento de produtos ou processos ou um aumento da atividade da empresa. As notícias podem ser negativas, como o conhecimento de uma diminuição da atividade da empresa, dificuldades no lançamento de novos produtos, ou uma diminuição dos resultados.

[12] Ver por exemplo Georgakopoulos (1996), Gulati (1999), Talley (2001), Franco (2002) e Notes (2002).

[13] Ver Arlen e Carney (1992) e Gulati (1999).

[14] Ver Kross e Schroeder (1984), Chambers e Penman (1984), Gulati (1999), Hong *et al.* (2000), Langevoort (2000) e Kothari *et al.* (2009).

[15] Ver por exemplo a revisão da literatura sobre o tema da autoria de Lim e Teoh (2010).

[16] Ver Hirshleifer *et al.* (2004).

[17] Ver por exemplo Francis *et al.* (1992) e Bagnoli *et al.* (2005).

[18] Ver DellaVigna e Pollet (2009).

[19] Ver Bagnoli *et al.* (2005) acerca da transmissão de notícias negativas após o fecho do mercado, Patel e Wolfson (1982) para o caso das notícias na fase final da sessão e Damodaran (1989) e Bagnoli *et al.* (2005) sobre as notícias conhecidas à sexta-feira.

[20] Ver Yermack (1997) e Aboody e Kasznik (2000).
[21] Ver Solomon (2012), Gurun e Butler (2012) e Ahern e Sosyura (2014).
[22] Ver por exemplo Coffee (1984) e Cross e Prentice (2006).
[23] Ver Guttentag (2004).
[24] Ver Guttentag (2004).
[25] Ver Piotroski (1999).
[26] Ver por exemplo Verrecchia (2001) e Dye (2001).
[27] Ver, nesta linha, o modelo seminal de Hirshleifer (1971) e também as críticas apresentadas por Mahoney (1995) aos pressupostos desse modelo.
[28] Acerca da perspetiva dos mercados financeiros enquanto jogo de soma nula (ou mesmo negativa quando considerados os custos de transação) entre os investidores ver por exemplo Coffee (1984), Stout (1988) ou Stiglitz (1989).
[29] Ver Barber e Odean (2000).
[30] Ver Odean (1998), Barber e Odean (2001) e Barber *et al.* (2008).
[31] A este propósito ver o capítulo 6 e em especial a secção 6.3, alínea *a*).
[32] Ver Coffee (1984) e Gilson e Kraakman (1984).
[33] Exemplo baseado em Franco (2002).
[34] Ver por exemplo Franco (2002) e Ronen e Yaari (2002).
[35] Na categoria dos investidores institucionais incluíram-se os fundos de investimento abertos e os fundos de *hedging*. Os dados utilizados nos cálculos foram disponibilizados em French (2008).
[36] Ver Roulstone (2003), por exemplo.
[37] Ver Phalippou (2008), por exemplo.
[38] Ver por exemplo Caramanolis-Çotelli *et al.* (1999).
[39] Ver Beunza (2006) como exemplo da prática de transmissão de informação entre investidores institucionais.
[40] Ver Coffee (1984) e Goshen e Parchomovsky (2006).
[41] Ver Diamond (1985).
[42] Ver Coffee (1984).
[43] Ver por exemplo Lang e Lundholm (1996), Botosan e Harris (2000) e Bushee e Noe (2000).
[44] Ver por exemplo Lang e Lundholm (1996), Byard e Shaw (2003) e Hope (2003).
[45] Ver Georgakopoulos (1996) e Goshen e Parchomovsky (2006).
[46] Ver por exemplo Cox (1999).
[47] Ver por exemplo Kahan e Klausner (1997).
[48] Ver por exemplo Fishman e Hagerty (1990).
[49] Ver por exemplo Hope (2003).
[50] Ver por exemplo Grinstein e Hribar (2004).
[51] Ver por exemplo Coffee (2002), Bebchuk e Grinstein (2005), Fox (2009), Dechow (2011) e Stout (2012b). Os esquemas de remuneração podem levar à assunção de riscos excessivos na empresa, por exemplo na forma de uma alavancagem exagerada, o que, além de poder pôr em causa o futuro da própria empresa, pode ter efeitos sistémicos, em particular se se tratar de empresas de muito elevada dimensão, de empresas com uma elevada conectividade com o tecido empresarial envolvente ou, muito especialmente, se se tratar de instituições bancárias. A este propósito ver Posner (2009), por exemplo.
[52] Ver por exemplo Verrecchia (2001).

[53] Ver Easterbrock e Fischel (1984), Mahoney (1995) e Franco (2002).
[54] Existem outros benefícios de um sistema de divulgação obrigatória de informação que dependem das características específicas do regime adotado. Por exemplo, um regime em que seja fácil entrar e extremamente difícil sair pode servir de mecanismo de credibilização do compromisso da empresa na divulgação de informação não apenas no momento em que se realiza a emissão de novos títulos mas também no futuro. Ver, a este respeito, Rock (2002) ou Guttentag (2013), por exemplo.
[55] Ver por exemplo Paredes (2003).
[56] Ver por exemplo Barber e Odean (2008) e Solomon *et al.* (2014) acerca dos investidores individuais em ações e em fundos de investimento, respetivamente. Acerca dos enviesamentos cognitivos no processamento da informação ao dispor dos investidores, ver ainda Lobão (2012).
[57] Ver Guttentag (2004).
[58] Ver por exemplo Dye (1986) e Fox (1999).
[59] Ver por exemplo Posner (1974) e Watts e Zimmerman (1986).
[60] Ver Franco (2002).
[61] Ver por exemplo Stout (2002) e Guiso *et al.* (2008) acerca da importância da confiança dos investidores no desenvolvimento dos mercados financeiros.
[62] Ver por exemplo Guttentag (2013).
[63] Ver por exemplo Schneider (1972) e Brudney (1989).
[64] Ver por exemplo Guttentag (2013).
[65] Ver Friend e Herman (1964).
[66] Ver Friend (1982).
[67] A discussão aprofundada dos problemas metodológicos do estudo de Benston (1973) não tem cabimento neste livro. O leitor interessado pode encontrar mais detalhes sobre o assunto por exemplo em Fox (1999).
[68] Gilson e Kraakman (1984).
[69] Ver por exemplo Romano (1998), Fox (1999) e Leuz e Wysocki (2016).
[70] O mercado de balcão, ao contrário das bolsas de valores, é um mercado descentralizado em que um investidor tem de contactar diversos *dealers*, normalmente bancos, de forma a obter diferentes preços para um dado produto financeiro. É um mercado menos transparente do que a habitual bolsa de valores uma que vez a transação pode ocorrer entre dois agentes no mercado de balcão sem que os restantes investidores tenham conhecimento do preço aplicado.
[71] Ver ainda Cross e Prentice (2006) e Leuz e Wysocki (2016), por exemplo.

3. Transações com informação privilegiada *(insider trading)*

[72] *Insider trading* é a expressão mais corrente na literatura dos EUA sobre o assunto. Na literatura em língua inglesa com origem no Reino Unido utiliza-se, por vezes, em sua substituição, a expressão *insider dealing*. Para o presente livro adotou-se a primeira das duas expressões.
[73] Ver Schotland (1967).
[74] Ver por exemplo Manne (1966, 1970), Carlton e Fischel (1983) e Dye (1984).
[75] Ver por exemplo Levmore (1982) e Carlton e Fischel (1983).

[76] Na economia do *insider trading*, os agentes que detêm informação privilegiada são denominados *insiders*. Os agentes exteriores à empresa, que apenas têm acesso a informação pública, são denominados *outsiders*.
[77] Ver por exemplo Schotland (1967).
[78] Ver por exemplo Scholes (1972).
[79] Ver por exemplo Lobão (2012) para uma panorâmica das contribuições das finanças comportamentais que apontam nesse sentido.
[80] Ver por exemplo Carlton e Fischel (1983) e Haddock e Macey (1987a).
[81] Ver por exemplo Gilson e Kraakman (1984) e Carney (1987).
[82] As transações não informadas são aquelas que são motivadas por fatores que não informação relevante. Essas transações, levadas a cabo pelos denominados *noise traders*, podem ocorrer simplesmente porque estes agentes gostam de transacionar ou porque acreditam (erradamente) estar a atuar com base em informação que julgam ser relevante. A propósito da atuação dos *noise traders* consultar por exemplo as referências fundadoras de Black (1986) e de Shleifer e Summers (1990).
[83] Ver por exemplo Carlton e Fischel (1983), Cox (1986) e Carney (1987).
[84] Ver por exemplo Seyhum (1986).
[85] Acerca dos mecanismos que podem gerar expectativas heterogéneas nos investidores consultar por exemplo Hong e Stein (2007). Estes autores identificam três mecanismos desse tipo: a difusão gradual de informação pelo mercado, a existência de limites à atenção por parte dos investidores e a consideração de modelos diferentes na interpretação da (mesma) parcela de informação.
[86] Por exemplo, Miller (1977), Stout (1990, 1995), Hong e Stein (2007) e, mais recentemente, Carlin *et al.* (2014) referem-se à modelização das expectativas heterogéneas e proporcionam indicações empíricas de que os investidores interpretam informações idênticas de forma diversa. Ver ainda, em Lobão (2012), uma revisão das indicações empíricas que sustentam a ideia de que os investidores têm expectativas heterogéneas. Uma taxonomia de investidores que permite ultrapassar as debilidades da regulação assente no pressuposto das expectativas homogéneas pode ser consultada em Lin (2015).
[87] Ver por exemplo os estudos empíricos realizados por Shleifer (1986) e Mitchell *et al.* (2004) e os argumentos apresentados por Stout (1990) e Thel (1994).
[88] Ver Shiller (2015).
[89] Ver por exemplo Bernard e Thomas (1989).
[90] Ver por exemplo Schotland (1967) e Haft (1982).
[91] Ver por exemplo Lobão (2012).
[92] Ver por exemplo Benabou e Baroque (1992) e Lobão (2012, 2013).
[93] Ver por exemplo Lobão (2013) e Ahern e Sosyura (2014).
[94] Ver Lou (2014).
[95] Ver por exemplo Seyhun (1986), Haddock e Macey (1987b), Shaw (1990), Meulbroek (1992) e Bushman *et al.* (2005).
[96] Ver por exemplo Committee on Federal Regulation of Securities (1985) e Ausubel (1990).
[97] Ver por exemplo Bhattacharya e Nicodano (2001).
[98] Ver por exemplo Copeland e Galai (1983), Seyhun (1986), Welker (1995) e Bettis (2000).

[99] Ver Stoll (1989). Acerca dos fatores que condicionam o *bid-ask spread* ver ainda por exemplo Huang e Stoll (1997) e He e Wu (2003).
[100] Ver por exemplo o trabalho pioneiro de Akerlof (1970) sobre o funcionamento dos mercados em situações em que as assimetrias de informação são graves. Consultar ainda Copeland e Galai (1983), Haddock e Macey (1987b), Glosten e Harris (1988), Leland (1992), Georgeakopoulos (1993) e Goshen e Parchomovsky (2001).
[101] Ver por exemplo Glosten (1989), Fishman e Hagerty (1992), Georgakopolous (1993) e Shin (1996).
[102] Ver por exemplo Brudney (1979), Cox (1986), Manove (1989) e Masson e Madhavan (1991).
[103] Ver Maug (2002). Consultar ainda na secção 3.5, alínea *c*), a descrição dos resultados obtidos no estudo empírico levado a cabo por Durnev e Nain (2007), que suportam a relevância do efeito não apenas de atenuação da monitorização por parte dos acionistas de controlo, mas de expropriação dos recursos dos acionistas minoritários. Para uma perspetiva teórica mais benévola do papel dos acionistas de referência ver por exemplo Padilla (2006).
[104] Ver Beny (2007).
[105] Ver por exemplo Fishman e Hagerty (1992), Shin (1996) e Goshen e Parchomovsky (2006).
[106] Ver por exemplo Fishman e Hagerty (1992) e Leland (1992).
[107] Ver por exemplo Bushman *et al.* (2005).
[108] Ver por exemplo Dunn (2004) e Goshen e Parchomovsky (2006).
[109] Ver por exemplo O'Brien (1990) e Jacob *et al.* (1999).
[110] Ver por exemplo Goshen e Parchomovsky (2006).
[111] Ver por exemplo Surowiecki (2005), para uma discussão acerca das condições em que uma decisão coletiva pode ser mais precisa do que uma decisão individual.
[112] Ver por exemplo Roulstone (2003) e Frankel e Li (2004).
[113] Ver por exemplo Caramanolis-Çotelli *et al.* (1999) e He e Wu (2003).
[114] Ver por exemplo Grossman (1976), French e Roll (1986), Roll (1988) e Morck *et al.* (2000).
[115] Ver por exemplo Fishman e Hagerty (1992), Shin (1996) e Bushman *et al.* (2005).
[116] Ver por exemplo Manne (1966, 1970) e Carlton e Fischel (1983).
[117] Ver por exemplo Carlton e Fischel (1983).
[118] Ver por exemplo Easterbrook (1981). Com uma posição diferente, ver ainda Carlton e Fischel (1983).
[119] Ver por exemplo Cox (1986).
[120] Ver Dyer (1992) e Cox (1986) para a primeira e segunda comparações, respetivamente.
[121] Ver por exemplo Levmore (1982) e Cox (1986).
[122] Ver por exemplo Scott (1980), Manove (1989) e Ausubel (1990).
[123] Ver por exemplo Easterbrook (1981), Bagnoli e Khanna (1992) e Benabou e Baroque (1992).
[124] Ver por exemplo Easterbrook (1981).
[125] Ver por exemplo Easterbrook (1981) e Haft (1982).
[126] Ver por exemplo Bainbridge (1986).
[127] Ver por exemplo Seyhun (1986) e Rozeff e Zaman (1988).

[128] Ver por exemplo Masson e Madhavan (1991).
[129] Ver por exemplo Ross (1979).
[130] Ver por exemplo Lobão (2013).
[131] Ver por exemplo Lobão (2013).
[132] Ver por exemplo Jensen e Murphy (1990).
[133] Ver por exemplo Lobão (2013).
[134] Ver por exemplo Stout (1988, 1990).
[135] Ver por exemplo Stout (1990) e Meulbroek (1992).
[136] Ver Meulbroek e Hart (1997).
[137] Entende-se por arbitragem a prática com vista a lucrar com diferenças de preço entre dois mercados ou com as diferenças entre os preços observados no mercado e os preços previstos por um dado modelo. A propósito dos limites à arbitragem ver por exemplo Lobão (2013).
[138] Ver por exemplo Bebchuk e Fershtman (1993, 1994).
[139] Ver Barsky *et al.* (1997) e Graham *et al.* (2013).
[140] Ver por exemplo Stein (1988, 1989) e, mais recentemente, Bolton *et al.* (2006).
[141] Alguns autores têm considerado que a utilização em proveito próprio da posição de confiança atribuída aos gestores configura uma situação de corrupção. Ver a este respeito por exemplo Kim (2014).
[142] A teoria segundo a qual o *insider trading* deve ser visto à luz da usurpação, pelo gestor, da informação que é propriedade da empresa, é denominado teoria da apropriação indevida [*misappropriation theory*].
[143] Ver acerca das implicações éticas do *insider trading* por exemplo Schotland (1967), Levmore (1982), Cox e Fogarty (1988), Werhane (1989), Shaw (1990), Cho e Shaub (1991), Lee (2002) e Engelen e Liedekerke (2007).
[144] Ver por exemplo Brudney (1979) e Dooley (1980).
[145] Ver Bhattacharya e Daouk (2002).
[146] Ver Thompson (2013).
[147] Este resultado está de acordo com a alegação de Polinsky e Shavell (2000) de que uma muito baixa probabilidade de aplicação da lei – como é o caso, em geral das regras anti-*insider trading* dadas as dificuldades de deteção desta prática – pode ser adequada se for compensada por sanções legais suficientemente severas.
[148] Ver por exemplo Manne (2005).
[149] Ver por exemplo Fried (2003).
[150] Ver por exemplo Haddock e Macey (1987b) e Tighe e Michener (1994).

4. Manipulação de mercado

[151] Ver ainda os casos de manipulação apresentados por Allen e Gale (1992) e Thel (1994), por exemplo.
[152] Ver *Jornal de Negócios* (2015), Reuters (2015) e Verstein (2015).
[153] Ver Comerton-Forde e Putnins (2014).
[154] Ver Cheung e Chinn (2001).
[155] Alguns autores consideram até que o engano e a manipulação são algo inerente à natureza dos mercados em geral e aos mercados financeiros em particular. A este respeito, consultar o livro de Akerlof e Shiller (2015), por exemplo.

[156] Ver Thel (1994).
[157] Ver Kyle e Viswanathan (2008).
[158] Ver Nelemans (2008).
[159] Ver Fischel e Ross (1991).
[160] Ver por exemplo Fischel e Ross (1991).
[161] Ver por exemplo Thel (1994).
[162] Ver por exemplo Gastineau e Jarrow (1991) e Chiyachantana *et al.* (2004).
[163] Ver Allen e Gorton (1992) e Goldstein e Guembel (2008).
[164] Ver por exemplo Shiller (2003).
[165] Ver por exemplo Barber e Odean (2008).
[166] Ver por exemplo Grossman (1992).
[167] Ver por exemplo Thel (1994).
[168] Ver por exemplo as posições antagónicas de Fischel e Ross (1991) e de Korsmo (2011) sobre este assunto.
[169] Ver por exemplo Thel (1994) e Korsmo (2011).
[170] Ver Jarrow (1992), Allen e Gale (1992) e Thel (1994).
[171] Ver Vernstein (2015).
[172] Ver por exemplo Allen e Gale (1992).
[173] Ver Benabou e Baroque (1992).
[174] Ver por exemplo Khanna e Sonti (2004).
[175] Ver por exemplo Jarrow (1992), Kyle e Viswanathan (2008) e Putnins (2012).
[176] Ver por exemplo Aggarwal e Wu (2006) e Allen *et al.* (2006).
[177] Ver Khwaja e Mian (2005) acerca da manipulação do mercado de ações do Paquistão e a descrição que Aggarwal e Wu (2006) fazem do caso da China Venture Capital ocorrido nos anos de 1999-2000.
[178] Ver por exemplo Korsmo (2011) e Comerton-Forde e Putnins (2014).
[179] Ver por exemplo Chiyachantana *et al.* (2004).
[180] Ver por exemplo Comerton-Forde e Putnins (2014).
[181] Ver por exemplo Hillion e Suominen (2004), Goetzmann *et al.* (2007) e Comerton-Forde e Putnins (2011b).
[182] Ver por exemplo Comerton-Forde e Putnins (2014).
[183] Ver por exemplo Jarrow (1994).
[184] Ver por exemplo Chakraborty e Yilmaz (2004a, 2004b).
[185] Aos leitores interessados na problemática particular da deteção dos comportamentos de manipulação sugerimos a consulta de Gastineau e Jarrow (1991), Pirrong (2004), Nelemans (2008) e Diaz *et al.* (2011), por exemplo.
[186] Um milissegundo corresponde à milésima parte de um segundo. Para se ter uma noção do contexto, os tempos humanos de reação a um evento situam-se na casa dos 200 milissegundos e o olho humano necessita entre 400 a 500 milissegundos para responder a um estímulo visual.
[187] Ver por exemplo Danielsson (2008), Posner (2009) e Roubini e Mihm (2010).
[188] Acerca das indicações acumuladas pelas finanças comportamentais e respetivas implicações no entendimento dos mercados de capitais, ver por exemplo Lobão (2012).
[189] Ver por exemplo Jolls *et al.* (1998), Posner (1998), Choi e Pritchard (2003) e Kelman (2003).

[190] Ver por exemplo Lin (2014). A criação nos EUA, em 2011, de uma agência de proteção dos consumidores de produtos financeiros (Consumer Financial Protection Bureau) constitui um esforço visível de aplicação dos ensinamentos das finanças comportamentais à regulação financeira. É de referir, no entanto, que os enviesamentos decisionais que afetam os investidores podem influenciar igualmente os reguladores e isso deve ser igualmente tido em consideração na adoção dos princípios comportamentais na regulação. A este prepósito ver por exemplo Daniel *et al.* (2002) e Hirshleifer (2008).
[191] Ver por exemplo Park *et al.* (2013).
[192] Ver por exemplo Biais e Woolley (2011), Biais e Foucault (2014), Lin (2014) e Stiglitz (2014).
[193] Ver por exemplo Biais e Foucault (2014).
[194] Ver por exemplo Biais e Woolley (2011), Stiglitz (2014) e Egginton *et al.* (2016).
[195] Ver por exemplo Biais e Woolley (2011), Biais e Foucault (2014), Stiglitz (2014) e Biais *et al.* (2015).
[196] Ver por exemplo Comerton-Forde e Putnins (2014).
[197] Ver por exemplo Korsmo (2014) e Fox *et al.* (2015).
[198] A não imposição de penalizações, sob a forma de taxas por exemplo a agentes que produzem externalidades negativas configura, segundo a teoria económica, a atribuição de um subsídio público a essas atividades. O leitor mais atento pode notar a similitude do raciocínio que preside ao entendimento do problema do investimento excessivo em tecnologia com o que conduzia ao conflito entre os benefícios privados e os benefícios sociais, no quadro das medidas de divulgação obrigatória de informação. Ver por exemplo Hirshleifer (1971), Biais e Woolley (2011), Biais e Foucault (2014), Stiglitz (2014) e Biais *et al.* (2015).

5. Vendas curtas *(short selling)*

[199] Ver diferenças entre o *short selling* convencional e o *naked short selling* na secção 5.4.
[200] Ver Diether *et al.* (2009).
[201] Ver Bris *et al.* (2003).
[202] Ver por exemplo Fox *et al.* (2010).
[203] Ver, como exemplo de manipulação por parte dos investidores com posições compradoras, o estudo empírico de Blocher *et al.* (2011).
[204] Uma terceira possibilidade consistiria na divulgação, por parte de um investidor que pretende adquirir ações, de rumores de teor negativo acerca dessa empresa. A intenção é que os rumores façam baixar o preço de compra desse investidor.
[205] Os dados aqui referidos foram obtidos por Angel e McCabe (2009a).
[206] Ver Fotak *et al.* (2014).
[207] Ver Culp e Heaton (2008).
[208] Os artigos de Irvine (2002) e de Angel e McCabe (2009a) constituem duas exceções que merecem ser mencionadas.
[209] Ver por exemplo Diether *et al.* (2009) e Blau *et al.* (2010).
[210] Ver por exemplo Irvine (2002) e Angel e McCabe (2009a).
[211] Ver Worley (1990).
[212] Ver McCaffey (2010).

[213] Ver por exemplo Blau *et al.* (2010) e Horta e Lobão (2015).
[214] Ver por exemplo Financial Services Authority (2002) e European Securities Markets Expert Group (2009).
[215] Ver Charoenrook e Daouk (2005).
[216] Ver por exemplo Figlewski e Webb (1993).
[217] Ver por exemplo Lin (2012).
[218] Ver por exemplo Jain *et al.* (2013).

6. O problema da especulação

[219] Têm sido aplicadas outras medidas restritivas da especulação. É o caso por exemplo dos regimes fiscais de taxação diferenciada das mais-valias em função do período de detenção dos ativos. A este propósito ver por exemplo Repetti (1989) e Duruigbo (2011).
[220] Ver por exemplo Stout (1995, 1999).
[221] Ver por exemplo Coffee (1984), Stiglitz (1989), Summers e Summers (1989), Stout (1995), Statman (2002) e Bogle (2008). Ver, ainda a este respeito, Hirshleifer (1977) e Stout (2012a). Para algumas classes de investidores, os dados empíricos mostram que a participação nos mercados financeiros se revela um jogo com resultado sistematicamente negativo. É o caso dos investidores individuais cuja riqueza é em parte transferida para os investidores institucionais e em parte perdida por efeito de transações excessivas. Não existem muitos estudos acerca do montante das perdas verificadas na classe dos investidores individuais. Num estudo das transações observadas no mercado de ações da Formosa, Barber *et al.* (2008) concluem que os investidores individuais enquanto grupo registam perdas extremamente significativas em termos económicos – equivaleram em cada ano a 2,2% do produto interno bruto daquele país –, e dessas perdas 34% correspondem a transferências de riqueza para os investidores institucionais e 66% são atribuíveis ao excesso de transações, que se reflete no pagamento de custos e comissões.
[222] Ver por exemplo Siegel (2008).
[223] Ver por exemplo Bamber *et al.* (1999) e Hong e Stein (2007), que apresentam indicações empíricas de que as diferenças de opinião entre os investidores são um importante estímulo para as transações financeiras. Consultar ainda Stout (1995).
[224] Ver por exemplo as indicações acerca do excesso de confiança dos investidores em Lobão (2012).
[225] Ver por exemplo Brunnermeier e Nagel (2004) e Griffin *et al.* (2011b).
[226] Ver por exemplo Barber e Odean (2000, 2001), Grinblatt e Keloharju (2009) e Korniotis e Kumar (2013). A transferência de riqueza dos investidores individuais para os investidores institucionais é particularmente notória. A este propósito, consultar Barber *et al.* (2008) e as referências aí constantes acerca do desempenho relativo dessas duas classes de investidores.
[227] Ver por exemplo Black (1986) e Shleifer e Summers (1990).
[228] Essas perdas, sofridas pelo conjunto dos investidores, não devem fazer perder de vista que alguns segmentos de investidores sofrem perdas substancialmente maiores. Por exemplo, Barber *et al.* (2008) reportam que os investidores individuais da Formosa sofrem em cada ano perdas equvalentes a 2,2% do produto interno bruto desse país. Desse valor, 0,75 pontos percentuais traduzem-se numa transferência de riqueza para

os restantes investidores e 1,45 pontos percentuais são devidos ao pagamento de custos e comissões.

[229] Ver por exemplo Stout (1988, 1995).

[230] Ver por exemplo Stiglitz (1989) e Summers e Summers (1989).

[231] Ver por exemplo Hart e Kreps (1986).

[232] Ver por exemplo Stiglitz (1989) e Summers e Summers (1989).

[233] Ver por exemplo Cooper *et al.* (2001) e Huberman e Regev (2001).

[234] Ver por exemplo Scheinkman e Xiong (2003) e Shi e Xu (2009).

[235] Ver por exemplo Hanke *et al.* (2010).

[236] Ver por exemplo Pellizzari e Westerhoff (2009).

[237] Ver por exemplo Grundfest e Shoven (1991) e Kupiec (1996).

[238] Ver por exemplo Stein (1988, 1989, 1996) e Hazen (1991). Há indicações de que a miopia dos gestores constitui um problema importante. Por exemplo, Graham *et al.* (2005, 2006) reportam que mais de 80% dos gestores se dizem dispostos a adotar políticas que colocam em causa o crescimento de longo prazo da empresa – como adiar a implementação de projetos criadores de valor, reduzir a contratação de recursos humanos essenciais e diminuir os orçamentos de investigação e desenvolvimento –, para satisfazer as expectativas de curto prazo quanto aos resultados das empresas. Existem igualmente, no entanto, sinais de que os gestores empresariais entendem ser negativa a atenção em excesso dos investidores ao desempenho a curto prazo das empresas. Considere-se por exemplo que algumas empresas distribuem dividendos de lealdade *(loyalty dividends)*, ou seja, dividendos especiais que premeiam os investidores pela detenção por um período longo das ações da empresa. Ver ainda a este propósito Duruigbo (2011) e Stout (2012b), por exemplo.

[239] Bogle (2008) estima que os custos de intermediação dos mercados de capitais tenham atingido nos EUA o extraordinário valor de 528 mil milhões de dólares no ano de 2007. Atendendo a que um valor semelhante a este será despendido *todos os anos*, é possível comprovar a excecional importância dos custos suportados pelos investidores. Ver ainda por exemplo Barber e Odean (2000, 2001) e Barber *et al.* (2008).

[240] Ver por exemplo Scheinkman e Xiong (2003) e Hanke *et al.* (2010). Existem outras medidas, além de taxas sobre transações, que podem ter um efeito semelhante. Por exemplo, atribuir mais direitos de voto aos investidores de longo prazo pode encorajar os gestores a atuar de forma menos míope.

[241] Ver Campbell e Froot (1995) e Hanke *et al.* (2010).

[242] Ver por exemplo Kupiec (1996) e Palley (1999).

[243] Ver por exemplo Edwards (1993).

[244] Ver por exemplo Summers e Summers (1989).

[245] Ver por exemplo Umlauf (1993).

[246] Ver por exemplo Umlauf (1993).

[247] Ver como exemplos do primeiro e segundo grupos de autores Angel e McCabe (2009b) e Borna e Lowry (1987), respetivamente.

[248] Ver por exemplo Stout (1999).

[249] A comparação, levada a cabo por Keynes (1936), entre um mercado dominado por especuladores e as atividades de um casino, tornou-se uma das frases mais célebres e citadas do autor: «When the capital development of a country becomes a by-product of the activities of a casino, the job is likely to be ill-done» (p. 102).

250 Ver por exemplo Galbraith (1990) e Hurt (2006).
251 Ver por exemplo em Shiller (2015) as referências aos casos das bolhas especulativas ocorridas na Formosa e em Itália em 1986-1987.
252 Ver por exemplo Peterson (2007).
253 Ver por exemplo Barber e Odean (2000, 2001), Barber *et al.* (2008), Grinblatt e Keloharju (2009) e Korniotis e Kumar (2013).
254 Ver Ryan (1902). Ver ainda Borna e Lowry (1987).
255 Ver por exemplo Hurt (2006).
256 Ver por exemplo Stout (1999).
257 Ver Conrad *et al.* (2014). A este propósito, ver ainda Gabaldon (2001) e Barber *et al.* (2008).
258 Ver por exemplo Ryan (1902). Ver ainda Griffin *et al.* (2011b) acerca da atuação dos *hedge funds* no caso da bolha tecnológica dos EUA.
259 Ver por exemplo Stout (1995), Gabaldon (2001), Hurt (2006) e Shiller (2015).
260 Ver por exemplo Hong *et al.* (2006).
261 Ver por exemplo Stout (1999).
262 Uma taxa sobre as transações ocorridas no mercado cambial tem sido alvo de debate desde que foi proposta por Tobin (1978). Embora uma taxa desse tipo – normalmente designada por taxa Tobin – tenha sido alvo de debate em várias instâncias internacionais, em particular na sequência de um conjunto de crises financeiras internacionais ocorridas a partir dos anos 90 do século passado, a nossa atenção concentrar-se-á, por razões de coerência da obra, nas taxas sobre transações ocorridas nos mercados de capitais. O leitor interessado na taxa Tobin – pode encontrar os principais argumentos a favor da medida em Tobin (1978) e em Eichengreen *et al.* (1995) e os principais argumentos contra em Garber e Taylor (1995).
263 Ver por exemplo Campbell e Froot (1995).
264 Ver Campbell e Froot (1995).
265 Esta forma de pensar – atribuir-se a si próprio os méritos de um bom resultado e culpar fatores externos pelos maus resultados – constitui a marca distintiva de um enviesamento decisional que se designa, no quadro das finanças comportamentais, autoatribuição. Consultar, a este respeito por exemplo Lobão (2012).
266 Ver Stout (2012a).
267 Para Piketty (2014), no entanto, os efeitos da introdução dessa taxa, em termos de obtenção de receitas, poderão ser limitados uma vez que o objetivo, segundo o autor, é diminuir fortemente as transações de elevada frequência. Piketty (2014) estima que a aplicação de uma taxa sobre transações financeiras em alguns países da União Europeia dificilmente possa gerar receitas acima de 0,5% do produto interno bruto.

7. Bolhas especulativas e *crashes*

268 O conceito de bolha especulativa adotado centra-se nos seus efeitos. Outros autores têm uma perspetiva diferente: Robert Shiller, um dos maiores especialistas no fenómeno, destaca na sua definição de bolha especulativa o processo que lhe dá origem. Assim, para Shiller (2015, p. 2), uma bolha especulativa «corresponde a uma situação em que as notícias acerca do aumento dos preços despertam o entusiasmo dos investidores,

o qual se propaga de pessoa a pessoa através de um processo psicológico, amplificando as narrativas que possam justificar os aumentos de preço e atraindo um crescente número de investidores que, apesar das dúvidas relativas ao valor real dos investimentos, são movidos, em parte, pela inveja dos sucessos alheios e, em parte, pela excitação relacionada com o jogo».

[269] Ver por exemplo Galbraith (1990) e Shiller (2015).

[270] Ver por exemplo Ribstein (2003) e Shiller (2015).

[271] Ver por exemplo Kindleberger (2000), Gerstein (2006), White (2011), Brunnermeier e Oehmke (2012), Scherbina (2013) e Shiller (2015).

[272] Ver por exemplo Shiller (2015), a propósito das expectativas dos investidores acerca dos efeitos económicos da internet como fator explicativo da bolha tecnológica nos EUA.

[273] Ver por exemplo Gerding (2007), Brunnermeier e Oehmke (2012) e Scherbina (2013).

[274] Acerca dos fatores de natureza fundamental na origem de algumas das mais famosas bolhas especulativas, ver Garber (2000), por exemplo.

[275] Ver por exemplo Brunnermeier e Nagel (2004) e Griffin *et al.* (2011b).

[276] O papel da inovação financeira no desenvolvimento de crise financeiras em geral e de bolhas especulativas em particular foi abordado entre outros autores por Van Horne (1985), Roubini e Mihm (2010) e Stiglitz (2010).

[277] Deve ser notado que os mecanismos agora descritos podem igualmente explicar o surgimento de bolhas *negativas*, em que os efeitos de *feedback* ocorrem no sentido da descida dos preços e em que portanto as descidas iniciais dos preços desencorajam alguns investidores, dessa forma causando maiores descidas de preço e assim sucessivamente. É essa a interpretação dos resultados obtidos por exemplo por Shiller (2015) que nos dias seguintes ao *crash* ocorrido no dia 19 de outubro de 1987, em que o índice Dow Jones perdeu mais de 22%, distribuiu inquéritos a um conjunto de investidores. Nos inquéritos, os investidores foram questionados acerca da sua opinião quanto às causas do *crash*. Na escolha entre fatores fundamentais e fatores psicológicos, mais de 60% dos respondentes afirmaram pensar que os fatores psicológicos foram os mais importantes na explicação da queda dos preços.

[278] Existem ainda outros fatores comportamentais que ajudam a perceber a grande intensidade na correção dos preços (o *crash*) quando a fase ascendente se esgota. Por exemplo, tem-se observado que os investidores se tornam mais sensíveis à informação em períodos negativos pelo que os preços tendem a refletir a informação disponível, de forma mais rápida, na fase descendente dos preços. Além disso, é também nesta fase que o sentimento (negativo) dos investidores produz um maior impacto dos preços. A este respeito ver por exemplo García (2013) e Horta e Lobão (2015).

[279] Ver por exemplo Kindleberger (2000), Partnoy (2000), Scheinkman e Xiong (2003), Gerding (2007), Brunnermeier e Oehmke (2012), Lobão (2012), Scherbina (2013) e Shiller (2015).

[280] Apesar disso, não existe ainda um consenso na literatura acerca da necessidade de uma política monetária expansionista para que uma bolha especulativa se desenvolva. Por exemplo, Brunnermeier e Schnabel (2015) concluem que políticas monetárias expansionistas estiveram presentes em 19 dos 23 episódios históricos de bolhas especulativas sob análise. A sua amostra cobre eventos ocorridos ao longo de quase quatro séculos

de história. Já Posen (2003), numa análise a 24 casos de aumentos significativos nos preços das ações ocorridos a partir da década de 80 do século passado, encontram sinais de políticas monetárias expansionistas em apenas oito desses casos.

[281] Ver por exemplo Soros (1994).

[282] Ver por exemplo Teulings e Baldwin (2014).

[283] Ver por exemplo Gerding (2007), Scherbina (2013) e Brunnermeier e Schnabel (2015).

[284] Ver por exemplo Partnoy (2000), Brunnermeier e Oehmke (2012) e Passari e Rey (2015).

[285] Ver por exemplo Graham e Narasimhan (2004), Malmendier *et al.* (2011) e Shiller (2015) acerca dos efeitos duradouros nos investidores e gestores da experiência vivida num dos episódios da Grande Depressão, o colapso das cotações nos mercados de ações dos EUA em 1929.

[286] Ver por exemplo Graham e Narasimhan (2004), Malmendier e Nagel (2011) e Schoar e Zuo (2011).

[287] Ver Dyck e Zingales (2003), Dechow (2011) e Wang e Winton (2012).

[288] Ver por exemplo Kindleberger (2000), Gerding (2007), Posner (2009), Brunnermeier e Oehmke (2012) e Brunnermeier e Schnabel (2015). Ver ainda, acerca do fenómeno do contágio, Lobão (2009).

[289] Enviesamentos decisionais como o efeito de autoatribuição podem também alimentar a busca de um bode expiatório para o sucedido. Consultar a respeito deste enviesamento por exemplo Lobão (2012). Acerca da reação dos investidores à queda dos preços, ver ainda Galbraith (1990).

[290] Ver por exemplo Banner (1997).

[291] Ver por exemplo Ribstein (2003), Gerdstein (2006) e Frankel (2002, 2010). Acerca do excesso de confiança e sua relação com a evolução dos preços consultar por exemplo Lobão (2012).

[292] Ver por exemplo Partnoy (2000), Dyck e Zingales (2003) e Gerding (2007).

[293] Ver por exemplo Korniotis e Kumar (2013).

[294] Ver Scheinkman e Xiong (2003), Gerding (2007) e Shiller (2015).

[295] Ver Gerding (2007). Ver ainda Ofek e Richardson (2003), Brunnermeier e Nagel (2004) e Griffin *et al.* (2011b).

[296] Ver Gerding (2007), Mishkin (2008), Ostry *et al.* (2010) e Brunnermeier e Schnabel (2015), por exemplo.

[297] Ver por exemplo Gerding (2006) e Stiglitz (2010).

[298] Ver por exemplo Partnoy (2000), Frankel (2010), Roubini e Mihm (2010) e White (2011).

[299] Apesar disso, existem diversos indicadores que podem ser utilizados para o efeito. Por exemplo, Piketty (2014) e Shiller (2015) sugerem, respetivamente, a utilização do rácio entre a riqueza acumulada e o produto e de múltiplos de mercado (rácios entre preços e variáveis contabilísticas ou financeiras) como indicadores para identificar bolhas especulativas.

[300] É possível, no entanto, que as bolhas especulativas se desenvolvam mesmo quando todos os investidores acreditam que os preços se encontram acima do valor fundamental dos ativos. Basta, para isso, que existam diferenças na opinião dos investidores acerca da intensidade da bolha especulativa em que estão a participar e que existam restrições re-

levantes na realização de vendas curtas. A este respeito veja-se por exemplo Scheinkman e Xiong (2003).

[301] Ver Bris *et al.* (2007), Gerding (2007) e Posner (2009), por exemplo.

8. Visões de instabilidade: a crise financeira atual

[302] Ver por exemplo Posner (2009), Roubini e Mihm (2010) e Stiglitz (2010).
[303] Ver Minsky (1977, 1982, 1986).
[304] Ver Frydman e Goldberg (2007).
[305] Ver Pistor (2012, 2013a, 2013b, 2013c, 2013d).

BIBLIOGRAFIA

Aboody, D., e R. Kasznik (2000), «CEO Stock Options Awards and the Timing of Corporate Voluntary Disclosures». *Journal of Accounting and Economics* 29, pp. 73-100.

Ackerman, A., J. van Halteren e E. Maug (2008), «Insider Trading Legislation and Acquisition Announcements: Do Laws Matter?» *Working Paper*.

Aggarwal, R., e G. Wu (2006), «Stock Market Manipulations». *Journal of Business* 79, pp. 1915-53.

Ahern, K. R., e D. Sosyura (2014), «Who Writes the News? Corporate Press Releases during Merger Negotiations». *Journal of Finance* 69, pp. 241-91.

Akerlof, G. (1970), «The Market for 'Lemons': Quality, Uncertainty and the Market Mechanism». *Quarterly Journal of Economics* 84, pp. 488-500.

Akerlof, G., e R. Shiller (2015), *Phishing for Phools: The Economics of Manipulation and Deception*, Princeton University Press.

Albert, R. L., T. R. Smaby e H. D. Robison (1997), «Short Selling and Trading Abuses on Nasdaq». *Financial Services Review* 6, pp. 27-39.

Aliber, R. C., B. Chowdhry e S. Yan (2003), «Some evidence that a Tobin Tax on foreign exchange transactions might increase volatility». *European Finance Review* 7, pp. 481-510.

Allen, F., e D. Gale (1992), «Stock-Price Manipulation». *Review of Financial Studies* 5, pp. 503-29.

Allen, F., e G. Gorton (1992), «Stock Price Manipulation, Market Microstructure and Asymmetric Information». *European Economic Review* 36, pp. 624-30.

Allen, F., L. Litov e J. Mei (2006), «Large Investors, Price Manipulation, and Limits to Arbitrage: An Anatomy of Market Corners». *Review of Finance* 10, pp. 645-93.

Amihud, Y., e H. Mendelson (1986), «Asset Pricing and the Bid-Ask Spread». *Journal of Financial Economics* 17, pp. 223-49.

Angel, J. J., e D. M. McCabe (2009a), «The Business Ethics of Short Selling and Naked Short Selling». *Journal of Business Ethics* 85, pp. 239-49.

Angel, J. J., e D. M. McCabe (2009b), «The Ethics of Speculation». *Journal of Business Ethics* 90, pp. 277-86.

Angel, J. J., S. E. Christophe e M. G. Ferri (2003), «A Close Look at Short Selling on Nasdaq». *Financial Analysts Journal* 59, pp. 66-74.

Arlen, J. H., e W. J. Carney (1992), «Vicarious Liability for Fraud on Securities Markets: Theory and Evidence». *University of Illinois Law Review* 3, pp. 691-740.

Ausubel, L. (1990), «Insider trading in a rational expectations economy». *American Economic Review* 80, pp. 1022-41.

Bagnoli, M., e N. Khanna (1992), «Insider Trading in Financial Signaling Models». *Journal of Finance* 47, pp. 1905-34.

Bagnoli, M., M. B. Clement e S. G. Watts (2005), «Around-the-clock media coverage and the timing of earnings announcements». *Working Paper*, Purdue University.

Bai, Y., E. Chang e J. Wang (2006), «Asset prices under short-sale constraints». *Working Paper*, Massachusetts Institute of Technology.

Bainbridge, S. M. (1986), «The Insider Trading Prohibition: A Legal and Economic Enigma». *University of Florida Law Review* 38, pp. 35-68.

Baltagi, B., D. Li e Q. Li (2006): «Transaction tax and stock market behavior: evidence from an emerging market». *Empirical Economics* 31, pp. 393-408.

Bamber, L. S., O. E. Barron e T. L. Stober (1999), «Differential Interpretations and Trading Volume». *Journal of Financial and Quantitative Analysis* 34, pp. 369-86.

Banner, S. (1997), «What Causes New Securities Regulation? 300 Years of Evidence». *Washington University Law Quarterly* 75, pp. 849-55.

Barber, B. M., e T. Odean (2000), «Trading is Hazardous to Your Wealth: The Common Stock Investment Performance of Individual Investors». *Journal of Finance* 55, pp. 773-806.

Barber, B. M., e T. Odean (2001), «Boys Will Be Boys: Gender, Overconfidence, and Common Stock Investment». *Quarterly Journal of Economics* 1, pp. 262-92.

Barber, B. M., e T. Odean (2008), «All That Glitters: the Effect of Attention and News on the Buying Behavior of Individual and Institutional Investors». *Review of Financial Studies* 21, pp. 785-818.

Barber, B. M., Y. Lee, Y. Liu e T. Odean (2008), «Just How Much Do Individual Investors Lose by Trading?» *Review of Financial Studies* 22, pp. 609-32.

Barsky, R. B., M. S. Kimball, F. T. Juster, e M. D. Shapiro (1997), «Preference parameters and behavioral heterogeneity: An experimental approach in the health and retirement survey». *Quarterly Journal of Economics* 112, pp. 537-79.

Bebchuk, L. A., e C. Fershtman (1993), «The Effects of Insider Trading on Insiders' Effort in Good and Bad Times». *European Journal of Political Economy* 9, pp. 469-81.

BEBCHUK, L. A., e C. FERSHTMAN (1994), «Insider Trading and the Managerial Choice Among Risky Projects». *Journal of Financial and Quantitative Analysis* 29, pp. 1-14.

BEBCHUK, L. A., e Y. GRINSTEIN (2005), «The Growth of Executive Pay». *Oxford Review of Economic Policy* 21, pp. 283-303.

BEBER, A., e M. PAGANO (2013), «Short-Selling Bans Around the World: Evidence from the 2007-09 Crisis». *Journal of Finance* 68, pp. 343-81.

BECCHETTI, L., M. FERRARI e U. TRENTA (2014), «The impact of the French Tobin tax». *Journal of Financial Stability* 15, pp. 127-48.

BECHMANN, K. (2004), «Short Sales, Price Pressure, and the Stock Price Response to Convertible Bond Calls». *Journal of Financial Markets* 7, pp. 427-51.

BENABOU, R., e G. BAROQUE (1992), «Using Privileged Information to Manipulate Markets: Insiders, Gurus, and Credibility». *Quarterly Journal of Economics* 107, pp. 921-58.

BEN-DAVID, I., F. FRANZONI, A. LANDIER e R. MOUSSAWI (2013), «Do Hedge Funds Manipulate Stock Prices?» *Journal of Finance* 68, pp. 2383-434.

BENSTON, G. (1973), «Required Disclosure and the Stock Market». *American Economic Review* 63, pp. 132-55.

BENY, L. (2005), «Do insider trading laws matter? Some preliminary comparative evidence». *American Law and Economics Review* 7, pp. 144–83.

BENY, L. (2007), «Insider Trading Laws and Stock Markets Around the World: An Empirical Contribution to the Theoretical Law and Economics Debate». *Journal of Corporation Law* 32, pp. 237-300.

BENY, L. (2008), «Do Investors in Controlled Firms Value Insider Trading Laws? International Evidence». *Journal of Law, Economics and Policy* 4, pp. 267-310.

BENY, L. (2013), «The Political Economy of Insider Trading Laws and Enforcement: Law vs. Politics? International Evidence.» in *Research Handbook on Insider Trading*, S. Bainbridge (ed.), Northampton, Massachusetts, Elgar.

BERNARD, V. L., e J. K. THOMAS (1989), «Current Studies on the Information Content of Accounting Earnings». *Journal of Accounting Research* 27, pp. 1-36.

BETTIS, J. C., J. L. COLES e M. L. LEMMON (2000), «Corporate Policies Restricting Trading by Insiders». *Journal of Financial Economics* 57, pp. 191-220.

BEUNZA, D., I. HARDIE e D. MACKENZIE (2006), «A Price is a Social Thing: Towards a Material Sociology of Arbitrage». *Organization Studies* 27, pp. 721-45.

BHATTACHARYA, S., e G. NICODANO (2001), «Insider Trading, Investment, and Liquidity: A Welfare Analysis». *Journal of Finance* 56, pp. 1141-56.

BHATTACHARYA, U., e H. DAOUK (2002), «The World Price of Insider Trading». *Journal of Finance* 57, pp. 75-108.

BIAIS, B., e P. WOOLLEY (2011), «High Frequency Trading». *Working Paper*.

BIAIS, B., e T. FOUCAULT (2014), «HFT and Market Quality». *Bankers, Markets & Investors* 128, pp. 5-19.

BIAIS, B., T. FOUCAULT e S. MOINAS (2015), «Equilibrium fast trading». *Journal of Financial Economics* 116, pp. 292-313.

BLACK, F. (1986), «Noise». *Journal of Finance* 41, pp. 529-43.

BLAU, B. M., e T. J. BROUGH (2012), «Concentrated short-selling activity: bear raids or contrarian trading?» *International Journal of Managerial Finance* 8, pp. 187-203.

BLAU, B. M., B. F. VAN NESS, R. A. VAN NESS e R. A. WOOD (2010), «Short Selling during Extreme Market Movements». *Journal of Trading* 5, pp. 14-27.

BLOCHER, J., J. ENGELBERG e A. V. REED (2011), «The long and short of it: evidence of year-end price manipulation by short sellers». *Working Paper*, University of North Carolina.

BOEHMER, E., C. M. JONES e X. ZHANG (2013), «Shackling Short Sellers: The 2008 Shorting Ban». *Review of Financial Studies* 26, pp. 1363-400.

BOEHMER, E., e J. WU (2013), «Short selling and the price discovery process». *Review of Financial Studies* 26, pp. 287-322.

BOGLE, J. C. (2008), «A Question So Important That It Should Be Hard To Think About Anything Else». *Journal of Portfolio Management* 34, pp. 95-102.

BOLTON, P. J., SCHEINKMAN e W. XIONG (2006), «Executive Compensation and Short-Termism Behaviour in Speculative Markets». *Review of Economic Studies* 73, pp. 577-610.

BOND, P., A. EDMANS e I. GOLDSTEIN (2012), «The Real Effects of Financial Markets». *Annual Review of Financial Economics* 4, pp. 339-60.

BORNA, S., e J. LOWRY (1987), «Gambling and Speculation». *Journal of Business Ethics* 6, pp. 219-24.

BOTOSAN, C. A., e M. S. HARRIS (2000), «Motivations for a Change in Disclosure Frequency and Its Consequences: An Examination of Voluntary Quarterly Segment Disclosures». *Journal of Accounting Research* 38, pp. 329-53.

BOULTON, T., e M. BRAGA-ALVES, M. (2010), «The skinny on the 2008 naked short sale restrictions». *Journal of Financial Markets* 13, pp. 397-421.

BRIS, A. (2005), «Do Insider Trading Laws Work?» *European Financial Management* 11, pp. 267-312.

BRIS, A. (2008), «Short Selling Activity in Financial Stocks and the SEC July 15th Emergency Order». *Working Paper*, International Institute for Management Development.

BRIS, A., W. N. GOETZMANN e N. ZHU (2003), «Short-Sales in Global Perspective». *Working Paper*, Yale International Center for Finance.

BRIS, A., W. N. GOETZMANN e N. ZHU (2007), «Efficiency and the Bear: Short Sales and Markets Around the World». *Journal of Finance* 62, pp. 1029-79.

BRUDNEY, V. (1979), «Insiders, Outsiders and Informational Advantages under the Federal Securities Laws». *Harvard Law Review* 93, pp. 322-76.

BRUDNEY, V. (1989), «A Note on Materiality and Soft Information under the Federal Securities Law». *Virginia Law Review* 75, pp. 723-60.

BRUNNERMEIER, M. K., e S. NAGEL (2004), «Hedge Funds and the Technology Bubble». *Journal of Finance* 59, pp. 2013-40.

BRUNNERMEIER, M. K., e M. OEHMKE (2012), «Bubbles, Financial Crises, and Systemic Risk». In *Handbook of the Economics of Finance*, volume 2, G. M. Constantinides, M. Harris e R. M. Stulz (eds.), North Holland, Amsterdão.

BRUNNERMEIER, M. K. e M. OEHMKE (2014), «Predatory Short Selling». *Review of Finance* 18, pp. 2153-95.

BRUNNERMEIER, M. K., e I. SCHNABEL (2015), «Bubbles and Central Banks: Historical Perspectives». *Working Paper.*

BUSHEE, B. J., e C. F. NOE (2000), «Corporate Disclosure Practices, Institutional Investors, and Stock Return Volatility». *Journal of Accounting Research* 38, pp. 36-51.

BUSHEE, B. J., e C. LEUZ (2005), «Economic Consequences of SEC Disclosure Regulation: Evidence from the OTC Bulletin Board». *Journal of Accounting and Economics* 39, pp. 233-64.

BUSHMAN, R., J. PIOTROSKI e A. SMITH (2005), «Insider Trading Restrictions and Analysts' Incentives to Follow Firms». *Journal of Finance* 60, pp. 35-66.

BYARD, D., e K. SHAW (2003), «Corporate Disclosure Quality and Properties of Analysts' Information Environment». *Journal of Accounting, Auditing and Finance* 18, pp. 355-78.

CAMERER, C. F. (1998), «Can Asset Markets Be Manipulated? A Field Experiment with Racetrack Betting». *Journal of Political Economy* 106, pp. 457-81.

CAMPBELL, J. Y., e K. A. FROOT (1995), «International experiences with securities transaction taxes». In *The Internationalization of Equity Markets,* J. A. Froot (ed.), University of Chicago Press, Chicago.

CARAMANOLIS-ÇOTELLI, B., L. GARDIOL, R. GIBSON-ASNER e N. S. TUCHSCHMID (1999), «Are Investors Sensitive to the Quality and the Disclosure of Financial Statements?» *European Financial Review* 3, pp. 131-59.

CARHART, M., R. KANIEL, D. MUSTO e A. REED (2002), «Leaning for the Tape: Evidence of Gaming Behavior in Equity Mutual Funds». *Journal of Finance* 57, pp. 661-93.

CARLIN, B. I., F. A. LONGSTAFF e K. MANITOBA (2014), «Disagreement and asset prices». *Journal of Financial Economics* 114, pp. 226-38.

CARLTON, D. W., e D. R. FISCHEL (1983), «The Regulation of Insider Trading». *Stanford Law Review* 35, pp. 857-95.

CARNEY, W. J. (1987), «Signalling and Causation in Insider Trading». *Catholic University Law Review* 36, pp. 863-98.

CHAKRABORTY, A., e B. YILMAZ (2004a), «Informed Manipulation». *Journal of Economic Theory* 114, pp. 132-52.

CHAKRABORTY, A., e B. YILMAZ (2004b), «Manipulation in Market Order Models». *Journal of Financial Markets* 7, pp. 187-206.

CHAKRAVARTY, S., e J. J. MCCONNELL (1997), «An Analysis of Prices, Bid/Ask Spreads, and Bid and Ask Depths surrounding Ivan Boesky's Illegal Trading in Carnation Stock». *Financial Management* 26, pp. 18-34.

CHAKRAVARTY, S., e J. J. MCCONNELL (1999), «Does Insider Trading Really Move Stock Prices?» *Journal of Financial and Quantitative Analysis* 34, pp. 191-209.

CHAMBERS, A. E., e S. H. PENMAN (1984), «Timeliness of Reporting and the Stock Price Reaction to Earnings Announcements». *Journal of Accounting Research* 22, pp. 21-47.

CHAN, K., e V. COVRIG (2012), «What determines mutual fund trading in foreign stocks?» *Journal of International Money and Finance* 31, pp. 793-817.

CHANG, E. C., J. W. CHENG e Y. YU (2007), «Short-Sales Constraints and Price Discovery: Evidence from the Hong-Kong Market». *Journal of Finance* 62, pp. 2097-121.

CHAROENROOK, A., e H. DAOUK (2005), «A Study of Market-Wide Short-Selling Restrictions». *Working Paper.*

CHEN, J., S. Hanson, H. Hong e J. Stein (2008), «Do Hedge Funds Profit from Mutual-Fund Distress?» *Working Paper.*

CHEUNG, Y., e M. CHINN (2001), «Currency Traders and Exchange Rate Dynamics: A Survey of the US Market». *Journal of International Money and Finance* 20, pp. 439-71.

CHIYACHANTANA, C. N., P. K. JIAN, C. JIAN e R. A. WOOD (2004), «International Evidence on Institutional Trading Behavior and Price Impact». *Journal of Finance* 59, pp. 869-98.

CHO, J. Y., e M. K. SHAUB (1991), «The Consequences of Insider Trading and the Role of Academic Research». *Business and Professional Ethics Journal* 10, pp. 83-98.

CHOI, S. J., e A. C. PRITCHARD (2003), «Behavioral Economics and the SEC». *Stanford Law Review* 56, pp. 1-83.

CHOU, R. K., e G. H. K. WANG (2006), «Transaction Tax and Market Quality of the Taiwan Stock Index Futures». *Journal of Futures Markets* 26, pp. 1195-216.

CHUANG, W., e B. LEE (2006), «An empirical evaluation of the overconfidence hypothesis». *Journal of Banking and Finance* 30, pp. 2489-515.

COFFEE, J. C. (1984), «Market Failure and the Economic Case for a Mandatory Disclosure System». *Virginia Law Review* 70, pp. 717-53.

COFFEE, J. C. (2002), «Understanding Enron: 'It's about the Gatekeepers, Stupid'». *Business Lawyer* 57, pp. 1403-20.

COLLIARD, J., e P. HOFFMANN (2015), «Financial Transaction Taxes, Market Composition, and Liquidity». *Working Paper.*

COMERTON-FORDE, C., e T. J. PUTNINS (2011a), «Measuring Closing Price Manipulation». *Journal of Financial Intermediation* 20, pp. 135-58.

COMERTON-FORDE, C., e T. J. PUTNINS (2011b), «Pricing Accuracy, Liquidity and trader Behavior with Closing Price Manipulation». *Experimental Economics* 14, pp. 110-31.

COMERTON-FORDE, C., e T. J. PUTNINS (2014), «Stock Price Manipulation: Prevalence and Determinants». *Review of Finance* 18, pp. 22-66.

COMMITTEE ON FEDERAL REGULATION OF SECURITIES (1985), «Report of the Task Force on Regulation of Insider Trading: Part I: Regulation Under the Antifraud Provisions of the Securities Exchange Act of 1934». *Business Lawyer* 41, pp. 223-72.

CONRAD, J., N. KAPADIA e Y. XING (2014), «Death and jackpot: Why do individual investors hold overpriced stocks?» *Journal of Financial Economics* 113, pp. 455-75.

COOPER, M. J., O. DIMITROV e P. R. RAU (2001), «A Rose.com by Any Other Name». *Journal of Finance* 56, pp. 2371-88.

COPELAND, T. E., e D. GALAI (1983), «Information Effects on the Bid-Ask Spread». *Journal of Finance* 38, pp. 1457-69.

CORNELL, B., e E. SIRRI (1992), «The Reaction of Investors and Stock Prices to Insider Trading». *Journal of Finance* 47, pp. 1031-59.

COVAL, J., e E. STAFFORD (2007), «Asset Fire Sales (and Purchases) in Equity Markets». *Journal of Financial Economics* 86, pp. 479-512.

COX, J. D. (1986), «Insider Trading and Contracting: A Critical Response to the 'Chicago School'». *Duke Law Journal* 35, pp. 628-59.

COX, J. D. (1999), «Regulatory Duopoly in U.S. Securities Markets». *Columbia Law Review* 99, pp. 1200-32.

COX, C. C., e K. S. FOGARTY (1988), «Bases of Insider Trading Law». *Ohio State Law Journal* 49, pp. 353-72.

CROSS, F. B., e R. A. PRENTICE (2006), «The Economic Value of Securities Regulation». *Cardozo Law Review* 28, pp. 333-89.

CUMMING, D., S. JOHAN e D. LI (2011), «Exchange trading rules and stock market liquidity». *Journal of Financial Economics* 99, pp. 651-71.

Culp, C. L., e J. B. HEATON (2008), «The Economics of Naked Short Selling». *Regulation* Spring, pp. 46-51.

CUTLER, D., J. POTERBA e L. SUMMERS (1989), «What Moves Stock Prices?» *Journal of Portfolio Management* 15, pp. 4-12.

DAINES, R. M., e C. M. JONES (2012), «Truth or Consequences: Mandatory Disclosure and the Impact of the 1934 Act». *Working Paper*, Stanford Law School.

DAMODARAN, A. (1989), «The weekend effect in information releases: A study of earnings and dividend announcements». *Review of Financial Studies* 2, pp. 607-23.

DANIEL, K., D. HIRSHLEIFER e S. H. TEOH (2002), «Investor Psychology in Capital Markets: Evidence and Policy Implications». *Journal of Monetary Economics* 49, pp. 139-209.

DANÍELSSON, J. (2008), «Blame the models». *Journal of Financial Stability* 4, pp. 321-8.

DECHOW, P. M. (2011), «Predicting Material Accounting Misstatements». *Contemporary Accounting Research* 28, pp. 17-82.

DELLAVIGNA, S., e J. POLLET (2009), «Investor inattention and Friday earnings announcements». *Journal of Finance* 64, pp. 709-49.

DIAMOND, D. W. (1985), «Optimal Release of Information by Firms». *Journal of Finance* 40, pp. 1071-94.

DIAMOND, D. W., e R. E. VERRECCHIA (1987), «Constraints on Short-Selling and Asset Price Adjustment to Private Information». *Journal of Financial Economics* 18, pp. 277-311.

DIAZ, D., B. THEODOULIDIS e P. SAMPAIO (2011), «Analysis of Stock Market Manipulations Using Knowledge Discovery Techniques Applied to Intraday Trade Prices». *Expert Systems with Applications* 38, pp. 12757-171.

DIETHER, K. B., K. LEE e I. M. WERNER (2009), «Short-Sale Strategies and Return Predictability». *Review of Financial Studies* 22, pp. 575-607.

DOOLEY, M. P. (1980), «Enforcement of Insider Trading Restrictions». *Virginia Law Review* 66, pp. 1-83.

DORN, D., e P. SENGMUELLER (2009), «Trading as entertainment?» *Management Science* 55, pp. 591-603.

DUNN, P. (2004), «The Impact of Insider Power on Fraudulent Financial Reporting». *Journal of Management* 30, pp. 397-412.

DURNEV, A. A., e A. S. NAIN (2007), «Does Insider Trading Regulation Deter Private Information Trading? International Evidence». *Pacific-Basin Finance Journal* 15, pp. 4009-33.

DURNEV, A., R. MORCK e B. YEUNG (2004), «Value-Enhancing Capital Budgeting and Firm-specific Stock Return Variation». *Journal of Finance* 59, pp. 65-105.

DURUIGBO, E. (2011), «Tackling Shareholder Short-Termism and Managerial Myopia». *Kentucky Law Journal* 100, pp. 531-84.

DYCK, A., e L. ZINGALES (2003), «The Bubble and the Media». In *Corporate Governance and Capital Flows in a Global Economy*, P. Cornelius e B. Kogut (eds.), Oxford University Press, Nova Iorque.

DYE, R. (1984), «Insider trading and incentives». *Journal of Business* 57, pp. 295-313.

DYE, R. (1986), «Proprietary and Nonproprietary Disclosures». *Journal of Business* 59, pp. 331-66.

DYE, R. (2001), «Commentary on essays on disclosure». *Journal of Accounting and Economics* 32, pp. 181-235.

DYER, B. K. (1992), «Economic Analysis, Insider Trading, and Game Markets». *Utah Law Review* 1, pp. 1-66.

EASTERBROOK, F. (1981), «Insider Trading, Secret Agents, Evidentiary Privileges, and the Production of Information». *Supreme Court Review* 1981, pp. 309-65.

Easterbrook, F., e D. Fischel (1984), «Mandatory Disclosure and the Protection of Investors». *Virginia Law Review* 70, pp. 669-715.

Edwards, F. R. (1993), «Taxing transactions in futures markets: objectives and effects». *Journal of Financial Service Research* 7, pp. 75-91.

Egginton, J., B. F. Van Ness e R. A. Van Ness (2016), «Quote Stuffing». *Financial Management* 45, pp. 583-608.

Eichengreen, B., T. Tobin e C. Wyplosz (1995), «Two cases for sand in the wheels of international finance». *Economic Journal* 105, pp. 162–72.

Engelberg, J. E., A. V. Reed, M. C. Ringgenberg (2012), «How are shorts informed? Short sellers, news, and information processing». *Journal of Financial Economics* 105, pp. 260-78.

Engelen, P., e L. V. Liedekerke (2007), «The Ethics of Insider Trading Revisited». *Journal of Business Ethics* 74, pp. 497-507.

Ericsson, J., e R. Lindgren (1992), «Transaction taxes and trading volume on stock exchanges: an international comparison». *Working Paper*, Stockholm School of Economics.

European Securities Markets Expert Group (2009), «Position on Short Selling».

Fernandes, N., e M. A. Ferreira (2009), «Insider Trading Laws and Stock Price Informativeness». *Review of Financial Studies* 22, pp. 1845-87.

Ferrell, A. (2007), «Mandatory Disclosure and Stock Returns: Evidence from the Over-the-Counter Market». *Journal of Legal Studies* 36, pp. 213-51.

Figlewski, S. (1981), «The informational effects of restrictions on short sales: some empirical evidence». *Journal of Financial and Quantitative Analysis* 16, pp. 463-76.

Figlewski, S., e G. P. Webb (1993), «Options, Short Sales, and Market Completeness». *Journal of Finance* 48, pp. 761-77.

Financial Services Authority (2002), «Short Selling». *Discussion Paper.*

Financial Services Authority (2009), «Temporary Short Selling Measures: Feedback on CP09/1». *Policy Statement* 09/1.

Fischel, D. R., e D. J. Ross (1991), «Should the Law Prohibit 'Manipulation' in Financial Markets?» *Harvard Law Review* 105, pp. 503-53.

Fishman, M. J., e K. M. Hagerty (1990), «The Optimal Amount of Discretion to Allow in Disclosure». *Quarterly Journal of Economics* 105, pp. 427-44.

Fishman, M. J., e K. M. Hagerty (1992), «Insider Trading and the Efficiency of Stock Prices». *Rand Journal of Economics* 23, pp. 106-22.

Fotak, V., V. Raman e P. Yadav (2014), «Fails-to-deliver, short selling, and market quality». *Journal of Financial Economics* 114, pp. 493-516.

Fox, M. B. (1999), «Retaining Mandatory Securities Disclosure: Why Issuer Choice is Not Investor Empowerment». *Virginia Law Review* 85, pp. 1335-419.

Fox, M. B. (2009), «Civil Liability and Mandatory Disclosure». *Columbia Law Review* 109, pp. 237-308.

FOX, M. B., A. DURNEV, R. MORCK e B. YEUNG (2003), «Law, Share Price Accuracy, and Economic Performance: The New Evidence». *Michigan Law Review* 102, pp. 331-86.

FOX, M. B., L. R. GLOSTEN e P. C. TETLOCK (2010), «Short Selling and the News: A Preliminary Report on an Empirical Study». *New York Law School Law Review* 54, pp. 645-86.

FOX, M. B., L. R. GLOSTEN, G. V. RAUTERBERG (2015), «The New Stock Market: Sense and Nonsense». *Duke Law Journal* 65, pp. 191-277.

FRANCIS, J., D. PAGACH e J. STEPHAN (1992), «The stock market response to earnings announcements released during trading versus nontrading periods». *Journal of Accounting Research* 30, pp. 165–84.

FRANCO, J. A. (2002), «Why Antifraud Prohibitions Are Not Enough: The Significance of Opportunism, Candor and Signaling Economic Case for Mandatory Securities Disclosure». *Columbia Business Law Review* 223, pp. 223-362.

FRANKEL, T. (2002), «Regulation and Investors' Trust in the Securities Markets». *Brooklyn Law Review* 68, pp. 439-48.

FRANKEL, T. (2010), «Regulating the Financial Markets by Examinations». In *The Panic of 2008: Causes, Consequences and Implications for Reform*, L.E. Mitchell e A.E. Wilmarth Jr. (eds.), Edward Elgar, Massachusetts.

FRANKEL, R., e X. LI (2004), «Characteristics of a Firm's Information Environment and the Information Asymmetry between Insiders and Outsiders». *Journal of Accounting and Economics* 37, pp. 229-59.

FRENCH, K. (2008), «Presidential Address: The Cost of Active Investing». *Journal of Finance* 63, pp. 1537-73.

FRENCH, K., e R. ROLL (1986), «Stock Return Variances: The Arrival of Information and the Reaction of Traders». *Journal of Financial Economics* 17, pp. 5-26.

FRIED, J. M. (1998), «Reducing the Profitability of Corporate Insider Trading through Pretrading Disclosure». *Southern California Law Review* 71, pp. 303-92.

FRIED, J. M. (2003), «Insider Abstention». *Yale Law Journal* 113, pp. 455-92.

FRIEND, I. (1982), «Economic and Equity Aspects of Securities Regulation». *Working Paper*, Rodney White Center, Wharton School, Philadelphia.

FRIEND, I., e E. S. HERMAN (1964), «The S.E.C. Through a Glass Darkly». *Journal of Business* 37, pp. 382-405.

FRIEND, I., e R. WESTERFIELD (1975), «Required Disclosure and the Stock Market: comment». *American Economic Review* 65, pp. 467-72.

FROST, C. A., E. A. GORDON e A. F. HAYES (2006), «Stock Exchange Disclosure and Market Development: An Analysis of 50 International Exchanges». *Journal of Accounting Research* 44, pp. 437-83.

FRYDMAN, R., e M. D. GOLDBERG (2007), *Imperfect Knowledge Economics*, Princeton University Press, New Jersey.

GABALDON, T. A. (2001), «John Law, with a Tulip, in the South Seas: Gambling and the Regulation of Euphoric Market Transactions». *Journal of Corporation Law* 26, pp. 225-84.

GALBRAITH, J. K. (1990), *A Short History of Financial Euphoria*, Penguin Books.

GALLAGHER, D. R., P. GARDENER e P. L. SWAN (2009), «Portfolio Pumping: An Examination of Investment Manager Quarter-end Trading and Impact on Performance». *Pacific-Basin Finance Journal* 17, pp. 1-27.

GARBER, P. (2000), *Famous First Bubbles: The Fundamentals of Early Manias*, MIT Press, Massachusetts.

GARBER, P., e M. P. TAYLOR (1995), «Sand in the wheels of foreign exchange markets: A sceptical note». *Economic Journal* 105, pp. 173-180.

GARCÍA, D. (2013), «Sentiment during Recessions». *Journal of Finance* 68, pp. 1267-1300.

GASTINEAU, G. L., e R. A. JARROW (1991), «Large-Trader Impact and Market Manipulation». *Financial Analysts Journal* 47, pp. 40-52.

GEORGAKOPOULOS, N. L. (1993), «Insider Trading as a Transaction Cost: A Market Microstructure Justification and Optimization of Insider Trading Regulation». *Connecticut Law Review* 26, pp. 1-51.

GEORGAKOPOULOS, N. L. (1996), «Why Should Disclosure Rules Subsidize Informed Traders». *International Review of Law and Economics* 16, pp. 417-31.

GERARD, B., e V. NANDA (1993), «Trading and Manipulation around Seasoned Equity Offerings». *Journal of Finance* 48, pp. 213-45.

GERDING, E. F. (2006), «The Next Epidemic: Bubbles and the Growth and Decay of Securities Regulation». *Connecticut Law Review* 38, pp. 393-453.

GERDING, E. F. (2007), «Laws against Bubbles: An Experimental-Asset-Market Approach to Analyzing Financial Regulation». *Wisconsin Law Review* 5, pp. 979-1005.

GILSON, R. J., e R. KRAAKMAN (1984), «The Mechanisms of Market Efficiency». *Virginia Law Review* 70, pp. 549-644.

GLOSTEN, L. R. (1989), «Insider Trading, Liquidity, and the Role of the Monopolist Specialist». *Journal of Business* 62, pp. 211-35.

GLOSTEN, L. R., e L. E. HARRIS (1988), «Estimating the Components of the Bid/Ask Spread». *Journal of Financial Economics* 21, pp. 123-42.

GOETZMANN, W., J. INGERSOLL, M. SPIEGEL e I. WELCH (2007), «Portfolio Performance Manipulation and Manipulation-proof Performance Measures». *Review of Financial Studies* 20, pp. 1503-46.

GOLDSTEIN, I., e A. GUEMBEL (2008), «Manipulation and the Allocational Role of Prices». *Review of Economic Studies* 75, pp. 133-64.

GOSHEN, Z., e G. PARCHOMOVSKY (2001), «On Insider Trading, Markets, and «Negative» Property Rights in Information». *Virginia Law Review* 87, pp. 1229-77.

GOSHEN, Z., e G. PARCHOMOVSKY (2006), «The Essential Role of Securities Regulation». *Duke Law Journal* 55, pp. 711-82.

GRAHAM, J. R., e K. NARASIMHAN (2011), «Corporate Survival and Managerial Experiences during the Great Depression». *Working Paper*, Fuqua School of Business.

GRAHAM, J. R., C. R. HARVEY e S. RAJGOPAL (2005), «The Economic Implications of Corporate Financial Reporting». *Journal of Accounting and Economics* 40, pp. 3-73.

GRAHAM, J. R., C. R. HARVEY e S. RAJGOPAL (2006), «Value Destruction and Financial Reporting Decisions». *Financial Analysts Journal* 62, pp. 27-39.

GRAHAM, J. R., C. R. HARVEY e M. PURI (2013), «Managerial Attitudes and Corporate Actions». *Journal of Financial Economics* 109, pp. 103-21.

GRECHENIG, K. (2009), «Insider Trading on Positive and Negative Information: A Thought-Experiment». *Working Paper*, University of St. Gallen.

GREENSTONE, M., P. OYER e A. VISSING-JORGENSEN (2006), «Mandated Disclosure, Stock Returns, and the 1964 Securities Act Amendments». *Quarterly Journal of Economics* 121, pp. 399-460.

GRIFFIN, J. M., N. H. HIRSCHEY e P. J. KELLEY (2011a), «How Important Is the Financial Media in Global Markets». *Review of Financial Studies* 24, pp. 3941-92.

GRIFFIN, J. M., J. H. HARRIS, T. SHU e S. TOPALOGLU (2011b), «Who Drove and Burst the Tech Bubble?» *Journal of Finance* 66, pp. 1251-90.

GRINBLATT, M., e M. KELOHARJU (2009), «Sensation Seeking, Overconfidence, and Trading Activity». *Journal of Finance* 64, pp. 549-76.

GRINSTEIN, Y., e P. HRIBAR (2004), «CEO Compensation and Incentives – Evidence from M&A Bonuses». *Journal of Financial Economics* 73, pp. 119-43.

GROSSMAN, S. (1976), «On the Efficiency of Competitive Stock Markets Where Traders Have Diverse Information». *Journal of Finance* 31, pp. 573-85.

GROSSMAN, S. (1992), «The Informational Role of Upstairs and Downstairs Trading». *Journal of Business* 42, pp. 509-28.

GRUNDFEST, J. A., e J. B. SHOVEN (1991), «Adverse Implications of a Securities Transactions Excise Tax». *Journal of Accounting, Auditing and Finance* 6, pp. 409-42.

GUISO, L., P. SAPIENZA e L. ZINGALES (2008), «Trusting the Stock Market». *Journal of Finance* 63, pp. 2557-600.

GULATI, M. (1999), «When Corporate Managers Fear a Good Thing Is Coming to an End: the Case of Interim Nondisclosure». *UCLA Law Review* 46, pp. 675-756.

GURUN, U. G., e A. W. BUTLER (2012), «Don't Believe the Hype: Local Media Slant, Local Advertising, and Firm Value». *Journal of Finance* 67, pp. 561-97.

GUTTENTAG, M. D. (2005), «An Argument for Imposing Disclosure Requirements on Public Companies». *Florida State University Law Review* 32, pp. 123-95.

GUTTENTAG, M. D. (2013), «Patching a Hole in the JOBS Act: How and Why to Rewrite the Rules that Require Firms to Make Periodic Disclosures». *Indiana Law Journal* 88, pp. 151-212.

HADDOCK, D. D., e J. R. MACEY (1987a), «A Coasian Model of Insider Trading». *Northwestern University Law Review* 80, pp. 1449-72.

HADDOCK, D. D., e J. R. MACEY (1987b), «Regulation on Demand: A Private Interest Model, with an Application to Insider Trading Regulation». *Journal of Law and Economics* 30, pp. 311-52.

HAFT, R. J. (1982), «The Effect of Insider Trading Rules on the Internal Efficiency of the Large Corporation». *Michigan Law Review* 80, pp. 1051-71.

HAIL, L., e C. LEUZ (2006), «International Differences in the Cost of Equity Capital: Do Legal Institutions and Securities Regulation Matter?» *Journal of Accounting Research* 44, pp. 485-531.

HANK, M., J. HÜBER, M. KIRCHLER e M. SUTTER (2010), «The economic consequences of a Tobin tax – An experimental analysis». *Journal of Economic Behavior & Organization* 74, pp. 58-71.

HANSON, R., R. OPREA e D. PORTER (2006), «Information Aggregation in an Experimental Market». *Journal of Economic Behavior & Organization* 60, pp. 449-59.

HART, O. D., e D. M. KREPS (1986), «Price Destabilizing Speculation». *Journal of Political Economy* 94, pp. 927-52.

HAU, H. (2006), «The Role of Transaction Costs for Financial Volatility: Evidence from the Paris Bourse». *Journal of the European Economic Association* 4, pp. 862-90.

HAU, H., e A. CHEVALLIER (2000), «Estimating the volatility effect of a security transaction tax». *Working Paper.*

HAZEN, T. L. (1991), «The Short-Term/Long-Term Dichotomy and Investment Theory: Implications for Securities Market Regulation and for Corporate Law». *North Carolina Law Review* 70, pp. 137-207.

HE, Y., e C. WU (2003), «What Explains the Bid-Ask Spread Decline After NASDAQ Reforms?» *Financial Markets, Institutions and Instruments* 12, pp. 347-76.

HENRY, T. R., e J. KOSKI (2010), «Short selling around seasoned equity offerings». *Review of Financial Studies* 23, pp. 4389-418.

HILLION, P., e M. SUOMINEN (2004), «The Manipulation of Closing Prices». *Journal of Financial Markets* 7, pp. 351-75.

HIRSHLEIFER, J. (1971), «The Private and Social Value of Information and the Reward to Inventive Activity». *American Economic Review* 61, pp. 561-74.

HIRSHLEIFER, J. (1977), «The Theory of Speculation under Alternative Regimes of Markets». *Journal of Finance* 32, pp. 975-98.

HIRSHLEIFER, D. (2008), «Psychological Bias as a Driver of Financial Regulation». *European Financial Management* 14, pp. 856-74.

HIRSHLEIFER, D., S. S. LIM e S. H. TEOH (2004), «Disclosure to a credulous audience: The role of limited attention». *Working Paper*, The Ohio State University.

HONG, H., e J. STEIN (2007), «Disagreement and the Stock Market». *Journal of Economic Perspectives* 21, pp. 109-28.

HONG, H., T. LIM e J. C. STEIN (2000), «Bad News Travels Slowly: Size, Analyst Coverage, and the Profitability of Momentum Strategies». *Journal of Finance* 55, pp. 265-95.

HONG, H., J. SCHEINKMAN e W. XIONG (2006), «Asset float and speculative bubbles». *Journal of Finance* 61, pp. 1073-117.

HOPE, O. (2003), «Disclosure Practices, Enforcement of Accounting Standards and Analysts' Forecast Accuracy». *Journal of Accounting Research* 41, pp. 235-72.

HORTA, P., e J. LOBÃO (2015), «Global and Extreme Dependence between Investor Sentiment and Stock Returns in European Markets». *Working Paper*.

HU, S. (1998), «The effects of the stock transaction tax on the stock market – Experiences from Asian markets». *Pacific-Basin Finance Journal* 6, pp. 347-64.

HUANG, R. D., e H. R. STOLL (1997), «The Components of the Bid-Ask Spread: A General Approach». *Review of Financial Studies* 10, pp. 995-1034.

HUBERMAN, G., e T. REGEV (2001), «Contagious Speculation and a Cure for Cancer: A Nonevent that Made Stock Prices Soar». *Journal of Finance* 56, pp. 387-96.

HURT, C. (2006), «Regulating Public Morals and Private Markets: Online Securities Trading, Internet Gambling, and the Speculation Paradox». *Boston University Law Review* 86, pp. 371-441.

IRVINE, W. B. (2002), «Ill-wind investing: The ethics of wishing». *Journal of Business Ethics* 35, pp. 57-63.

JACKSON, P. D., e A. T. O'DONNELL (1985), «The effects of stamp duty on equity transactions and prices in the U.K. stock exchange». *Discussion Paper*, Bank of England.

JACOB, J., T. Z. LYS e M. A. NEALE (1999), «Expertise in Forecasting Performance of Security Analysts». *Journal of Accounting and Economics* 28, pp. 51-82.

JAIN, A., P. J. JAIN, T. H. MCINISH e M. MCKENZIE (2013), «Worldwide reach of short selling regulations». *Journal of Financial Economics* 109, pp. 177-97.

JARRELL, G. (1981), «The Economic Effects of Federal Regulation of the Market for New Security Issues». *Journal of Law and Economics* 24, pp. 613-75.

JARRELL, G., e A. POULSEN (1989), «Stock Trading before the Announcement of Tender Offers: Insider Trading or Market Anticipation» *Journal of Law, Economics, and Organization* 5, pp. 225-48.

JARROW, R. (1980), «Heterogeneous Expectations, Restrictions on Short Sales, and Equilibrium Asset Prices». *Journal of Finance* 35, pp. 1105-13.

JARROW, R. (1992), «Market Manipulation, Bubbles, Corners and Short Squeezes». *Journal of Financial and Quantitative Analysis* 27, pp. 311-36.

JARROW, R. (1994), «Derivative Security Markets, Market Manipulation, and Option Pricing Theory». *Journal of Financial and Quantitative Analysis* 29, pp. 241-61.

JEGADEESH, N. (1993), «Treasury Auction Bids and the Salomon Squeeze». *Journal of Finance* 48, pp. 1403-19.

JENSEN, M. C., e W. H. MECKLING (1976), «Theory of the Firm: Managerial Behavior, Agency Costs and Ownership Structure». *Journal of Financial Economics* 3, pp. 305-60.

JENSEN, M. C., e K. J. MURPHY (1990), «Performance Pay and Top-Management Incentives». *Journal of Political Economy* 98, pp. 225-64.

JOLLS, C., C. R. SUNSTEIN e R. THALER (1998), «A Behavioral Approach to Law and Economics». *Stanford Law Review* 50, pp. 1471-550.

JONES, C. M. (2012), «Shorting restrictions: revisiting the 1930s». *Financial Review* 47, pp. 1-35.

JONES, C. M., e P. J. SEGUIN (1997), «Transactions costs and price volatility: Evidence from commission deregulation». *American Economic Review* 87, pp. 728-37.

JONES, C. M., e O. A. LAMONT (2002), «Short sale constraints and stock returns». *Journal of Financial Economics* 66, pp. 207-39.

JORDAN, B., e S. JORDAN (1996), «Salomon Brothers and the May 1991 Treasury Auction: Analysis of a Market Corner». *Journal of Banking and Finance* 20, pp. 25-40.

Jornal de Negócios (2015), «Peter Boone: O doutorado de Harvard que manipulou dívida portuguesa». 29 de outubro de 2015, disponível em www.jornaldenegocios.pt/mercados/obrigacoes/detalhe/peter_boone_o_doutorado_de_harvard_que_manipulou_divida_portuguesa.html, consultado em 2 de novembro de 2015.

KAHAN, M. (1992), «Securities Laws and the Social Costs of 'Inaccurate' Stock Prices». *Duke Law Journal* 41, pp. 977-1044.

KAHAN, M., e M. KLAUSNER (1997), «Standardization and Innovation in Corporate Contracting (or 'The Economics of Boilerplate')». *Virginia Law Review* 83, pp. 713-70.

KELLY, P. J. (2014), «Information Efficiency and Firm-Specific Return Variation». *Quarterly Journal of Finance* 4, 1450018.

KELMAN, M. (2003), «Law and Behavioral Science: conceptual Overviews». *Northwestern University Law Review* 97, pp. 1347-92.

KEYNES, J. M. (1936), *The General Theory of Employment, Interest, and Money*, Harcourt, Brace & World.

KHANNA, N., e R. SONTI (2004), «Value Creating Stock Manipulation: Feedback Effect of Stock Prices on Firm Value». *Journal of Financial Markets* 7, pp. 237-70.

KHWAJA, A., e A. MIAN (2005), «Unchecked Intermediaries: Price Manipulation in an Emerging Stock Market». *Journal of Financial Economics* 78, pp. 203-241.

KIM, S. H. (2014), «Insider Trading as Private Corruption». *UCLA Law Review* 61, pp. 928-1008.

KINDLEBERGER, C. P. (2000), *Manias, Panics, and Crashes: a History of Financial Crises*, John Wiley & Sons, Nova Iorque.

KING, R. G., e R. LEVINE (1993), «Finance and Growth: Schumpeter Might be Right». *Quarterly Journal of Economics* 108, pp. 717-37.

KNIGHT, F. (1935), *The Ethics of Competition and Other Essays*, Books for Libraries Press.

KOLASINSKI, A., A. REED e J. THORNOCK (2013), «Can short restrictions result in more informed short selling? Evidence from the 2008 regulations». *Financial Management* 42, pp. 155-81.

KORNIOTIS, G. M., e A. KUMAR (2013), «Do Portfolio Distortions Reflect Superior Information or Psychological Biases?» *Journal of Financial and Quantitative Analysis* 48, pp. 1-45.

KORSMO, C. R. (2011), «Mismatch: the Misuse of Market Efficiency in Market Manipulation Class Actions». *William and Mary Law Review* 52, pp. 1111-80.

KORSMO, C. R. (2014), «High-Frequency Trading: A Regulatory Strategy». *University of Richmond Law Review* 48, pp. 523-609.

KOTHARI, S. P., S. SHU e P. D. WYSOCKI (2009), «Do Managers Withhold Bad News?» *Journal of Accounting Research* 47, pp. 241-76.

KROSS, W., e D. A. SCHROEDER (1984), «An Empirical Investigation of the Effect of Quarterly Earnings Announcement Timing on Stock Returns». *Journal of Accounting Research* 22, pp. 153-76.

KUMAR, A. (2009), «Who gambles in the stock market?» *Journal of Finance* 64, pp. 1889-933.

KUPIEC, P. H. (1996), «Noise traders, excess volatility, and a securities transactions tax». *Journal of Financial Services Research* 10, pp. 115-29.

KYLE, A. S., e S. VISWANATHAN (2008), «How to define illegal price manipulation». *American Economic Review* 98, pp. 274-79.

LANG, M. H., e R. J. LUNDHOLM (1996), «Corporate Disclosure Policy and Analyst Behavior». *Accounting Review* 71, pp. 467-92.

LANGEVOORT, D. (2000), «Organized Illusions: A Behavioral Theory of Why Corporations Mislead Stock Market Investors (and Cause Other Social Harms)». In *Behavioral Law and Economics*, C. R. Sunstein (ed.), Cambridge University Press.

LA PORTA, R., F. LOPEZ-DE-SILANES e A. SHLEIFER (2006), «What Works in Securities Laws?» *Journal of Finance* 51, pp. 1-32.

LEE, I. B. (2002), «Fairness and Insider Trading». *Columbia Business Law Review* 119, pp. 120-92.

LELAND, H. E. (1992), «Insider Trading: Should it be Prohibited?» *Journal of Political Economy* 100, pp. 859-87.

LEUZ, C., e P. WYSOCKI (2016), «The Economics of Disclosure and Financial Reporting Regulation: Evidence and Suggestions for Future Research». *Journal of Accounting Research* 54, pp. 525-622.

LEUZ, C., A. TRIANTIS e T. Y. WANG (2008), «Why Do Firms Go Dark? Causes and Economic Consequences of Voluntary SEC Deregistrations». *Journal of Accounting and Economics* 45, pp. 181-208.

LEVMORE, S. (1982), «Securities and Secrets: Insider Trading and the Law of Contracts». *Virginia Law Review* 69, pp. 117-60.

LIANG, S. X., e J. K. C. WEI (2012), «Liquidity Risk and Stock Returns around the World». *Journal of Banking and Finance* 36, pp. 3274-88.

LIM, S. S., e S. H. TEOH (2010), «Limited Attention». In *Behavioral Finance – Investors, Corporations and Markets*, H. K. Baker e J. R. Nofsinger (eds.), John Wiley & Sons, New Jersey.

LIN, T. (2012), «Dynamic short-sale constraints, price limits, and price dynamics». *International Journal of Managerial Finance* 8, pp. 256-79.

LIN, T. C. W. (2014), «The New Financial Industry». *Alabama Law Review* 65, pp. 567-623.

LIN, T. C. W. (2015), «Reasonable Investor(s)». *Boston University Law Review* 95, pp. 461-518.

LINDGREN, R., e A. WESTLUND (1990), «How did the transaction costs on the Stockholm Stock Exchange influence trading volume and price volatility?» *Skandinaviska Enskilda Banken Quarterly Review* 2, pp. 30-5.

LIU, S., e Z. ZHU (2009), «Transaction Costs and Price Volatility: New Evidence from the Tokyo Stock Exchange». *Journal of Financial Services Research* 36, pp. 65-83.

LO, A. W. (2012), «Reading about the Financial Crisis: A Twenty-One-Book Review». *Journal of Economic Literature* 50, pp. 151-78.

LOBÃO, J. (2009), *Contágio entre Mercados de Ações de Países Desenvolvidos: Um Estudo de Processos de Transmissão de Choques de Rendibilidade num Contexto de Episódios de Crises Financeiras*, edição eletrónica Eumet.

LOBÃO, J. (2012), *Finanças Comportamentais: Quando a Economia Encontra a Psicologia*, Actual Editora, Coimbra.

LOBÃO, J. (2013), *O Factor Humano na Decisão Empresarial: Conhecer o Gestor para Compreender a Empresa*, Actual Editora, Coimbra.

LOBÃO, J., e N. ROLLA (2015), «Um outro olhar sobre a eficiência dos mercados: o caso das bolsas de apostas de ténis». *RAE – Revista de Administração de Empresas* 55, pp. 418-31.

LONGSTAFF, F. A. (2001), «Optimal Portfolio Choice and the Valuation of Illiquid Securities». *Review of Financial Studies* 14, pp. 407-31.

LOU, D. (2014), «Attracting Investor Attention through Advertising». *Review of Financial Studies* 27, pp. 1797-829.

MACEY, J. R., e D. D. HADDOCK (1985), «Shirking at the SEC: The Failure of the National Market System». *University of Illinois Law Review* 2, pp. 315-62.

MAHONEY, P. G. (1995), «Mandatory Disclosure as a Solution to Agency Problems». *University of Chicago Law Review* 62, pp. 1047-112.

MALMENDIER, U., e S. NAGEL (2011), «Depression Babies: Do Macroeconomic Experiences Affect Risk Taking?» *Quarterly Journal of Economics* 126, pp. 373-416.

MALMENDIER, U., G. TATE e J. YAN (2011), «Overconfidence and Early-life Experiences: The Effect of Managerial Traits on Corporate Financial Policies». *Journal of Finance* 66, pp. 1687-1733.

MANNE, H. G. (1966), «In Defense of Insider Trading». *Harvard Business Review* 44, pp. 113-22.

MANNE, H. G. (1970), «Insider Trading and the Law Professors». *Vanderbilt Law Review* 23, pp. 547-90.

MANNE, H. G. (2005), «Insider Trading: Hayek, Virtual Markets, and the Dog that Did Not Bark». *Journal of Corporation Law* 31, pp. 167-85.

MANOVE, M. (1989), «The Harm from Insider Trading and Informed Speculation». *Quarterly Journal of Economics* 104, pp. 823-45.

MARKIEWICZ, K., e E. U. WEBER (2013), «DOSPERT's Gambling Risk-Taking Propensity Scale Predicts Excessive Stock Trading». *Journal of Behavioral Finance* 14, pp. 65-78.

MARSH, I., e R. PAYNE (2012), «Banning short sales and market quality: the UK's experience». *Journal of Banking and Finance* 36, pp. 1975-86.

MASSON, R. T., e A. MADHAVAN (1991), «Insider Trading and the Value of the Firm». *Journal of Industrial Economics* 39, pp. 333-53.

MAUG, E. (2002), «Insider Trading Legislation and Corporate Governance». *European Economic Review* 46, pp. 1569-97.

MCCAFFEY, D. (2010), «Review of the Policy Debate over Short Sale Regulation during the Market Crisis». *Albany Law Review* 73, pp. 483-519.

MCCULLOCH, N., e G. PACILLO (2011), «The Tobin Tax: A Review of the Evidence». *IDS Research Report* 68.

MERRICK, J. J., N. Y. NAIK e P. K. YADAV (2005), "Strategic trading behavior and price distortion in a manipulated market: anatomy of a squeeze." *Journal of Financial Economics* 77, p. 171-218.

MEULBROEK, L. K. (1992), «An Empirical Analysis of Illegal Insider Trading». *Journal of Finance* 47, pp. 1661-99.

MEULBROEK, L. K., e C. HART (1997), «The Effect of Illegal Insider Trading on Takeover Premia». *European Finance Review* 1, pp. 51-80.

MEYER, S., M. WAGENER e C. WEINHARDT (2015), «Politically Motivated Taxes in Financial Markets: The Case of the French Financial Transaction Tax». *Journal of Financial Services* 47, pp. 177-202.

MILLER, E. (1977), «Risk, Uncertainty, and Divergence of Opinion». *Journal of Finance* 32, pp. 1151-68.

MINSKY, H. P. (1977), «The Financial Instability Hypothesis: An Interpretation of Keynes and an Alternative to 'Standard' theory». *Challenge* 20, pp. 20-7.

MINSKY, H. P. (1982), «Can 'It' Happen Again? A Reprise». *Challenge* 25, pp. 5-13.

MINSKY, H. P. (1986), *Stabilizing an Unstable Economy*, McGraw-Hill.

MISHKIN, F. S. (2008), «How Should We Respond to Asset Price Bubbles?» *Financial Stability Review* 12, pp. 65-74.

MITCHELL, M., T. PULVINO e E. STAFFORD (2004), «Price Pressure around Mergers». *Journal of Finance* 59, pp. 31-63.

MORCK, R., B. YEUNG e W. YU (2000), «The Information Content of Stock Markets: Why Do Emerging Markets Have Synchronous Stock Price Movements?» *Journal of Financial Economics* 58, pp. 215-60.

NELEMANS, M. (2008), «Redefining Trade-Based Market Manipulation». *Valparaiso University Law Review* 42, pp. 1169-220.

NOTES (2002), «Should the SEC Expand Nonfinancial Disclosure Requirements?» *Harvard Law Review* 115, pp. 1433-55.

O'BRIEN, P. (1990), «Forecast Accuracy of Individual Analysts in Nine Industries». *Journal of Accounting Research* 28, pp. 286-304.

ODEAN, T. (1998), «Volume, Volatility, Price, and Profit when All Traders Are Above Average». *Journal of Finance* 53, pp. 1887-934.

OFEK, E., e M. RICHARDSON (2003), «Dot-com Mania: Market Inefficiency in the Internet sector». *Journal of Finance* 58, pp. 1113-37.

OSTRY, J. D., A. R. GHOSH, K. HABERMEIER, M. CHAMON, M. S. QURESHI e D. B. S. REINHARDT (2010), «Capital Inflows: the Role of Controls». *IMF Staff Position Note*.

PADILLA, A. (2006), «The Regulation of Insider Trading as an Agency Problem». *FSU Law Review* 5, pp. 63-79.

PALLEY, T. I. (1999), «Speculation and Tobin tax: why sand in the wheels can increase economic efficiency». *Journal of Economics* 69, pp. 113-26.

PAREDES, T. A. (2003), «Blinded by the Light: Information Overload and Its Consequences for Securities Regulation». *Washington University Law Quarterly* 81, pp. 417-85.

PARK, J., P. C. KONANA, B. GU, A. KUMAR e R. RAGHUNATHAN (2013), «Information Valuation and Confirmation Bias in Virtual Communities: Evidence from Stock Message Boards». *Information Systems Research* 24, pp. 1050-67.

PARTNOY, F. (2000), «Why Markets Crash and What Law Can Do about It». *University of Pittsburgh Law Review* 61, pp. 741-817.

PASSARI, E., e H. REY (2015), «Financial Flows and the International Monetary System». *Economic Journal* 125, pp. 675-98.

PATELL, J., e M. A. WOLFSON (1982), «Good news, bad news, and the intraday timing of corporate disclosures». *Accounting Review* 57, pp. 509-27.

PELLIZZARI, P., e F. WESTERHOFF (2009), «Some effects of transaction taxes under different microstructures». *Journal of Economic Behavior & Organization* 72, pp. 850-63.

PETERSON, R. J. (2007), «Affect and Financial Decision-Making: How Neuroscience Can Inform Market Participants». *Journal of Behavioral Finance* 8, pp. 70-78.

PHALIPPOU, L. (2008), «Where is the Value Premium?» *Financial Analysts Journal* 64, pp. 41-8.

PHYLAKTIS, K., e A. ARISTIDOU (2007), «Security Transaction Taxes and Financial Volatility: Athens Stock Exchange». *Applied Financial Economics* 17, pp. 1455-67.

PIKETTY, T. (2014), *Capital in the Twenty-First Century*, Belknap Press.

PIOTROSKI, J. (1999), «Discretionary Segment Reporting Decisions and the Precision of Investor Beliefs». *Working Paper*, University of Chicago.

PIRRONG, C. (2004), «Detecting Manipulation in Futures Markets: Definition, Diagnosis, and Deterrence». *American Law and Economics Review* 31, pp. 28-71.

PISTOR, K. (2012), «Stabilizing Global Financial Markets: The Case Against Global Standardization». *Working Paper*.

PISTOR, K. (2013a), «Law in Finance». *Journal of Comparative Economics* 41, pp. 311-4.

PISTOR, K. (2013b), «A Legal Theory of Finance». *Journal of Comparative Economics* 41, pp. 315-330.

PISTOR, K. (2013c), «The State, the Market and the Rule of Law: A Restatement». *Working Paper*, INET Annual Conference.

PISTOR, K. (2013d), «The Law-Finance Paradox». *Working Paper*, INET Annual Conference.

POLINSKY, M., e S. SHAVELL (2000), «The Economic Theory of Public Enforcement of Law» *Journal of Economic Literature* 38, pp. 45-76.

POSEN, A. S. (2003), «It Takes More than a Bubble to Become Japan». *Working Paper*, Peterson Institute for International Economics.

POSNER, R. (1974), «Theories of Economic Regulation». *Bell Journal of Economics and Management Science* 5, pp. 335–58.

POSNER, R. (1998), «Rational Choice, Behavioral Economics, and the Law». *Stanford Law Review* 50, pp. 1551-75.

POSNER, R. (2009), *A Failure of Capitalism: the Crisis of '08 and the Descend into Depression*, Harvard University Press.

PÚBLICO (2003), «Miguel Cintra condenado a pena de prisão suspensa e multa por crime de mercado». 26 de julho de 2003, disponível em www.publico.pt/destaque/jornal/miguel-cintra-condenado-a-pena-de-prisao-suspensa-e-multa-por-crime-de-mercado203805, consultado em 11 de maio de 2015.

PUTNINS, T. J. (2009), «Closing Price Manipulation and the Integrity of Stock Exchanges». Tese de doutoramento, Universidade de Sydney.

PUTNINS, T. J. (2012), «Market Manipulation: a Survey». *Journal of Economic Surveys* 26, pp. 952-67.

REPETTI, J. R. (1989), «The Use of Tax Law to Stabilize the Stock Market: The Efficacy of Holding Period Requirements». *Virginia Tax Review* 8, pp. 591-637.

REUTERS (2015), «China hunts for 'manipulators' as stocks tumble». 3 de julho de 2015, disponível em www.reuters.com/article/2015/07/03/us-china-markets-idUSKCN0PD03020150703, consultado em 9 de julho de 2015.

RIBSTEIN, L. E. (2003), «Bubble Laws». *Houston Law Review* 40, pp. 77-98.

ROCK, E. (2002), «Securities Regulation as Lobster Trap: A Credible Commitment Theory of Mandatory Disclosure». *Cardozo Law Review* 32, pp. 675-704.

ROLL, R. (1988), «R^2». *Journal of Finance* 43, pp. 541-66.

ROLL, R. (1989), «Price Volatility, International Market Links, and Their Implications for Regulatory Policies». *Journal of Financial Services Research* 3, pp. 211-46.

ROMANO, R. (1998), «Empowering Investors: A Market Approach to Securities Regulation». *Yale Law Journal* 107, pp. 2359-430.

RONEN, J., e V. L. YAARI (2002), «Incentives for Voluntary Disclosure». *Journal of Financial Markets* 5, pp. 349-90.

ROSS, S. (1979), «Disclosure Regulation in Financial Markets: Implications of Modern Finance Theory and Signaling Theory». In *Issues in Regulation; Regulation of American Business and Industry*, F. Edwards (ed.), McGraw-Hill, Nova Iorque.

ROUBINI, N., e S. MIHM (2010), *Crisis Economics: a Crash Course in the Future of Finance*, Penguin Books.

ROULSTONE, D. T. (2003), «Analyst Following and Market Liquidity». *Contemporary Accounting Research* 20, pp. 551-78.

ROZEFF, M. S., e M. A. ZAMAN (1988), «Market Efficiency and Insider Trading: New Evidence». *Journal of Business* 61, pp. 25-44.

RYAN, J. A. (1902), «The Ethics of Speculation». *International Journal of Ethics* 12, pp. 335-47.

SAFFI, P. A. C., e K. SIGURDSSON (2011), «Price efficiency and Short Selling». *Review of Financial Studies* 24, pp. 821-52.

SCHEINKMAN, J. A., e W. XIONG (2003), «Overconfidence and Speculative Bubbles». *Journal of Political Economy* 11, pp. 1183-219.

SCHERBINA, A. (2013), «Asset Price Bubbles: A Selective Survey». *Working Paper*, International Monetary Fund.

SCHNEIDER, C. W. (1972), «Nits, Grits, and Soft Information in SEC Filings». *University of Pennsylvania Law Review* 121, pp. 254-305.

SCHOAR, A., e L. ZUO (2011), «Shaped by Booms and Busts: How the Economy Impacts CEO Careers and Management Style». *Working Paper*, Massachusetts Institute of Technology.

SCHOLES, M. S. (1972), «The Market for Securities: Substitution versus Price Pressure and the Effects of Information on Share Prices». *Journal of Business* 45, pp. 179-211.

SCHOTLAND, R. A. (1967), «Unsafe at Any Price: A Reply to Manne». *Virginia Law Review* 53, pp. 1425-78.

SCOTT, K. E. (1980), «Insider Trading: Rule 10b-5, Disclosure and Corporate Privacy». *Journal of Legal Studies* 9, pp. 801-22.

SEYHUN, H. N. (1986), «Insider's Profits, Costs of Trading, and Market Efficiency». *Journal of Financial Economics* 16, pp. 189-212.

SHAW, B. (1990), «Shareholder Authorized Inside Trading: A Legal and Moral Analysis». *Journal of Business Ethics* 9, pp. 913-28.

SHI, K., e J. XU (2009), «Entry Cost, the Tobin Tax, and Noise Trading in the Foreign Exchange Market». *Canadian Journal of Economics/Revue Canadienne d'Economique* 42, pp. 1501-26.

SHILLER, R. J. (1981), «Do Stock Prices Move Too Much to Be Justified by Subsequent Changes in Dividends?» *American Economic Review* 421, pp. 421-36.

SHILLER, R. J. (1992), «Volatility in U.S. and Japanese Stock Markets: A Symposium». *Journal of Applied Corporate Finance* 5, pp. 4-35.

SHILLER, R. J. (2003), «From Efficient Markets Theory to Behavioral Finance». *Journal of Economic Perspetives* 17, pp. 83-104.

SHILLER, R. J. (2015), *Irrational Exuberance*, 3ª edição, Princeton University Press, New Jersey.

SHILLER, R. J., e J. POUND (1989), «Survey Evidence on the Diffusion of Interest and Information among Investors». *Journal of Economic Behavior & Organization* 12, pp. 47-66.

SHIN, J. (1996), «The Optimal Regulation of Insider Trading». *Journal of Financial Intermediation* 5, pp. 49-73.

SHKILKO, A., B. VAN NESS e R. VAN NESS (2012), «Short selling and intraday price pressures». *Financial Management* 41, pp. 345–370.

SHLEIFER, A. (1986), «Do Demand Curves for Stocks Slope Down?» *Journal of Finance* 41, pp. 579-90.

SHLEIFER, A., e L. H. SUMMERS (1990), «The Noise Trader Approach to Finance». *Journal of Economic Perspetives* 4, pp. 19-33.

SIEGEL, J. (2008), *Stocks for the Long Run*, McGraw-Hill.

SIMON, C. J. (1989), «The Effect of the 1933 Securities Act on Investor Information and the Performance of New Issues». *American Economic Review* 79, pp. 295-318.

SMITH, A. (1776), *The Wealth of Nations: An Inquiry to the Nature and Causes of the Wealth of Nations*, Harriman House.

SOLOMON, D. H. (2012), «Selective Publicity and Stock Prices». *Journal of Finance* 67, pp. 599-637.

SOLOMON, D. H., E. SOLTES e D. SOSYURA (2014), «Winners in the spotlight: Media coverage of fund holdings as a driver of flows». *Journal of Financial Economics* 113, pp. 53-72.

SOROS, G. (1994), *The Alchemy of Finance: Reading the Mind of the Market*, John Wiley & Sons.

STATMAN, M. (2002), «Lottery players/stock traders». *Financial Analysts Journal* 58, pp. 14-21.

STEIN, J. (1988), «Takeover Threats and Managerial Myopia». *Journal of Political Economy* 96, pp. 61-80.

STEIN, J. (1989), «Efficient Capital Markets, Inefficient Firms: A Model of Myopic Corporate Behavior». *Quarterly Journal of Economics* 104, pp. 655-69.

STEIN, J. (1996), «Rational Capital Budgeting in an Irrational World». *Journal of Business* 69, pp. 429-55.

STIGLER, G. (1961), «The Economics of Information». *Journal of Political Economy* 69, pp. 213-25.

STIGLER, G. (1964), «Public Regulation of the Securities Market». *Journal of Business* 37, pp. 117-42.

STIGLITZ, J. E. (1989), «Using Tax Policy to Curb Speculative Short-Term Trading». *Journal of Financial Services Research* 3, pp. 101-15.

STIGLITZ, J. E. (1993), «The Role of the State in Financial Markets». *Proceedings of the World Bank Annual Conference on Development Economics*, pp. 19-52.

STIGLITZ, J. E. (2010), *Freefall: America, Free Markets, and the Sinking of the World Economy*, W. W. Norton & Company.

STIGLITZ, J. E. (2014), «Tapping the Brakes: Are Less Active Markets Safer and Better for the Economy?» *Working Paper*.

STOLL, H. R. (1989), «Inferring the Components of the Bid-Ask Spread: Theory and Empirical Tests». *Journal of Finance* 44, pp. 115-34.

STOUT, L. A. (1988), «The Unimportance of Being Efficient: An Economic Analysis of Stock Market Pricing and Securities Regulation». *Michigan Law Review* 87, pp. 613-709.

STOUT, L. A. (1990), «Are Takeover Premiums Really Premiums? Market Price, Fair Value, and Corporate Law». *Yale Law Journal* 99, pp. 1235-96.

STOUT, L. A. (1995), «Are Stock Markets Costly Casinos? Disagreement, Market Failure, and Securities Regulation». *Virginia Law Review* 81, pp. 611-712.

STOUT, L. A. (1999), «Why the Law Hates Speculators: Regulation and Private Ordering in the Market for OTC Derivatives». *Duke Law Journal* 48, pp. 701-86.

STOUT, L. A. (2002), «The Investor Confidence Game». *Brooklyn Law Review* 68, pp. 407-37.

STOUT, L. A. (2012a), «Uncertainty, Dangerous Optimism, and Speculation: An Inquiry into some Limits of Democratic Governance». *Cornell Law Review* 97, pp. 1177-212.

STOUT, L. A. (2012b), *The Shareholder Value Myth: How Putting Shareholders First Harms Investors, Corporations, and the Public*, Berrett-Koehler Publishers.

SUMMERS, L. H., e V. P. SUMMERS (1989), «When Financial Markets Work Too Well: A Cautious Case For a Securities Transactions Tax». *Journal of Financial Services Research* 3, pp. 261-86.

SUROWIECKI, J. (2005), *The Wisdom of Crowds*, Anchor.

TALLEY, E. (2001), «Disclosure Norms». *University of Pennsylvania Law Review* 149, pp. 1955-2026.

TEULINGS, C., e R. BALDWIN, eds. (2014), *Secular Stagnation: Facts, Causes and Cures*, Centre for Economic Public Research.

THEL, S. (1994), «$850,000 in Six Minutes – The Mechanics of Securities Manipulation». *Cornell Law Review* 79, pp. 219-98.

Thompson, J. H. (2013), «A Global Comparison of Insider Trading Regulations». *International Journal of Accounting and Financial Reporting* 3, pp. 1-18.

Tighe, C., e R. Michener (1994), «The political economy of insider trading». *Journal of Finance* 47, pp. 1661-99.

Tinic, S. (1988), «Anatomy of Initial Public Offerings of Common Stock». *Journal of Finance* 43, pp. 789-822.

Tobin, J. (1978), «A proposal for international monetary reform». *Eastern Economic Journal* 4, pp. 153-9.

Tuckett, D. (2011), *Minding the Markets: An Emotional Finance View of Financial Instability*, Palgrave-Macmillan.

Umlauf, S. R. (1993), «Transaction Taxes and Stock Market Behavior: The Swedish Experience». *Journal of Financial Economics* 33, pp. 227-40.

Van Horne, J. (1985), «Of Financial Innovations and Excesses». *Journal of Finance* 40, pp. 621-31.

Verrecchia, R. (2001), «Essays on Disclosure». *Journal of Accounting and Economics* 32, pp. 97-180.

Verstein, A. (2015), «Benchmark Manipulation». *Boston College Law Review* 56, pp. 215-72.

Vila, J. L. (1989), «Simple Games of Market Manipulation». *Economic Letters* 29, pp. 21-6.

Wang, T. W., e A. Winton (2012), «Competition and Corporate Fraud Waves». *Working Paper*.

Watts, R., e J. Zimmerman (1986), *Positive Accounting Theory*, Prentice-Hall, New Jersey.

Welker, M. (1995), «Disclosure Policy, Information Asymmetry, and Liquidity in Equity Markets». *Contemporary Accounting Research* 11, pp. 801-27.

Werhane, P.H. (1989), «The Ethics of Insider Trading». *Journal of Business Ethics* 8, pp. 841-5.

Westerholm, J. (2003), «The impact of transaction costs on turnover, asset prices and volatility: The case of Sweden's and Finland's security transaction tax reductions». *Finnish Journal of Business Economics* 52, pp. 213-41.

White, L. J. (2011), «Preventing Bubbles: What Role for Financial Regulation?» *Cato Journal* 31, pp. 603-19.

Worley, D. C. (1990), «The Regulation of Short Sales: The Long and Short of It». *Brooklyn Law Review* 55, pp. 1255-99.

Wurgler, J. (2000), «Financial Markets and the Allocation of Capital». *Journal of Financial Economics* 58, pp. 187-214.

Yermack, D. (1997), «Good Timing: CEO Stock Options Awards and Company News Announcements». *Journal of Finance* 52, pp. 449-76.